改革开放四十年与中国社会科学丛书

中国法学四十年

张守文 主编

2019年·北京

本书由
"中央高校基本科研业务费专项资金"及
"北京大学建设世界一流大学（学科）和特色发展引导专项资金"
资助

改革开放四十年与中国社会科学丛书
编委会

总 顾 问：郝 平　林建华　高 松

总 主 编：王 博　杨 河

编委会主任：杨 河

编　　　委（以姓氏拼音为序）：

　　　　　　陈晓宇　贾庆国　李广建　陆绍阳

　　　　　　孙熙国　姚 洋　俞可平　张 静

　　　　　　张守文　郑晓瑛

项目统筹：佟 萌

改革开放四十年与中国社会科学丛书
总　序

杨　河

1978年中国共产党的十一届三中全会,冲破了长期"左"的错误的严重束缚,重新确立了马克思主义的思想路线、政治路线、组织路线,拉开了中国改革开放的大幕。四十年来,中国社会发生了深刻的历史性变化,作为其思想反映和理论概括,中国社会科学也在守正创新中与时俱进。认真梳理其发展的历史逻辑与理论逻辑,总结其历史经验与理论成果,对于我们面向未来,继续砥砺前行,着力构建中国特色哲学社会科学学科体系、学术体系、话语体系,不无裨益。

一

中国传统文化中的学术思想源远流长,但是将它们作为学科即分门别类的知识体系来对待,却是近代以后的事情。发展迄今,有五个重要的转变时期。①

第一个转变时期：从"书院四部"到"学堂七科"。

1840年第一次鸦片战争以后，中国陷入了半殖民地半封建状态，清朝在帝国主义入侵下的节节败退和妥协，将中国两千多年的封建制度带入了穷途末路，作为这个制度的意识形态的儒学随即陷入危机。在向西方学习、谋强图变的努力中，西学东渐进入了中国思想界。

中国古代的学问讲究博通，旨在培养"通才"，要求研读经、史、子、集，晚清的政治和社会危机引发了人们对"四部典学"有何"用处"的质疑，转向了"经世实学"的研究，然植根于农耕文明的传统"经世实学"仍难以"匡时济世"，19世纪60年代开始的洋务运动提出"中体西用""师夷制夷"，在开启大规模翻译输入"有用之学"——西学的同时，也开启了中国教育的学科建设之途。

中国古代的学校，没有学科和层次之分，启蒙教育之后即可进入书院，主要的学问大都包含在儒学之哲学思想中，在与西方学术思想的对话和碰撞中，西学的逻辑结构显示了一种强势的知识力量，中国学术思想一方面被重新解读，另一方面也得以重新整理和组合。这是一个重要的转化过程，有待于与此相适应的教育体系特别是近现代高等教育系统的形成，当这些条件比较具备的时候，已经是1898年京师大学堂的成立了。在这之前，以甲午战争为界，这个转化过程经历了前后两个阶段的演变。

甲午战争前，洋务运动的"中体西用"被理解为中国的人文（伦常名教）为"体"，西方的科技为"用"，因此，对西学的译介，大都为自然科学诸

---

① 本节的写作主要参考和借鉴了肖朗：《中国近代大学学科体系的形成——从"四部之学"到"七科之学"的转型》，《高等教育研究》2001年第6期；纪宝成主编：《中国大学学科专业设置研究》，北京：中国人民大学出版社，2006年。

学科,如天学、算学(即数学)、重学(即物理学)、热学、光学、电学、化学、地学、医学、植物学、动物学等。为"师夷制夷",一些培养外语人才和军事技术人才的专门学校建立了起来,最初有1862年成立的京师同文馆和1867年创办的福建船政学堂,至1894年前后,又先后有30所左右的此类学堂开办。这些在外来因素诱发下创办的学堂,是中国学人接受"分科治学"的西学观念而展开的最初的办学实践。

冯桂芬在1861年撰写的《采西学议》中,将西学称为有"格致之理"的"舆算之学",分为"算学、重学、视学、光学、化学等",将中学分为经学、史学和古学,这是中国近代最早的学术分科考虑,其要义是以中国伦常名教为原本,辅以西方富强之术。此后,王韬、陈虬、郑观应等又继之对这一问题以及中学西学的教学重点和比例结构进行了探讨。

中国在甲午战争中的失败,暴露了洋务运动的局限。日本的崛起,使中国人转移了向欧美学习的眼光,开始以日本为榜样,从器物层面的图强转向了制度层面的图强,中国教育深受影响。一方面,对西学更为重视,由胡聘之、秦绶章等倡议,经礼部复议后于1896年颁行各省实行的学科方案,将以往的"四部典学"扩充为经学、史学、掌故之学、舆地之学、算学、译学六大门类,除经学、史学外,其余四门皆吸纳了西学的内容;另一方面,开始注重研究中学与西学的融通结合,这与对西学中人文社科地位的重新认识密切相关。

针对洋务运动专注技艺的教育思想,梁启超指出:"中国向于西学,仅袭皮毛,震其技艺之片长,忽其政本之大法,故方言、算学、制造、武备诸馆,颇有所建置,而政治之院曾靡闻焉。"[①]张之洞也认为,"西学亦有

---

① 梁启超:《上南皮张尚书书》,《饮冰室合集》,北京:中华书局,1936年,第104—105页。

别,西艺非要,西政为要","大抵救时之计,谋国之方,政尤急于艺"。①这种对"西艺"和"西政"的区分,既是对西学之"用"的认识的深化,也是对近代学科两大知识体系——自然科学技术与人文社会科学分类的最初意识。

1897年,梁启超在《湖南时务学堂学约》中,进一步做了尝试解构中学西学二元结构的努力,将所讲授的课程分为两类:"溥通学"和"专门学",前者包括经学、诸子学、公理学、中外史志;后者包括公法学、掌故学、格算学。两类之中,经学、诸子学、掌故学系中国传统学术,公理学、公法学、格算学系西方近代学术,中西学术在其中融汇结合,这是一个新的综合性学科分类考虑,为新式学堂课程设置开了先河。

1898年,以"西政为要"的戊戌变法在清王朝内部发生,一时风生水起,然保守力量的过于强势使光绪皇帝及其一班学者、大臣的努力终于付之东流,在103天的轰轰烈烈之后,一切似乎又归于旧态,但却为后来的辛亥革命提供了借鉴。1898年至1911年的最后十余年,清王朝做了自我挽救的最后努力,一是在实行"新政"过程中于1905年宣布废除科举,二是在"五大臣出洋"后于1906年宣布预备立宪,虽均为不得已而为之,然却在为中国政治另辟新径的同时也为中国教育的发展开了转折之途。继1895年、1896年、1897年天津中西学堂、上海南洋公学、浙江求是书院先后成立之后,在戊戌变法的风雨中诞生的中国近代第一所国立综合大学——京师大学堂幸存了下来,中国大学教育的学术分科在这里从探索走到了初建。

早在1896年,孙家鼐在奉命筹办京师大学堂上奏的《议复开办京师大学堂折》中,就按照"总古今、包中外、该体用、贯精粗"的方针,拟定了

---

① 张之洞:《张文襄公全集》第4卷,北京:中国书店,1990年,第545、570页。

分天学、地学、道学、政学、文学、武学、农学、工学、商学、医学十科立学的章程,确立了京师大学堂分科立学的基本格局。戊戌变法期间,康有为在《请开学校折》中进一步论证,"夫学至于专门止矣,其所谓大学者"①,只有注重专门,才能"诸学并立,大学岿然,人才不可胜用"②。由梁启超执笔的《京师大学堂章程》,将大学堂的教育分为预科和本科,分别学习"溥通学"和"专门学"。预科是基础教育,中西科目兼顾;本科是专门教育,以西学为主。

戊戌变法的失败,使得孙家鼐和梁启超的方案都未能实施,直到1901年在清王朝开始实行"新政"改革时,张之洞等为重开京师大学堂而上奏的《筹议变通政治人才为先折》中,才又以日本大学的学科设置为蓝本,提出京师大学堂分设经学、史学、格致学、政治学、兵学、农学、工学的"七科方案"。

为弥补这一方案中未设"医学"和"商学"的不足,1902年(光绪二十八年),时任京师大学堂管学大臣的张百熙拟订了《钦定京师大学堂章程》即"壬寅学制",将大学分为政治、文学、格致、农业、工业、商务、医术七大学科,这是我国第一个以法定形式颁布的学制,但由于没有将"经学"单独列为一科,被认为有违"中体西用",受到质疑而搁置,未真正实施。

1904年1月13日(光绪二十九年十一月二十六日),清政府公布了由张之洞、荣庆、张百熙主持重新拟定的新学制《奏定学堂章程》即"癸卯学制",将"经学"置于群科之首,形成了经、法政、文、医、格致、农、工、商八大学科四十三门的学科体系。在此基础上,京师大学堂在1910年正

---

① 《康有为政论集》(上册),北京:中华书局,1981年,第306页。
② 《康有为政论集》(上册),北京:中华书局,1981年,第307页。

式确立了经科、法政科、文科、格致科(理科)、工科、商科、医科的"七科立学"的教育教学体系,至此,初步完成了从传统"书院四部"体制向近代"学堂七科"体制的转化。

第二个转变时期:从"独尊经学"到"兼容并包"。

当大臣们还在固守"经学"的"至尊"地位时,清王朝已经走到了它的尽头。以"大权统于朝廷,庶政公诸舆论"为原则的预备立宪由于其保守性和欺骗性,加剧了中央与地方之间、满汉之间和各阶级之间的矛盾,引发了社会动荡,加速了清王朝的灭亡,1911年辛亥革命的枪声催生了新的政治制度。

1912—1913年,刚刚成立不久的民国政府教育部在蔡元培的主持下颁布了"壬子癸丑学制",这是我国第一个具有资产阶级教育性质的学制,废除了原有的读经讲经课,充实了自然科学知识,规定了妇女受教育的权利与男女同校制度。

在推行新学制的同时,1912年10月24日教育部颁布了《大学令》和《专门学校令》,次年1月12日又颁布了《大学规程》,规定大学设预科、本科和大学院,以文科、理科为主,凡办大学,必须或者并设文理两科,或者设立文科并法商两科,或者设立理科并医、农、工任一科。

教育部的这三个文件,在新学制的基础上,进一步扭转了"中体西用"在教育上的规范。一是废除忠君尊孔的宗旨,禁用清朝教科书,接受西方近代大学课程体系;二是废除奖励科举身份,实行学位制,以成绩论进退;三是废除官吏制度,设立评议会,实行教授治校。

西方学科的大规模进入,一方面改变了原有的学科格局,西学除了在自然科学中一统天下外,在人文社会科学中也与传统中学平分秋色,西学教育学的理念由此开始深刻影响中国大学的发展;另一方面改造了原有的学术话语体系,西学理性主义的认知倾向、主客二分的思维模式、概念化的逻辑结构、定量的数学分析方法等等,也由此开始深刻影响中国传统学术思想的未来走势,开启了中国教育和中国传统学术的现代转化历程。

当然,正如历史上一切变革的发生一样,这个历程也不可能一帆风顺,辛亥革命后的七年中,先后发生了袁世凯、张勋、段祺瑞的三次文化复古运动,每一次都重提尊孔读经,但皆因逆时代潮流而未能得逞。其中起了重要作用的是中国教育界的那些向西方国家寻求真理的"先进中国人",这里首先要提到的是1912年京师大学堂更名为北京大学后的第一任校长——严复。

作为中国"精通西学第一人"(康有为语)和《天演论》的翻译者,严复在介绍西方民主与科学思想的过程中,悟出了西方近代文明的精华——"自由为体,民主为用",并将它们应用于北京大学的建设。严复提出,大学之根本,在"保存一切高尚之学术,以崇国家之文化",办学之方针,在"兼收并蓄,广纳众流,以成其大"。四年以后,蔡元培主政北大,借鉴德国大学的经验,在北京大学推行教育教学改革时提出的"思想自由、兼容并包",正是对严复办学方针的继承和发扬。循着这一办学方针,蔡元培以北京大学为试点,对学科布局和结构进行了重要调整。首先,在"学"与"术"亦即基础学科与应用学科的关系上,蔡元培提出了"学为基本,术为支干""学重于术"的原则,强调基础知识的重要性;其次,在文科和理科的关系问题上,蔡元培提出改"门"为"系",废除文科、理科之名,分别将两科所属的14门专业调整组建为数学系、物理学系、化学系、地质学系、中文系、史学系、哲学系、经济系、政治学系、法学系、英文系、法文系、德文系、俄文系;最后,在学科教育的层次上,蔡元培提出招收研究生,建立研究生学科教育平台的主张,在北京大学开设了研究生教育课程。始于严复、行于蔡元培的北大改革,开中国近代高等教育改革之先河,其经验和成果影响至今。

1929年,民国政府颁布了《大学组织法》《大学规程》《专门学校组织法》《专门学校规程》,对1912年和1913年的三个文件内容作了进一步的完善,借鉴欧美的中国大学制度基本确立。后来,一是在大学内部管理体制上,又通过一些补充文件进行了充实:规定综合大学设学院、系,为三级管理,独立学院和专科学校为两级管理;二是在学位制度上,规定国立大学可以设立研究机构,以学科为基础的学位分为学士、硕士、博士三级,实行分类分级培养;三是在课程建设上,明确课程建设以学科为中心,按照"厚基础、严质量"的原则,规定了文、理、法、工、农、商六类学院的共同必修课目。这些制度化的建设,直接影响了1949年以后中国大学制度的改革与发展。

第三个转变时期:从西方模式到"以俄为师"。①

中华人民共和国成立以后,社会制度发生了根本性的变革,高等教育在"培养什么人、怎样培养人"的指导思想上也随之变化,为社会主义现代化建设服务是基本的要求。

1949年12月,在第一次全国教育工作会议上,时任教育部副部长钱俊瑞提出了教育改革任务,方针是:"以老解放区新教育经验为基础,吸收旧教育的有用经验,借助苏联经验,建设新民主主义教育。"但是在后来的实践中,全面学习苏联教育成了教育改革的主流。1952年下半年,教育部规定全国高校从一年级起采用苏联教学计划和教学大纲,组织力量翻译苏联教材,成立教学研究组,学习苏联教学方法。由此,苏联高等教育模式开始取代过去的欧美高等教育模式进入了中国。以法学为例,1949—1959年间共出版译作165种,基本上都是苏联的法学著作

---

① 参见纪宝成主编:《中国大学学科专业设置研究》,北京:中国人民大学出版社,2006年。

和教科书,这一时期的法学理论、法学体系、法律机制以及法制实践的方法等,无不沿袭苏联。

第四个转变时期:从教育改革到教育革命。

1953年,在苏联的帮助下,中国开始实施第一个五年计划,在编制"一五"计划和引进苏联156个大中型项目的同时,苏联的计划经济管理体制也进入了中国,教育也被纳入其中。

在应用苏联的经验和方法的过程中,出现了一些与中国实际情况"水土不服"的问题。苏共"二十大"后,在调查研究的基础上,毛泽东于1956年4月25日作了《论十大关系》的重要报告,提出了要"以苏为鉴,走自己发展道路",指出:"最近苏联方面暴露了他们在建设社会主义过程中的一些缺点和错误,他们走过的弯路,你还想走?过去我们就是鉴于他们的经验教训,少走了一些弯路,现在当然更要引以为戒。"9月召开的中国共产党第八次全国代表大会总结了探索适合中国国情发展道路的初步经验和理论,作出了党和国家的工作重点必须转移到社会主义建设上来的重大战略决策,提出了促进科学和艺术发展的极为重要的方针——百花齐放、百家争鸣。1956年4月28日在中央政治局扩大会议的总结讲话中,毛泽东就指出:"艺术问题上的百花齐放,学术问题上的百家争鸣,我看应该成为我们的方针","讲学术,这种学术也可以讲,那种学术也可以讲,不要拿一种学术压倒一切。你讲的如果是真理,信的人势必就会越来越多"。① 5月2日,在最高国务会议第七次会议上,毛泽东正式宣布了"百花齐放、百家争鸣"的方针。他说:"现在春天来了嘛,一百种花都让它开放,不要只让几种花开放,还有几种花不让它开放,这就叫百花齐放。百家争鸣,是说春秋战国时代,二千年以前那个时

---

① 《毛泽东文集》第7卷,北京:人民出版社,1999年,第54—55页。

候,有许多学派,诸子百家,大家自由争论。现在我们也需要这个。……在《中华人民共和国宪法》范围之内,各种学术思想,正确的、错误的,让他们去说,不去干涉他们。……有那么多的学说,那么多的自然科学学派。就是社会科学,也有这一派、那一派,让他们去谈。在刊物上、报纸上可以说各种意见。"

1957年2月,毛泽东在《关于正确处理人民内部矛盾的问题》的报告中再次强调:"百花齐放、百家争鸣的方针,是促进艺术发展和科学进步的方针,是促进我国的社会主义文化繁荣的方针。艺术上不同的形式和风格可以自由发展,科学上不同的学派可以自由争论。利用行政力量,强制推行一种风格,一种学派,禁止另一种风格,另一种学派,我们认为会有害于艺术和科学的发展。艺术和科学中的是非问题,应当通过艺术界科学界的自由讨论去解决,通过艺术和科学的实践去解决,而不应当采取简单的方法去解决。"①

在"以苏为鉴,走自己发展道路"这个总的思想的指导下,中国高等教育也开始了扭转全盘苏化的改革进程,但是这个过程很快就出现了曲折。1958年5月中国共产党的八大二次会议提出社会主义建设总路线之后,没经过认真的调查研究,就轻率地发动了"大跃进"运动。"大跃进"中忽视客观规律、急躁冒进的问题也反映到了高等教育的发展中:一方面,高等学校数量盲目扩大,使得办学质量下降较大;另一方面,专业设置盲目增加,又使得高等教育人才培养口径不合理地收窄。

为了纠偏,1961年9月教育部印发了《中华人民共和国教育部直属高等学校暂行工作条例(草案)》,即"高校六十条",在学科设置上,要求"高等学校的专业设置,应根据国家的需要、科学的发展和学校的可能条

---

① 《毛泽东文集》第7卷,北京:人民出版社,1999年,第229页。

件来决定。专业设置不宜过多,划分不宜过窄。每个学校应该努力办好若干重点专业。专业的设置、变更和取消,必须经过教育部批准"。1963年9月经国务院批准发布了《高等学校通用专业目录》和《高等学校绝密和机密专业目录》,这两个专业目录根据"宽窄并存,以宽为主"的原则,一是将1962年已经增加到的627种专业压缩到432种,二是适当调整了一些专业的培养目标。虽然没有完全解决专业过窄的问题,但是作为1949年以后第一个由国家统一制定的高等学校专业目录,还是较好地适应了当时社会经济文化发展的需要,以其较齐全的专业种类设置为以后的进一步补充完善奠定了基础。

1966年发生的"文化大革命"中断了中国高等教育在调整改革中的发展进程。"文革"期间,教育和其他领域一样,受到了严重的破坏,遭遇了严重的挫折。

第五个转变时期:从重新起步到跨越式发展。

1978年12月召开的中国共产党的十一届三中全会,正确总结了"文化大革命"的经验教训,停止了"以阶级斗争为纲"的方针,确立了经济工作的中心地位,开始实施改革开放,在拨乱反正、开创中国特色社会主义道路的过程中,中国高等教育的发展迎来了前所未有的大好机遇。1977年,受"文化大革命"冲击而中断了十年的中国高考制度得以恢复,中国高等教育在"回归"中重新起步。一些在历史上被错误取消的学科如社会学、政治学等得以恢复重建。

1983年10月1日,邓小平为北京景山学校题词"教育要面向现代化,面向世界,面向未来",为整个中国教育的发展指明了方向。1985年,中共中央《关于教育体制改革的决定》指出,"高等教育的结构,要根据经济建设、社会发展和科技进步的需要进行调整和改革",提出要解决"专业设置过于狭窄"问题,这就需要逐步消减和改造一些陈旧落后的专业,增加和创立一些具有重要前沿性和现实性的专业。"如何进行"成为高等学校专业设置的重要课题。20世纪80年代中后期,为了整合资源,中国一些规模较大的高校在学科组织的构建上开始突破"系—教研室"的模式,恢复和创建学院。1998年《中华人民共和国高等教育法》的颁布进一步扩大了高校的自主办学权。为了改变长期以来学科管理条块分割的问题,教育部在推动高校管理体制的改革中进行了自1952年院系调整以来的新一轮大规模院系调整,通过共建、合作、合并等形式,重组了一批高校特别是综合性大学。与此相适应,改革开放以来,高等学校专业目录进行了多次调整,2000年以前有三次较大幅度的调整。

第一次是1987年的调整,这次调整的重点是解决"文化大革命"十年的耽误和改革开放初期匆忙上马分别造成的专业缺口和专业混乱问题,专业总数从1982年的1343种减少到671种,其中人文社会科学214种,理工科325种,农林75种,医药57种。恢复和增设了文科、财经、政法类中一批长期比较薄弱的专业,加强了一些如管理类的新兴、交叉、边缘学科的专业。通过专业目录修订,明确了专业划分与设置的基本原则。这是1963年9月发布《高等学校通用专业目录》后第二次对高校专业目录的全面修订,解决了"文化大革命"所造成的专业设置混乱的问题,专业名称和专业内涵得到整理和规范。

第二次是1993年的调整,这次调整的重点是解决专业归并和总体优化的问题,全部专业分为哲学、经济学、教育学、文学、历史学、理学、工学、农学、医学等十大门类,下设71个二级学科。经过调整,专业总数从之前的813种压缩至504种,其中含有56种跨学科门类的专业,形成了体系完整、统一规范、比较科学合理的本科专业目录。

第三次是1998年的调整,这次调整的重点是改变过去过分强调"专业对口"的教育观念和模式,按照"科学、规范、拓宽"的原则,本科专业目录的学科门类调整为11个，专业类为71个，增设了管理学门类，专业种数由504种调减到249种，其中跨学科门类专业31种。这次调整的力度较大，为培养面向21世纪需要的复合型、创新型高层次专门人才做了准备。

进入21世纪以后，比较大的是2012年的调整，这次调整的重点是要适应中国经济社会可持续发展的需要，按照科学规范、主动适应、继承发展的原则，经过分科类调查研究、专题论证，将学科门类分为哲学、经济学、法学、教育学、文学、历史学、理学、工学、农学、医学、管理学、艺术学12个，新增了艺术学学科门类，专业类由修订前的73个增加到92个；专业由修订前的635种调减到506种，推进了学科布局的总体优化配置。

二

改革开放四十年来中国高等教育学科专业的调整，是中国高等教育走向世界强国的客观要求，贯穿在这个调整中的根本问题是培养什么人，怎样培养人，需要处理好的基本关系主要有五个：一是政治与学术的关系，这里涉及的是马克思主义对学术研究的指导问题；二是中学与西学的关系，这里涉及的是古今中外的问题；三是"通才"教育与"专才"教育的关系，这里涉及的是人才培养的知识结构问题；四是基础性研究与应用性研究的关系，这里涉及的是学术发展"源"与"流"的问题；五是专业性研究与跨学科研究的关系，这里涉及的是学问的深度与广度以及新的知识成长点的问题。推动这种调整的基本力量主要来自三个方面的现实需要：一是中国特色社会主义经济、政治和文化发展的现实需要；二是世界科技进步和现代化进程的现实需要；三是世界高等教育发展的现实需要。从总的趋势上看，中国高等教育在调整中对五个基本关系的认识是越来越趋向于辩证综合,而不是简单地肯定一个方面、否定另一个方面。

这些调整,既存在于自然科学学科,也存在于哲学社会科学学科,从调整的内容和形式上看,哲学社会科学学科的调整更为突出,这主要在于:第一,从历史上看,中国高校学科建设的一个重要问题是走出"中体西用"的束缚,融通古今中西,哲学社会科学一马当先,改革开放推进了这种进程,提出了新的要求;第二,从实践上看,改革开放以来中国社会在历史性转型的过程中呈现了大量社会矛盾和社会问题,需要哲学社会科学加以研究和回答;第三,从学科关系上看,自然科学的发展出现了越来越多的关于人的生存价值等问题,要求哲学社会科学予以诠释。

恩格斯讲过:"社会上一旦有技术上的需要,则这种需要会比十所大学更能把科学推向前进。"自然科学如此,哲学社会科学也是如此,以法学的发展为例,党的十一届三中全会完成了指导思想上的拨乱反正以后,工作重点转移到社会主义现代化建设上来,法制在国家与社会治理体系中的重要性被充分认识。① 十一届三中全会公报指出:"为了保障人民民主,必须加强社会主义法制,使民主制度化、法律化,使这种制度和法律具有稳定性、连续性和极大的权威,做到有法可依,有法必依,执法必严,违法必究。"在新的观念体系、制度环境和建立社会主义市场经济的改革开放实践中,一方面,持续性的社会主义法制建设全面展开,大量的基本法律陆续得以制定。从1978年全国生效的法律(包括宪法)只有8部到2018年国家层面的法律262部、行政法规680部、地方性法规8000部、政府的规章11000部,形成了一个覆盖众多社会生活领域的以

---

① 参见陈甦:《当代中国法学的历程:〈当代中国法学研究〉导论》,《中国社会科学院研究生院学报》2010年第6期。

宪法为基础、以七个部门法为分支的完整的中国特色社会主义法律体系,用四十年的时间走完了西方用三百多年才走完的立法道路;另一方面,中国法学摆脱了对苏联法学的理论依赖,也走出了原有的政治学结构,开始作为一个独立的理论体系和一门独立的专业学科走上自己的路。在澄清了法的阶级性与法的其他属性之间的关系、脱离了"以阶级斗争为纲"的基本研究范式之后,中国法学确立了自身的研究对象、逻辑起点、推演方法与展开路径,逐渐形成了与中国的法制实践和法制建设相适应的法理学、宪法学、行政法学、刑法学、民法学、经济法学、诉讼法学、环境法学等基本的二级学科、众多的三级学科和许多边缘交叉学科组成的枝形学科体系,文献引证、学术批评、学术评审、学术道德等规范化程度不断提升。全国 630 多个法学院系的建立,200 多种法学期刊的出版,大量法律实用人才和法学研究人才的培养,为依法治国、推进中国的现代化事业提供了重要的理论支撑和人才支撑。

邓小平指出:"我们要赶上时代,这是改革要达到的目的。"改革开放四十年来,随着中国经济的快速发展,高等教育实现了跨越式的发展。教育部的数据显示,1978 年,中国的高等教育毛入学率只有 1.55%,1988 年为 3.7%,1999 年高校扩招后,2001 年毛入学率达到 11%,2014 年,在校生规模达到 3559 万人,居世界第一,毛入学率达到 37.5%,2017 年在校生规模 3779 万人,毛入学率达到 45.7%,2018 年高等教育在校生规模达到 3833 万人,毛入学率 48.1%。按照目前国际上比较公认的看法,中国的高等教育已经进入大众化阶段,这是中国实行科教兴国战略、优先发展教育的大政方针的历史结果。高等教育的发展提高了全民族素质,推进了科技创新、文化繁荣,为经济发展、社会进步和民生改善做出了重大贡献,是中国实现从人口大国向人力资源大国转变的重要途径。

三

未来的发展,在实现现代化的总体要求下,中国教育发展的方针是,以育人为本作为教育工作的根本要求,以改革创新作为教育发展的强大动力,以促进公平作为国家基本教育政策,以提高质量作为教育改革发展的核心任务,加快解决经济社会发展对高质量多样化人才需要与教育培养能力不足的矛盾、人民群众期盼良好教育与资源相对短缺的矛盾、增强教育活力与体制机制约束的矛盾,完善中国特色社会主义现代教育体系,办好人民满意的教育,建设人力资源强国。

对于中国高等教育来讲,在教育改革中提高质量具有特殊的意义,关系到高素质高层次人才的培养。为了带动全局工作,国家启动了"双一流"即建设世界一流大学和一流学科的规划,这是继"211工程""985工程"之后的又一国家战略,旨在提升中国高等教育综合实力和国际竞争力,为实现"两个一百年"奋斗目标和中华民族伟大复兴提供有力支撑。

"双一流"的基础是一流学科建设,没有世界一流的学科,就没有世界一流的大学。从哲学辩证法的观点讲,任何命题都是一般与个别的统一,"世界一流"也是如此,只有具体的"世界一流",没有抽象的"世界一流"。在中国要建成世界一流的高校和世界一流的学科,必须从中国的实际出发,具有中国的特色。中国高校的学科建设,从最初的清末学欧洲,然后学日本,到民国逐渐转向学美国,1949年以后从最初学苏联,到重新借鉴美欧,一路走来,几经磨难,在否定之否定以后还是回到了自我。

学科的底蕴是学术,中国学术古来就有着高度的自觉和自信,"为天地立心,为生民立命,为往圣继绝学,为万世开太平"是中国知识分子的学术志向和传统。鸦片战争以后,这个学术志向和传统融入了民族复兴的大业,成为教育兴国、知识报国的自觉意识。中国高校的学科建设历史,形式上是学科设置规划的调整变化,内容上却是中国学术的砥砺前行,学习和借鉴外来的东西,实现的还是中国学术的自我发展。

改革开放四十年来,中国政治、经济、文化发生了巨大变化,习近平总书记在庆祝改革开放四十周年大会上指出:"改革开放是我们党的一次伟大觉醒,正是这个伟大觉醒孕育了我们党从理论到实践的伟大创造。改革开放是中国人民和中华民族发展史上一次伟大革命,正是这个伟大革命推动了中国特色社会主义事业的伟大飞跃!"这场伟大觉醒、伟大革命、伟大飞跃为中国高校的学科建设特别是哲学社会科学的学科建设开辟了新的发展道路。一方面,改革开放这场中国历史上最为广泛而深刻的社会变革和人类历史上最为宏大而独特的实践创新,给哲学社会科学的理论创造、学术繁荣提供了强大动力和广阔空间;另一方面,改革开放所敞开的思想解放视域使中国高校的哲学社会科学学科建设能够更深入地了解世界高等教育的历史与现状、问题与挑战、特点与规律,在路径选择上有了更多的机会和机遇。

面向未来,我们既需要只争朝夕的精神,也需要任重道远的定力。习近平总书记在哲学社会科学工作座谈会上指出:"面对新形势新要求,我国哲学社会科学领域还存在一些亟待解决的问题。比如,哲学社会科学发展战略还不十分明确,学科体系、学术体系、话语体系建设水平总体不高,学术原创能力还不强;哲学社会科学训练培养教育体系不健全,学术评价体系不够科学,管理体制和运行机制还不完善;人才队伍总体素质亟待提高,学风方面问题还比较突出,等等。总的看,我国哲学社会科学还处于有数量缺质量、有专家缺大师的状况,作用没有充分发挥出来。

改变这个状况,需要广大哲学社会科学工作者加倍努力,不断在解决影响我国哲学社会科学发展的突出问题上取得明显进展。"

解决这些前进中的问题,一是要坚持马克思主义的指导,因为人类社会至今仍然生活在马克思所阐明的发展规律之中。实践证明,无论时代如何变迁、科学如何进步,马克思主义依然显示出科学思想的伟力,依然占据着真理和道义的制高点。因此,要探索人类社会发展前景,我们必须向马克思求教,以现实问题为导向,努力揭示我国社会发展、人类社会发展的规律和趋势。二是要传承中华优秀传统文化,因为它是我们国家和民族的精神血脉和文化基因。历史和现实都表明,一个抛弃了或者背叛了自己历史文化的民族,不仅不可能发展起来,而且很可能上演一场历史悲剧,因此,要加强对中华优秀传统文化的挖掘和阐发,使中华民族最基本的文化基因与当代文化相适应、与现代社会相协调,把跨越时空、超越国界、富有永恒魅力、具有当代价值的文化精神弘扬起来,推动中华文明创造性转化、创新性发展。三是要吸取世界所有国家哲学社会科学取得的积极成果,因为社会主义、共产主义本身就是世界历史的产物,只有站在时代潮流前列,才能使社会主义保持生机活力,而只有广泛吸取人类文明的积极成果,才能站在时代潮流的前列。人类思想史告诉我们,任何一种文化的长足发展,都离不开人类文明发展的大道,离不开对其他文化的吸取和借鉴,因此,既要坚持古为今用,也要坚持洋为中用,不忘本来、吸收外来、面向未来,对一切有益的知识体系和研究方法,都要研究借鉴,不能采取不加分析、一概排斥的态度。

习近平总书记在哲学社会科学工作座谈会上还指出:"当代中国的伟大社会变革,不是简单延续我国历史文化的母版,不是简单套用马克思主义经典作家设想的模板,不是其他国家社会主义实践的再版,也不是国外现代化发展的翻版,不可能找到现成的教科书。我国哲学社会科学应该以我们正在做的事情为中心,从我国改革发展的实践中挖掘新材料、发现新问题、提出新观点、构建新理论,加强对改革开放和社会主义现代化建设实践经验的系统总结,加强对发展社会主义市场经济、民主政治、先进文化、和谐社会、生态文明以及党的执政能力建设等领域的分析研究,加强对党中央治国理政新理念新思想新战略的研究阐释,提炼出有学理性的新理论,概括出有规律性的新实践。这是构建中国特色哲学社会科学的着力点、着重点。一切刻舟求剑、照猫画虎、生搬硬套、依样画葫芦的做法都是无济于事的。"

当前,经济全球化、政治多极化、文化多样化正在持续发展,新的科技革命所展现出的巨大潜力正在孕育世界高等教育新的理念和新的改革,认真回顾和总结中国哲学社会科学学科建设改革开放四十年以来走过的道路,对于我们规划未来,必然大有裨益。从中国的实际出发,抓住机遇、迎接挑战、守正创新,努力构建中国哲学社会科学的学科体系、学术体系、话语体系,是民族复兴和现代化事业赋予中国哲学社会科学工作者的历史使命,我们应当承担起这份历史责任。

为此目的而组织撰写的"改革开放四十年与中国社会科学丛书",涵盖法学、政治学、社会学、国际政治与国际关系学、新闻传播学、图书馆情报与档案管理学、马克思主义理论、教育学、经济学、人口学等社会科学学科,由郝平、林建华、高松任总顾问,王博、杨河任主编,杨河兼任编委会主任。十卷本的具体组织撰写者为:《中国法学四十年》(张守文)、《中国政治学四十年》(俞可平)、《中国社会学四十年》(张静)、《中国国际政治与国际关系学四十年》(贾庆国)、《中国新闻传播学四十年》(陆绍阳)、《中国图书情报学四十年》(李广建)、《中国马克思主义理论四十年》(孙熙国)、《中国教育学四十年》(陈晓宇)、《中国经济学四十年》(姚洋)、《中国人口学四十年》(郑晓瑛)。

由于能力所限,呈献给读者的文稿与我们的初衷会有不小差距,不足之处在所难免,请大家不吝赐教。

2018 年 12 月 17 日

目　　录

第一章　中国法学研究格局的流变 …………………… 苏　力　1

第二章　法学研究的社会科学转型 …………………… 陈瑞华　36

第三章　中国刑法学研究四十年 ……………………… 陈兴良　67

第四章　理解当代中国刑法教义学 …………………… 车　浩　122

第五章　市场观念与中国民法理论模式 ……………… 薛　军　192

第六章　改革开放与中国经济法的制度变迁 ………… 张守文　224

第七章　中国经济法学四十年：回顾与展望 … 邓　峰　张　巍　252

第八章　中国民事诉讼法学发展四十年 ……………… 傅郁林　306

第九章　中国司法研究四十年 ………………………… 侯　猛　357

参考文献 …………………………………………………………　400

后　记 …………………………………………………… 张守文　406

第一章　中国法学研究格局的流变

苏　力*

> 一个新的科学真理的获胜,并非因其说服了对手,幡然猛醒,更多因对手终已老去,而熟悉新真理的新一代已长大成人。①
>
> ——麦克斯·普朗克

本篇并非一篇必要的文字。

十多年前,针对世纪之交中国法学的发展,我在一篇文章中概括并粗略分析了当时中国三种比较显著的法学研究传统:注重政治意识形态话语的政法法学,注重法律适用、解决具体法律纠纷的注释法学,以及借鉴社会科学的经验研究方法、试图发现制度或规则与社会生活诸多因素之间相互影响和制约的社科法学。我断言:

---

* 苏力,北京大学法学院天元讲席教授,长江学者,博士。
① Max Planck, *Scientific Autobiography and Other Papers*, trans. by F. Gaynor, New York: Philosophical Library, 1949, pp. 33 - 34.

随着中国社会的发展变化,……政治话语派在狭义上的法学研究中的显赫地位会逐步被替代,事实上已经基本被取代,尽管这一派所关注的问题并不一定会在社会中被湮灭。这一派所起到的社会功能有可能将为更多的非法律职业的知识分子所扮演,由社会活动家来扮演,而不是由学术法律人或实务法律人来扮演。因此,在这个意义上,并且也仅仅是在这个意义上,政法法学将逐渐在当代中国法学的舞台上随着中国社会的发展而隐退,随着法学研究的日益专业化而隐退,且仅仅是"隐退"而已。政治标签的翻新、自我排队和给他人排队的做法在法律学术界会变得越来越没有意义。但是,隐退并不意味着政法学派没有价值,而只是说,它已经基本完成了其历史使命……

在未来中国法学中起主导作用的更可能是诠释法学和社科法学。但是,这两派在社会中所起到的作用是不同的。对于法治和法学的发展来说,它们的功能是互补的,尽管它们之间不无可能产生激烈的、有时甚至是意气化的争论。①

今天的中国法学当然有了很大变化,但基本格局并没有、也不可能有什么重大变化——重大到需要并值得另行撰文分析。然而,2014年的两个会议促成了本文:"社科法学与法教义学对话会"(武汉,2014年5月31日—6月1日),以及"2014年两岸四地法律发展学术研讨会"(台北,2014年6月18—19日)。

交代写作背景,表明本文是另一种命题作文,缺乏集中的学术问题

---

① 苏力:《也许正在发生——中国当代法学发展的一个概览》,《比较法研究》2001年第3期。

提炼，因此注定学术意义不足。

也正因为这一自我警醒，我才需要避免托词，认真撰写本文，力求以更多学术思考的"干货"来消除或弱化会议激素留下的早产，即便不可能完全弥补其先天的孱弱，也要令它尽可能获得"脱会议"的、独立的学术智识意义。文章自然还要涵盖这三个所谓流派，但过去十多年来，发表的论文和著作太多了，没有人有能力，其实也不值得，哪怕仅仅全都浏览一遍；这意味着，即便想从宏观上粗略勾勒这些年来中国法学研究的状况，也注定不可能。而且这类描述，若仅仅是描述，即便有资料意义，也没有任何学术意义。我必须从中发现还有些学术意味的问题，做些许理论性分析，对之前某些论断予以调整或限定。这不仅需要重新选择学术争点问题，也还要围绕这些争点来重新结构本文。

但这种努力的优点却会是另一些读者眼中的一个弱点：仅仅以我对相关学术研究的了解程度，简单勾勒当下中国法学的格局，并且是以对我最便利的方式。这种勾勒一定偏颇，一定不公正，因为我的立场和偏见，因为我毫不掩饰的对经验研究、社科法学的偏爱，对法教义学的质疑和怀疑。但这种有偏见的立场其实是任何人写作时毫无例外的境地。我们注定无法作为真理代言人来到这个世界，即便打算扮演神谕者，那也只是扮演。因此我欢迎批评。

一、浴火重生的政法法学，以及为何？

在法学研究中，传统上地位显赫的政法法学确实已经衰落。这个衰落不只是法律学人的更替，也不全是原先有较重政治意识形态意味的专业（"法理"）的转型，最重要的标志其实是，曾构建政法法学的、引发过长期热烈争论的问题，如法律的刀制水治或阶级性和社会性问题，如今都不再作为学术问题为法律学人关注。①尽管如今的法律学人仍会关心一些有政治实践意味的命题,但都不是冒充为学术。如库恩所言,科学革命带来的范式转换会完全改变常规的研究。

但我的话只说对了一半,甚或只有三分之一。首先,尽管当年我已预感,政法法学有可能阵地转移,从学界转向社会,从法学圈内的政治意识形态话语转为公共话语,但我还是严重低估了这一转变。就在我预测之际,一个重要的社会现象是,公共知识分子的兴起,②一些相对年轻、更自由派的法律人和法学人迅速转化为法律公共知识分子,政法法学的一些关键词和理念,通过他们,而不是通过我预言的"非法律职业的知识分子"或"社会活动家",通过数量日益增多且总体来说趋于宽松的各类公共媒体,起初主要是报纸和周刊,后来则有了更为便利的博客甚或微博这类自媒体,针对或创造公众关注的政治法律事件,很快在整个社会普及了,也影响了中国社会的法治实践。尽管如何评价法律公共知识分子的这类影响,会因评论者的视角和意识形态倾向不同而不同。

但无论如何,由于阵地转移了,政法法学对法律学术的影响总体上是日渐式微。在校园内,最多只是在大学本科甚至新生中,它还有些许影响。但这究竟说明了什么,却还是可能给出不同的解释。一种解释会是,政法法学主张的一些核心观念如法治和权利等已深入人心,已经成为中国法学的共识甚或背景知识,乃至令其在学界变得寂寞起来,波澜不惊了。而另一种解释则是,由于意识形态化和教条化,缺乏足够的思想和学术深度,政法法学已经边缘化了。

但学术影响的衰落只是一回事,甚至从社会角度来看是相对不重要

---

① 参见凌斌:《中国法学时局图》,北京:北京大学出版社,2014年。
② 参见苏力:《遭遇哈姆雷特》,《读书》2002年第5期;该文是波斯纳著《公共知识分子——衰落之研究》中文版(徐昕译,北京:中国政法大学出版社,2002年)的代译序。

的一回事,重要的是,政法法学对中国当代的政治法律实践仍然保持了一定影响。事实上,法律公知的社会影响力和知名度普遍甚至远远高于法律的"专业"知识分子。而仅此一点就可以解说,也可以推断,法律公共知识分子一定后继有人,一定会有人乐此不疲。

与偏"右"的法律学人的日益非学术化趋势发展的同时,过去十多年来,法学界出现了显著的意识形态的分殊,出现了一些学术研究的政治倾向显著"左倾"的法律学人。但有别于昔日无论左右的政法法学人士的是,这些"左倾"学人可以说重新构造了政法法学;他们以智识和学术获得了相当数量的读者,引发了至少一部分法律人对当代中国社会的一系列法律问题的重新思考,从而大大拓展了法学学术背后的意识形态频谱和格局。这是我错失的另一个三分之一。举两个例子。

冯象 2003 年出版的《政法笔记》以近乎冷酷的眼光从政法的视角考察了当代中国法律的实践,将中国法学界 25 年来一直全力回避的"政法"这个词重新打造,使之成为一种重要的且很有智识意味的学术考察视角。他犀利地指出,今天中国的"法律……在努力学习争取成为资本的语言和权势的工具";他认为"法治本身,……不可避免地充满了伦理疑问","本质上是一种权力话语重写历史、以程序技术掩盖实质矛盾的社会控制策略"。①

冯象的法律专长其实是知识产权法。即便如此,他的知识产权法律观也完全有别于通常意义上的部门法学者。例如,他认为互联网的出现,已经令诸多知识产权成为"孔雀的尾巴"——美丽的累赘;他因此预言了知识产权的终结(the end of intellectual property)。②

---

① 冯象:《政法笔记》,南京:江苏人民出版社,2004 年,"弁言"、第 168 页。
② See Feng Xiang, "The End of Intellectual Property: Challenges beyond the 'China Model'," *International Critical Thought*, vol. 2, no. 1 (March 2012), pp. 99–106.

托克维尔的一个获得广泛赞同的经典观点是必须将政治问题转化为法律问题才可能进入美国司法,①而冯象在《国歌赋予自由》一文中针对罢工权问题,研究指出,在当下中国,许多法律问题必须先转化为政治问题方才可能进入司法。② 而有不少例证支持了他的这个结论。

冯象其实是一位严肃深刻的学人,涉猎极为广泛,任教清华法学院,却很难说法律是他的专业,最多是他的专业之一,并不是其主要关注。在他的研究中,法律居于颇为次要的地位,更显著的是他的政治学、伦理学和社会关切,是他的文学、西学乃至古典(《圣经》)研究等。③

在宪法学界,近年来,政治宪法学开始显著,同规范宪法学在学术追求上针锋相对;在一定意义上,或可视政治宪法学为宪法学研究中的政法法学。但无论是政治宪法学者还是规范宪法学者,都太多拷贝或复述了外国的研究,与当代中国其实是有点隔膜的。相比之下,强世功的几篇论文反而显得比较突出,主要汲取了德国学者卡尔·施密特(Carl Schmitt)的政治哲学和宪法思想,强世功在这些文章中集中讨论了中国近代"党国"体制的政治实践,展开了有一定深度的分析和阐述。④

党国问题在近代中国是有历史的,最早也许是我将之纳入法学话语的,在回应美国学者阿帕汉的一个书评中。⑤ 我将之视为现代中国的民

---

① 参见[法]托克维尔:《论美国的民主》(上),董果良译,北京:商务印书馆,1991年,第310页。
② 参见冯象:《国歌赋予自由》,《北大法律评论》第15卷第1辑,北京:北京大学出版社,2014年。
③ 关于冯象的学术,我曾有过较为系统的分析讨论。参见苏力:《经意与不经意之间》,苏力主编:《法律书评》第4辑,北京:北京大学出版社,2006年。
④ 强世功:《中国宪法中的不成文宪法》,《开放时代》2009年第12期;强世功:《中国宪政模式?——巴克利对中国"单一政党宪政国"体制的研究》,《中外法学》2012年第5期;强世功:《白轲论中国的党国宪政体制》和《如何探索中国的宪政道路?》,两文均见于《开放时代》2014年第2期。
⑤ See Frank K. Upham, "Who Will Find the Defendant if He Stays with His Sheep? Justice in Rural China," *Yale Law Journal*, vol. 114, no. 7 (May 2005), pp. 1675–1718.

族国家重建(the constitution or reconstitution of China as a modern nation-state)的一个重要经验现象和政治制度实践,是近代中国的一个重要制度创造。① 我的分析很快获得了美国以及其他西方学者的关注。② 强世功试图进一步开发这个概念,使之成为一个具有规范意义的宪制或政体概念,并引发了美国学者白柯(Larry Catá Backer)的关注,以及他们之间的对话。③

但在时下中国法学界,占主流的是宪法学者,无论是规范宪法学者还是政治宪法学者。在他们看来,只有自由主义的、三权分立的、有司法审查的宪法政体才是规范的,也是普世的,党国政体或体制不但不可接受,而且注定是不值得研究的。即便在社会主义宪政学派学者看来,党国体制也是必须以社会主义宪政和法治改造的。因此,目前并没有自由派或其他宪法学人就此展开什么学术讨论,偶尔听到的只是一些诛心之论了。"寂寞开无主",无言是最大的轻蔑;在一些学人看来,视而不见或许是最佳的学术应对策略。从福柯的权力观来看,这其实从来就是学术中的重要权力策略之一,并因此也算得上政法法学的实践之一种。

---

① 参见苏力:《中国司法中的政党》,苏力主编:《法律和社会科学》第1卷(创刊号),北京:法律出版社,2006年。英文版则请参见 Zhu Suli, "Political Parties in China's Judicary," *Duke Journal of Comparative & International Law*, vol. 17, no. 2 (2007), pp. 533 – 560.
② 此文英文版被先后收入下列英文书籍中。"'Judicial Politics' as State-Building," in Stephanie Balme and Michael W. Dowdle, eds., *Building Constitutionalism in China*, London: Palgrave Macmillan, 2009, pp. 23 – 36; "The Party and the Courts," in Randall Peerenboom, ed., *Judicial Independence in China*, Cambridge: Cambridge University Press, 2009, pp. 52 – 68; "Political Parties in China's Judiciary," in Perry Keller, ed., *The Citizen and the Chinese State*, Surrey: Ashgate Publishing, 2012, pp. 533 – 560.
③ 参见[美]白柯:《强世功对"不成文宪法"以及中国宪政秩序的研究》,以及《创建发展一套健全的中国宪政理论——强世功有关中国宪政形式主义与合法性问题的论述》,均载于《开放时代》2014年第2期。

强世功的研究在我看来,总体上是断言多于分析、立场强于论证。然而,无论其倾向如何,结论如何,政治正确与否——符合或不符合哪位读者的先期判断,这些文章都毫无疑问触及了近代中国政治法律宪制的一些重大问题。不管个人好恶,党国体制不仅仅是在 1949 年之后,而且在 1927—1949 年,起码是塑造现代中国甚至是令其得以发生成长的最基本和最核心的制度。鉴于这方面的学术研究空白,它可能为中国的或一般的宪法/制研究提供新的视角和新的刺激。这需要将党国问题置于近现代中国民族国家发生和建设的宏大国际和社会语境下,需要对中国现代政治历史和政治实践的了解和洞察,需要更为细致的经验研究。而这不大可能仅仅,甚或主要诉诸作者本人更偏好的政治哲学或理论辨析和推演。

政法法学的这段很容易为人忽视的历史变迁给人以启发。我不曾相信意识形态可能终结,却曾相信完全可能严格区分学术与意识形态,并因此相信随着学术发展和法学研究的职业化和专长化,政法法学会退出历史舞台。但 15 年来中国法学发展的经验令我觉悟,这注定只会是我一厢情愿。法学研究很难避免意识形态的影响,更难避免人们对法学研究作品作政治意识形态的理解;重要的是意识形态倾向也并不自动决定研究之水准高下,①即便这可能影响读者喜欢或不喜欢或哪些读者喜欢——而读者的喜欢或不喜欢往往受读者的意识形态影响,而不是因为

---

① 马克思、凯恩斯在西方经济学界都受到了严肃批评甚至彻底清算。但马克思和凯恩斯都如马克思笔下的那个在欧洲(如今已不只欧洲)徘徊的幽灵,不时来骚扰经济学界。关于马克思,请看,Thomas Piketty, *Capital in the Twenty-First Century*, trans. by Arthur Goldhammer, Cambridge: Harvard University Press, 2014. 关于凯恩斯,请看,Gregory Mankiw, "What Would Keynes Have Done?" *New York Times*, November 28, 2008; Richard A. Posner, "Keynes and Coase," *Journal of Law and Economics*, vol. 54, no. 4 (November 2011), pp. S31-S40.

读者没有意识形态!

但值得提问的是为什么会是如此?政法法学之所以可能浴火重生,根本原因或许在于,尽管人们都生活在这个社会中,生活在这个世界上;但由于利益、社会地位、教育甚或仅仅是偏好不同,人们就一定会有"道不同"的艰难处境。即便我们可能分享一些被视为"普世价值"的语词,如"善恶"等,我们也很难分享这些词所指向的具体的人和事。关于什么是好的、可欲的,社会一定会并永远会有不同判断;即便种种都可欲,这种种可欲在人们各自的或各自不同时期的计算公式中,权重也一定会不同。不作死就不会死,道理都懂,但人类有时就是一种爱"作"的动物——因为他的利益和偏好会随着各种境况的改变而改变,他们就没法不折腾。即便在一些问题上此刻有重叠共识,但在另一些问题上,或在另一时间和地域,可能就无法获得共识,只能"不相为谋",最多也只能"和而不同"。

而人类的许多禀赋在如今的市场经济和传媒条件下有时也会变得意义重大了,因为市场和传媒会极大地放大人的某些自然禀赋或能力或机遇的差别,放大与这些差别相伴而来的经济和社会后果。在这种状态下的人们就一定会提出各种根据和理由,要求"损有余而补不足",要求社会资源的各种形式和名号的重新分配,很难坚持只是"多劳多得,按劳分配""按资分配",或只是由企业家获得创业的全部风险剩余,或福利国家,或其他。注意,这里的问题是我们没法找到一个能说服一切人接受并自觉遵循的应当或不应当,各种"应当"会在现代社会中不断被塑造出来,以各种根据和理由。

此外,无论怎样努力,也一定会有国家和民族的政治经济文化利益的分歧,一定会有认同的分别。

正是因为这一切,政法法学的重生,就是必然的、注定的,是迟早的。

但这丝毫不意味,我也反对,把政治态度或立场本身当成政法法学,它还必须是学术的,而不是只有姿态,不是伪学术,它必须给法学研究带来新的刺激或新的可能。

而只要不在经验事实上有错,或有意扭曲,你也还很难说这些受意识形态影响和塑造的话语和结论谁对谁错,更难令对方信服自己错了。即便是硬邦邦的经验事实,对于不同的人来说,意义也完全不同;因为,如尼采所言,"没有事实,只有解释"①。许多法学的问题将注定有强烈的意识形态意味,争论不清,化解不了。也许结果只能是,少数派给多数派让道;但如詹姆斯·斯蒂芬所言,那也不是因为少数派知道自己错了,而是他们知道自己是少数!②

二、法教义学与社科法学的边界流变

在多年苦苦追求之后,当年以传统刑法和民法为典型的诠释法学或注释法学,如今在国际的学术语境中找到了自己的位置,将自己同德国接了轨,更多自称法教义学、规范法学,有的则译为法律信条论,是以法律的教义/信条(Dogma)为核心意念展开的理论话语,以康德的权威说法则是"纯粹理性在现有理论架构上运作,而为现行批判它自身的能力"③。

如果仅仅是以教义、信条或概念为中心展开的法学话语,也好理解,

---

① Friedrich Nietzehe, *The Will of Power*, trans. by Walter Kaufmann and R. J. Hollingdale, New York: Vintage Books, 1968, p. 267.
② See James Fitzjames Stephen, *Liberty, Equality, Fraternity: And Three Brief Essays*, Chicago: University of Chicago Press, 1991, p. 70.
③ 转引自[德]阿图尔·考夫曼:《法律哲学》,刘幸义等译,北京:法律出版社,2011年,第12页。

也不会有其他什么麻烦。只是,有一些学者将法教义学全等于或几乎全等于法释义学或法解释学,而这个法解释学又宽大到几乎在任何条件下都可以作目的性解释,在刑法中甚至包括极为宽泛的刑事公共政策,乃至已经无所谓什么必须信守的教义,麻烦就来了,因为这时,无论谁说法教义学,没有人能大致确定地知道他究竟指什么。例如,有学者将法教义学等同于除法社会学、法史学之外的关于法律司法适用的一切法学。这种山不厌高海不厌深有容乃大的博大胸怀令人感佩,只是这般界定的法教义学已经消解教义而不知教义为何物,这个概念也就没有了能指的意义,这就没法讨论一些学理问题了。

因此,我在此必须首先界定一下我所说的法教义学是什么,同时也界定一下社科法学,以便让读者清楚,我说的法教义学或社科法学大致是指什么样的法学研究。因此,这里给出的定义都是功能主义的,是初步的,而不是本质主义的。它不代表也不追求获得学界的一致认可,因为不可能;除了各方都有误解。① 甚至读者可以说,我下面给出的界定不过是我自己树起来的一个稻草人,为了便于后面的一系列分析和论述。

我理解的法教义学主要关涉制定法的司法解释,也包括各部门法学界长期奉行的学说,如刑法的犯罪构成理论,民法的意思自治原则和诚信原则等。这是以规范和教义为中心的研究,通常法教义学主张要尽可能避免关注法律的社会实践后果,因为那就会导致实质正义,就不是以

---

① 正如波德莱尔所言:"只因误解,社会方得以运转……如若不幸,人们相互理解了,他们就再也达不成一致了。"(Charals Baudelaire, *My Heart Laid Bare and Other Prose Writings*, trans. by Noman Cameron, London: Soho Book, 1986, p. 201.)看似愤世嫉俗的断言,其实并非;无数青年男女间的恋爱交往,往往是因为他们相互不真正理解,而分手却常常是因为他们相互增进了理解。

法律为中心了;不得已而必须关注时,也只作为考量因素之一纳入司法。

但这种观点如今已经有所改变。例如在刑法中,由于德国学人已不断将法律之外的知识判断吸纳到法教义体系和论证当中,不再仅仅关注教义了;日益增多的中国刑法学人也开始强调将刑事政策整合到刑事教义学中。① 但这种整合的说法也表明,刑事政策考量完全是配角,刑法理论的基本框架和主干是也应当是教义的。法教义学研究中想象的法律解释者是稳定和统一的,通常仅仅是法官或是以法官角色思考的法学人。

相比之下,社科法学是针对一切与法律有关的现象和问题的研究,包括法律制度研究、立法和立法效果的研究,也包括法教义学关注的法律适用和解释,主张运用一切顺手的、有理论解说力且简明的经验研究方法,首先注重甚至集中关注其专业领域的问题(内在视角),并注意利用其他可获得的社会科学的研究成果,因此也包括有根据有理由的常识(外在视角)。社科法学也关注法律适用和解释,但它关注的法律适用者或解释者不局限于传统的法官,常常包括了一切相关案例或纠纷的裁断者,有法院,也有其他适用解释法律并作出决定的行政机构决策者,如证监会、银监会、专利局、反垄断部门、环保局的官员。就此而言,社科法学与法教义学的关注领域有重叠,却不重合。

在关注司法或准司法的法律适用、解释和裁断问题上,两者对事实和规范的关注程度也很不同。法教义学首先关注法律和教义,事实或非常规问题只是法律教义分析必须应对考量的要点之一。几乎完全相反,社科法学则集中关注事实,包括本领域的相关知识、相关制度机构的权

---

① 参见陈兴良:《刑法教义学与刑事政策的关系:从李斯特鸿沟到罗克辛贯通》,《中外法学》2013年第5期。

限、历届政府的政策导向、当下和长期可能的效果、社会福利,甚至影响本领域的最新技术或最新科研发现、眼下的突发事件等,法律、规范和教义在这里是作为事实之一,在法律实践中必须给予足够的关注,却从来不是必须不计代价予以恪守的天条或"教义"。它更注重司法或准司法的系统后果。在这个意义上,社科法学其实拒绝社会效果/法律效果的分别——法律逻辑推导的结论只是推导结论,根本就算不上效果(effect);法律的效果只能是社会效果。而正由于法教义学和社科法学各自将对方的核心考量仅仅作为自己的考量因素之一,就此而言,两者看待法律和世界的方式一定是尖锐对立的。①

在时下中国法学特别是传统的民法(或许主要只是物权,因为诸如侵权和合同这些法律领域的实践,如今也已受到美国法传统的较大影响了),以及传统的刑法研究中,法教义学受到了学者普遍和高度的赞赏,在学术发表和学界关注度上,已是绝对主流和主导。这两个部门法研究的精细程度也确实有很大推进和提高,并影响到了相关的立法。

或许也应当提一下规范宪法学,因为其也自视为法教义学,坚持法教义学的传统。但由于还缺乏有足够影响力的成果,至少目前在学术上还不大成气候,宪法研究的教义学之路能否走得通,也很可疑;至少,中国宪法过去十多年来的几次重大修改,无论是"三个代表"入宪还是保护私有产权入宪(2004年),都更多是社会和政治变迁的后果,与规范宪法学没有什么联系,甚至与之毫无关联。规范宪法学在我看来基本停留在一种独孤求败的境地,甚或就是一部分规范宪法学者的屠龙术。

---

① 但真正值得注意的是,从逻辑上看,在司法实践层面,两者不仅在许多具体司法问题上有可能重合,而且有可能整体上会聚甚或重合,即便术语不同。但这得取决于在研究中,自觉或不自觉的各方会以何种方式包容对方,以及包容多少;而一旦包容对方的量与质超过自身时,即便坚持原名,自身也就变质了。

法教义学最喜欢自称是自给自足的法律科学,可以从法律文本和法律教义中求得发展和圆融,即便在疑难案件中,也"能为……案件的裁决提供理论上可行、规范上可欲、实证上充分的说明"①。但我后面会说,这些说明即便再充分、可欲和可行,在司法实践中也没有独立的用处,就因为这个社会更看重判断(judge),②而从来都不是说明(elaboration 或 justification)。

这里先要指出的是,如今用作支持和主张法律教义学的一些主要理由或核心论证,公开或隐含但很少自觉的,却是政治学、社会学、历史的甚或信念的。例如,最重要的理由之一是,当代中国法治建设重点从立法研究转向了司法研究,因此需要法教义学。③ 而另一个不大公开说的,而是摆在那里让人看或用来炫耀的理由是,法律教义学历史悠久,其拥有纯正的罗马法或德国法血统和门第。

这两个理由其实都没有丝毫法教义学的意味,其核心恰恰是社会学和政治学的。即便后者强调学术的传承和正统,其实关注点也不是法律教义本身,而是知识的谱系和门第。而从另一角度看,无论这种法教义学如何自诩纯真,说到底,不用细看就可判定其完全是赝品,因为其写作用的是中文,而不再是高贵的拉丁文或德语了。而语言影响思维,并且任何翻译都必定有创造,因此也必定是背叛。

但上述的几点,尽管犀利甚至刻薄,却不构成反对法教义学的理由,相反我从来都高度支持和尊重法教义学,也尊重法教义学者的那份骄

---

① "教义学理论……坚持疑难案件裁判的法律属性,进而捍卫法律的自治性。"[德]Ralf Poscher:《裁判理论的普遍谬误:为法教义学辩护》,隋愿译,《清华法学》2012年第4期。
② See Oliver Wendell Holmes, Jr., "John Mashall," in Richard A. Posner, ed., *The Essential Holmes: Selections from the Letters, Speeches, Judicial Opinions, and Other Writings of Oliver Wendell Holmes, Jr.*, Chicago: University of Chicago Press, 1992.
③ 参见冯军:《刑法教义学的立场和方法》,《中外法学》2014年第1期。

傲、矜持和自豪。首先因为只有热爱学术的学人才会有这份骄傲、认真且矫情;但更重要的是我对法教义学的社会功能主义和实用主义理解,即在传统的刑法和民法等长期稳定的领域内,就如同围棋的定式,法教义学可以稳定有效地应对大批量的常规案件,稍加拓展还可以用来应对许多稍有异常的案件。在传统刑、民法司法实践中的这种有用性,确定了法教义分析在法学教育中一定会甚至永远会占据一个重要位置。

而如此界定法教义学,那么法教义学就是一个比先前的注释法学或诠释法学边界更狭窄的领域。因为,在今天日益增长的法律部门中,真还能拿出"教义"的法律部门并不多,往往就是传统的刑、民法领域。越来越多的之前理所当然属于注释法学的一些部门法领域,如今越来越有别于传统的刑法和民法研究,它们已经开始摆脱了20世纪90年代普遍流行的那种对相关立法或法规的字面含义解说,开始关心立法或规管或司法的实际后果,它们不得不根据变化的社会语境而不再仅仅是根据某外国法的变动来调整修改中国的法律,它们开始注重应对中国新出现的有法律意味的社会事件,因此,它们变得越来越像基于经验的政策性和对策性的研究。今天,对策研究在法学中已不再具有15年前人们提及法学对策研究所伴随的贬义了。从研究类型和知识类型上看,这些部门法领域如今更像是由社科法学主导了,尽管这些研究者根本不在乎或并没在乎"社科法学"这个不会带来任何智识收益的标签。

之所以可能如此,是因为在诸如金融、证券、税收、环境、资源、劳动、反垄断、社会法、国际贸易、知识产权等法律领域,本来就几乎没有什么非常确定和稳定的教义,甚至很难说有什么可以配得上"教义"一词(屡试不爽乃至接近永恒的套路或定式)。想想不断衍生的金融工具,想想金融数学和金融工程。而这些领域如今还在迅速扩大,在这里,重要的往往已不是事后救济,而更多是事前规管,一般也都有专业对口的政府部门或机构来管,很少有案件走进法院。

或者就算有教义,如反垄断法中的"追求垄断"(monopolize),或著作权法中的"合理使用"等,今天的法律实践都已表明这都是一些伪装的教义。因为这些教义在这些部门法实践的经验确认上常常很不确定,有时几乎在每个案件中的确认都不一样,根本无法直观地从现象本身来认定或判定,常常需要在具体语境下通过经验数据或材料甚至通过专门的经验研究才能判定,还常常伴随了执法者或裁断者的其他众多政策考量。换言之,这些"教义"在经验世界中并没有持久稳定且易于识别的对象。因此,反垄断法中的本身违法(per se)原则如今几乎没法用了,而"戏仿"的出现令版权作品合理使用的数量或比例原则也不好用了。

但更多的相关法律领域是之前就没有教义的领域。如××公司为计算机游戏发行了 QQ 币,这种虚拟货币违反了国家的金融法规吗?而是否违法,其实取决于这对国家的金融有没有,以及有多大冲击,有多少风险,乃至需要设计监管。这些问题的研究,从部门分类来看属于金融法研究,但从知识类型和研究风格上来看,完全构成社科法学。甚至对这一问题的研究结果,是一则引发监管者或金融法学者兴趣和关注的新闻或新闻周刊的长篇报道,或是一篇正式发表的论文,或是一个向相关部门提交的研究报告,也不那么重要。① 而之前关于余额宝的大量讨论和研究;吴志攀教授新近对商业预付卡作为部门货币的讨论,都属于典

---

① 参见杨旭:《我国网络货币的发展与政策研究》,《财经问题研究》2007 年第 10 期;邹恒:《构建我国虚拟货币监管制度的思考》,《南方金融》2008 年第 5 期;彭燕:《虚拟货币对中央银行职能的影响》,东北财经大学硕士学位论文,2010 年;肖永红:《虚拟货币法律规制研究》,浙江财经学院硕士学位论文,2012 年。而且这些研究也确实影响了法律法规,2008 年 10 月 29 日,国家税务总局在相关批复中明确规定,个人通过网络收购玩家的虚拟货币,加价后向他人出售取得的收入,属于个人所得税应税所得,应按照"财产转让所得"项目计算缴纳个人所得税,税率固定为 20%。

型的金融法研究，却也是社科法学的研究。①

这类研究都注重从经验层面关注这些事件或现象对国际国内的真实影响或风险，关心其对整个社会生活可能产生的不同后果，几乎从不过分纠缠教义或概念，即便纠缠也并不真的因为教义，而是借题发挥；它们总是尽可能从具体法律争点所必需和必备的专业、相关理论和技术知识切入和展开研究、分析和论证；不关心本学科是否有独一无二的理论，也不一定真的以学术发表为追求，以推进学术发展为指导，甚至承认或不承认其是学术对研究者都不太重要，这类研究关心的仅仅是有效应对本领域内日新月异的现实问题。

因此，侯猛教授2013年讨论社科法学的论文②认为目前中国地区社科法学研究的队伍不够大，缺少强有力的实证研究的断言，在我看来，就很值得商榷。如果仅看侯猛教授分析的社科法学，确实格局不大，无法同传统刑、民法的强大军团媲美。但侯猛关注的更多是从传统法理学中蜕变出来的社科法学学者，这些法理学出身的作者，也许是今天中国最自觉的社科法学追求者，甚至是代表性力量，但他们至少从数量上看未必是当下中国社科法学的最主要的研究者，从他们涉及的领域来看则肯定不是，因为社科法学的研究早已不限于侯猛教授关注的从传统法理学中蜕变出来的社科法学研究。③ 而按照这一思路，上一节我放在政法法学名下讨论的，例如冯象的研究，就同时也属于社科法学。社科法学的

---

① 参见吴志攀：《金融多元化："部门货币"问题研究》，《北大法律评论》第14卷第2辑，北京：北京大学出版社，2013年。
② 侯猛：《社科法学的跨界格局与实证前景》，《法学》2013年第4期。
③ 以法律社会学之名，强世功也曾讨论过社科法学的"困境"问题，但他同时也指出不应当仅仅以学者的学科出身，而应当以其研究法律问题的思路和方法来界定问题。参见强世功：《中国法律社会学的困境与出路》，《文化纵横》2013年第5期。

研究不应当仅仅以学者的学科出身来界定,而应当以其研究法律问题的思路和方法来界定;就此而言,社科法学已经蔚为大观了。

三、法教义学的尴尬

同15年前相比,由于一系列新的社会经验,令我对法教义学在中国的未来并不十分看好,甚至还不如当年我对注释法学的未来的判断。

首先,尽管刑、民法教学在法学院中举足轻重,但就如今一个国家的整个法律体系而言,就法律实践而言,就对社会影响的深度和广度而言,由于其他法律部门的兴起和扩展,平心而论,已经很难说传统的刑、民法仍然是一国最重要或最主要的法律部门了。想想美国的次贷危机,想想雷曼兄弟破产引发的全球性的金融危机!想想反恐带来的刑讯逼供和情报收集与公民隐私问题,想想棱镜门和斯诺登!

其次,法教义学的适用范围也在收缩,而不是在拓展。例如,今天即便是商法(公司、破产、票据、海商、信托和保险)这些法律部门,也很难恪守教义了,公司的组织结构已基本没法用教义来确定了,必定要由具体的公司根据各种复杂综合性的社会、制度因素来确定,不仅要考虑政府规制、税收等相对稳定的制度因素,也要受行业甚或企业家精神这些高度不确定的因素影响。

最后,即便是传统的刑、民法,也受到众多非教义性质的、经验性质的社会实践的冲击。如果不是法律保守着欧洲传统的法律分类,那么,知识产权就已完全可以整合在物权法或财产法名下了。美国年轻一代的学者都已经是如此授课和写作的了;当年郑成思也曾有过这样的建议,仅仅因其势单力薄,壮志未酬。换言之,物权法之所以神圣或独立,部分原因在于德国是其法律学术的传统——沉淀成本或路径依赖,在当下中国除了民法物权法学者的"人多势众"外,另一个因素则是考虑大陆与台湾地区的统一。而这两点都表明,不论将物权法说得多么科学和了不起,这个体系都不是天然或必然的,而是由学术以外的力量挤塑的。

而传统民法的核心构成部分,如侵权法、亲属法、遗产继承的许多问题,如今都已很难仅用甚至主要无法用教义学来处理了。想想各种类型的产品责任;想想代孕和克隆。中国一个晚近的司法案件中有关受精胚胎能否作为遗产为两家失独老人继承,①对传统民法的核心物权也提出了挑战——尽管我相信通过物权法解释可以有效应对,但无论解释为何,解释者都不可能仅仅考虑甚至主要不是考虑物权法的法条,即便他自称如此。在刑法上,许多涉嫌金融犯罪问题,特别是有关互联网金融问题,首先涉及的就是公共政策分析和经济效用分析,而不是教义分析,尽管在法庭辩论上看到的往往有教义分析的包装。②

社科法学甚至会通过常识或民意侵入法教义学的坚强领地,传统刑、民法学者并不自觉。一个典型的例证是,在醉驾入刑后,最高人民法院某领导关于醉驾未必一律入刑的说法引发了公众争论,③这一事件就可以视为一个有公众参与的经验导向的社科研究,其中隐含的公共选择就改变了或是规定了相关部门的法律实践。这位领导的理论和教义根

---

① 参见《失独老人"争孙"请求被驳回:受精胚胎不是遗产,不能继承》,《现代快报》2014年5月16日,第F8版。
② 参见吴景丽:《互联网金融的基本模式及法律思考》(上),《人民法院报》2014年3月26日,第7版;吴景丽:《互联网金融的基本模式及法律思考》(下),2014年4月2日,第7版;彭冰:《非法集资与P2P网贷》,http://finance.sina.com.cn/money/lcp2p/20140524/110019215025.shtml;刘燕:《深度剖析:监管余额宝的真问题与假问题》,《互联网金融与法律》,http://www.mpaypass.com.cn/news/201406/23145121.html。
③ 2011年5月10日,最高人民法院党组副书记、副院长张军在全国法院刑事审判工作座谈会上表示:"不应仅从文意理解刑法修正案(八)的规定,认为只要达到醉酒标准驾驶机动车的,就一律构成刑事犯罪。"他引用刑法总则第13条:"情节显著轻微危害不大的,不认为是犯罪。"

据是《刑法》第 13 条的但书,但广大民众,包括公安交警和检察院系统,都没理睬也没纠缠这个教义。① 不理睬不纠缠不是因为他们不懂或反对这一教义,他们完全理解,一般说来也支持这个抽象的教义——他们都不会认为偷人 10 元钱就构成盗窃罪;但在醉驾问题上,在中国当代社会条件下,他们知道不能只看这个天然正确的教义,而必须有根据地想象如此执法和司法的可能后果:对有权有钱有势者网开一面,会引发法官、警官和检察官的腐败,损害法律和司法的权威。他们基于日常经验作出了判断,因此就只能委屈一下相关教义了。同样,在遗产继承问题上,在遗嘱继承与法定继承冲突的条件下,法院采纳了与民意更为一致的观点,并不因为他们不懂得尊重立遗嘱者的意思自治,他们的更大关切是,如果开了这个口子,当代中国家庭内财产关系以及配偶的预期利益就会变得格外不稳定,②尽管在判决书中,他们的这个关切被包装为法教义学的公序良俗。

我只是说这类考量是属于社科法学主张、倡导和坚持的,但严格说起来,却与社科法学的主张、倡导和坚持根本无关,而主要是普通人和许多法律人在涉法事务中(也可能包括一些阅读)逐渐感悟到的、追求的并得到法院认可的个人或社会利益,他们自觉实践,并由此获益。也因此,即便法教义学学者针对这些问题可以提出德国或法国或美国在此类问题上的做法和论证,但那也只有博学上的意义,却缺乏实践上的

---

① 参见《公安部:警方对醉驾一律刑事立案》,《新京报》2011 年 5 月 18 日,第 A7 版;《最高检:醉驾案证据充分一律起诉 不论情节轻重》,《新京报》2011 年 5 月 24 日,第 A1 版。
② 参见《四川省泸州市纳溪区人民法院民事判决书(2001)纳溪民初字第 561 号》和《四川省泸州市中级人民法院民事判决书(2001)泸民一终字第 621 号》。又请看,《"二奶"该不该按遗嘱继承遗产?》,《南方都市报》2013 年 11 月 8 日,第 AA19 版。

意义,不仅缺乏法律上的合法性,也缺乏修辞上的说服力。说博学上的意义,并不是否认其有学术参考价值;但所谓参考价值在教义学上的含义就是,你也可以不参考。

因此,一些学者用来主张教义学之高大上的所谓圆融、自洽或自给自足,是真的但又是造作的。其所以自洽或自给自足,只是因为大家都愿意接受这个解释,因为这个解释与法律人愿意接受的那个利益基本格局一致,而不是相反;而一旦遇到某个就是想从逻辑上矫情的人,他就一定挑得出刺——因为哥德尔不完备定理。因此,法教义学的自给自足、自洽圆融是知识权力的产品,而并非教义学自身的规定。

这种例子在司法实践中也很多。换言之,在司法上法教义学的严谨和缜密必须通过权力架构和系统来保证,而不是教义学之内生的,也不像法教义学者认为的那样是与权力无关的。这就是杰克逊大法官说的:"如果我们之上还有一个法院,我们的一些判决,我们对法律的解释就一定会被推翻;我们说了算不是我们不出错,我们不出错只是因为我们说了算。"①当然这个例子是美国联邦最高法院,对于精通德日法教义法学者,因此没有说服力了,甚至不齿。但不齿并不能保证没有类似论证。请关注一下德国或日本战后受到严厉谴责的二战期间的一些判决。②也还不仅是过去,是希特勒时代。我手边还就有一个日本的例证:对于同一事件,相邻两县的地方法院在两个月内对同一当事人所作的完全相

---

① Brown v. Allen, 244 U.S. 443, 540 (1953), Justice Jackson, concurring opinion.
② 参见[德]英戈·穆勒:《恐怖的法官:纳粹时期的司法》,王勇译,北京:中国政法大学出版社,2000年。该书揭示的事实之一就是,德国法官是在经过严谨、缜密且富于逻辑性的"法理论证"之后,才有了臭名昭著的"纽伦堡法",而并非其他。

反——甚至包括罚款的数额也完全一致——的判决。① 卡夫卡若有在天之灵,也一定会感叹!

但我并不是借此来轻薄法教义学。我其实相信日本这两县的地方法官都很真诚,各自也都有自己严谨缜密的法教义支持,也有对制定法的坚信等一系列法解释的前提条件;我甚至接受这两个判决都可以成立——世界上有许多事情确实并不都那么黑白分明。正如波斯纳所分析的,许多法律判决之所以看起来很严谨,例如赔偿数额居然精确到几分钱,其实仅仅是为了掩饰其不严谨;而且也真有些事本身就没有那么明确的是非,只因为计较得多了,才有了是非。② 但恰恰因此,这才表明法教义学的逻辑严谨和分析缜密在任何司法中都足以保证一个必然结论的观点是虚幻的,因此,法教义学的自给自足、自治圆融自然也就应声倒下。

法律教义的功能在很大程度上是为了简化法律人在常规或同类案件决策时的信息需求,因此可以用规则或教义来置换许多相关但在历史上无法或很难获得的信息。也因此在传统刑、民法领域,教义学通常茁壮成长。只是一旦社会发展了,人们获得相关信息很是便利之际,或是决策必须考虑大量不同信息之际,教义在这些法学部门的位置就会改

---

① 日本西部相邻的佐贺县与长崎县交界处有个名叫"谏早"的海湾,中央政府出钱在那里修建了大堤,要将堤内海水抽干造田。这个工程同时引发赞同和反对的人士也都不少。反对的,要求"开门",打开大堤的水闸,而另一方则反对"开门"。2014 年 4 月,佐贺地方裁判所(地方法院)判决"开门",否则每天罚款 49 万日元;同年 6 月,长崎地方裁判所则作出了相反判决,禁止"开门",否则每天罚款 49 万日元。参见《读卖新闻》2014 年 6 月 4 日,"社会",http://www.yomiuri.co.jp/national/20140604 - OYT1T50085.html.
② 这并非调侃,太多的学者从经验和研究中得出了这样的结论。如,蒙田称:学识制造纷争;米兰·昆德拉称:为什么人类一思考,上帝就发笑,就因为人们越思考,彼此分歧就越大。参见[美]查尔斯·拉莫尔:《现代性的教训》,刘擎、应奇译,北京:东方出版社,2010 年,第 184—185 页。

变。例如，大数据的出现，就改变了因相关数据不够而发生的对于理论模型和理论推论的需求，全数据的分析甚至可能令刑法和民法中的因果关系也变得不那么重要了，而关联关系变得更重要了。典型的例证是，严格责任在古代各个社会都流行，但在《法国民法典》和《德国民法典》中这个原则就一度被过错原则置换，这是因为在近现代社会获得确定过错之信息的手段增强了；但在现当代社会，严格责任又重新在产品责任或高风险行业中全面复兴，根本原因也许并不是经济学理由中的信息不对称（这只是反转了举证责任，但不对称的说法还是假定这些信息可以获得），而更可能因为在社会层面的这种关联关系太强大了，因此完全可以取代了过错责任的因果关系。

因此，在法教义学传统上占支配地位的刑、民法中，不属于教义的统计概率也已悄然进入，常常置换了传统法教义学的因果律或因果律推定。今天基于基因测试的亲子鉴定，即便从来也没有达到100%过，还是令各国民法中的亲子关系推定（婚姻期间所生的孩子，若在一定年限内不提出质疑，就不得再质疑亲子关系）只剩下（包括母亲和婴儿和儿童）公共政策上的意义了，或许还有减少无谓诉讼的功能，在世界各国都无法能阻挡人们诉诸DNA来验证和重新确定亲子关系了。① 刑诉法学者，至少在中国，对证据确定性之言辞表达仍然是在传统教义学或哲学层面的，特别是"不存在合乎情理的怀疑"，但事实上，即便99.99999%概率的DNA证据也是概率论的——他们在智识上已经接受概率论上

---

① 在中国，2007年的一个报道称，亲子鉴定业务每年都以20%的高速度递增，在浙江等部分省市增幅竟高达50%左右，http://www.people.com.cn/GB/news/36248/36249/2813971.html。在德国，又请看《秘密亲子鉴定生意火，德国政府出面欲叫停》，http://news.sina.com.cn/w/2005-01-04/15574713215s.shtml，以及《德国：私自进行亲子鉴定引发社会许多争议》，http://news.sohu.com/20070313/n248689328.shtml。

的确定性，只是言辞上坚持的还是教义学上的确定性。

其他法律部门干脆连概念层面的坚持也不见了。欧盟或美国对中国太阳能发电的光伏板征税的税率完全建立在统计分析之上，看是否为保护欧洲或美国的相关产业之"必需"，一个完全非教义的概念，一个完全是经济学或政策的概念。美国政府不允许采购华为或中兴公司的通讯设备，中国政府时下禁止使用 Windows 8，同样可能与教义无关，而与国家战略安全的公共政策有关。欧盟对来往于欧洲和其他各国的飞机航班征收大气污染税，但除了欧盟有相关立法外，有什么样的教义可以支持如此的法律？至于欧元区的希腊债务问题，意大利、葡萄牙、西班牙等国的债务问题，以及德国为解决欧债危机提出的货币主权让渡的问题，又如何伪装或包装成教义？

最后，尽管法律教义学在中国法学界获得了很大发展，我也完全支持其进一步发展。但也必须注意，过去十多年里，在许多案件或事件上，有些甚至本来颇为常规的案件，法教义学并没能事先帮上什么忙，相反因恪守某个常规的教义惹出了一些甚至持久的麻烦。奸淫幼女的司法解释①，据说是——我也承认——很符合刑法的教义学，②但教义学可以帮助消除语词涵义上的困惑，却无法帮助其消除面对真实世界的尴尬与困惑。从其颁布至今十多年过去了，即便悄悄停止适用了，却还是一直受到中国社会的诟病。怎么可能在这个问题上，整个中国社会都错了，一错就错了十多年，而只有教义对了？！而我认为，即便真的是中国民众

---

① 《关于行为人不明知是不满十四周岁的幼女，双方自愿发生性关系是否构成强奸罪问题的批复》，2003 年 1 月 8 日最高人民法院审判委员会第 1262 次会议通过，2003 年 1 月 24 日起施行。

② 参见阴建峰：《主客观相统一原则岂能动摇——有关"奸淫幼女犯罪"司法解释专题研讨会纪要》，《法学》2003 年第 10 期。

错了,那么这个错误也必须作为教义学的真理标准,变成刑法的教义,而不是相反。① 这类案件还真不少,比如刘涌案、药家鑫案、许霆案、李昌奎案。而每一次这种事件发生,不仅令刑事司法的权威在社会层面受损,也同样令法教义学的声望在法学界受损。我也不是说法教义学没拿出好办法;只是全都是事后拿出来的,是损害发生后用来止损的,因此是后果导向的、伪装成教义学的。

相反,只要社会认同司法判断和处理基本公正,有些看起来似乎不符合或不那么符合法律教义的司法处置,如成功指控危害公共安全罪的孙伟铭案件②,不但获得了社会普遍的好评,实际上为诸多后来的法院作为先例予以遵循,③也推进了中国的立法。在民法上,不那么教义学的四川泸州二奶继承案的处置没有尊重当事人的意思自治,④也不仅获

---

① "真理就是为历史焙烤硬化,因无法否证,也无法拒绝的错误。"Friedrich Nietzsche, *The Gay Science*, ed. by Bernard Williams, trans. by Josefine Nauckhoff, Cambridge: Cambridge University Press, 2001, pp. 110 – 112, 151. 波斯纳对军队中的迷信,也曾作过类似的实践性分析。
② 2009 年 7 月 23 日,成都市中级人民法院对发生在 2008 年底的孙伟铭无行驶证且醉酒驾车造成四死一重伤案进行了公开宣判。法院一审认定孙伟铭的行为已构成以危险方法危害公共安全罪,且情节特别恶劣、后果特别严重,故依法判处其死刑,剥夺政治权利终身。孙伟铭不服一审判决提出上诉,2009 年 9 月 8 日上午,四川省高院作出二审判决,改判无期徒刑,剥夺政治权利终身。
③ 其实,孙伟铭案并非首创,而是遵循先例。早在 2007 年初,佛山市人民检察院就曾以危害公共安全罪指控黎景全醉驾案,佛山市中级人民法院也曾判处其死刑,剥夺政治权利终身;2008 年广东高院维持原判。最高人民法院复核也认定,黎景全行为已构成以危险方法危害公共安全罪,但量刑不当。未核准被告人黎景全死刑,发回广东省高院重审。孙伟铭案之后,请看,《以危险方法危害公共安全罪,醉驾"悍马"一审获刑 12 年蒋佳君不上诉》,《华西都市报》2010 年 7 月 16 日,第 21 版。
④ 参见《四川省泸州市纳溪区人民法院民事判决书(2001)纳溪民初字第 561 号》和《四川省泸州市中级人民法院民事判决书(2001)泸民一终字第 621 号》。

得了民众的广泛认可,同样为其他法院自觉遵循。① 怎么可能想象这么多法院或法官都错了。

前面提到法教义学倡导者的一个重要社会学和政治学根据是,中国的法律体系已经基本建成,②依法治理需要更多法教义学。我对此不争辩。但即便真的如此,首先必须看到,由于中国的继续深化改革,及其大国崛起,它必定要有也一定会有制度创新,因此就需要并一定会有大量立法或修法了。

而且,千万不要误以为坚持法教义学适用就一定能消除或限制立法效果。2013 年 6 月,广东高院有一个解释看起来很教义学,但主要还真不是法教义的结果。当然刑法涉及人身自由应当作严格解释,刑法应当谦抑,即便我赞同,这些"应当"只是看起来像教义,其实却是伪装成教义的公共政策,而公共政策不能算教义——即便法教义学包括刑事政策,包括的含义也恰恰因为它不是。

广东法院在处理这类案件时一定涉及了其他非刑法教义学的考量。因此,法教义学的谆谆教诲,法律解释的种种理论,根本无法阻挡法官的实用主义思考,然后再用这些教诲或理论来支持他们的政策性判断。

因此,广东高院在此案中的法教义学解释很明智,但明智在此的意思并不是他们诚实,而恰恰是他们不诚实——不带贬义的;他们用法教

---

① 参见《"二奶"持遗嘱,告原配索财产被驳回》,《南方都市报》2013 年 11 月 7 日,第 AA1 版。
② 2011 年 3 月 10 日,时任全国人大常委会委员长吴邦国向十一届全国人大四次会议作全国人大常委会工作报告时宣布,一个立足中国国情和实际、适应改革开放和社会主义现代化建设需要、集中体现党和人民意志的,以宪法为统帅,以宪法相关法、民法商法等多个法律部门的法律为主干,由法律、行政法规、地方性法规等多个层次的法律规范构成的中国特色社会主义法律体系已经形成。

义学避开了可能激化纷争的道德因素。但这并不等于该解释没有立法效果,事实上广东法官追求的就是这样的立法效果。在他们看来,这就是非道德意义层面的、社会功能层面的"好"的立法效果。

广东高院的这个例子还表明,所谓法教义学追求的是以理想法官为主体的司法思考,有关法律解释和适用,这个说法就不可能为真。即便外国学者、法官真这么说了,那么他们如果不是真糊涂,就一定和广东高院一样是有意装糊涂。如果真的如此,那么德国联邦最高法院为什么还将它认为特别重要的民事裁判编辑成册呢?编辑成册的意义,归根结底,就是立法或指导司法的意义。而且,如果可能把律师、检察官、警察、政府公务员或那些不搞教义学的法学人都排斥在法教义学之外,那就没有作为法教义学发生和存在之前提的那个法律人共同体了;而如果没有其他法律人的合作,单靠法官,法教义学可能搞下去吗?应当消极被动的法官,他如何可能在这样的环境中实践其法教义学?一个自诩为法教义学者的人又何以判断自己的研究真的符合法官的法教义学需求,为法官提供了有效的法教义学指导呢?更重要的是,如果一位法官遵循法教义学屡屡受困,而以注重判决之系统后果的实用主义思考却令法官一再获益,那么我敢说,法官最后都会选择后者,除非他不是理性人,除非他是一台自动售货机。但有哪个国家真的希望法官成为自动售货机吗?即便是韦伯,他为德国的法教义学传统提供了最强大的宏观理论支持——形式理性法,却也担心司法变成了自动售货机。①

最后也许还要提一下法教义学的啦啦队。在整编注释法学并遭

---

① See Max Weber, *On Law in Economy and Society*, ed. by Max Rheinstein, trans. by Edward Shils and Max Rheinstein, Cambridge: Harvard University Press, 1954, p. 354.

散了其麾下的部分部门法之后,法教义学从原先政法法学中获得了一批新的志愿者。后者当年曾热情参与诸如刀制水治、人治与法治等有强烈法治意识形态的法学大词的讨论,只是自90年代后期始,政法法学的老范式已失去了学术繁衍能力,学术的潮起潮落促使较为年轻的学人关注起抽象的法律人思维或法官思维这类问题,又先后从美国和德国引进了法律推理和法律解释或法律方法论这类新设备,以自己更为抽象的有关司法论证、推理和解释的理论阐述加入了广义的法律教义学的行列。

但这类抽象的理论叙述的最主要功能其实是传播了法律教义学以及相关概念,培养并强化了部分法律人对法教义学或与之相伴的法律解释或法律思维或法律方法的信任。就此而言,这类著述的主要功能其实还是法治意识形态的,而不是法教义学的。法教义学永远必须附着于对日常具体案件的分析。也因此,持久专注于部门法的法教义学者通常不在意这支法教义学的志愿者队伍。倡导法律推理、解释和法律思维的志愿者只是在宣传教义学,而不是在运用,甚至都算不上推广。他们只是一支活跃气氛热烈场地的啦啦队。

四、社科法学的几个问题

除了各部门法自身的社科法学的转变外,一些青年学者也在努力推动以社科法学为旗帜的发展。① 我不打算描述这些发展,而是试图讨论这类努力中提出的一些问题。

---

① 主要在侯猛教授的努力下,从2006年起持续出版了《法律和社会科学》集刊,如今已经有一定的学术声誉;从2005年起也一直召开了"法律和社会科学"年会;侯猛还同尤陈俊(中国人民大学)、王启梁(云南大学)、陈柏峰(中南财经政法大学)和李学尧(上海交通大学)等其他青年学者,又于2013年创立社科法学连线和社科法学论坛。

侯猛曾经提到,目前社科法学的一个重要不足是缺少强有力的实证研究。① 我认为,这个问题不很真实。若仅从学术著作上看,确实缺乏这样的有广泛影响的研究。但这真的是社科法学发达或有影响力的标志吗?当下中国的法教义学中也没有这样的有广泛影响力的著作,外国人的除外;而且外国人著作的所谓影响力也主要是有较多中国学者引证其著作,但这种引证并不一定证明了其在中国的学术影响力,在我看来,甚至更可能证明了中国学者由于种种原因就是追求"高大上"而不大愿意引证中国学人特别是同代学人的著作。因此,在这里,引证其实不代表学术影响力,不引证反而是因为学术影响力。换言之,无论引证或不引证都被操纵为一种微观的权力运作,即便这些引证者没有读过或没读懂过福柯。因此,也就不能将时下的引证这点太当真了。

但更重要的问题是,法学研究在很大程度上更像工科,其主要追求并不是"学术"或理论创新,而是能有效回答和解决问题,当然,能发现全新的问题,或展开焕然一新的视角,也很好。而一旦理解法学研究的工科特点,在我看来,鉴于外国学者已经做了大量研究,目前的最大问题反倒可能首先是,中国学者如何学会运用已有的研究成果,用来具体分析研究中国的问题,即便是简单的适用;而只要适用得多了,中国法律人就一定会遇到并会发现新问题,就会充实丰富和推进相关的研究成果。在这一方面,社科法学研究者其实更应当向法教义学者学习,就是先不太计较是否创新,而是先踏踏实实学习甚至复制。

其实,真正重大的研究成果一定会很难出现,因为那需要范式的转换,而范式转换几乎不是,至少不全是努力的结果,而是各种条件的促成,不可能经常发生。即便不是范式转换,而是新资料的发现,或对旧有

---

① 侯猛:《社科法学的跨界格局与实证前景》,《法学》2013 年第 4 期。

资料的全面重新解读,也需要各种条件的促成。侯猛提到的我的《送法下乡》,其实真算不上什么重大研究成果,即便对当时中国的法学研究有一定冲击力。那本书不过是在一个法律人高歌前行的时代,把绝大多数法律人其实都知道影响中国基层司法的众多事实或条件摆了出来,令法律人无法鸵鸟,无法用高歌理想替代回答现实。我只是把这些具体问题带进了学术分析和话语;而在此之前,中国学者习惯于认为学术是用来勾勒宏大理想的,是不能甚至不应用来描述和分析卑微现实的,似乎只要正眼看了这些卑微现实就已丧失了学术的贞洁。

此外,尽管社科法学是社会科学导向的、注重经验的,但必须注意,在有了足够质量保证的前提下,修辞会影响学术研究成果的传播和影响力。这在之前的法学研究和写作中,学者们是一直关注不够的,乃至于许多学人不但习惯了而且已经认定了那种沉闷的不动声色的所谓法学学术文体,或是因翻译造成的冗长文体。这是一种自绝于读者的文体,意思是你不关心读者,不关心他们的疑问或疑惑,不关心他们的知识水平和理解能力,那么你的分析论证就更少可能获得读者的由衷关切。而且,注意修辞并不是花里胡哨、排比或堆砌,常常相反,好的修辞必须是干净、洗练、简洁甚至直白的,同时必须是有趣的,问题有趣、结构有趣、表达有趣。中文社科学界中,这种例子也早就有了,如费孝通的文字、张五常的文字。而与此有关的另一个问题是想象力,我会后面再谈。

侯猛在讨论实证研究时,隐含的一个假定,就是这个世界上有某些地方,学者通常称其为"田野",会更有利于产生重要学术成果;而现在社科法学受制于学者没有自觉找到并长期进入这个田野。对于这种说法,我首先承认,对于某些社科法学的研究者,是可能或应当找到或建立这样的一个田野的,例如上访研究,或调解研究,或基层司法研究。但另一方面,我又必须跟侯猛抬一下杠,不能将"田野"太当真,将之实体化、本质主义化，乃至窒息了自己的学术研究。我觉得，这样一个"田野"概念，与当年强调文艺界"深入生活"的说法一样，很可能变成一个神话。

我是有证据的，《江村经济》是费孝通摔坏了腿，根本走不到田野，只能呆在姐姐家中创作的产物。《乡土中国》几乎全是中年费孝通对他早已疏远的早年乡间生活的回忆和反思，最多也只能算是在都市中远眺了一下"田野"。但这两部作品给人的启发远超过许多人的田野调查，也包括费孝通自己的一些完全基于田野调查的成果。

因此有必要基于法学研究来思考和反思"田野"。作为学术训练和研究，从理论上看，一个学者必须有自己的"田野"。但这个田野可以就是他/她自己的专业实践；其中也可以包括他/她的一部分日常生活，尽管不能全等于书斋。重要的是他/她要有问题意识，包括对自己的生活或书斋，即在沉浸于其中的同时，至少偶尔还能用旁观者的眼光来看自己的生活和书斋，以旁观者的或反思者的视角把自己的专业、生活或书斋构建成一个有问题也可能有答案的田野。一个典型的范例是现象学，那就是以研究者自身的思维过程作为"田野"。

因此，就中国法学的社科研究而言，需要有学者在自己的校园生活之外找到一个学术研究的田野，但未必都需要一个很特别很外在的田野。如果没有学术的自觉，即便真到了一个"田野"，也会什么都看不到。想想吧，有多少大学教员后来进了法院任职或兼职，如今法院里也有很多法官曾先后获得了硕士或博士学位，他们的核心工作是审判，没有多少时间从事研究，但他们中有不少人还是希望做些研究，希望自己能充分发挥和利用自己的优势，也希望获得学界的认可。但他们大多一直站在"希望的田野"上，就是没——或至少还没——站在丰收的田野上。田野之缺乏并不是制约中国社科法学发展的主要问题。

社科法学研究成果的真正不足，并不是没有或没有进入田野，在我看来，更可能是有志于社科法学研究的学人还没能在自己的专业和日常生活中自觉构建起自己的那个田野，并保持学术的敏感。对于绝大多数法学人，田野其实一定不是一个自然地理空间，而是一个由思想构建的空间。要构建这个田野，除了需要日常的经验材料外，更需要的是熟练运用各种可适用的相关理论和工具（逻辑分析、统计分析、大数据），如鱼得水。我们还有谁不知道科斯定理呢？但能如庖丁解牛那般将其运用于我们的感官获得的所有材料吗？如果对理论、资料和相关信息不纯熟，我们就无法看到田野，就无法看到值得研究和分析的有意思的问题。

　　要构建这样一个广阔且有丰富产出的田野，另一必备的条件是想象力。社科法学强调并注重经验和实证，但这丝毫不意味着不需要想象力。任何出色的研究，都需要强大并坚实的想象力。自然状态和社会契约是想象，甚至因为霍布斯和洛克两人各自对这两者的想象不同，他们各自的国家理论和社会理论也就不同了。康德关于世界永久和平的未来，关于死刑正当性的论证，都基于想象；事实上，他对死刑正当性的论证——即使人类明天灭亡，我们今天也有义务将所有待决死刑犯处决——仅仅基于我们对于死刑犯的自由意志的尊重，即便在我这位死刑的铁杆支持者看来，也太矫情了。[①] 科斯的放牧者和种植者的想象，罗尔斯的初始位置、无知帷幕和重叠共识的想象等，都是其研究成果不可缺少的先决条件。甚至在自然科学上，也是如此。牛顿的万有引力定律无论如何都不可能从普通人的日常直接感官经验中概括产生；爱因斯坦相对论在经验上根本就是不可思议——一个人以光速运动时看到的扭曲的时间和空间，这需要何等的想象！甚至一个好的提问也需要想象，

---

① 参见[德]康德：《法的形而上学原理——权利的科学》，沈叔平译，北京：商务印书馆，1991年。

提出遗传学两个基本规律——分离规律和自由组合规律——的伟大生物科学家孟德尔,在他当神父时,最早的提问就是,为什么会"种瓜得瓜,种豆得豆"?

想象力的意义或功能就是在这样一个构建的思想空间中,尝试着将那些之前怎么看都不大可能相关的经验现象——勾连起来,凭着某种神龙见首不见尾的直觉或预感,察知这个联系能否成立,是否有"料"(juicy),令研究者决定尝试一下,甚至常常是推动、鼓动、激动着这个学人如同一位恋爱者,知道可能被拒,还是希望并感叹自己能有一次机会告白。即便错了,也错得挺有意思,无怨无悔,值。这种想象力既是一种社科的能力,也是一种人文的能力,其中或许有天赋,但至少这种想象力的展开和铺陈是可能通过训练而得以强化的。

五、也算结语

以上对时下中国法学格局的勾勒,是以对我最便利的方式,这种勾勒一定偏颇、不公正。不仅因为材料不完整,更因为我的立场和偏见,因为我毫无掩饰的对经验研究、社科法学的偏爱,对法教义学的质疑和怀疑。我们注定无法作为真理代言人来到并待在这个世界。因此我欢迎并期待批评。但最后我还要说几句。

第一,我支持法教义学是鉴于其对于处理常规案件以及对于法学教育的意义;但我没法坚信法教义学。因为对我这种人来说,法教义学的最大弱点不是不适用,而是不长知识,无法以简单的统一规则系统来解说复杂问题;其中还隐含了对语词和概念的迷恋,一种柏拉图主义倾向。我更偏好实用主义,注重经世致用,相信知识源自生活,反感本本主义,相信"尽信书不如无书"。任何喜欢抠字眼搬书本说人名而不是观察和解说社会经验现象的做法,在我看来,都有本本主义的嫌疑。

我认为中国的法学出路在于理论上的交战。在思想和学术的市场上,我相信的是自由竞争,物竞天择,用进废退;也因此,我还不相信什么乡愿式的"兼容并包"。

这场竞争已经开始。社科法学最重要的工作就是要以有说服力的、简单便利的理论,以及有效可行的解决问题的办法,来争夺法律学术和法律实践的受众。这个竞争还不能仅仅停留在谦谦君子各自守住自己的一亩三分地相安无事,不碰法教义学的禁脔,只在法教义学不屑或没法进入的领域或边缘地带做道场。社科法学必须进入,其实也已经进入了刑法和民法这些传统法教义学固守的核心阵地。

时下社科法学的最大问题就是,特别是在诸如刑法和民法这些领域的司法实践上同法教义学竞争时,社科法学还拿不出什么像样的东西来,或者还没拿出有足够数量且更令法教义学者信服的学术成果,拿出来的至少还不像拉伦茨或考夫曼或李斯特或罗可辛那么令中国的法教义学者信服。

"知耻近乎勇",因此,社科法学学者就不能只是自我感觉良好,更要准备在部门法领域内,针对一个个具体的司法问题,同法教义学在每一个街角、每一座高楼,展开厮杀,准备自己倒下,但也要等着看最后是谁倒下。无论谁胜谁负,或是双赢,才可能完成中国法学的历史转型,才可能有必要的学术创造。

基于这一残忍的达尔文主义或丛林原则,以及我个人对当代世界及其对法律法学需求的理解,即便不想得罪人,结论却还是会得罪人:如果坚持纯粹法学的路数,坚持教义、语词甚或词典定义的进路,那么作为一个传统,法教义学很可能最终将为法律人遗忘,无论它曾经或还有多么辉煌。就如同当年托马斯·阿奎那《神学大全》中展现的那个惊人辉煌的经院哲学一般——教义一词也正源自经院哲学!但今天,除了研究中世纪学术的人,以完全有别于中世纪哲人的外来者的视角切入外,还有谁或几人关心?! 若按照目前的法学发展趋势来看,我的很可能过于乐观的估计是,大约 30 年后,法教义学的研究——有别于教学,很可能不再能进入中国顶尖高校法学院顶尖学者的视野。

这并非一个居心叵测的希望,而只是一个推断。但这也并非法教义学的唯一前景或规定出路。它也可能或完全可能如同中国的一些法教义学研究者倡导、主张和努力的那样,坚持其学术开放性,注意吸纳有关法律的多学科经验研究的知识和成果,以各种途径设置甚或伪装,将法律的系统社会后果考量纳入法教义学分析或话语系统中,在这个不断自我修改、吸纳和融合过程中华丽转身,实际变成了社科法学。它还完全可能"成功"保留其教义法学的名号,尽管衣钵没了。但这是成功吗?什么意义上的? 而且有必要争一个名分吗? 真正的法学人关心的从来都是真实世界,用马克思的话来说,改造世界,而不是解释世界;用霍姆斯的话来说,想事儿,而不是想词儿。

最后,本文的写作起因也反映了中国法学学术的一个现象:如今许多所谓的学术"研究"部分甚或完全因会议的激素而催生! 无论好坏,这种激素都在剪裁着我们和后人视野中当今中国学术的那道风景线! 在这个学术大盛或太繁荣的年代,记忆中的或想象性记忆中的那个以研究者个人智识追求为导向的、"潜心向学"的学术传统已悄悄被置换。而仅此一点,也值得法学人警醒,值得纳入我们对中国法学格局的审视。

第二章　法学研究的社会科学转型

陈瑞华*

一、问题的提出

新加坡国立大学的郑永年教授曾对当下的中国社会科学研究状况提出过批评,认为"现在各种由西方进口的主义充塞中国社会科学研究。很多人都爱讲这个主义、那个主义,但他们实际上学到的只是形式和概念,而没有学到西方社会科学的本质",因为"今天人们所看到的大多数社会科学家和思想家,都是欧洲转型的产物。就是说,他们的学说和知识产生于对欧洲转型的观察和研究",但是,"中国的转型是人类历史上最为巨大的,但到现在为止,没有产生一个和中国转型相关的社会科学理论。中国的社会科学研究者如果光简单地接受西方理论,就永远建立不起能够解释中国社会现象的科学,或者中国社会科学"。他的结论是,

---

* 陈瑞华,法学博士,北京大学法学教授。主要研究领域为刑事诉讼法、证据法、司法制度、程序法基础理论。

"要建立中国自己的社会科学,就要避免中国思维的美国化或者西方化"。①

郑教授的批评显得很尖锐,但的确是引人深思的。其实,早在20世纪20年代,胡适就对当时的社会科学研究状况提出过类似的批评,认为很多鼓吹引进"主义"的研究者都是在当"留声机"的角色,根本忽略了对中国问题的分析和解决。胡适提出了"少谈些主义,多研究些问题"的呼吁。② 如今,90多年过去了,中国社会科学研究依然存在着相似的问题,那就是对西方社会科学的一些理论加以盲目推崇,以至于达到了迷信的地步。很多号称"学贯中西"的学者,言必称欧美各个时期出现的"理论"或"主义",各种对西方社会科学思潮进行综述和评论的论著充斥于坊间,但对于中国当下社会转型中出现的各种问题却很少平心静气地观察和思考。在思维方式上,一些研究者甚至将中国的社会问题和社会体制视为亟待解决和改造的对象,而西方的社会科学理论则被推崇为解决中国问题的"指导思想",西方的各种制度安排则被视为改造中国体制的"灵丹妙药"。结果,在经历了四十年的改革开放和社会科学重建之后,中国社会科学界竟然没有提出多少为国际社会科学界所接受的理论,甚至"现在的国际社会科学理论中没有一个概念是和中国相关的"。假如美国和西方的思维霸权在中国继续得到尊崇的话,那么,"中国永远不可能实现真正的理论创新,建立中国的社会科学更是遥遥无期"③。

法学研究存在的问题可能更为严重。在中国,法学属于社会科学的一个分支,这是没有争议的。但令人困惑的是,作为社会科学的法学,在过去很长一段时间竟然不接受社会科学的研究方法。如今,一些研究者

---

① 参见郑永年:《中国官僚化教育评审制度的恶果》,《联合早报》2009年3月3日。
② 参见胡适:《读书与治学》,北京:生活·读书·新知三联书店,1999年。
③ 郑永年:《中国官僚化教育评审制度的恶果》,《联合早报》2009年3月3日。

终于醒悟,提出了"在法学研究中引入社会科学方法"的主张,并进行了相关的学术尝试。对于这种以"社会生活中的法"为研究对象的学术尝试,有人称之为"社科法学"。但与此同时,主流的法学研究者仍然将法律规范本身作为研究的对象。尤其是在各个部门法研究中,这种"规范法学"几乎成为占据主导地位的研究方法。具体而言,规范法学有两个基本的面向:一是探究法律规范的性质、价值等法理问题,或者对不同国家的法律制度进行比较考察,探究不同法律体系或法律文化下法律规范的产生、发展和变迁的问题;二是对本国法律制度进行实用性的规范研究,要么注重对法律条文的解释,要么强调研究制度变革的方案,倡导"变法修律",追求一种"良法美制",将法学直接服务于法制建设。

在拒绝社会科学方法的情况下,中国的"规范法学"几乎已经成为西方法学理论的"殖民地"。在法理学领域,法学研究者大都成为西方法学理论的引进者和介绍者,有些法理学教科书甚至成为西方法律思想史的教材。研究者既不从中国古代哲学中寻找灵感和智慧,也不注重研究当下各个部门法中出现的普遍法律问题,而是将某一种或某一派的西方理论视为"真理",据此对部门法问题发表观点。而在部门法领域,各种研究论著言必称"英美法"或"大陆法"的现象仍然普遍存在,各种流于表面的"比较法研究"作品争相出现。无论是做法解释学研究,还是进行对策法学研究,法学研究者几乎都试图倒向某一西方国家或某一法系理论的怀抱,成为其忠实的理论信徒。在有些学科,一度曾出现对过分接受苏联法学理论问题的反思,但随后不久,一些反思者就全盘接受了德日法学的理论,并试图以后者取代苏联的法律理论。

可以说,今天的法学研究面临着如何看待西方法学理论的问题,也面临着如何建立中国法学研究的学术自信问题。本文认为,要避免法学研究的"殖民地"化,真正作出中国的法学贡献,我们需要对传统的"规范法学"进行深刻反思,真正引入社会科学的研究方法。与此同时,要避免一些"社科法学"倡导者的误判,正本清源,不将西方某些既有的论断或者理论作为研究的前提,而应当将其作为一种对话者或研究背景,从中国法律制度和实践中提炼出富有说服力的理论。一句话,树立中国法学研究的主体意识,在法学研究中引入真正的社会科学方法,这可能是中国法学步入正轨的必由之路。

二、传统规范法学的缺陷

在通常的规范法学研究中,无论是法理学、比较法学、法律史学,还是对策法学、法解释学,都得到研究者的青睐,并被用来设计各种研究的框架结构。例如,一种典型的规范法学论文通常会分析某一制度的性质,对其进行类型化研究,这可以被归入法解释学的范畴;研究者还经常对该制度作出比较考察,分析该制度在两大法系国家的现状和发展情况,并概括出不同法系中的制度异同和发展动向,这大体上属于比较法学的表现;在比较分析的基础上,研究者有时还要揭示该项制度的"理论基础",或者对其进行所谓的"价值分析",这又具有法理学分析的色彩;研究者有时还会对某一制度的起源、发展和变化过程作出描述和分析,试图发现该制度发展变迁的轨迹,这又带有法律史学研究的痕迹;最后,在对制度和实践问题作出揭示的前提下,提出修改法律、完善制度或推进改革的设想,这就进入了对策法学的轨道。

将法律规范作为法学研究的对象,这本身是无可厚非的。传统的法理学方法、比较法学方法、法律史学方法以及法解释学、对策法学方法,对于法学研究者有效地分析问题也具有无可替代的价值。但问题在于,这种研究范式已经定型化,带有浓烈的"八股"色彩,无论是解释问题还是解决问题,都暴露出一系列局限性。从事这类研究的学者已经迷失了方向,对西方法律理论顶礼膜拜,丧失了基本的中国学术主体意识。30多年来,秉承这一研究志趣的研究者既提不出新的概念,也创造不出新的理论。在以下的分析中,笔者拟从四个方面,对"规范法学"的局限和不足作出一定的反思。

首先,"规范法学"主要将书本法律作为研究对象,不关注法律在社会生活中的实施状况,无法将法律制度置于社会生活和社会变迁的大背景下进行观察,这从根本上制约了研究者的理论创新能力。

自 20 世纪 70 年代末以来,经过 30 多年的法制建设历程,中国已经颁布实施了大量的成文法律规范,初步形成了自己的法律体系。按照官方的说法,中国目前已经基本解决了"无法可依"的问题。但是,一个不容忽视的现实是,在越来越多的法律领域中,存在着日趋严重的"有法不依"的问题。尤其是在那些旨在限制公权力的公法领域,很多权利保障和权利救济条款都面临着被架空、被规避、被搁置的现象。例如,宪法中的基本权利保障条款,在实践中受到程度不同的违反,而那些违宪行为也无法受到任何形式的制裁,被侵权者也得不到有效的救济。又如,行政诉讼法针对具体行政行为所确立的司法审查机制,在实践中经常无法得到实施。那些受到行政侵权的相对人所提出的司法审查之诉,经常被法院推出受理大门之外,或者即便被受理,也无法获得公正的裁判。再如,在刑事诉讼领域,包括合议制、逮捕制度、法庭审理程序、疑罪从无规则、证人出庭规则、二审法院开庭审理制度等在内的制度安排,几乎都受到了有意无意的规避,出现了普遍的程序失灵现象。

应当承认,在法制建设恢复的初期,法学研究者将成文法律作为研究对象,将法律规范的制定和解释作为研究的目的和归宿,这确实是必要的。但在成文法纷纷出台的今天,在大量书面法律规范受到规避和搁置的情况下,研究者再仅仅将研究对象集中在法律规范上,而对法律实施的效果和问题不闻不问，置之不理，这显然就不合时宜了。试想一下，在法律实施中问题迭出的情况下，研究者动辄揭示法律规范的"理论基础"还有多大的意义呢？研究者即便对两大法系相关制度作出再精彩的比较考察，得出各国制度发展的普遍趋势，这又有多大的说服力呢？对于这种在实践中漏洞百出的制度安排，研究者假如仅仅关注对其立法原意作出解释，或者动辄提出立法完善或法律修改的建议，又能解决什么问题呢？

中国法学假如继续沿着"规范法学"的路子走下去，那么，法学研究者要作出创新性贡献，将是非常困难的。因为无论是法理学、比较法学，还是法解释学和对策法学，都采用了西方法学的一些基本定论。就连中国各个法学部门的教科书，也几乎都是西方法学教科书的翻版，所采用的概念、理论、体系和解释方式也都是西方式的。如果继续这样做"规范法学"研究，那么，我们也只能跟在西方法学的后面，进行或模仿、或移植、或借鉴的研究工作。但问题是，我们已经有了一套法律体系，有了极为丰富的法律实践，存在着一系列具有中国特色的问题，对于这些，研究者假如继续不闻不问，既不关注，也不研究，而是继续套用规范法学的定论来进行分析和评论，那么，中国法学界必将最终失去对中国法律问题的整体话语权。那些生活在体制之中的法官、检察官、律师，根本不会再接受那种貌似"高大上"却不接地气的"规范法学"定论，而是创制了一套新的话语系统。近年来，中国法学与法律实践存在着无法对话的问题，法学界"批判实践"，实务界拒绝接受理论界的理论，这几乎存在于各个部门的法律学研究之中。这是不是在昭示着中国法学的危机呢？

其次，"规范法学"将法学研究的归宿定位在书本法律的创制与立法精神的解释上面，无法揭示法律条文背后的制约因素，更难以发现法律制度产生、发展、变迁的基本规律。

传统的"规范法学"是不区分"法制"和"法学"的。这与中国文人治学的传统有些一脉相承。从古至今，中国文人都有着强烈的"家国情怀"，信奉"修身、齐家、治国、平天下"，强调"学以致用"，不接受"为学术而学术"的做法。古人即便将"立德""立言"和"立功"相提并论，但对"立言"也只是强调其功利和实用的目的。在这种学术传统影响下，"政治"与"学术"也是不加区分的。基本上，写作也罢，学术也罢，无非被视为一种改造社会的手段和工具。

但问题在于，在没有很好地"认识社会"的情况下，就急匆匆地投入到"改造社会"的工作之中，这岂不是一种相当冒险的行为？在法学研究中，研究者动辄强调"变法修律""弥补立法与实践的鸿沟"，亲自参与到推动立法、修改法律、推进司法改革的活动中来，或者揭示法律规范的未尽之义，维护法律的良好实施。在这些研究中，学术活动带有极强的功利目的，衡量学术成果的好坏也使用了单一的实用尺度。结果，法学研究者所创造的论文、著作、教科书，大都局限在"就法律谈法律"，一说到解释法律规范，就使用西方法学的概念和理论，进行学术演绎；一说到改善立法，就按照西方法学的定论来解决中国问题；一说到法理学研究，就按照西方法学的套路，来解释某一制度的"理论基础"或者"价值取向"……甚至在比较法学中，研究者也将最终的目标定位在如何有助于中国借鉴和移植两大法系相关制度上面。

但是，随着法律实务界研究能力的提高，法学界所做的这种"规范法学"研究究竟还有多大的优势呢？说到解释法律规范，法学家所做的工作远远不如最高人民法院法官更加贴近中国法律的实际情况。在一部法律出台或者一部司法解释颁行之后，法官们对其立法原意的揭示才是最权威的，也是法学家所自愧不如的。说到提出立法建议和改革对策，法学研究者也远远不如法院、检察院的研究人员了解中国的实际情况，不大可能提出具有可操作性的解决方案。一句话,无论是解释法律规范还是提出立法对策,都不是法学研究者最擅长的事情,法律实务工作者或许更长于此道,且能做得更加出色。既然如此,我们不得不思考,那些专业的法学研究工作者究竟要做什么,才更有价值,也才能作出自己独特的贡献呢?

答案只能是研究法律问题,总结法律制度发展规律,提出具有解释力的法律理论。用社会科学的经典话语来解释,就是"认识世界",从而为"改造世界"提供理论前提。学术界的独立价值就是提出认识世界的理论,而改造世界的工作大可交给政治家去做。同样的道理,提出立法对策和解释法律规范的工作,主要应交给立法决策部门和司法实务界去做,法学家当然也可以去做,但这并不是法学家的长项。法学界所能做的不可替代的工作,则是总结法律规律和提出法律理论。这是法学界相对于立法界和实务界所具有的最大独特优势。具体来说,法学家所要做的应当是观察法律制度和法律实践中存在的问题,提炼出法律之上和法律背后的制约因素,总结法律制度产生、发展和变迁的基本规律,从而提出自己的法律理论。对于这一点,传统的"规范法学"是既不认同也无法去完成的。

再次,"规范法学"将西方法律理论推崇为真理,甘愿做西方法律理论的传播者和追随者,将其直接用来作为批评中国实践和建构中国制度的理论前提,但这种以西方为师所进行的制度改良经常是不成功的。

在中国,几乎所有的法学教科书都接受了源自西方的法律理论,并将其奉为经典和真理。例如,民法教科书动辄强调公平、等价有偿、情势变更等基本原则,刑法教材则强调罪刑法定、罪刑均衡、法律面前人人平等等基本原则,刑事诉讼法教科书则讲述无罪推定、国家追诉、禁止强迫自证其罪等基本原则……这些理论和原则几乎被置于法律教条,带有权威性和不可挑战性。无论是专著还是论文,要讨论相关问题,无非是对上述基本理论和原则的逻辑演绎而已,根本谈不上有意义的讨论。至于西方法学的最新理论动态,也经常被中国法学界所追随和接受,成为一种学术追时髦的标志。在法理学界,中国学者追随西方学者,研究所谓的"后现代法哲学"问题;刑法学界则追随德日刑法学,研究诸如"犯罪构成三阶层理论""情势变更理论"甚至所谓"刑法疫学因果关系"问题;宪法学界也有学者追随西方理论,研究所谓的"法人违宪"问题……

而面对中国立法和司法实践中存在的诸多问题,法学界的基本反应就是"发现问题""分析问题"和"解决问题",而在解决问题时又总是从西方法学理论和制度中寻求灵感和答案。比如说,针对个别侦查人员违法办案甚至滥施酷刑的问题,法学界的对策通常是确立所谓的"口供自愿法则",建立"非法证据排除规则",甚至将沉默权规则移植到中国刑事诉讼制度之中;针对证人、鉴定人不出庭作证的问题,法学界的立法建议是确立大陆法的直接言词原则,吸收英美法的传闻证据规则,建立一套保证证人、鉴定人出庭作证的制度保障和救济机制;而对于中国冤假错案频频发生、难以防范的问题,法学界的建议也无非是全面确立刑事证据规则,针对各种证据确立审查判断的规则,明确检察机关的证明责任,引入英美"排除合理怀疑"的证明标准,等等。[①]

很明显,这种对策的理论根基几乎都来自于西方的法律理论和制度设计。换言之,针对中国法制实践中的问题,法律学者往往会从西方的经验中寻找解决的方案。这就仿佛在进行一场宏大的演绎推理:大前提是西方的理论和制度,小前提是中国的相关问题,结论则是按照西方的

[①] 对"对策法学"方法的反思性评论,参见陈瑞华:《刑事诉讼的前沿问题》,北京:中国人民大学出版社,2005年,第3章。

制度设计来改革中国的诉讼程序。应当说,这是一种理论上很完美也很雅致的推理。但非常不幸的是,法律的生命往往"不是逻辑,而是经验"。中国经过30多年的法律建设和司法改革,对西方法律理论和制度的引进经常是不成功的。但我们并没有任何证据能够证明西方的理论和制度出了差错。于是,唯一令人信服的解释只能是,西方的理论和制度对于解决中国问题并不都是有效和有用的。

最后,"规范法学"将中国的法律制度和法律实践视为批判和改造的对象,看作没有长久生命力的事物,没有能力也没有兴趣从中国法制经验中发现有价值的规律。

对于中国的法律制度和法律实践,"规范法学"给予了一定程度的关注,但是,这种关注更多地秉持一种批判和改造的态度。在研究者看来,中国当下的法律制度不过是一种暂时的法律现象,中国的法律实践所存在的也只是暂时的问题,它们无非是一种法律制度和法律实践状态在进化过程中所必经的发展阶段而已。而所谓的理想制度和实践,也就是综合了西方各国和各个法系"共同发展趋势"的制度和实践。在这种思路指引下,研究者高度关注各国法学理论的最新发展,注重吸收各国相关制度的最新经验,从而创制出一个存在于中国学者想象之中的"理想理论"和"理想制度"。有时候,在与西方同行进行交流时,中国学者对这种"西方法律理论"和"西方法律制度"的推崇,竟然令前者或莫名其妙,或震惊不已。

由于对西方法律理论和制度推崇到乌托邦的地步,中国的规范法学对自身法律制度和法律实践就必然采取贬低和无视的态度了。但是,在中国各个法律领域中,立法者一旦确立了基本的法律规范,就势必会存在相应的法律实践。不论中国法律制度存在多少缺陷和不足,也不论这些制度在创制时曾经历过多少妥协,这些制度经过实施,不可能都是完全失败的，或者都不具有任何可取之处，而肯定会对解决争端、形成法律秩序进而治理社会发挥积极的作用。与此同时，在任何社会中，法律制度一旦形成，就犹如一种生命有机体一样，在合适的环境中"生根发芽"，发育成长，并会有一系列新规则产生的可能。有时候，一项制度从其刚刚产生，到逐步发育，再到最终成熟，会经历长时间的创制、改革、再创制、再改革的过程。立法者种下的法律制度之"种"，经过司法机关的适用、修补、推陈出新，会结出很多新的"果实"。立法者将这些果实予以吸收，并上升为国家法律规范，就推动了法律制度的不断完善和发展。经过这样的法律制度发展过程，一个国家的法律就可以成长起来，并逐步形成自己独特的经验。

在中国的刑事司法制度发展史上，有几项法律制度就没有完全效仿西方国家的制度，而具有这种独特的成长经验。例如，中国的少年司法制度，从1984年上海长宁区法院创设第一个少年法庭开始，历经30多年的发展，在几代少年司法工作者的努力下，最终成长为一项具有完整体系的制度。如今，无论是圆桌审判、社会调查报告、合适成年人、延伸帮教，还是附条件不起诉、前科封存，这一系列少年司法制度的创制，无一不体现了中国司法工作者的智慧，体现了法律制度发展的经验。① 又如，中国的刑事和解制度，从最初为解决附带民事诉讼执行难所做的制度探索，到后来逐步确立一种"先民后刑"的诉讼模式，再到刑事诉讼法最终将其吸收进来，使其成为一种特别诉讼程序，使得刑事和解被确立为一种"法定的量刑情节"，这一制度体现了一种解决刑事案件和被害人困境的东方智慧。② 再如，在中国刑事诉讼中，司法鉴定几乎被垄断在

---

① 参见陈瑞华、谢萍：《少年司法改革的山东经验》，《人民法院报》2011年1月21日。
② 参见陈瑞华：《刑事诉讼的私力合作模式》，《中国法学》2006年第5期。

侦查机关手里,被告人及其辩护人无权独立启动司法鉴定,而只能向检察机关或法院提出重新鉴定或补充鉴定的申请,但这种申请几乎都是不成功的。为了对公诉方的鉴定意见进行有效的质证,很多律师都委托专家针对告诉方的鉴定意见出具专家意见,意在对鉴定意见提出质疑和挑战,以破坏其证明力和证据能力。这一制度探索简便易行,具有很强的实用性,也容易为法院所接受,最终成为中国律师从事刑事辩护的一种经验和技巧。刑事诉讼法最终将这一制度确立为"专家辅助人"制度。①

但是,由于对中国法律制度和实践采取一种批判和改造的态度,法学研究者对于中国法制的这些经验,并没有给予真正的重视,没有从这些经验中提炼出中国法律制度的发展规律,更谈不上作出创新性的理论贡献了。无论是少年司法制度还是专家辅助人制度,都仅仅被作为规范研究的对象,法学界所提出的见解无非是对其进行适度改造,使之更为合理而已。对于刑事和解制度,目前大多数研究也只是对其合理性加以论证,并提出对其改造的立法建议。当然,已经有一些研究开始对这种研究方法进行反思,并试图将其视为一种中国的法制经验,并提出了一些理论上的解释。

三、社科法学的引入及其反思

规范法学方法所面临的种种危机和困境,主要是因为它"仅仅站在法律之内看法律",走不出自说自话、循环论证的"逻辑怪圈"。规范法学将法律规范本身作为研究对象,将完善立法、解决司法问题作为自己的使命,混淆了"法制"与"法学"的界限,根本提不出富有创见的理论,往往只能跟着西方法学的步伐,甚至创造出一个中国学者心目中的"西方法

---

① 参见陈瑞华:《刑事证据法学》,北京:北京大学出版社,2004年,第202页以下。

学"。而对于这样一种"想象的异邦",有时就连真正的西方学者都不敢认同。正是基于对规范法学局限性的这些认识,一些学者提出了"从法律之外看法律"的研究思路,倡导引入社会科学的研究方法,提出了"社科法学"的方法。

所谓"社科法学",实际是一种将法学研究纳入社会科学研究轨道的学术尝试。社会科学是以人类社会和人类行为为研究对象的学科集群。按理说,每一种社会科学都有自己特有的研究方法,如社会学方法、人类学方法、经济学方法、政治学方法等。研究者运用这些方法所进行的法学研究,可形成一种新的法学研究方法,如法社会学、法人类学、法经济学、法律政治学等。这里所说的"社科法学",既可以是上述任何一种特定的法学研究方法,也可以是将社会科学的一般经验运用到法学研究之中的方法。"社科法学"的出现,意味着法学研究者要借助于其他社会科学的成熟方法来对法律问题展开全新的研究,也意味着法学研究者不能满足于传统的规范法学方法,而应该将法学研究拉回到社会科学研究的主流轨道。

从根本上说,"社科法学"将法律作为一种社会现象,视为一种社会治理的方式。与规范法学仅仅关注法律规范和文本不同的是,社科法学更为关注"社会生活中的法",也就是法律在社会中的实施效果和状况。在"社科法学"看来,"书本法律"中的规范若无法得到实施,便是毫无意义的。当年霍姆斯大法官的名言"法律的生命在于经验,而不在于逻辑",就道出了这一研究范式的部分真谛。对于法律制度和实践,社科法学保持了一种开放和包容的态度,对于所有有利于解释法律现象和法律问题成因的科学方法,都予以接受。由于强调运用社会科学方法研究法律问题,社科法学研究者就不可避免地要遵循科学研究的一般准则。例如,研究者只研究已经发生的"经验事实",而一般不研究尚未发生的事实;研究者只对研究对象的状态、模式、成因、发展趋势作出解释,遵循"价值中立"的原则,而不作好坏善恶的价值评判;研究者对于所提出的命题负有证明的义务,对于未经证明的主张,只应将其视为一种假设或者假说……

"社科法学"的出现仅有十余年的时间,目前主要为一些从事法理学研究的学者所提倡,但经济法、诉讼法领域的研究者也开始受到这一研究方法的影响。由于这一研究方法出现得较晚,没有受到强有力的质疑和制衡,有关的研究也不可避免地出现了一些问题。与规范法学一样,社科法学也并不是完美无缺的,照样有着特有的局限性。特别是倡导这一研究范式的研究者,由于学术训练上的先天不足,或者个性上的偏执,在运用社会学、人类学、经济学、政治学等社会科学方法从事法学研究方面,还远远没有达到驾轻就熟的程度。

首先,社科法学存在着"批判有余,创建不足"的突出问题。由于一些研究者既不熟悉部门法,也对部门法学者的规范研究不感兴趣,因此造成研究者对研究对象的隔膜,甚至会出现对一些问题的误读。在此情况下,研究者动辄挑战一些部门法上的定论或者原理,就容易出现常识性失误甚至闹笑话。例如,一些学者曾以小偷深夜入室盗窃,被当场抓获后扭送公安机关的例子,否认"无罪推定"的合理性;一些学者还曾以任何人都有作证的义务为论据,来否定存在"沉默权";还有学者以中国一些疑难案件无法在现有法律框架内得到解决为论据,否定"法律思维"的存在。这些对源自西方的法律原则和法律理念的挑战,无非是要用常识挑战理论教条、用经验来否定某些法律理念。但是,批判过多、否定过于绝对或者打击面过宽,就容易暴露自己知识上的欠缺。

其实,社科法学要证明自己比规范法学具有更大的优势,就不应该只是简单地批判规范法学,或者试图颠覆规范法学的一些定论,从事带有后现代色彩的"解构"活动,而应当进行更多的建设性学术活动,提出更多的富有说服力的理论。比如说,对于社会各界高度关注的"冤假错案"问题,规范法学的研究固然存在着难以尽如人意之处,但社科法学是不是就提出了更好的观点呢?又比如说,对于全社会都关心的"司法体制改革"问题,社科法学显然对一些部门法的研究不屑一顾。但是,社科法学的研究是不是就更加高明呢?对于中国司法体制中的问题是不是就看得更加真切呢?再比如说,对于"刑事和解"这一现象出现的原因,规范法学固然无法给出令人信服的解释,社科法学真的就能说明白吗?研究者从这一中国特有的改革中能总结出规律来吗?中国有句俗语:"是骡子是马,拉出来遛遛。"或许,任何研究方法的设定都不是目的,研究者根据这一方法能否提出创新性理论,能否提炼出制度运行的规律,这才是检验一种研究方法优劣得失的主要标准。

其次,某些社科法学研究动辄将某一社会科学的理论奉为前提,而将中国的法律问题作为理论运用的对象,难以作出理论上的创新和贡献。我曾经观察过多个从事法经济学研究的年轻学者,拜读过他们的作品。在感叹于他们知识面之广博的同时,也为他们的学术前途感到忧虑。这些能够熟练自如地运用"成本收益理论""交易成本理论"乃至"博弈论"的学者,仅仅将某一法律问题作为经济分析的例题,所作的分析和所得出的结论都没有超出西方法经济学的水平,如此研究下去,又怎么能作出理论上的创新呢?如果说规范法学经常犯"以西方法学为师""言必称英美法和大陆法"的毛病的话,那么,这些社科法学研究者岂不也动辄"以西方法经济学为师""言必称波斯纳和科斯"吗?

笔者注意到,一些社科法学研究经常将一些社会关注度较高的案例作为研究对象,并运用了其他社会科学的既有理论。或许,这种研究足以论证规范法学是存在缺陷的,是无法解决中国法律问题的。但是,这种零零散散的研究，又能创造出什么样的成体系的理论呢？假如社科法学要取得更大的学术影响力，就不应仅仅满足于这种就案论案的研究，而应从经验事实中提炼出概念，通过对中国法制经验的总结，来发现法制运行的规律，提出诸如"定律""公理"或者"定理"等标签化的理论来，从而为中国法学作出独特贡献。不仅如此，仅仅将一些略显极端的个案作为研究素材，也是不无争议的。研究者为什么不按照社会科学研究的一般准则，通过田野调查、访谈、个案分析、数据统计等多种研究方法，首先全面掌握经验事实，然后再提出抽象的理论呢？

社科法学还存在一个令人匪夷所思的问题，那就是有意无意地混淆了"存在的现实合理性"与"存在的价值正当性"的界限，莽撞地从经验事实的世界闯入价值判断的境地。当年，黑格尔有句名言："存在的都是合理的。"对于这句话，应当理解为凡是现存的事物，都有其存在的原因和理由。但是，这并不意味着凡是存在的事物都是正当的，凡是现存的制度和实践都是符合公平、正义标准的。真正的社会科学研究应当奉行"价值中立"或"价值无涉"的基本立场，对于某一研究对象发生的原因作出深刻的解释，从而发现事物发生、发展和变迁的规律，而避免对价值判断问题妄下断言。要知道，德国当年发生纳粹政权上台的事件，是有着非常复杂的政治、经济、社会、文化乃至国际政治的背景，研究者将这些背景和成因揭示出来，就有可能作出较好的学术贡献。但是，研究者假如奉行一种"宿命论"的立场，认为"纳粹政权的上台"是正当的，就有着为纳粹辩解的意味，以至于挑战了人们最朴素的正义观。这种所谓的"社会科学研究"无论有多么深刻，都会引起人们的反感。

一些采用社科法学方法的研究者对于中国法律制度中的特有问题，就采用了这样一种价值评判的立场。无论是对"复转军人进法院"制度和"审判委员会"制度，还是对"刑讯逼供"和"纪委双规"等制度问题，研究者在对其存在的复杂原因作出一番分析后,竟然对这些制度和实践作出肯定性的价值评价。当然,价值评价具有一定的主观性,对于这些制度和实践动辄采取批判的态度,固然是不足取的。但是,研究者假如反其道而行之,对一些明显不符合正义原则的制度实践给予"同情和理解",甚至赋予其道德正当性,这既违背了社会科学研究的价值中立原则,也容易使人们对社科法学的志趣和宗旨产生误解。面对这种动辄为现实辩解的"社会科学研究",人们不禁会产生疑问:难道社科法学可以公然违背社会科学研究的基本准则吗?

上述对规范法学和社科法学所提出的一些反思和批评,并不等于对这两种研究方法采取否定的态度。在笔者看来,规范法学和社科法学已经成为我国法学界正在广泛使用的基本研究方法,它们的竞争性存在将是长期的,也是不容回避的基本现实。但是,这两种法学方法迄今并没有达到较为成熟的程度,还存在着诸多的问题和缺憾,这也是不容忽视的问题。"工欲善其事,必先利其器。"面对中国社会转型期出现的诸多法律问题,法学研究者应当改进研究方法,无论是从法律之内观察法律问题,还是从法律之外研究法律问题,都应秉承科学的态度,遵守社会科学的基本准则,从而作出特有的理论贡献。

四、从经验到理论的法学方法

可以说,中国传统的规范法学,面对中国社会转型期出现的种种法律问题,已经显得"捉襟见肘",无论是在解释问题还是在解决问题上都陷入了困境,在研究方法上也存在着严重的幼稚病。而社科法学的引入,从一开始就存在着一些固有的缺憾和不足,没有坚持价值无涉或价值中立的基本准则,将实然的事物与应然的事物加以等同划一,也没有根据中国的法制经验提炼出一些基本的法制理论。"工欲善其事,必先利其器。"要改善我们的法学研究,就只能从改进法学研究方法入手,认识到传统法学方法的局限和不足,引进真正科学的法学方法。

那么,究竟什么是科学的研究方法?一般说来,社会科学研究有三个最基本的特征:一是"客观性",研究者遵循一定的研究程序从事研究必然会得到一定的结果,也就是研究结果可以经得起"反复的检验",任何人只要运用研究者的研究程序、证据和论证方式,就可以得出与研究者同样的结论;二是"经验品质",也就是笔者反复强调的"研究已经发生过的问题",从业已存在的经验事实展开自己的研究,而不能从子虚乌有的概念或者理念出发,来对事实和经验作出任意的解释;三是"概念化",亦即在总结经验的基础上,提出具有普遍解释力的理论假设,从而作出一定的理论推进。[①] 研究者所提出的某一假设可以被用来解释更多的现象和问题,在理论的解释力上就具有更大的普遍性和通则性。当然,进行科学研究的逻辑前提是,研究者必须要具有最基本的"问题意识",也就是善于从经验事实中发现为现有理论所无法解释的问题,而不能无病呻吟,研究根本不存在的问题,或者研究那种在理论上没有太大意义的技术问题。这就需要研究者站在本学科领域的理论前沿,敏锐地观察那些反复出现的问题,从中发现一些足以对现有理论构成挑战的问题。通常情况下,越是为现有理论所无法解释甚至难以容纳的问题,其理论创新意义可能就越大。

以上是就社会科学之"科学"属性所作的分析。那么,究竟如何按照社会科学的基本方法展开法学研究?通常说来,研究者应当研究"已经发生过的经验事实",而不能"置身于他处",讨论一些没有发生过的问题;研究者应当具有最基本的问题意识,应将问题作为法学研

[①] 参见沙依仁等:《社会科学是什么》,北京:世界图书出版公司,2006年,第4页以下。

究的逻辑起点；研究者应当善于运用归纳方法，从各种事实信息和证据材料中提出假设命题，也就是使整个研究走向"概念化"，从而提出具有普遍解释力的理论；研究者应当掌握证伪方法，使自己提出的假设不仅可以从正面得到证实，而且还要证明那些对该项假设构成挑战的显在或者潜在命题是不能成立的，也就是自己的假设至少暂时是"尚未被驳倒的"……①

这些当然属于法学研究者需要掌握的基本方法，也可以说是运用社会科学方法进行法学研究的基本规范。但是，要成功地进行开创性的法学研究，仅仅遵循上述研究准则还是远远不够的。其实，一篇了无新意的法学论文，完全可以做到从经验事实出发，发现并提出某一领域中的问题；一部没有太多创见的平庸之作，也可以对中国法律中的问题给予一定程度的揭示，甚至从对问题的分析中提炼出某些理论上的思路。但是，假如我们站在更高的平台上审视这一问题，假如我们想在本领域的研究中有所理论建树，还必须另辟新径，掌握其他一些研究方法。在笔者看来，任何开创性的法学研究都应具备两个基本特征：一是敏锐地发现中国本土的法制经验，并对这种经验作出深入的总结和概括；二是在总结中国法制经验的基础上，提出一般性的概念和理论，从而对这种经验的普遍适用性作出令人信服的论证。从经验事实、问题、中国经验到基本概念和理论的提出，这是一种"惊心动魄的跳跃"，也是社会科学研究所要达到的基本要求。

什么是中国的法制经验？一般而言，"经验"可以有两个层面的意义：一是在纯粹客观描述的意义上，意味着那些"对经历的体验"而已；二是从价值判断的角度来看，是指那些可供推广的"成功经验"以及值

---

① 参见陈瑞华：《法律人的思维方式》，北京：法律出版社，2007年，第43页以下。

得汲取的"失败教训"。考虑到后一种理解经常会滑向主观性十足的"价值评判",而容易限制研究者的思考深度和开阔程度,因此,笔者更倾向于从价值无涉或价值中立的立场上来看待"中国法制经验"问题。

在笔者看来,社会科学研究中有一个不证自明的假设,那就是将一切发生过的事实和问题都视为研究的对象,而不是看作"明天就会消失"的暂时存在物。中国法律制度与中国社会一样,都在经历着有史以来最为深刻也最为剧烈的转型。这仿佛会给人一种错觉,以为今天发生的一切相对于明天而言,都将变成一种历史,今天我们所经历的法律制度似乎在不久的将来也会成为一种"法律史上的素材"。因此,法律学者与其关注中国当下正在发生的经验事实和问题,倒不如尝试着探索那些足以"超越时空限制"的普遍理念,或者对一些西方国家较为成熟的法制经验作出总结。其实,法律学者只要具有最起码的历史意识,就会发现,所有正在和即将发生的事实,作为一种历史的表象,或许是杂乱无章的,甚至是没有逻辑联系的。但是,假如我们站在这一系列历史表象的背后,考察各种事实和问题的深层结构的话,那么,上述问题就值得重新反思了。

面对中国法律制度和法律实践中存在的问题,研究者要透过现象提出理论,实现"惊心动魄的跳跃",可以有三种方法:一是进行描述式的解释,也就是在找到若干参照物的前提下概括出某一制度或实践的性质,这可以称为一种"模式论"的研究方法;二是对某一制度或实践在较长时间内的发展演变情况进行描述式的解释,这可以被称为一种"制度变迁论"的研究方法;三是对某一问题的发生作出因果关系的分析,也就是在发现普遍的问题——"果"的前提下,揭示造成这一结果的成因,并将成因加以概念化,这可以被称为一种"因果关系论"的研究方法。下面依次对这三种社会科学方法作出简要的分析。

(一)"模式论"的研究方法

在法学研究中,第一个将西方国家的法律制度区分为"普通法系"与"大陆法系"的学者,绝对是学术天才。同样,在诉讼制度的研究中,那个将西方国家的诉讼制度概括为"对抗制"(当事人主义)与"审问制"(职权主义)的学者,也作出了杰出的学术贡献。在刑事诉讼领域的研究中,美国的帕克教授所提出的"正当程序"与"犯罪控制"的二元诉讼模式,格里菲斯所提出的"争斗模式"与"家庭模式"的新诉讼模式学说,都被视为这一领域中的划时代贡献,成为后来的研究者无法绕开的理论学说。

这些都是"模式论"研究方法运用的典型例证。作为社会科学研究方法的一种,"模式论"是一种描述式的理论解释方法。无论研究对象是某一制度还是实践做法,"模式论"的研究意图在于揭示这一制度或实践的属性和特征。在法学研究中,那种试图揭示某一制度的"性质"或"特征"的研究就带有这种"模式论"的属性。但是,仅仅揭示制度的性质或特征还是远远不够的。俗话说,"没有比较就没有鉴别"。对某一制度性质的揭示往往要透过与类似制度的比较才可以完成,也才可以揭示得更为透彻和全面。因此,"模式论"强调对两个以上处于同一平面上的制度或实践,透过比较,才可以形成"模式"的概念。可以说,"模式论"与人们常说的"类型化研究"或"样式化分析"具有密切的联系。

中国法学研究者偏爱比较法学研究,但只知道对各种制度进行技术化的比较分析,很少能将不同的制度提炼成理论"模式"。这造成比较研究的实用化和低层次化。其实,通过深入的观察和思考,透过一系列制度的表象,法学研究者在比较研究中完全可以作出概念化的贡献。例如,对于刑事诉讼构造的研究,一些学者引进了西方的二元诉讼模式理论,接受了"职权主义"与"当事人主义"的模式总结。但是,对于中国与西方国家在侦查、公诉与审判关系上的差异,这一理论却无法作出令人信服的解释。后来,一种新的比较研究提出了"刑事诉讼纵向构造"的概念,并将西方的纵向构造概括为"以裁判为中心的构造模式",而将中国的纵向构造则称为"流水作业的构造模式"。这一构造理论就对原来的二元诉讼模式理论有明显的推进和发展。① 又如,传统的刑事诉讼制度建立在"被告人与国家关系"的基础上,大体属于一种"对抗性司法模式"。但是,英美法中的"辩诉交易"与中国法中的"刑事和解"都不具有这种对抗性,而带有妥协性和合作性。对这一现象,有学者提出了"妥协性司法"的模式,有学者则提出了"合作性司法"的模式,在此基础上又进一步区分了"公力合作模式"与"私力合作模式"。② 这就对这一领域的研究产生了极大的推动作用。

(二)"制度变迁论"的研究方法

法学研究者经常要面对法律制度的变革,尤其是某一法律的废、改、立问题。面对这一问题,经常有人发出感慨:法律一朝发生修改,整箱整柜的法律书籍都不得不捣毁。的确,法学研究者假如仅仅关注成文法律的制定和解释,就必然会面临这样的困惑和尴尬。但在社会科学家看来,法律不过是社会治理的手段之一,法律规范也不过属于法学家所要研究的一种经验事实而已。聪明的研究者绝不会仅仅关注法律条文的表象,而应深入解释法律条文后的制约因素。随着社会转型和法律变革的进行,各种法律条文可能会发生大规模的变化,各种"废、改、立"的情况都有可能发生,但是,法律条文后面的那些制约因素并不会轻易发生变化,它们构成了一个法律制度最为稳定的因素,也成为法学家所要发

---

① 参见陈瑞华:《从"流水作业"走向"以裁判为中心"——对中国刑事司法改革的一种思考》,《法学》2000 年第 3 期。
② 参见陈瑞华:《司法过程中的对抗与合作——一种新的刑事诉讼模式理论》,《法学研究》2007 年第 3 期。

现并加以解释的对象。

所谓"制度变迁论"的研究方法,是指研究者透过制度变革和社会变迁的表象,发现那些大体保持稳定不变的制约因素,并透过概念化的努力,将这些制约因素上升为法律理论。通常说来,只要一个制度所要发挥的功能不发生变化,那么,该制度的深层结构就不会发生实质的变化;立法者即便将某一制度予以废除,该结构迟早还会生出另一个相似的制度,以满足实现特定功能的需要。例如,2014年中国立法部门废除了"劳动教养"制度,这是中国法律制度发生的公认进步。但是,在这一制度所发挥的功能和满足的需求仍然存在的情况下,一些新的制度可能还会出现,一些地方政府还有可能创制出一些新的变通措施,以应对原来劳动教养所应对的那些"行政违法者"。又如,从1979年开始,中国刑事诉讼法就确立了检察机关提起公诉时移送案卷的制度。这一制度在1996年的刑事诉讼法修改中遭到废除,检察机关被允许只提交主要证据的复制件或者证据目录。但到了2012年,立法部门再次修改刑事诉讼法,废止了1996年的改革措施,恢复了案卷移送制度。在这一制度变革的表象背后,其实存在着法庭审判的形式化以及审判决策的行政化这一深层问题。[①] 这些问题假如不发生根本变化,那么,刑事法官在开庭前就必然有查阅案卷的需求,那种动辄废止案卷移送制度的做法也注定将归于失败。

(三)"因果关系论"的研究方法

因果关系问题应当属于社会科学研究中最为艰难的部分。一方面,要准确地揭示某一问题发生的原因,并通过这种分析揭示出这一原因背后的理论意义,这的确是不容易的。另一方面,研究者通过分析因果关

[①] 参见陈瑞华:《案卷移送制度的演变与反思》,《政法论坛》2012年第5期。

系问题,如何能够提炼出若干个具有说服力的自变量和因变量,从而使这种分析具有普遍的解释力,甚至上升到"因果律"的高度,这又是为一般研究者所可望而不可即的。

尽管如此,面对层出不穷的中国问题,几乎所有社会科学研究者都不免会产生探究因果关系的冲动。其实,前面所说的模式分析方法,如果运用得当的话,就有助于说明某一问题产生的原因。我们前面曾举出了"案卷笔录中心主义"的例子。假如我们对法庭审判流于形式、辩护难以发生效力的问题给予足够关注的话,那么,"案卷笔录中心主义"又可以成为解释上述问题之成因的一种理论模型。因为很显然,在这种"以案卷笔录为中心"的裁判方式下,控方证据的证明力经常未经实质性的审查而为法庭所确认,证据的合法性也难以成为法庭裁判的对象,甚至就连那种建立在"谁主张,谁举证"基础上的司法证明机制,也往往为法官任意性的庭外调查核实活动所取代。[1] 这难道不就是法庭审理流于形式的重要原因吗?

以刑事程序的失灵问题为例,我们可以看到在因果关系的研究中是可以提出新的理论来的。当越来越多的诉讼程序根本得不到实施、大量的潜规则大行其道的时候,我们无论是改革审判方式、建立证据规则,还是完善审级制度、收回死刑复核权,都将失去实质的意义。在刑事程序法失灵问题难以得到解决的情况下,所谓"刑事诉讼法修改"的问题,就变成了一场书面规则的变更游戏。既然如此,刑事程序法失灵的主要原因究竟是什么?其一,刑事诉讼法没有建立较为完善的程序实施机制,使得一些刑事程序先天就具有被规避和搁置的风险;其二,立法者所做的某些程序设计,实施起来成本过于高昂,会带来诉讼效率的下降和司

---

[1] 参见陈瑞华:《案卷笔录中心主义》,《法学研究》2006年第4期。

法机关难以应付办案量的问题,这往往会促使司法机关对实施这些程序退避三舍;其三,由于某种司法管理方式的作用,办案人员一旦严格遵守某些法定程序,就不仅无法获得实际的利益,反而可能因此而遭受惩罚,这注定会造成这些程序受到规避的局面;其四,立法者从西方引进的某些法律制度,与本土法律传统产生了激烈的冲突,使得相关的程序设计面临与此相悖的刑事政策的挑战,这往往造成司法人员放弃对法律程序的遵守;最后,某些从西方引进的刑事程序,并不具备适当的司法体制的保障,而在司法体制改革明显滞后的情况下,这些略显"超前"的刑事程序设计,注定将变得难以实施。当然,我们还可以继续总结,以对这一问题作出更为全面的解释。不过,以上所提出的五个外生变量,却不属于那种就事论事的原因分析,而上升为一种概念化的理论归纳。①

我们可以看到,这五个方面的外生变量,对于刑事程序法失灵的问题都作出了各自的理论解释。它们来自经验事实,却又高于经验事实,对于这一问题的发生具有普遍的解释力。其中,程序法的实施方式是涉及程序法与实体法的分类以及程序法律责任的建构等重大的战略性问题;诉讼程序的成本评估问题,与刑事程序改革的代价和司法机关的承受力有着密切的联系;司法机关的业绩考评机制直接决定办案人员的奖惩和命运,这往往直接影响办案人员对待诉讼程序的态度;不同的法律传统所反映的通常是两种以上的价值观念之间所发生的冲突,这种相互冲突的制度设计,既反映出立法者的观念混乱,也导致了大量规则的不可实施;司法体制对于诉讼程序的制约,具有典型的"瓶颈效应",那些作为诉讼程序之基础的司法体制一旦得不到确立,就往往造成诉讼程序的不可操作性。

---

① 参见陈瑞华:《刑事程序失灵的初步研究》,《中国法学》2007年第6期。

应当说，法学界对于因果关系问题的研究，尚处于起步之中，在研究方法的掌握上还有待于进一步的探索。要真正实现"思维的跳跃"，研究者就不能满足于简单的"一因一果""一因多果""多因一果"或者"多因多果"的具体分析，而应尽力找出那些具有理论辐射力的变量因素，使之对一系列问题的发生具有较为普遍的解释力。比如说在刑事程序法失灵问题的分析中，假如我们能够找到一条足以对各种程序规避问题都具有解释力的"理论线索"，并使得程序规避问题与该项理论线索之间的因果联系得到充分的阐释，那么，所谓的"因果律"也就不难推导出来，研究者的理论贡献也随之而得到了确立。

五、代结语：法学研究的中国主体意识

中国法学研究要建立基本的学术自信，就必须引入社会科学研究的一般方法。为此，我们需要将中国的法律制度和法律实践作为研究对象，具有基本的问题意识，将制度问题上升为理论问题，对中国的法制经验和教训进行理性的总结和清理，然后通过概念化的努力，提出一般性的理论。在与既有的法学理论进行对话的前提下，提出具有解释力的新理论。经过这样的学术累积，这样的概念和理论逐渐增多，法学研究者逐渐运用它们来解释中国的法律现象，并在此基础上发展出新的理论。

无论是胡适还是郑永年，都反对中国社会科学研究的美国化或西方化，反对动辄将西方某一家、某一派的社会科学理论奉为真理的"社会科学研究"。但是，他们并不反对研究者了解西方社会科学理论并与这些理论进行学术对话。对于中国法学界而言，在通过总结中国的法制经验和教训并提出理论之后，还要学会对这些理论的创新性进行学术验证。这种验证的基本途径就是将西方法学理论作为学术参照，按照"大胆假设，小心求证"的原则，对自己提出的理论进行必要的证伪。在验证了自

己的理论"暂时没有被驳倒"的情况下,研究者就可以提出这一理论,并公布这一理论的论证过程。至于后来的研究者,在尊重前人研究成果的前提下,还可以继续这一学术工作,从而提出新的理论。如此薪火相传,中国法学研究就有可能摆脱对西方法学理论的畸形依赖,走上独立创新的道路,从而作出中国法学应有的学术贡献。

按照笔者的初步思考,法学研究者在运用规范法学和社科法学方法进行研究时,应将两者视为相互补充的方法,努力寻找这两种研究方法的契合点,确立一些共同的学术准则。在笔者看来,这些学术准则主要有:研究者应当将制度和实践作为研究的对象,从制度的世界进入理论的世界;研究者应当放弃对西方法学理论或社科理论的盲目崇拜,从中国的经验事实中提炼出自己的法学理论;研究者要作出法学理论的创新,就要与最前沿的法学理论进行对话,发现这些理论的边界和范围,提出新的富有解释力的理论。下面依次对这些基本准则作出简要分析。

首先,法学研究者应当区分"法制"与"法学",注重研究法律之上、法律背后的原理和规律。有研究生指导经验的学者都知道,要让一个刚刚入学的研究生学会写法学论文,最大的困难是引领他(或她)从制度的世界走出来,进入理论的世界。我国特有的"学以致用"的学术传统以及我国知识分子将"认识世界"和"改造世界"视为天然使命的观念,对初学者产生了极大的影响。而要"学以致用"和"改造世界",就要在发现问题和分析问题的基础上,提出解决问题的方案和对策。仔细观察起来,无论是规范法学还是社科法学,其实都深深受到这一学术传统的影响。前者追求"良法美制",寻求立法的完善和制度的革新,或者对法律规范作出符合立法精神的解释,无非是为了保证法律的良好实施,实现规则的治理;后者批评规范法学的空洞化,分析个案产生的复杂原因,甚至鼓吹"潜规则"的合法化,也有着改善治理方式的意味,有着"舍我其谁"的制度变革之理想。归结起来,两种研究思路都没有逃出制度论的轨道,而制度研究终究是缺乏生命力的。法学研究者假如仅仅关注书本法律中的制度,那么,立法一旦发生变化,制度一旦发生变革,整箱整柜的法学书籍都将不得不销毁。同样,法学研究者假如仅仅满足于对个案的讨论,倡导以"潜规则"替代书本法律,那么,随着法制状况的改善,这种研究的价值也会丧失。

其实,无论是规范法学所研究的制度,还是社科法学所讨论的实践,都只是"法制"的表现形式,也都仅仅属于法学研究的对象而已。法学研究的根本目的应当是发现法律运行的规律,提出富有解释力的法学理论。而要达到这一效果,研究者应有独立于"法制"的"法学"意识,注重从法律之上和法律规范背后发现具有影响力的因素,将其予以概念化,并提出相应的理论命题。其实,真正使法律成为一门科学的是法律条文背后的制约因素,这些因素与一个社会的政治、经济、文化、传统密切联系在一起,立法者要对这些因素作出改变,就像语言学家改变一个民族的语言一样,往往是极其困难的。法学研究者唯有将这些制约因素揭示出来,才能作出自己的理论贡献。与此同时,真正属于"法学"领域的命题一般都是解释性的命题,它们要么解释了某一制度实践的类型或者模式,要么解释了某一法律问题发生的原因,要么揭示了制度实践的变迁规律。研究者通过"我发现……"的方式将其揭示出来,并作出抽象的理论概括,就完成了"认识世界"和"发现规律"的使命。这才是"法学"赋予研究者的应有使命。至于所谓的"解决问题"或者"改造世界",那就属于推进"法制"的范畴了。而对于"法制"的完善,专业研究者经常是"心有余而力不足",这并不是他们的长项,政治家以及专业立法决策人士或许更加擅长此道。

其次,法学研究者应当从中国的法制经验中提炼出法学理论。法学理论应当从哪里来？规范法学过于迷信西方法学的现成理论，社科法学也有着过分推崇西方社会科学理论的倾向。不知道从何时开始，法学研究者有着迷恋西方理论的传统，仿佛不引用几个西方学者的概念和理论，就显得自己没有学问似的。其实，西方的理论，无论是法学理论还是社会科学理论，对于解释自己社会的问题，或许是有说服力的，但它们未必就是放之四海而皆准的真理。中国法学研究者不应继续保持"被殖民者"的心态，甘当"学术留声机"或"知道分子"，而应树立起学术主体意识。西方的理论最多只能是我们研究问题的学术背景，或者是一种学术对话的对象。假如某一法律问题在西方理论中已经得到了完美的解释，那么，我们就应接受这一理论，在此理论的基础上展开新的研究。而假如某一些本土问题从西方理论那里根本得不到解释，或者西方理论的解释极为牵强，那么，研究者应当秉持"大胆假设，小心求证"的精神，提出新的更具有解释力的理论。

根据笔者的一点经验，中国法律制度中无法得到西方理论解释的现象，恰恰是中国学者作出理论创新的契机。例如，中国近年来出现的"刑事和解"、少年司法改革、量刑程序的相对独立、证据法对证据证明力的严格限制、公检法三机关的关系、检察机关的法律监督地位等一系列制度现象，都是西方法学理论无法解释的。研究者假如放弃对西方理论的盲目推崇，就有可能在这些问题的研究上提出新的理论。又如，近年来中国司法制度中出现的一些特有问题，如"涉法上访"、"死磕派律师"闹法庭、舆论影响司法、对司法官员的绩效考核等问题，不仅在西方是不存在的，也是西方法学理论无法解释和解决的。再如，中国近年来对一系列法律问题采取了各种治理措施，但问题并没有得到解决，治理效果也不明显。如对刑讯逼供的治理、对证人出庭作证的保证、对冤假错案的防范、对司法官员自由裁量权的管控等，都是典型的例子。有时候，立法者引入的恰恰是西方国家治理类似问题的经验,但这种治理显然并不成功。那么,对于这种治理经验和教训的研究,或许有助于我们发现中国的新问题,解释法律背后的新的制约因素,这或许是我们作出理论创新的机会。

再次,研究者应当与最前沿的理论进行对话,创造理论的例外或者提出新的理论。通常说来,法学研究者无论是研究法律规范,还是将法律作为社会现象来研究,都有可能提出一种概念或者理论。一个人只要具有一定的学术抽象能力,就不难对研究对象进行"概念化",并进而提出具有概括力的理论命题。但是,面对西方既有的法学理论,我们如何才能作出理论创新呢?面对西方极其发达的社会科学理论,我们如何作出超越前人的理论贡献呢?

笔者过去在研究刑事和解问题时,就曾面临这样的困惑。刑事和解是中国自生自发的改革经验,构成一种特殊的刑事诉讼模式。但这种模式的特征是什么?中国为什么会发生这样的改革运动?对于这些问题,只有放在最前沿的理论背景下才能作出解释。西方自 20 世纪 60 年代以来,已经出现过帕克的"正当程序"与"犯罪控制"双重模式理论,也出现过格里菲斯的"家庭模式"理论,近期还有加拿大学者以被害人为中心提出的四种模式理论。很明显,中国的刑事和解是发生在被害方与加害方之间的和解协议,它以双方达成私下的民事赔偿协议为前提,促成了被害方对司法机关作出宽大刑事处理的认同,在取得检察机关或法院同意的前提下,最终使被告人受到从轻、减轻或者免除刑事责任的处置。这种刑事诉讼模式无法用西方既有理论加以概括,而只能被视为一种相对于对抗性司法的"合作性司法"模式,而且是独立于"公力合作"模式之外的"私力合作"模式。围绕着这一模式兴起的背景,笔者又提出了一种以被害人为中心的刑事诉讼理念,强调其实用的功利主义司法哲学基础。①

  当然,这种研究只是初步的,也并没有达到成熟的程度。但是,有了这样的研究体验,笔者对什么是创新性研究有了新的认识:在对西方最前沿理论理解透彻的前提下,提出对本土问题具有解释力的新概念和新理论,然后与西方理论进行对话。经过对话,发现新的概念和理论足以解释既有理论之例外情形,或者能够在既有理论之外发现新的规律的,就可以算说得过去的创新性理论贡献了。

---

① 参见陈瑞华:《刑事诉讼的私力合作模式——刑事和解在中国的兴起》,《中国法学》2015年第6期。

第三章 中国刑法学研究四十年

陈兴良*

如果以1978年为改革开放的元年,2018年正好是中国改革开放四十年,这是一个值得纪念的年份。1978年不仅是改革开放的元年,而且是法治建设的元年,并且还是法学研究的元年。以此作为一个时点,回顾我国刑法学科走过的四十年历程,并展望我国刑法学的未来发展,是极具现实意义的。可以说,刑法学科是在我们国家改革开放的背景下恢复重建的,刑法学科的命运是与国家刑事法治建设息息相关的。因此,只有从国家法治建设的大格局下,才能描绘与勾画出我国刑法学科的发展脉络。

一、刑法学科的恢复重建

自1949年中华人民共和国成立以后,随着国民党六法全书的废止,开始了社会主义法制的建设。刑法典的制定也随之提上议事日程,1950年就着手草拟刑法典,其中最早的是1950年7月25日的《中华人民共

---

* 陈兴良,北京大学法学院教授。

和国刑法大纲草案》,共 12 章 157 条(总则 33 条、分则 124 条)。① 未曾想,从 1950 年的刑法草案第 1 稿到 1963 年 10 月 9 日第 33 稿,这一刑法制定过程居然持续了将近数十年。由于受到各种政治运动的影响,尤其是从 1966 年开始的"文化大革命"运动,对国家法制建设形成巨大冲击,刑法典的制定工作随之而停摆。在法律虚无主义思想的影响下,从 1949 年到 1979 年这 30 年的时间内,我国是在没有刑法典的情况下度过的,这对于一个具有 7 亿人口的大国来说,几乎是难以想象的。这个时期,我国只是先后颁布了三部单行刑法,这就是 1951 年的《惩治反革命条例》《妨害国家货币治罪暂行条例》,以及 1952 年的《惩治贪污条例》。

在这样一个没有刑法典的时代,刑法学研究就成为一种学术奢侈品。从 20 世纪 50 年代开始,我国翻译出版了苏俄刑法教科书以及个别刑法专著。其中,较为著名的是 1950 年大东书局出版、彭仲文翻译的《苏联刑法总论》(上、下册)一书。该书由苏联司法部全苏法学研究所主编,经苏联高等教育部特准法学研究所与大学法学院采作教本,即苏联法学院所的刑法统编教材。该书的总编辑是孟沙金教授,参与编写的包括皮昂特科夫斯基等著名学者。虽然此后又有各种苏联刑法教科书翻译介绍到我国,但论影响最大的则非《苏联刑法总论》一书莫属。除了上述苏联刑法教科书以外,影响最大且深远的当属特拉伊宁的《犯罪构成的一般学说》一书。该书由当时中国人民大学法律系刑法教研室王作富等人翻译,中国人民大学出版社 1958 年出版。从 1957 年开始的反右运动,已经对学术研究产生了几乎是窒息性的打击,但该书依然能够出版,这也可以说是一个奇迹了。我国学者在论及特拉伊宁的《犯罪构成的一

---

① 参见高铭暄、赵秉志编:《中国刑法立法文献资料精选》,北京:法律出版社,2007 年,第 198—226 页。

般学说》一书对我国刑法学的影响时指出:"这是一本对中国刑法学的发展产生了深远影响的书,其翻译出版的意义应予足够的估计。A. H. 特拉伊宁在这本书中对犯罪构成的基本理论进行了深入系统的研究,提出了颇有价值的见解。例如,明确提出犯罪构成是主客观要件的有机统一;犯罪构成不能脱离犯罪的实质概念;犯罪构成是负刑事责任的唯一根据,确定犯罪的因果关系和罪过必须以辩证唯物主义的哲学为指导;犯罪构成意义的增长是社会主义法制巩固过程的表现之一等。这些观点对于建立具有中国特色的犯罪构成理论具有重要的借鉴意义。"[1]这是一个政治上向苏联一边倒的年代,同样在刑法学上也直接嫁接苏联学说,在此基础上开始了我国刑法学的初创。

在20世纪50年代,我国出版了三部刑法教材。其中,具有代表性的是中央政法干部学校刑法教研室编著的《中华人民共和国刑法总则讲义》,该书由法律出版社1957年出版。这是一部在没有刑法典的状态下完成的刑法教材。在这种我国并没有颁布刑法典的情况下,如何界定这里的"中华人民共和国刑法"呢? 对此,该书指出:"我国刑法乃是在摧毁旧法的斗争中产生,并且随着国家建设的需要,总结人民斗争的经验而建立和发展起来的。一切由人民民主政权所制定的用刑罚方法与犯罪作斗争的法律、法令,就都是我国的刑法。"[2]这个意义上的刑法,具有观念层面的刑法与规范层面的刑法这双重属性。而且,观念层面的刑法属性更大于规范层面的刑法。检视该书内容,因其具有总论的性质,对于刑法规范的依赖性远小于刑法分则。因此,该书具有明显的时代痕迹,即充斥着一定的政治话语。例如第一讲就是刑法的阶级性,并且认为只

---

[1] 高铭暄主编:《新中国刑法科学简史》,北京:中国人民公安大学出版社,1993年,第24页。
[2] 中央政法干部学校刑法教研室编著:《中华人民共和国刑法总则讲义》,北京:法律出版社,1957年,第23页。

有根据马克思列宁主义的立场、观点与方法,揭露刑法发生的历史根源,说明犯罪和刑罚的阶级本质及其发展,才能把对于《中华人民共和国刑法》的研究置于正确的方向。① 除此以外,该书更多的还是对于观念层面的刑法理论的阐述。例如,犯罪概念、正当防卫与紧急避险、刑罚的概念、刑罚体系和量刑等,事实上,因为当时我国没有制定刑法典,因此,上述内容都是缺乏刑法规范根据的,只是一种观念的阐述而已。更为确切地说,这些缺乏规范根据的理论内容实际上是对苏联刑法学的移植或者说改写。因此,其中苏俄刑法学的痕迹是相当明显的。例如,犯罪构成理论,就是根据苏俄刑法学的四要件进行讨论的。该书指出:"各个具体犯罪的犯罪构成,虽然都各有其具体的要件,可是,把各个具体犯罪的犯罪构成的具体要件加以科学地抽象,还可以看出一切犯罪的犯罪构成都具有一些共同性的东西,这种从各个具体犯罪的犯罪构成的具体要件中抽象出来的,一切犯罪构成都具有的共同性的东西,叫做犯罪构成的共同要件。每一个犯罪构成都包括以下四个共同要件:(一)犯罪的客体;(二)犯罪的客观方面;(三)犯罪的主体;(四)犯罪的主观方面。"②这就是我国刑法教科书对四要件的犯罪构成体系的表述,这一表述完全是《苏联刑法总论》一书关于犯罪构成概念及其要件理论的重述。只不过,苏俄学者在论述犯罪构成时采取了从刑法典分则的个别规定到刑法总则的一般规定的抽象方法,而我国因为没有刑法典,更遑论刑法分则,因此从苏俄刑法学理论中直接引进了四要件的犯罪构成理论,成为刑法理论的基础与核心。

---

① 参见中央政法干部学校刑法教研室编著:《中华人民共和国刑法总则讲义》,北京:法律出版社,1957年,第9页。
② 中央政法干部学校刑法教研室编著:《中华人民共和国刑法总则讲义》,北京:法律出版社,1957年,第73页。

1978年12月召开的党的十一届三中全会,提出了健全社会主义民主和加强社会主义法制的任务,它不仅开启了改革开放的新时期,而且确定了民主与法制的新理念。由此,国家的法制建设重新提上议事日程,加快了立法进程。从1979年2月下旬,全国人大常委会法制工作委员会宣告成立,从3月开始抓紧进行立法工作。其中,刑法典草案以33稿为基础,结合新情况、新经验、新问题,征求了中央有关部门的意见,作了较大的修改,先后拟出了3个稿子,最后于1979年7月1日召开的第五届全国人民代表大会第二次会议上一致通过。[1] 这就是我国1979年《刑法》,也是我国第一部刑法典。它的颁布,标志着我国刑法立法实现了零的突破,为刑法学的恢复重建提供了规范基础。

以1979年《刑法》颁布为契机,我国刑法学进入了一个恢复重建的阶段。这里的恢复重建表明,刑法学并不是完全从头开始,而是以原有的成果为基础的。当然,由于从1958年以后刑法理论研究基本处于停滞状态,这个期间出版的两本刑法方面的书籍,基本上属于政治宣讲和政策解读的资料。例如1958年中国人民大学出版社出版、中国人民大学法律系刑法教研室编写的《中华人民共和国刑法是无产阶级专政的工具》一书,以及1976年印行、北京大学法律系刑法教研室编写的《刑事政策讲义》一书,都是如此。在这两本书中,主要是政治话语和政策解读,完全没有学术性和理论性。因此,1979年《刑法》颁布以后我国刑法学恢复重建,其所恢复的对象是20世纪50年代从苏联引进的刑法学。例如,前述中央政法干部学校编写的《中华人民共和国刑法总则讲义》一书,在1979年《刑法》颁布以后,随即根据刑法规定进行了修订,并于

---

[1] 参见高铭暄:《中华人民共和国刑法的孕育诞生和发展完善》,北京:北京大学出版社,2012年,"前言",第2页。

1980年由群众出版社出版,成为1979年《刑法》颁布以后出版的第一部刑法教科书。该书根据我国刑法规定,对1957年出版的《中华人民共和国刑法总则讲义》一书进行了规范的填充,使之成为以现行刑法为规范根据的刑法教科书。虽然该书并没有说明它与1957年出版的《中华人民共和国刑法总则讲义》一书的渊源关系,但在理论内容上,这种承接关系是极为明显的。尤其是犯罪构成体系,还是以苏俄刑法学为蓝本的叙述。

及至1982年高铭暄主编的司法部统编教材《刑法学》一书的出版,标志着我国刑法学的恢复重建取得了阶段性的成果。该书前承20世纪50年代从苏联引入的刑法学理论,并吸收我国此后取得的刑法学研究成果,总结司法实践经验,对我国刑法条文进行了体系化和理论化的阐述,无论是在体例还是在内容上都有所突破,成为此后我国刑法教科书的样板。该书于1988年1月和6月分别获得全国高等学校优秀教材奖和司法部优秀教材奖,是一部具有广泛影响的刑法教科书。

我国刑法学从20世纪50年代模仿苏俄刑法学开始蹒跚起步,不久就因为政治运动而夭折。此后将近20年,我国刑法学处于冰封状态。1978年开始,我国重建法制,尤其是1979年刑法典的颁布,犹如一夜春风来,顿时唤醒了沉睡已久的刑法学,使我国刑法学在一片废墟中萌发新芽。这段刑法学起死回生的历史值得追忆,值得铭记。

法律学科具有与法律规范的高度关联性。尤其是部门法学,例如刑法学,随着部门法的发展而不断演进。在我国各部门法中,刑法是立法最早的一个部门,因此刑法学也是较为成熟的一个部门法学。我国刑法学的发展,经历了一个从以立法为中心到以司法为中心的过程。其中的分界点,是1997年《刑法》的颁布。换言之,以1997年《刑法》为标志,我国刑法学研究可以分为两个阶段:1997年《刑法》颁布之前,我国刑法学长期处于以立法为中心的研究状态;而在1997年《刑法》颁布之后,我国刑法进入以司法为中心的研究状态。

二、以立法为中心的刑法学研究

如前所述,随着1979年《刑法》的颁布,我国刑法学开始重新获得了生命,刑法学研究的春天终于到来。1979年《刑法》于1980年1月1日正式实施以后,刑法的司法化就成为刑法学关注的重点。然而,我国刑法学的司法化未及深入,刑法修改就提上了议事日程,因此我国刑法学很快就进入了以立法为中心的研究状态。对此,我们需要从刑法本身的先天不足、经济体制改革和社会转型等多维度揭示其原因。

刑法在短时期就需要修改,这与刑法自身的原因有着密切的关系。我们知道,1979年《刑法》虽然从1950年开始起草积累了33稿,但从1979年3月重新启动刑法起草工作,到7月1日正式颁布,只有短短4个月时间。在此期间,虽然立法机关做了大量工作,但毕竟时间有限,所以1979年《刑法》还是以原先的刑法草案为蓝本,未有大规模的修改。在这种情况下,1979年《刑法》与时代的契合性存在较大问题。例如,1979年《刑法》第79条规定了类推制度,明文规定:"本法分则没有明文规定的犯罪,可以比照本法分则最相类似的条文定罪判刑,但是应当报请最高人民法院核准。"当时之所以规定类推制度,理由在于:我国地大人多,情况复杂,加之政治经济形势发展变化较快,刑法特别是第一部刑法不可能把一切复杂多样的犯罪形式包罗无遗,而且也不可能把将来可能出现又必须处理的新的犯罪形式完全预见,予以规定;有的犯罪虽然现在已经存在,但我们与它作斗争的经验还不成熟,也不宜匆忙规定到刑法中去。因此,为了使我们的司法机关及时有效地同刑法虽无明文规定但实际上确属危害社会的犯罪行为作斗争,以保卫国家和人民的利益,就必须允许类推,可以使刑法不必朝令夕改,这对于保持刑法在一定时期内的相对稳定性是有好处的。而且,有了类推,可以积累同犯罪形式作斗争的经验材料,这就为将来修改、补充刑法提供了实际依据。① 在这种情况下,我国刑法教科书将类推视为对罪刑法定原则的必要补充,并仍然坚持我国刑法实行罪刑法定原则,只不过这是以类推为补充的罪刑法定原则。其实,罪刑法定与类推之间是存在逻辑上的对立关系的:一部刑法只要规定了类推就不可能是罪刑法定的,反之,一部刑法只要规定了罪刑法定,则必然排斥类推。而且,即使是长期采用类推的苏联刑事立法,也于1958年12月通过《苏联和各加盟共和国刑事立法纲要》以后,取消了类推制度。② 我国1979年《刑法》规定的类推制度,使之从一开始就已经从刑法理念上落后于时代。应当指出,这也与当时我国以惩治犯罪为中心的刑法任务观密切相关。

1979年《刑法》实施以后,我国进入了一个改革开放的时代,尤其是经济体制改革,推动了我国经济体制从计划经济向市场经济的转变。随着新旧体制的交错,出现了大量经济领域的犯罪。而1979年《刑法》还是建立在计划经济体制之上的,刑法与经济体制改革之间的抵牾表现为各种形式的经济犯罪。在这种情况下,1997年《刑法》难以应对惩治经济犯罪的现实需要。例如,在1979年《刑法》第117条设立了投机倒把罪,这是一个典型的计划经济体制下的犯罪。随着经济体制改革,以往在计划经济体制下被认为是投机倒把的犯罪行为都被认为是正当的经济行为,亟待对此予以非犯罪化。而随着市场经济体制的建立,出现了

---

① 参见高铭暄:《中华人民共和国刑法的孕育诞生和发展完善》,北京:北京大学出版社,2012年,第78—79页。
② 参见[苏]A. A. 皮昂特科夫斯基等:《苏联刑法科学史》,曹子丹等译,北京:法律出版社,1984年,第35页。

各种非法经济行为,例如我国《公司法》颁布以后,违反《公司法》的行为需要予以犯罪化;我国建立证券制度以后,违反《证券法》的行为需要予以犯罪化。随着经济体制改革的不断深入,在经济领域的犯罪化与非犯罪化的客观需求构成了推动刑法修改的内在动力。

此外,从20世纪80年代开始,我国进入一个社会转型时期,在此过程中,出现了大量社会失范行为。尤其是黄、赌、毒这三种违法犯罪现象沉渣泛起,对此需要采取较为严厉的刑事处罚措施。但1979年《刑法》对于黄、赌、毒犯罪的规定相对比较简单,处罚也较轻。例如毒品犯罪,1979年《刑法》只是在第171条规定:"制造、贩卖、运输鸦片、海洛因、吗啡或者其他毒品的,处五年以下有期徒刑或者拘役,可以并处罚金。一贯或者大量制造、贩卖、运输前款毒品的,处五年以上有期徒刑,可以并处没收财产。"这里只对制造、贩卖、运输毒品的行为作了规定,对其他毒品关联行为未作规定。对于毒品的种类,1979年《刑法》除了列举鸦片、海洛因以外,采取概括性规定的方式表述为"其他毒品",但其他毒品的种类并不明确。而且,对于普通毒品犯罪,最高法定刑只是五年,即使是毒品犯罪的惯犯,最高法定刑也只是十五年有期徒刑。

通过以上分析我们可以发现,1979年《刑法》在其实施之初,就表现出对于惩治犯罪、维护社会秩序的不适应性。因此,这个时期的刑法学研究,就刑法一般理论而言,主要是围绕着犯罪概念、犯罪构成、犯罪未遂、共同犯罪、罪数等犯罪论问题而展开。但理论热点问题还是刑法修改研究,相当多的学术资源投入到立法研究之中。我国学者曾经对刑法的修改与完善的研究分为三个阶段:第一个阶段是从1979年《刑法》实施到1983年,为刑法修改研究的萌芽期;第二个阶段是从1984年到1987年,为刑法修改研究的初步展开时期;第三个阶段,从1988年开始,为刑法修改研究全面繁荣时期。① 如果按照这个划分,则从1979年《刑法》实施不久,对该刑法的修改问题就进入了刑法学研究的视野。事实上,全国人大常委会法制工作委员会在1988年就开始着手修订刑法,并于1988年12月25日草拟了《中华人民共和国刑法(修改稿)》。② 此时,距离1979年《刑法》实施才8年。从1988年立法机关正式启动刑法修改,到1997年3月14日颁布修订后的刑法,在这10年之间,我国刑法学的主要课题就是刑法修改研究。

刑法修改研究是一种以立法为中心的研究,其目的是立法的完善。在刑法学中,这种以立法为中心的研究称为立法论。立法论的刑法学研究具有不同于司法论的刑法学研究的特殊性,这种特殊性表现为:其一,研究目的的特殊性。以司法为中心的刑法学研究的主要目的在于帮助司法机关正确适用刑法,因此具有司法导向,更加关注的是司法实践中刑法适用的疑难问题。而以立法为中心的刑法学研究的主要目的在于为刑法修改提供正确方案或者意见,因此具有立法导向性,完全是围绕着刑法修改的节奏和需要展开理论研究。其二,研究方法的特殊性。以司法为中心的刑法学研究采取的是法解释学或者法教义学的方法,对刑法规定进行语言的和逻辑的分析与推理,以便在刑法适用中采用。而以立法为中心的刑法学一般都采用价值分析方法,对现行刑法规定的缺陷和不足进行揭示,并提出修改的意见和建议。其三,服务对象的特殊性。以司法为中心的刑法学研究的言说对象是司法实务人员,以及辩护人等刑事司法活动具有相关性的人员。而以立法为中心的刑法学研究的言

---

① 参见高铭暄主编:《新中国刑法科学简史》,北京:中国人民公安大学出版社,1993年,第291页以下。
② 参见高铭暄、赵秉志编:《中国刑法立法文献资料精选》,北京:法律出版社,2007年,第494—528页。

说对象是立法机关的工作人员,并且只有在立法过程这样一个特定的时段才具有意义。如果不在刑法修改时期,立法论的研究往往不具有现实意义。而且,立法论的研究不具有持续性,任何关于刑法修改的研究成果在立法修订完成以后,就阶段性地完成了历史使命,不再有其他作用。而司法论的研究则具有持续性,可以长期累积,为此后的进一步研究奠定基础。因此,司法论的研究是刑法学研究的常态,而立法论的研究则是刑法学研究的非常态。在1979年《刑法》刚刚颁布实施不久,以司法论为中心的常态刑法学研究尚未成熟,随着刑法修改的立法进程的启动,我国刑法学就不得不跟随着开启了一段时间不算太短的立法论研究,从而推迟了司法论研究的进程,这不能不说是一种遗憾。当然,也是迫不得已的。

我国以立法为中心的刑法学研究不是以现行立法为根据的规范性研究,而是如何完善立法的应然性研究。因此,主要研究内容也是以价值论为导向,以应然性为目的而展开的。这段立法论研究主要讨论的问题,除了个别性的、具体的立法建议以外,可以归纳为以下三个重大问题:

(一)废除类推与设立罪刑法定原则之争

如前所述,我国1979年《刑法》规定了类推,而类推是与罪刑法定原则相矛盾的。在刑法修改中,涉及的一个重大问题就是废除类推,规定罪刑法定原则。围绕着这个问题,我国学者进行了较为激烈的争论。值得注意的是,虽然我国1979年《刑法》规定了类推,但同时又作了较为严格的程序上的限制,即类推必须经过最高人民法院核准。这在一种程度上防止了类推的滥用,对于限制类推具有积极意义。因此,在1979年《刑法》实施以后,经过最高人民法院核准的类推案件,事实上是极少的。换言之,类推并没有如同原先想象的那样可以发挥较大的作用,这也为废除类推提供了可能性。

在我国刑法学界，关于是否废除类推，规定罪刑法定原则，主流的观点还是认为应当废除类推并规定罪刑法定原则。高铭暄教授将在司法废除类推问题上的观点归纳为三种：永久保留说、暂时保留说和立即废止说。① 其中，永久保留说认为，制定一部详尽完备的刑法典是不切实际的幻想，而保留类推，一方面可以避免刑法的朝令夕改，维护刑法的稳定性；另一方面还可以为以后修改、制定刑法积累经验，故保留类推制度是必要的。暂时保留说认为，类推制度在立法经验不足、立法不完备的情况下，有积极作用，但条件成熟时，明确规定罪刑法定原则以后，就应当废止类推制度。立即废止说认为，罪刑法定原则在本质上与类推制度是水火不相容的，因此，如要真正彻底地贯彻罪刑法定原则，就必须取消类推制度。应当说，当时立即废止说占据了通说的地位。我在《中国法学》1989年第3期发表了《论我国刑法的发展完善——关于罪刑法定、罪刑相适应原则的思考》一文，其中论及罪刑法定原则与类推的关系，指出："由于我国长期以来的封建社会的法律传统，习惯于将刑罚作为调整一切社会关系的法律手段，从而以类推弥补法律规定之不足。这样一种刑法万能观念，在我看来是与我国社会主义性质格格不入的，应当在破除之列。事实上，刑法的调整范围是有限的，以罪刑法定加以限制也是必要的。类推只是在第一版刑法规定不可能完备的情况下才有其存在的余地。而且，即使在目前法律规定类推的情况下，对于类推适用也应严加控制。"②在此，我虽然没有直接提及类推制度的废除问题，但在罪

---

① 参见高铭暄：《中华人民共和国刑法的孕育诞生和发展完善》，北京：北京大学出版社，2012年，第172页。
② 陈兴良：《论我国刑法的发展完善——关于罪刑法定、罪刑相适应原则的思考》，《中国法学》1989年第3期。

刑法定原则与类推的对比中的取向性是十分明确的。此后，在1996年刑法修改即将完成，但对于是否废除类推确立罪刑法定原则仍然存在争议的情况下，我在《法学研究》1996年第2期发表了《罪刑法定的当代命运》一文，全面、系统地阐述了罪刑法定原则在我国确立的理论根据和现实意义。该文最后指出："可以毫不夸张地说，罪刑法定主义已经成为我国刑法学界的共识，尽管对它的理解上可能存在一定程度的差异。我坚信，存活了数千年的刑事类推制度在中国行将寿终正寝，我们将迎来一部明文规定罪刑法定主义的刑法典，从而使我国刑法进入一个罪刑法定主义的黄金时代。"[①]1997年《刑法》废除了类推，第3条明文规定了罪刑法定原则，指出："法律明文规定为犯罪行为的，依照法律定罪处刑；法律没有明文规定为犯罪行为的，不得定罪处刑。"这一规定使我国实现了罪刑法定原则的立法化，为此后刑法的发展完善奠定了基础，因而具有里程碑的意义。在这当中，我国刑法理论起到了积极作用。

（二）单位犯罪立法化之争

在我国1979年《刑法》中并没有规定单位犯罪，因为当时在社会上还根本不存在单位犯罪的现象。在经济体制改革以后，随着单位成为独立的市场经济主体，利用单位的经济优势实施犯罪的情况时有发生。在这种情况下，我国刑法学界围绕着单位是否可以成为犯罪主体的问题展开了热烈讨论。尤其是在刑法修改过程中，对于单位犯罪的立法问题始终存在争议。正如高铭暄教授指出："单位犯罪的立法问题在刑法修订研拟的过程中，是一个曾经引起重大争议并且几经反复的为数不多的问题之一。"[②]

[①] 陈兴良：《罪刑法定的当代命运》，《法学研究》1996年第2期。
[②] 高铭暄：《中华人民共和国刑法的孕育诞生和发展完善》，北京：北京大学出版社，2012年，第211页。

关于单位犯罪问题的争论,自从单位犯罪现象产生以后就出现了。当时我国刑法学界对于单位是否可以成为犯罪主体,出现了肯定说和否定说这两种截然不同的观点。其中,肯定说主张单位可以成为犯罪主体,因为单位具有自身的特殊利益,并且为了追求这种利益而实施我国刑法规定的犯罪行为。因此,有必要在刑法中规定单位犯罪。而否定说则认为,单位只是一个虚拟的组织体,没有自身的认识和意志,不能成为犯罪的主体。现实生活中的所谓单位犯罪,实际上只不过是自然人以单位的名义实施的犯罪,应当追究个人的刑事责任,而不能认定为单位犯罪。在1997年《刑法》修订之前,我国有关单行刑法中就已经明确地规定了单位犯罪。例如1988年1月21日颁布的《关于惩治走私罪的补充规定》和《关于惩治贪污罪贿赂罪的补充规定》,就规定了单位可以成为走私罪、受贿罪、行贿罪等犯罪的主体。在刑法修改的时候,对于修订后的刑法中应当规定单位犯罪,已经没有疑问,因为立法机关已经作了选择。问题只是在于:在刑法中如何规定单位犯罪?对此,在刑法修改过程中存在以下三种观点:第一种观点认为,单位犯罪只能在刑法总则中作一般规定,分则中不作具体规定。因为我国缺乏处理这类问题的经验,因而应当谨慎行事。第二种观点认为,对单位犯罪的范围及处罚,既要在刑法总则中作出一般规定,也应当在刑法分则中逐条作出具体规定。第三种观点认为,应该制定一部专门惩治单位犯罪的法律,以利于法律规定的系统化,更加适合单位犯罪的特点,使之从理论上得到较为合理的解释,在司法中便于顺利贯彻。[①]

[①] 参见高铭暄主编:《新中国刑法科学简史》,北京:中国人民公安大学出版社,1993年,第310—311页。

我国1997年《刑法》最终规定了单位犯罪，采纳了上述第二种规定。除了在刑法总则第29条对单位犯罪的定罪处罚作了一般规定以外，还在刑法分则的相关条款对单位犯罪作了具体规定，由此完善了我国刑法中的单位犯罪。单位犯罪的立法化虽然是惩治犯罪客观需要的结果，但我国刑法学界对于单位犯罪的深入研究为单位犯罪的立法奠定了基础，因而具有推动作用。

（三）死刑的扩张与限制之争

死刑是刑法中争议最大的问题之一，尤其是在废除死刑已经成为世界趋势的情况下，我国刑法如何面对死刑是值得思考的。虽然根据目前我国的现实情况，还不能提出废除死刑的问题。因为从1979年《刑法》实施以来，为了惩治严重破坏社会治安的刑事犯罪和严厉打击经济领域的犯罪，立法机关通过单行刑法的方式，增加了50多个死刑罪名，使死刑罪名从1979年《刑法》的28个增加到将近80个。在这种情况下，在刑法修改过程中如何处理死刑问题，这其实是一个如何理解死刑的刑事政策问题。在历史上我国对死刑的刑事政策存在如下表述：不可不杀，坚持少杀，防止错杀。其中，一句较为通俗的用语是：可杀可不杀的，不杀。但在严打的冲击下，上述死刑刑事政策受到挑战。尤其是对于可杀可不杀的政策把握上，开始有所动摇。这其实是一个死刑立即执行与死刑缓期执行的区分问题，由于严打的挤压效应，某些应当适用死缓的案件被判处了死刑立即执行，由此扩大了死刑适用。在刑法修改中，对于死刑到底是扩张还是限制，就成为一个争议较大的问题。在我国刑法学界，除了个别学者主张扩大死刑罪名以外，大多数学者都坚持要限制死刑适用范围，由此提出了限制死刑的各种方案。这里的限制死刑的方案，主要是减少死刑罪名。减少死刑罪名可以通过两种方式实现：第一种是实质性削减，即废除某些死刑罪名；第二种是技术性削减，即采取合并等方式取消某些死刑罪名。① 但最终立法机关并没有采纳削减死刑罪名的建议,对死刑罪名既不增加也不减少,基本保留了死刑罪名。对于死刑规定的修改,主要集中在总则规定。例如将死刑适用对象,从1979年《刑法》规定的罪大恶极的犯罪分子修改为罪刑极其严重的犯罪分子。这里反映出来的信息是:在立法上不削减死刑罪名,通过对死刑适用条件的修改,为司法机关实际控制死刑的个案适用提供法律根据。虽然立法机关没有采纳限制死刑的意见,但通过对限制死刑的研究,从思想观念上提供了对死刑的认识,为此后《刑法修正案(八)》和《刑法修正案(九)》减少死刑罪名奠定了理论基础。

以立法为中心的刑法学研究对国家的刑法立法作出了重要贡献,推动了我国刑法的发展完善,这是不可否定的。尤其是,通过对刑法的全面修订,创制了一部统一的刑法典,即把所有刑事法律规范集中规定在刑法典之中,这就为此后的刑法理论研究提供了一个平台和框架。当然,我国刑法学恢复重建不久,在没有来得及建立刑法解释学基础的情况下,就贸然进入以立法论为主导的刑法学研究阶段,对于我国刑法学发展带来的消极作用也是不可低估的。这主要表现在对刑法规范的批判成为刑法学者的权力,而未能形成合理地解释刑法规范的传统。此外,立法论过于强势,刑法研究产生了居于刑法规范之上的习惯,不利于刑法教义学的产生与养成。

三、以司法为中心的刑法学研究

1997年《刑法》正式颁布以后,刑法修改终于告一段落,我国刑法学研究的重点开始转向司法论的刑法学。司法论的刑法学是建立在刑法

---

① 参见陈兴良:《刑法哲学》,北京:中国政法大学出版社,1998年,第380—382页。

规范基本完善的基础之上的,随着刑法修订的完成,这一条件也就具备了。就1997年《刑法》与1979年《刑法》相比较而言,1997年《刑法》无论是结构还是内容,都是更为完善与完备的。当然,在1997年《刑法》通过以后,刑法的修订工作仍然持续地进行着。例如,在1997年《刑法》实施后仅仅一年时间,正好遇到1998年亚洲金融风暴。当时,随着东南亚金融危机的爆发,国际资本流向逆转,纷纷向亚洲国家抽逃,我国的资本流入也有所减少,从维护亚洲经济的稳定和大局出发,我国政府郑重宣布人民币不贬值,人民币承受着巨大的压力。在这种情况下,一些不法犯罪分子利令智昏,大肆进行骗购外汇、逃汇和非法买卖外汇的违法犯罪活动,致使我国的外汇资金流失严重。为了惩治骗购外汇、逃汇和非法买卖外汇的犯罪行为,维护国家外汇管理秩序,全国人大常委会1998年12月28日通过了《关于惩治骗购外汇、逃汇和非法买卖外汇犯罪的决定》,增加规定了骗购外汇罪。[①] 值得注意的是,这一刑法规范仍然沿袭过去的做法,采取了单行刑法的立法方式。这种单行刑法处于刑法典之外,可以想见,如果单行刑法不断累积,则势必影响刑法典的完整性。幸运的是,从1999年开始我国对刑法的修改补充采取了刑法修正案的方式。与单行刑法相比,刑法修正案是专门对刑法进行修订而颁布的专门法律。刑法修正案颁布以后,将刑法修正案对刑法修改补充的内容吸收到刑法典之中,刑法修正案就完成了其历史使命。因此,刑法修正案并不会破坏刑法典的完整性。从1999年至今,已经颁布了九个刑法修正案。其中,《刑法修正案(八)》和《刑法修正案(九)》都对刑法作了较大规模的修订,如果不是采取刑法修正案的方式,刑法典就会支离破碎。刑

---

① 参见胡康生、郎胜主编:《中华人民共和国刑法释义》,北京:法律出版社,2006年,第293页。

法修正案的立法方式的采用,在一定程度上解决了刑法立法的持续性与刑法典的稳定性之间的关系,从而为以司法为中心的刑法学奠定了规范基础。可以说,对刑法立法的研究不再是刑法学的主要使命,这是一种刑法学研究方向的重大改变。

在1997年《刑法》颁布之初,对于我国刑法理论带来的影响,我国学者已经有所预见。例如阮齐林教授就敏锐地指出:"新刑法罪刑法定原则的确立,还呼唤与之相适应的刑法解释理论。刑法理论将以罪刑法定为基础阐述刑法解释的规则、司法解释的权限。刑事类推制度取消了,那么,司法类推解释是否被允许?什么是类推解释,什么是合理的扩张解释?这期待着刑法学者作进一步的探讨。在罪刑法定时代,刚性的刑法规定,如何适用变动中的社会生活,司法人员如何发挥聪明才智去协调二者的冲突,其合理的限度在哪里?这都是需要深入思考的问题。罪刑法定原则的确立,还将导致刑法解释方法论的转变,即由重视实质的解释转向重视形式的解释。在罪刑法定原则之下,刑法形式上的东西将居于首要的、主导的地位。犯罪,首先是法律形式上存在的犯罪,即刑法分则具体条文明文规定应受刑罚处罚的行为。法无明文规定,即使是滔天罪恶,也不是法律意义上的犯罪。因此,犯罪的形式定义、法律特征及犯罪法定要件将成为首要的问题。"[1]阮齐林教授预见到了新刑法确立罪刑法定原则以后,对我国刑法理论研究会带来重大影响,这就需要建立与之相适应的刑法解释理论。我也就刑法更迭与理论更新的关系作了论述:面对刑法更迭,我国刑法理论又面临一个发展的契机,我们所期望的,是通过推进刑法学科基础理论研究,使刑法理论在高水平上更新,

---

[1] 阮齐林:《新刑法提出的新课题》,《法学研究》1997年第5期。

而不是在低水平上重复。① 那么，何谓高水平上更新与低水平上重复呢？当时，我有一种担忧，由于修订后的刑法颁布实施，大家必然把理论注意力集中到修订后的刑法上来，由此掀起一个注释研究的高潮，从而遮蔽了刑法研究的理论视野，中断了刑法哲学的发展进程，又开始重复从1979年《刑法》以来的新一轮刑法理论发展过程，因而出现低水平徘徊的态势。在此，我实际上是把对刑法注释性的研究认定为低水平的，而把对刑法更高层次上的哲理性的研究认定为高水平的。应该说，这里确实存在个人认知上的偏差。这种认知上的偏差之所以出现，主要还是没有与刑法教义学的方法相遇。应该说，此前我国刑法学者对刑法规范的注释，确实是就法条而论法条。除了来自于苏俄的四要件的犯罪构成理论具有一定的学术性以外，其他都只是问题性研究。尤其是对刑法分则的研究，更多的是司法经验的总结。这样一种注释研究，被说成是低水平的研究，具有其自身的原因。其实，刑法教义学是对刑法的一种体系性的研究，具有一套完整的分析工具和话语体系。只有当这种刑法教义学的方法引入我国刑法学，以此为出发点对我国刑法进行研究，才能真正提升我国刑法学的水平。

这里涉及对德日刑法学的吸收与借鉴问题。早在20世纪80年代中期，先是日本刑法学后是德国刑法学的知识开始传入我国。例如较早出版的日本学者大塚仁、福田平的《日本刑法总论讲义》一书，该书是李乔等翻译、辽宁人民出版社1986年出版的。《日本刑法总论讲义》虽然篇幅并不大，但它还是完整地呈现了日本刑法总论的基本原理，尤其是三阶层的犯罪论体系。而德国刑法学的教科书和论著则迟至2001年才在我国出版，这就是徐久生翻译、中国法制出版社出版的德国学者汉

---

① 参见陈兴良：《法学家的使命——刑法更迭与理论更新》，《法学研究》1997年第5期。

斯·海因里希·耶赛克、托马斯·魏根特的《德国刑法教科书》。这些德日教科书译著在我国的出版，打开了对外学术交流之窗。最初，这些德日刑法知识是以外国刑法学的名义出现的，以此区别于我国刑法学。例如甘雨沛、何鹏于1984年、1985年在北京大学出版社出版的《外国刑法学》（上、下册）和何鹏教授1985年在吉林大学出版社出版的《外国刑法简论》，都在不同程度上对主要是日本的刑法理论作了系统的介绍。

我国刑法学与外国刑法学的二元区分，反映了在刑法学理论上的中外的二元对立。这种观念将我国刑法理论自外于外国刑法理论，而根本就没有考虑我国刑法理论对外国刑法理论的吸收与借鉴。其实，外国刑法与外国刑法学是有所不同的。外国刑法，例如日本刑法、德国刑法、英美刑法，这是在国别的意义以及规范的意义上论及刑法。在一个国家的教学课程体系中，对于外国刑法的介绍也是有其必要性的。当然，对于其他国家刑法的逐个介绍不太可能，对于各个国家刑法的研究基本上属于比较刑法的范畴。但外国刑法学则不同，它并不是指外国的刑法规范，而是指外国的刑法理论。其实，只有刑法规范才有中外之分，而刑法理论则无中外之别。刑法学作为一种理论形态，它具有跨越国界的性质，而刑法规范的效力才是受到国界限制的。随着德日刑法知识不断传入我国，我国刑法理论获得了更新与提升，中外刑法学的畛域也被破除了。

刑法教义学带来的不仅仅是德日刑法理论，更为重要的是，它是一种分析工具和话语体系。例如，关于我国刑法中的死刑问题，在以立法为中心的刑法学研究中，更多的是围绕着死刑存废以及如何限制死刑等价值分析而展开的。但在以司法为中心的刑法学视阈中，死刑存废已经不再是关注的焦点问题，即使是死刑的限制也不再是通过价值论的阐述，提出死刑政策或者减少死刑的方案，而是着力于对死刑规定的解释，为司法机关正确适用死刑提供刑法教义学的引导。例如,近年来我国刑法学者对《刑法》第48条第1款的规定进行了深入研究,提出了限制死刑适用的法教义学规则。根据《刑法》第48条第1款的规定:"死刑只适用于罪行极其严重的犯罪分子。对于应当判处死刑的犯罪分子,如果不是必须立即执行的,可以判处死刑同时宣告缓期二年执行。"在此,如何理解"罪行极其严重",关涉是否判处死刑的标准把握,而如何理解"不是必须立即执行",则关涉死刑立即执行与死刑缓期执行的区分。对于这些法律规定的理解问题,只有通过法教义学方法的适用,才能获得正确的理解。例如,劳东燕教授对《刑法》第48条规定的死刑适用标准进行了教义学的解读,认为应当从以下四个方面理解该规定:(1)从第48条第1款表述的内在逻辑来看,应当得出以适用死缓为通例、以适用死刑立即执行为例外的结论;(2)对第48条第1款采取以适用死缓为通例、以适用死刑立即执行为例外的理解,有助于合理界定"罪行极其严重"与"不是必须立即执行"各自所应考虑的因素;(3)对第48条第1款采取以适用死缓为通例、以适用死刑立即执行为例外的理解,有助于协调其与第50条第2款之间的关系,同时避免判决时思考逻辑上的迂回反复;(4)对第48条第1款采取以适用死缓为通例、以适用死刑立即执行为例外的理解,在刑事政策上有助于真正贯彻削减死刑适用的理念,有助于合理分配举证责任。① 从以上综述可以看出,第1点是后3点的逻辑前提,即对第48条第1款采取以适用死缓为通例、以适用死刑立即执行为例外的理解,这是对《刑法》第48条第1款关于死刑适用标准问题的一个至关重要的问题。对此,劳东燕教授作了具有新意的教义学解读。传统的理解认为,《刑法》第48条第1款规定"死刑适用于罪行极其严重

---

① 参见劳东燕:《死刑适用标准的体系化构造》,《法学研究》2015年第1期。

的犯罪分子"中的死刑,既包括死刑立即执行又包括死刑缓期执行。而对于"不是必须立即执行",理解为是从既包含死刑立即执行又包含死刑缓期执行的"死刑"中,将死缓分离出来。因此,"不是必须立即执行"是死缓的适用条件。据此,可以认为在罪行极其严重的情况下,适用死刑立即执行是通例;只有在不是必须立即执行的情况下,才例外地适用死缓。而劳东燕教授则对《刑法》第 48 条第 1 款作了与之不同的解释,认为"死刑适用于罪行极其严重的犯罪分子"中的死刑,既包括死刑立即执行又包括死刑缓期执行,对此没有异议。满足这一条件,达到进入"死刑圈"的门槛。但不能把"不是必须立即执行"理解为死缓的适用条件,而是应当把"必须立即执行"理解为死刑立即执行的适用条件,由此得出以适用死缓为通例、以适用死刑立即执行为例外的结论。这种以刑法规定为出发点,从逻辑和语义上进行解读,由此而贯彻解读者的某种价值与理念的刑法解释方法,就是刑法教义学所从事的学术活动。尽管对于劳东燕教授的解读可以提出不同的观点,但这种以刑法规范为依归的解读,确实是十分重要的。除了对《刑法》第 48 条第 1 款的解读以外,我国学者对《刑法》第 13 条犯罪概念的但书规定的解读[①],对《刑法》第 29 条第 2 款"被教唆的人没有犯被教唆的罪"的解读[②],对《刑法》第 133 条之 1 危险驾驶罪的解读[③]等,都运用了刑法教义学的方法。

  以司法为中心的刑法学研究,是以刑法规范为依归的。因此,刑法规范是刑法学逻辑推理的出发点,并且是刑法理论的归宿。在司法论的视阈中,法律不是被嘲笑的对象,更不是被批评的对象,而是被信仰的对象。在以司法为中心的刑法理论中,首先应当注重对刑法明文规定的解

---

① 参见梁根林:《但书、罪量与扒窃入罪》,《法学研究》2013 年第 2 期。
② 参见张明楷:《"被教唆的人没有犯被教唆的罪"之理解》,《法学研究》2013 年第 4 期。
③ 参见冯军:《论〈刑法〉第 133 条之 1 的规范目的及其适用》,《中国法学》2011 年第 5 期。

释，阐发蕴含在刑法规定的文字之中的语义内容，从而为定罪量刑提供理论支持。与此同时，刑法规范也为刑法没有明文规定的行为，提供具有参照性的规则。例如，《刑法》第196条第3款规定："盗窃信用卡并使用的，依照本法第二百六十四条的规定定罪处罚。"这里的第264条的规定是指盗窃罪的规定，因此，盗窃信用卡并使用的，应以盗窃罪论处。这一规定为处理盗窃信用卡并使用的案件提供了明确而具体的法律根据。但刑法对抢劫信用卡并使用、抢夺信用卡并使用等情形，并无明文规定，对此如何处理呢？在这种情况下，基于刑法教义学的方法，我们可以把盗窃信用卡并使用的情形分解为前后两个行为：第一个行为是信用卡的取得行为，第二个行为是信用卡的使用行为。然后，可以归纳出存在信用卡取得行为和使用行为的情况下，应当以取得行为定罪处罚这一刑法教义学的规则。根据这一规则，抢劫信用卡并使用的，应当以抢劫罪论处；抢夺信用卡并使用的，应当以抢夺罪论处。通过这种以刑法现有规范为起点的逻辑推理，我们就获得了对于刑法没有明文规定的行为的明确处理规则。这种规则虽然不是刑法规定本身，但它是从刑法规定中推导出来的，因此具有比其他理论观点更强的拘束力。这里应当指出，通过刑法教义学的推理获得对刑法没有明文规定的行为的处理规则，与我国刑法中的罪刑法定原则并不矛盾。因为，罪刑法定原则所要解决的是行为的处罚根据问题，例如盗窃信用卡是否构成犯罪、冒用他人信用卡是否构成犯罪等。这些问题在上述情形中，都已经得到解决。现在需要解决的，仅仅是行为人同时实施了盗窃信用卡和冒用他人信用卡这两种刑法明文规定为犯罪的行为的情况下，究竟如何定罪的问题。刑法只是对这个问题没有明文规定，对此按照刑法现有规定进行逻辑推导，获得相关处理规则，并不会将刑法没有明文规定为犯罪的行为入罪，因而并不违反罪刑法定原则。

随着德日刑法知识传入我国并不断累积,产生了一个从量变到质变的过程,由此而推动了刑法知识的转型。其中,最为典型的是以苏俄为模本的四要件的犯罪论体系与德日的三阶层的犯罪论体系之间的摩擦与碰撞,并在我国刑法学界发生了一场具有影响力的学术争论。这场学术争论发生在2010年前后,争论的焦点在于犯罪论体系的选择。如前所述,四要件是我国在20世纪50年代从苏俄引入的犯罪论体系,尤其是特拉伊宁的《犯罪构成的一般学说》一书,对四要件理论在我国刑法学界的普及发挥了重要作用。四要件理论不仅成为刑法教科书的当然之选,而且随着学生毕业进入立法和司法领域,对于实务界也具有较大影响。由于四要件是刑法犯罪论的基本理论框架,因此在改革开放以后,虽然其他部门法学科的苏俄影响已经完全消弭,但刑法学科的苏俄影响却还是挥之不去。在20世纪80年代末期和90年代初期,我国学者曾经围绕着四要件理论的改造展开过讨论。① 但这种讨论仍然是在四要件的语境当中,对四个要件进行删减或者顺序调整,而并没有触及四要件的要害。因此,这一讨论最后不了了之,而没有取得理论的进展。及至1997年《刑法》颁布以后,随着更多的德日刑法知识传入我国,三阶层理论在我国不再是作为外国刑法知识被接受,而是成为我国刑法知识的主要资源。例如,我主编的《刑法学》(复旦大学出版社,2003年)一书首次在我国学者编写的刑法教科书中采用了三阶层的犯罪论体系。此后,我国学者认识到,四要件与三阶层的区分,并不是犯罪成立条件的数量之争,而是刑法方法论之争。这里的方法论,就是指阶层思维方法论。例如,周光权教授对犯罪阶层论的方法论意义作了以下论述:"在阶层理

---

① 参见高铭暄主编:《刑法学原理》第1卷,北京:中国人民大学出版社,1993年,第454页以下。

论体系中，对客观要件与主观要件、违法与责任、事实与价值的区分相对比较清楚，被告人触犯刑法分则某一法条所规定的特殊构成要件即符合构成要件，这是初步的判断；之后才依次是违法性、有责性的认定。通常，该当某罪的客观构成要件时就可以推定违法性、有责性，被告人及其辩护人没有提出特别的辩护理由（如正当防卫、紧急避险、精神病、未成年、违法性认识错误、缺乏期待可能性等），控辩双方就不应当在违法阻却、责任排除上争辩。经历这种层层过滤的、立体式的阶层判断，才能确认被告人的行为构成犯罪。这样不仅可以防止错案，确保定性准确，而且可以将违法和责任清晰分开，训练司法官员思维，形成正确的刑法适用方法论。"[1]尽管目前在我国刑法学界四要件的犯罪论体系还具有较大影响，但三阶层的犯罪论体系以其逻辑性与实用性，越来越受到青睐，在以司法为中心的刑法学研究中发挥着重要作用。

四、刑法理论的发展脉络

1997年《刑法》的颁布，为我国刑法教义学的发轫提供了可能，为我国刑法理论从立法论向司法论的转化创造了条件。

（一）刑法理念的变革

从1979年《刑法》到1997年《刑法》，变化的不仅仅是刑法的体系与结构，更不只是具体的刑法条文，而是刑法的理念，这对于我国刑法教义学的发展起到了不可或缺的激发作用。因此，探讨我国刑法教义学的发轫，不能不论及1997年《刑法》规定罪刑法定原则所带来的刑法理念的深刻变革。

1979年《刑法》脱胎于早前从20世纪50年代初开始的刑法草案第

---

[1] 周光权：《阶层犯罪论及其实践展开》，《清华法学》2017年第5期。

33稿,该草案定稿于1963年10月9日。在33稿的基础上,根据新的经验和情况,作了较大的修改,由此成为1979年刑法草案,并获得通过。①由此可见,1979年《刑法》并不是一朝一夕形成的,而是此前30年的社会生活实践的总结。当然,那是一个无法无天的时代,党的政策代替了法律,政治运动代替了司法活动,在这个时期形成的刑法草案,可想而知其内容充满了阶级斗争的色彩,打击敌人成为这部刑法的主旋律。其中,1979年《刑法》第78条规定了类推制度:"本法分则没有明文规定的犯罪,可以比照本法分则最相类似的条文定罪判刑。"由此可见,我国刑法中的类推是有罪类推,即类推的实质是对法无明文规定的行为入罪。当然,我国1979年《刑法》中的类推需要经过最高人民法院核准,在程序上对类推进行了一定的限制,这种类推可以说是有限制的类推。尽管如此,我国学者还是把罪刑法定原则作为1979年《刑法》的基本原则,认为类推制度是罪刑法定原则的补充或例外。② 我认为,罪刑法定原则与类推之间存在逻辑上的对立关系:法无明文规定不为罪是罪刑法定原则的应有之义,而类推恰恰是法无明文规定亦为罪,两者难以两立。1979年《刑法》规定的类推制度与社会危害性理论保持了逻辑上的贯通性。因为社会危害性理论将犯罪的本质特征界定为社会危害性,而社会危害性也正是类推的实质性根据。正如我国学者指出:"依照类推定罪的行为,必须是具有社会危害性,而且这种社会危害性已经达到犯罪程度。这是从刑法第10条犯罪的概念中直接得出来的适用类推的基础和根据。如果行为没有社会危害性,或者社会危害性没有达到犯罪的程度,那就缺乏犯罪的本质特征,从而也决不能依照类推来定罪判刑。"③在刑法规定

---

① 参见高铭暄:《中华人民共和国刑法的孕育与诞生》,北京:法律出版社,1981年,第4页。
② 参见高铭暄主编:《刑法学》,北京:法律出版社,1984年,第38页。
③ 高铭暄主编:《刑法学》,北京:法律出版社,1984年,第104页。

类推制度的情况下，虽然社会危害性为类推入罪提供了实体性的价值标准，就此而言具有一定的积极意义。然而，类推制度使社会危害性的入罪功能得以凸显，由此造成的后果是进一步强化了的社会危害性观念成为衡量犯罪的根本标准，从而形成了以下观念：行为只要具有社会危害性，就具备了犯罪的本质特征。在刑法有明文规定的情况下，依照刑法规定定罪判刑；在刑法没有明文规定的情况下，依照类推定罪判刑。这样一种以社会危害性为中心的刑法观念与法治之间的关系，在1979年《刑法》的语境下并未显示出违和之处。在1997年《刑法》废除类推，规定罪刑法定原则的语境下，则明显地显示出矛盾和冲突。因此，对社会危害性的批判，就成为刑法理念更新的最前沿。

在1997年《刑法》颁布之初，我国学者樊文教授就敏锐地提出了罪刑法定与社会危害性的冲突命题，从而把刑法理念转变的迫切性摆到了我国刑法学界的面前。[1] 樊文教授是从刑法的法定概念切入的，值得注意的是，其实1979年《刑法》第10条的犯罪概念和1997年《刑法》第13条的犯罪概念只字未改，两者完全相同。那么，在1979年《刑法》中类推明明是法外入罪，为什么在当时犯罪概念中仍然以"依照法律应当受到刑罚处罚"作为犯罪的刑事违法性的特征呢？在此，是对"依照法律"作了某种扩大的理解。从实体法来说，依照法律是指刑法对某种行为有明文规定，以此入罪于法有据，因而符合罪刑法定原则。在刑法规定类推制度的情况下，所谓"依照法律"是指依照类推规定对刑法没有明文规定的行为予以入罪。因此，罪刑法定与社会危害性的矛盾体现在实体法的规定上，而不是体现在类推入罪对于刑法规定的消解之上。

---

[1] 参见樊文：《罪刑法定与社会危害性的冲突——兼论新刑法第13条关于犯罪的概念》，《法律科学》1998年第1期。

樊文教授提出的罪刑法定与社会危害性之间的冲突，主要是指刑法关于犯罪概念规定中的危害社会与依照法律之间的矛盾。樊文教授在文中揭示了犯罪概念中价值标准与规范标准之间的冲突。我认为，如果将社会危害性限制在刑法规定范围内使用，并不会与罪刑法定之间形成冲突。只有在社会危害性超出刑法规定而具有入罪功能的语境中，罪刑法定与社会危害性之间才会出现矛盾。在1979年《刑法》规定了类推制度的情况下，社会危害性具有至高无上的地位，因为它决定了一个行为是否能够入罪。即使在刑法没有明文规定的情况下，通过类推也可以将其入罪。因此，社会危害性是高于法律规定、置身于法外的。在1997年废除类推制度以后，基于罪刑法定原则，没有法律明文规定的行为，再也不能以具有社会危害性为根据得以入罪，由此限制了社会危害性的入罪功能。因此，只有当刑法没有明文规定，根据罪刑法定原则不能入罪，但根据传统的社会危害性理论则可以入罪的情况下，罪刑法定与社会危害性之间的冲突才具有实质意义。然而，这并不是刑法规定本身的问题，而是以社会危害性为中心的刑法理论的问题。也就是说，如果不对以社会危害性为中心的传统刑法理论进行彻底的清算，罪刑法定原则在我国刑法中就难以生根落地。无论如何，樊文教授提出的问题是具有警示性的，对于此后我国刑法教义学的建立提供了契机。

同样是对社会危害性的批判，我采取了形式合理性与实质合理性的分析框架。社会危害性是一种实质主义的思维方式，建立在社会危害性基础之上的犯罪概念是所谓犯罪的实质概念。实质合理性的思维方式具有突破法律界限的冲动，而罪刑法定则具有形式合理性的天然倾向。因此，社会危害性与罪刑法定之间的冲突，实际上是社会危害性理论所显现的实质的价值理念与罪刑法定原则所倡导的形式的价值理念之间的基本立场上的冲突。① 这样,对于刑法理念的考察就从价值论延伸到方法论。形式理性与实质理性成为我在此后相当长的一个时期坚持的一种分析工具。在对社会危害性理论的批判中,我提出了具有争议的以法益取代社会危害性,将社会危害性逐出注释刑法学的命题,这当然是具有一定的矫枉过正的倾向。其实,这时对于罪刑法定与社会危害性的讨论还是囿于我国刑法中的犯罪概念这样一种意义域。如果从三阶层的犯罪论体系来看,罪刑法定与社会危害性的关系主要是在构成要件阶层需要对待的问题。尽管自20世纪以降,在德国刑法理论中出现了构成要件的实质化运动,但构成要件的基本功能并没有改观,这就是将法律没有明文规定的行为排拒在构成要件之外,从而切实地落实罪刑法定原则。只不过对符合构成要件的行为,才具有以法益为中心的实质审查功能。因此,法益侵害是三阶层的犯罪论体系中违法性阶层需要解决的问题。即使将法益审查功能提前到构成要件阶层,它也不可能形成对罪刑法定原则的侵蚀。这就是阶层论的犯罪论体系所具有的逻辑性,在判断顺序上较好地安排了形式判断与实质判断的位阶关系,从而消解了形式合理性与实质合理性之间的冲突,保障了刑法的双重机能的实现。

罪刑法定与社会危害性的讨论,要害之处还是在于如何看待刑法的人权保障与社会保护这两种机能之间的关系。这是刑法的价值内容中最需要认真对待的问题。在1979年《刑法》中,以打击犯罪为诉求的社会保护机能是明显放在首要位置上的,也是立法与司法所孜孜追求的目标。

随着罪刑法定原则在1997年《刑法》中的确立,我国刑法的人权保障机能得以凸显,表明我国刑事法治水平的提升。而这一切,对我国刑

---

① 参见陈兴良:《社会危害性理论:一个反思性检讨》,《法学研究》2000年第1期。

法教义学的发展所带来的影响是不可估量的。事实已经证明,刑法教义学的程度与罪刑法定原则之间具有密切关联性。应该说,罪刑法定原则对于刑法理论具有塑造作用。这种塑造作用,我认为主要体现在以下三个方面:

第一是提供价值标准。刑法理论并不是对刑法条文的简单注释,更不是刑法知识的随意堆砌,而是具有价值内涵的理论体系。而罪刑法定原则所彰显的人权保障功能就对刑法教义学具有重大的制约性。从这个意义上说,罪刑法定原则不仅是现代刑法的精髓与灵魂,而且也是刑法教义学的内在生命。正如是否规定罪刑法定原则是法治国刑法与非法治国刑法的分野,同样,基于罪刑法定原则的刑法理论与并非基于罪刑法定原则的刑法理论之间也存在性质上的区分。

第二是确立逻辑前提。在罪刑法定原则之下,现行刑法就成为建构刑法教义学的前提,而刑法学术研究就是在此前提下展开的逻辑推理。这就决定了刑法教义学受到现行有效法律的约束,不能对实定刑法进行批评,而只能在实定刑法的基础上进行有效解释,从中引申出教义规则。这正是刑法教义学的特征,它是背对刑法典而面对司法实践的一种司法论的知识体系,与以批评刑法、完善刑法为宗旨的立法论的理论路数是绝然有别的。当然,在对刑法进行解释的时候,不是不能具有解释者的价值追求,而是要将这种价值追求融入解释之中,成为引导司法活动的教义规则。

第三是勘定知识边界。刑法教义学是以现行刑法为逻辑起点而展开的知识体系,在刑法教义学研究中,主要是运用解释方法,揭示刑法条文的内容,从而为司法适用提供理论指引。尤其是为在司法实践中解决疑难案件提供现成的解决方案。但在罪刑法定原则的制约下,刑法解释受到一定的限制。例如禁止类推解释,就是十分重要的限制,也是不可突破的边界。对此,德国学者罗克辛教授指出:"解释与原文界限的关系绝对不是任意的,而是产生于法治原则的国家法和刑法的基础上:因为立法者只能在文字中表达自己的规定。在立法者的文字中没有给出的,就是没有规定的和不能适用的。超越原文文本的刑法适用,就违背了在使用刑罚力机械干涉时应当具有的国家自我约束,从而也就丧失了民主的合理性基础。"[1]在某种意义上说,罪刑法定原则形成了对刑法教义学知识的范围限制。

(二)刑法理论的更新

1997年《刑法》的颁布,极大地推动了我国刑法理论的发展。随着刑法条文的修改,刑法教科书就随着需要进行调整,乃至于更新。因为1997年《刑法》对1979年《刑法》进行了从体系结构到具体条文的全面改动,在这种情况下,刑法教科书也不是小修小改所能达成的,刑法的大改必然带来刑法教科书的大修。在刑法教科书的修改过程中,不是简单地重复原有的理论,而是涉及理论的更新。这种理论的更新,最初反映在刑法教科书与对刑法的注释性著作当中。尽管这些著作还不是对原有理论的重大突破,但从作者与作品两个方面已经预示着我国刑法理论的发展前景。在此,我想讨论三位学者的三本著作。

第一是张明楷教授的《刑法学》(法律出版社,1997年)。现在,张明楷教授的《刑法学》已经出版了第5版,成为一部具有学术影响力的个人刑法教科书。而该书的第1版就是1997年出版的,分为上、下两册。在该书中,张明楷教授将刑法学界定为刑法解释学与刑法哲学的统一体,力图将刑法解释学与刑法哲学结合起来,尤其强调了刑法的解释方法。

---

[1] [德]克劳斯·罗克辛:《德国刑法学总论》第1卷,王世洲译,北京:法律出版社,2005年,第86页。

例如，张明楷教授在论及刑法的注释研究法时指出："注释研究法，是指对刑法条文逐字逐句进行分析、解释，使刑法的意义得以明确的方法，也称分析研究法。同其他法律一样，刑法的规定是概括性的，法条用语并非一目了然，因此，要理解和实施刑法，就必须对刑法进行分析与解释。刑法学的研究在很大程度上是对现行刑法所作的分析与解释，这种分析与解释理所当然要以马克思主义哲学为指导、以司法实践为基础。"①在此，张明楷教授明显地具有建立一个刑法解释学的意图与愿望。其实，这里的刑法解释学是日本的统称，而德国则称为刑法教义学。应该说，刑法解释学与刑法教义学两者之间并没有根本区分，只是称谓不同而已。但刑法教义学所具有的刑法知识话语的传承性、刑法理论逻辑的完整性以及刑法方法的统一性等内容并不是刑法解释学这个称谓所能包含的，因为解释只是一种方法。尽管如此，张明楷教授的这本《刑法学》教科书对于我国刑法教义学的发展来说，具有某种标志性的意义。

第二是赵秉志教授主编的《新刑法教程》（中国人民大学出版社，1997年）。该书是以刑法教程名义出版的，这里的刑法是指1997年《刑法》，当时称为新刑法。该书的绪论以中国新刑法典的改革与重要进展为题，对从1979年到1997年我国刑法典的立法演变过程作了较为系统的历史叙述，对于理解1997年《刑法》的背景具有参考价值。该书对刑法学体系本身并未着笔，这表明该书是以刑法规范阐释为主要内容的一部教科书。应该说，该书是在1997年《刑法》颁布之后较早出版的以四要件犯罪论体系为架构的一部刑法教科书。随着1997年《刑法》的修订，该书及时对立法作出回应，并根据立法的最新发展对四要件的犯罪论体系进行了完善和发展。

---

① 张明楷：《刑法学》（上），北京：法律出版社，1997年，第7页。

第三是我撰写的《刑法疏议》(中国人民公安大学出版社,1997年)。这是我对1997年《刑法》的最初回应,也是第一次完全以刑法条文为内容进行分析。虽然这不是以教科书的形式,甚至不是以专著的形式,而是以疏议的形式对刑法进行的系统叙述,但它在我的刑法学研究谱系中居于一种转折的意义。在该书的前言中,我指出:"本书是我独自撰著的第一部严格意义上注释法学的著作。此前,我的学术兴趣主要在于刑法哲学,志在对刑法进行超越法律文本、超越法律语境的纯理论探讨,先后出版了《刑法哲学》《刑法的人性基础》《刑法的价值构造》等著作。当然,我从来不认为法学是纯法理的,也没有无视法条的存在。我总以为,法理虽然是抽象的与较为恒久的,但它又必须有所附丽、有所载荷,而这一使命非法条莫属。因此,对法条的研究是法学研究中不可忽视也不可轻视的一种研究方法,只不过它的研究志趣迥异于法哲学的研究而已。中国是一个具有悠久的注释法学传统的国度,以《唐律疏议》为代表的以律条注疏为形式的法学研究成果是中华法律文化传统的主要表现形式。现在,我国不仅法哲学研究基础薄弱,纯正的注释法学的研究同样后劲不足。《刑法疏议》一书力图继承中国法律文化传统,以条文注释及其评解的方法对刑法进行逐编逐章逐节逐条逐款逐项逐句逐词的注释,揭示条文主旨,阐述条文愿意,探寻立法背景,评说立法得失。"[①]正是从该书开始,我真正关注刑法条文,并将学术注意力从超越刑法的考察转移到对刑法条文和体系的考察,完成了从刑法哲学到刑法教义学的转折。我认为,刑法教义学与刑法哲学还是不能等同的:前者是在刑法之中研究刑法,而后者是在刑法之上研究刑法。前者关注的是刑法条文所蕴含的立法内容,而后者关注的是刑法条文背后的价值内容。当然,即使以刑

[①] 陈兴良:《刑法疏议》,北京:中国人民公安大学出版社,1997年,"前言",第4—5页。

法体系为研究对象,也还是存在以具体的刑法条文为解释对象的刑法教义学与以抽象的刑法体系为研究对象的刑法法理学之分。例如,我在此后出版的《本体刑法学》(商务印书馆,2001年)一书,就更具有刑法法理学的色彩,还不是典型的刑法教义学著作。

以上三本书都出版在1997年《刑法》修订之年,它们并不是刑法修订以后的应景之作,在这三本书的背后还是寄托了作者的某种学术追求。可以说,这三本书在一定程度上标志着我国刑法理论研究进入一个新时代,刑法教义学正是在此基础上孕育和发展起来的。

在以上三本书中,其中两本是刑法教科书,这是我国所通行的一种刑法体系性的著述形式。此前,我国刑法教科书大都采取主编制,属于集体作品,只有少数几部个人编著的刑法教科书。这种主编制的教科书的最大优势是能够集思广益,在20世纪80年代我国刑法学刚开始复苏的时候,从事刑法学研究人员匮乏,因此采取主编制,在较短时间内编写出具有较高学术质量的刑法教科书,是当务之急。在这种情况下,主编制的刑法教科书发挥了不可忽视的重大作用。例如高铭暄教授主编的《刑法学》(法律出版社,1982年)就是如此,它几乎成为那个时代的刑法百科全书,是我们这一代刑法学人的启蒙读物。当然,主编制的刑法教科书也有其难以克服的缺憾,就是学术观点难以统一,理论水平参差不齐。当然,赵秉志教授主编的这本刑法教科书在1997年《刑法》颁布之后不久能够及时出版,正是得益于主编制带来的高效写作。值得肯定的还是张明楷教授的这本《刑法学》,这是我国在1997年《刑法》颁布之后出版的首部个人撰写的刑法教科书。尤其是张明楷教授在该书中融入了较多的学术内容,使之成为一部学术性的刑法教科书。以往的刑法教科书以阐述通说为主,重在现有刑法知识的传递,以满足刑法教学的需要。但在张明楷教授的该书中,凸显了个人的学术观点,明显具有作者本人的学术追求,从而突破了教科书的限制,向着体系性地叙述作者刑法学术观点的著述靠拢,达到了较高的学术水准。在某种意义上可以说,该书成为我国刑法教义学的发轫之作。

我在1997年《刑法》颁布以后的第一本著作《刑法疏议》完全以刑法条文为依归,因此在较大程度上限囿于刑法条文,随着刑法立法的发展和司法解释的出台,由于未能及时跟进,因此它成为在我的著作中几乎是唯一没有修订再版的著作。这也正好印证了刑法条文注释性著作的速朽命运。我的个人刑法教科书是在2003年出版的,即《规范刑法学》(中国政法大学出版社,2003年),该书是我对以刑法规范为对象的刑法理论的体系性叙述。理论贵在创新,刑法理论也是如此。1997年《刑法》的颁布推动了刑法理论向前发展,也为刑法教义学的发轫创造了条件。

(三)学派之争的发酵

刑法理论的发展离不开学派之争。在某种意义上说,正是学派之争促进了刑法理论的发展。在1997年《刑法》之前,我国学者拘泥于对刑法中具体问题的探讨,因此只存在对具体问题的不同观点,而并不存在价值论与方法论意义上的不同立场和见解。换言之,我国刑法学界根本不存在学派之争。在1997年《刑法》颁布以后,随着我国刑法学术的不断累积,开始出现了某种程度上的学派之争。这里之所以加上某种程度的限制,是因为我国刑法学界的所谓学派之争的意义与范围都还未能达到某种广度和深度。这里应当指出,学派之争与学说之争这两者之间虽然具有一定的联系,但还是存在较大差别的。在学术研究中,不同学者之间对某个具体问题的见解不同,由此形成学说之争,这是十分正常的。学说之争的意义只是局限于某个具体问题,对于这个学科的影响还是较为有限的。而学派之争则与之不同,学派之争表现在对某个学科的基本立场或者基本观点上的重大对立,由此而对某个学科的学术形态产生根本性的影响。当然,即使是学派之争也还是有大有小。例如,刑法学中的主观主义理论(行为人刑法)与客观主义理论(行为刑法)之争就是十分重大的学派之争。而在客观主义刑法内部存在的行为无价值论与结果无价值论之争就是较为重要的学派之争。我国的学派之争远远没有达到这种程度,还只是在一些较为重大问题上的观点之争,只不过这种观点之争的影响已经超出了具体问题的范围,对于我国刑法理论的发展方向具有较大影响,因此可以说具备了学派之争的雏形。

对于我国刑法学的学派之争,我国学者都持一种积极的与肯定的态度,例如,张明楷教授早在2005年就提倡刑法的学派之争,指出了学派之争的意义在于:学派之争不只是使刑法之争体系化、持久化,更重要的是促进学术自由和学术繁荣昌盛。学派具有的整体性、传统性、排他性等特点,使得不同学派必然在学术上展开激烈争论与批评,从而推动学术创新、促进学术繁荣。[1] 我也对刑法的学派之争提出了个人见解,通过形式刑法观与实质刑法观之争,可以系统地梳理各自的刑法观点,从而形成刑法学术史的线索,同时也使各自的刑法学立场更加明确,坚定地按照各自的理论逻辑推进,一改过去的折中说充斥的风气,使不同刑法学派的学术锋芒毕露。可以说,学术史的梳理与学派的竞争,恰恰是我国刑法学走向成熟的标志。[2] 随着我国刑法理论的深入发展,在我国刑法学界兴起了学派之争,主要集中在以下三个领域:

1. 四要件与三阶层之争

我国传统刑法教科书对犯罪论体系都采取四要件,即将犯罪构成

---

[1] 参见张明楷:《学术之盛需要学派之争》,《环球法律评论》2005年第1期。
[2] 参见陈兴良:《走向学派之争的刑法学》,《法学研究》2010年第1期。

分为犯罪客体、犯罪客观方面、犯罪主体、犯罪主观方面。如前所述，也有些刑法教科书采用犯罪主体、犯罪主观方面、犯罪客观方面、犯罪客体的四要件体系。四要件的犯罪论体系是从苏俄刑法学传到我国来的，自从20世纪50年代以来，我国一直采用四要件。在20世纪80年代中期，曾经就四要件展开过争论，主要涉及某个要件的去留以及分拆等。这时的争议并没有涉及犯罪论体系的核心问题，因此争论的意义极为有限。

在1997年《刑法》颁布以后，对于犯罪论体系主要还是采用四要件，但在排列顺序上已经发生某些变化。赵秉志教授主编的《新刑法教程》一书在犯罪构成各共同要件的排列上则采取了犯罪主体、犯罪主观方面、犯罪客观方面、犯罪客体的顺序。[1] 这一对犯罪构成要件体系的安排，延续了赵秉志教授主编的《刑法学通论》一书的做法，我称之为新四要件论，以区别于犯罪客体、犯罪客观方面、犯罪主体、犯罪主观方面的旧四要件论。根据该书的论述，新四要件论的逻辑根据在于：在这四个要件中，犯罪主体排列在首位，因为犯罪是人的一种行为，离开了人就谈不上犯罪行为，也谈不上被行为所侵害的客体，更谈不上人的主观罪过。因此，犯罪主体是其他犯罪构成要件成立的逻辑前提。在具备了犯罪主体要件以后，还必须具备犯罪主观方面。犯罪主观方面是犯罪主体的一定罪过内容。犯罪行为是犯罪主体的最高心理的外化，因而在犯罪主观方面下面是犯罪客观方面。犯罪行为必然侵犯一定的客体，因而犯罪客体是犯罪构成的最后一个要件。[2] 新四要件与旧四要件在四个要件上是相同的，只是在排列顺序上作了改动。然而在我看来，新四要件论虽

---

[1] 参见赵秉志主编：《新刑法教程》，北京：中国人民大学出版社，1997年，第88页。
[2] 参见赵秉志主编：《刑法学通论》，北京：高等教育出版社，1993年，第84—85页。

然符合了犯罪行为实施的逻辑,却违反定罪的司法逻辑。因为从犯罪行为实施规律来说,是一个从人到行为、从主观到客观的演进过程;但从定罪的司法逻辑来说,却恰恰相反,是一个从行为到人、从客观到主观的推理过程。就人与行为的关系而言,行为是人的行为,因此人在行为之前,这是没有问题的。在三阶层的犯罪论体系中,人作为一定的行为主体确实是位于行为之前。尤其是在身份犯的情况下,行为人的一定身份是在行为之前需要研究的,没有这种身份的人是不可能实施该行为的。但新四要件中的犯罪主体能够等同于行为人吗?显然不能。犯罪主体是指实施了犯罪行为,达到刑事责任年龄、具备刑事责任能力的自然人。这个意义上的犯罪主体是需要在犯罪成立的情况下才具备的,它与行为主体是两个完全不同的概念。更为重要的是,在旧四要件论中,犯罪客观要件还排列在犯罪主观要件之前,至少能够反映客观判断先于主观判断的定罪思维。而在新四要件论中,犯罪主观要件排列在犯罪客观要件之前,导致了犯罪客观要件与主观要件之间关系的倒置,使犯罪客观要件丧失了在定罪中的核心地位,从而在一定程度上偏向了主观主义刑法。此后,作为传统四要件的代表性教科书《刑法学》(高铭暄、马克昌主编,赵秉志执行主编),对犯罪论体系仍然维持四要件的体系。该书对于我国的司法实践与法学教育都具有重大影响。因此,旧四要件与新四要件虽然在四要件的排列顺序上存在差异,但我认为这种区分并无实质意义。

张明楷教授的刑法教科书是按照犯罪客体要件、犯罪客观要件、犯罪主体要件、犯罪主观要件的顺序排列的,由此可见,张明楷教授采用的是通说。对此,张明楷教授指出:"各种教科书均采取四要件说,但这并不意味着该说完美无缺,理论上仍有必要对犯罪构成的共同要件进行研究。这种研究应以刑法规定为依据,以具体要件为基础,以有利于认定犯罪和保护合法权益为原则,同时应照顾到刑法理论的体系性和协调性。"①在此,张明楷教授表达了虽然采取四要件说,但四要件说仍有发展完善的余地的意思。此后,张明楷教授在每一版的修订中,都对犯罪论体系进行了调整与更新,显示出其学术演变的轨迹。例如,在《刑法学》第2版中,张明楷教授取消了犯罪客体要件,主张三要件的犯罪论体系,这就是犯罪客观要件、犯罪主体、犯罪主观要件。尽管从结构上看,这只是对传统四要件的增删,但在犯罪构成共同要件的顺序上,张明楷教授坚持从客观到主观认定犯罪的原则,认为犯罪客体、犯罪客观要件、犯罪主体、犯罪主观要件的排列顺序是按照司法机关认定犯罪的顺序、途径排列的。而犯罪主体、犯罪主观要件、犯罪客观要件、犯罪客体的顺序是按照犯罪发生的过程排列的。但是,刑法学不是犯罪学与犯罪心理学,不应具体研究犯罪发生的过程;刑法学要为司法机关认定犯罪提供理论指导,而司法机关不可能按犯罪发生的过程认定犯罪。因此,由主观到客观的排列顺序有可能使刑法学偏离研究方向。② 应该说,张明楷教授的这一批判完全在理,从主观到客观的判断方法确实对我国司法实践产生了较大的负面影响。从四要件到三要件虽然在内在逻辑上具有重大差异,但在外在形式上仍然容易混同于传统的四要件体系。从《刑法学》第3版开始,张明楷教授正式将犯罪论体系定型为二要件,亦即二阶层,即犯罪构成由客观(违法)构成要件与主观(责任)构成要件组成:客观构成要件是表明行为具有法益侵害性的要件,因而可以称为违法构成要件,其中讨论违法阻却事由;主观构成要件是表明行为具有非难可能性的要件,因而可以称为责任构成要件,其中讨论有责性阻却事由。③

---

① 张明楷:《刑法学》(上),北京:法律出版社,1997年,第110页。
② 参见张明楷:《刑法学》,北京:法律出版社,2003年,第137页。
③ 参见张明楷:《刑法学》,北京:法律出版社,2007年,第98页。

可以说,张明楷教授的二要件体系已经是德日三阶层体系的变体,已然具备了三阶层体系的精神实质。

我最早对四要件体系的摒弃是《本体刑法学》(商务印书馆,2001年)一书,该书提出了罪体与罪责的二分体系:罪体是犯罪构成的客观要件;罪责是犯罪构成的主观要件,两者是客观与主观的统一。① 但由于正当化事由处于该体系之外,因此阶层性在该体系中未能得到正确的贯彻。此后,在《规范刑法学》(中国政法大学出版社,2003年)一书中,我又在二分体系的基础上提出了罪体、罪责、罪量三位一体的犯罪构成体系。其中,罪体相对于犯罪构成的客观要件;罪责相对于犯罪构成的主观要件,两者是犯罪的本体要件。罪量是在罪体与罪责的基础上,表明犯罪的量的规定性的犯罪成立条件。② 该体系的亮点是设置了罪量要件,这是根据我国刑法的犯罪概念存在数量因素这一特殊立法体例而设置的,具有较为鲜明的中国特色。当然,该体系仍然未能将正当化事由纳入,因而还是与德日三阶层的体系存在性质上的差别,及至《规范刑法学》第2版(中国人民大学出版社,2008年),对罪体和罪责的内容作了修改,将三阶层的犯罪论体系中的违法阻却事由与责任阻却事由分别作为罪体排除事由与罪责排除事由,从而完成了从平面式体系到阶层式体系的进化,最终调整到位。

可以说,罪体、罪责、罪量的三位一体的体系具有我个人学术的特色;那么,我竭力引入三阶层犯罪论体系,可以视为对推动我国犯罪论体系变革的一种努力。我国首先采用三阶层的犯罪论体系的刑法教科书,是我在2003年主编的《刑法学》(复旦大学出版社,2003年)一书。这部

---

① 参见陈兴良:《本体刑法学》,北京:商务印书馆,2001年,第220—221页。
② 参见陈兴良:《规范刑法学》,北京:中国政法大学出版社,2003年,第58页。

刑法教科书是一部集体作品,对刑法理论进行了较为大胆的尝试,其中包括在我国学者编写的刑法教科书中首次采用三阶层的犯罪论体系,以及打破刑法分则的罪名体系,按照侵犯个人法益的犯罪、侵犯社会法益的犯罪和侵犯国家法益的犯罪的逻辑顺序对我国刑法分则规定的罪名进行排列。此前,在我国刑法学界早就开始介绍德日的三阶层的犯罪论体系。在当时的语境中,是把三阶层的犯罪论体系当作"他者"看待的,它是一种理论的对立物或者对应物,主要在外国刑法学或者比较刑法学中加以讨论。例如,在有关犯罪构成的专著中,三阶层的犯罪论体系是作为比较对象出现的。我国学者在对比这两种犯罪论体系时指出:"中国犯罪构成理论与大陆法系国家犯罪构成理论在体系特征上存在着非常大的区别,然而在实质内容上又存在着相互对应的部分(当然,不具有完全对应性)。正因为表达形式和构造方式之不同,因而在两种犯罪构成理论中,形似实异的概念、范畴和基本原理又在相当范围内存在。"[①]在当时学术生态环境下,能够正面对待与评价三阶层的犯罪论体系已经殊属不易。而在我主编的教科书《刑法学》第1版的序中,我论述了采用三阶层的犯罪论体系的理由:"应该说,我国刑法关于犯罪成立条件的规定,与大陆法系国家刑法的规定之间并无多大差别,而在犯罪构成理论体系上却存在天壤之别,由此可见,犯罪论体系完全是一个理论建构的问题。因此,在现行刑法的框架下,直接采用大陆法系的犯罪成立理论体系,不存在法律制度上的障碍。"[②]在刑法教科书中直接采用三阶层的犯罪论体系,对于三阶层理论在我国刑法教义学中地位的确立具有十分重要的标志与象征意义。它表明三阶层犯罪论体系对于我国刑法学来

[①] 肖中华:《犯罪构成及其关系论》,北京:中国人民大学出版社,2000年,第43页。
[②] 陈兴良主编:《刑法学》,上海:复旦大学出版社,2003年,"序",第1页。

说,不再是"他者",而是我国刑法理论的一个组成部分。而且,三阶层犯罪论体系进入我国刑法教科书,使得刑法教科书中的犯罪论体系可以采取不同模式,从而促进了不同的犯罪论体系之间的竞争,也进一步普及了三阶层的犯罪论体系,为其中国化提供了可能。

三阶层犯罪论体系与四要件犯罪论体系之间的论争,在 2009 年达到高潮。在 2009 年的国家司法考试大纲中,首次采用了三阶层的犯罪论体系,由此引起我国刑法学界的巨大反响,并招致四要件犯罪论体系的维护者的激烈反应。例如,赵秉志教授主编的《刑法论丛》第 19 卷专门设立"犯罪构成理论专栏",对犯罪论体系问题进行专题研讨。专栏的编者按指出:"2009 年 5 月,德日三阶层犯罪论体系被贸然纳入国家司法考试大纲,这在刑法理论与实务界引起了轩然大波,同时亦使犯罪构成理论之争再次成为学界关注的焦点。因为这一问题不仅事关刑法理论的核心与基础,亦直接决定中国刑法学发展的未来走向。"该专栏刊登了高铭暄教授、马克昌教授、赵秉志教授等撰写的六篇论文,对三阶层的犯罪论体系作了回应,对四要件的犯罪论体系进行了阐述。[①] 这些论文基本上代表了维护四要件的犯罪论体系的观点。与此同时,《现代法学》2009 年第 6 期专门设立"犯罪构成理论比较研究",刊登了张明楷教授、陈兴良教授、周光权教授和储槐植、高维俭教授等撰写的四篇论文,除了储槐植、高维俭合写的论文赞同四要件的犯罪论体系以外,其他三篇论文都主张三阶层的犯罪论体系,并对四要件的犯罪论体系进行了批判。

[①] 这六篇论文是:高铭暄:《对主张以三阶层犯罪成立体系取代我国通行犯罪构成理论者的回应》,马克昌:《简评三阶层犯罪论体系》,赵秉志、王志祥:《中国犯罪构成理论的发展历程与未来走向》,欧锦雄:《新中国犯罪构成理论的发展和展望》,陈家林:《犯罪论体系之演变》,莫洪宪、彭文华:《德、日犯罪论体系之利弊分析》,均载于赵秉志主编:《刑法论丛》第 19 卷,北京:法律出版社,2009 年。

例如，我的论文从逻辑的面向揭示了四要件犯罪论体系的结构性缺陷，而周光权教授的论文则从实务的角度考察了四要件的犯罪论体系的缺陷。① 这场从理论层面展开的犯罪论体系之争，极大地推动了我国犯罪论体系研究的深化。尽管2010年的司法考试大纲恢复了四要件的犯罪论体系，但这场犯罪论体系的风波对于三阶层的犯罪论体系来说，是在我国刑法学界大舞台的一次闪亮登场，进入了我国刑法理论的主流话语。在这一过程中，张明楷教授对于违法与责任作为犯罪论体系支柱的基础理论的论述，②我对于犯罪论体系位阶性的论述，③周光权教授对犯罪论体系改造问题的系统研究，④都对三阶层犯罪论体系在我国刑法学界的生根落脚作出了各自的理论贡献。

可以说，目前三阶层的犯罪论体系已经融入我国刑法理论，成为我国刑法教义学的主体内容。其实，无论是三阶层还是四要件，都是一种分析工具。分析工具本身是没有国别的，而只有刑法才具有国别性。只要是对我国刑法的分析，无论采取哪一种工具都没有障碍。关键是哪一种分析工具更为有效。我们需要警惕的是在犯罪论体系上的话语垄断，只有一种开放的学术姿态才是最为紧要的。现在，三阶层与四要件之争已经偃旗息鼓，硝烟不再。然而，这场学派之争给我国刑法教义学带来的学术推动不可小觑。这场学术论战如同在传统四要件的堡垒中炸出了一个缺口，后续的学术研究按照三阶层指引的路径向前展开。可以

---

① 这四篇论文是：张明楷：《以违法与责任为支柱构建犯罪论体系》，陈兴良：《四要件犯罪构成的结构性缺陷及其颠覆——从正当行为切入的学术史考察》，周光权：《犯罪构成四要件的缺陷：实务考察》，储槐植、高维俭：《犯罪构成理论结构比较论略》，均载于《现代法学》2009年第6期。
② 参见张明楷：《以违法与责任为支柱构建犯罪论体系》，《现代法学》2009年第6期。
③ 参见陈兴良：《犯罪体系的位阶性研究》，《法学研究》2010年第4期。
④ 参见周光权：《犯罪论体系的改造》，北京：中国法制出版社，2009年。

说,这是一场改变了学术方向的论战。此后,对三阶层的犯罪论体系的研究不断深入,例如构成要件理论、客观归责理论、违法性理论、责任理论、期待可能性理论等都成为我国学者在讨论刑法问题的时候不可或缺的分析工具。

2. 形式刑法观与实质刑法观之争

形式刑法观与实质刑法观之争与前述社会危害性与罪刑法定原则的冲突所带来的刑法理念转变之间,存在密切的关联性,可以说是这一刑法理念之分歧在刑法理论上的折射。形式刑法观与实质刑法观之争,涉及形式与实质的关系,而这正是刑法学中的一种重要分析工具。在2008年我曾经发表了《形式与实质的关系:刑法学的反思性检讨》一文,对刑法学中的形式与实质的关系进行了专门的探讨。我的讨论涉及犯罪的形式概念与实质概念、犯罪构成的形式判断与实质判断、刑法的形式解释与实质解释这三个话题。通过对这三个问题的研究,我得出以下结论:"形式与实质的关系,是我国刑法学中的一个重大理论问题。以往我们习惯于重视实质轻视形式,或者以实质与形式相统一这类模棱两可的话语界定刑法学中的形式与实质的关系。笔者认为,在罪刑法定原则下,应当提倡形式理性。因此,犯罪的形式概念具有合理性,犯罪构成的形式判断应当先于实质判断,对于刑法的实质解释不能逾越罪刑法定原则的藩篱,这就是本文的结论。"① 在此,我是在罪刑法定原则的背景下讨论形式与实质关系的,并且将形式界定为形式理性,以此作为刑法教义学的一个基石范畴。

我国刑法学界的形式刑法观与实质刑法观之争,可以分为两个阶段。

---

① 陈兴良:《形式与实质的关系:刑法学的反思性检讨》,《法学研究》2008年第6期。

第一个阶段是2009年,该年度刘艳红教授出版了《实质刑法观》(中国人民大学出版社,2009年)和《走向实质的刑法解释》(北京大学出版社,2009年)两部以实质刑法观相标榜的著作,正式打出了实质刑法观的旗帜。与此同时,邓子滨研究员出版了《中国实质刑法观批判》(法律出版社,2009年)一书,以批判的姿态张扬了形式刑法观,由此形成实质刑法观与形式刑法观之间的学术对峙。这三部著作从题目上来看,似乎是针锋相对的,在内容上也确实如此。但实际上三本书几乎是同时出版的。邓子滨研究员的批判确实是针对刘艳红教授观点的,因为此前刘艳红教授已经有这方面的学术成果,例如2004年12月在武汉大学法学院的博士后出站报告《理性主义与实质刑法观》以及其他发表的论文。这场围绕着实质刑法观与形式刑法观展开的学术交锋,对于我国刑法理论的向前发展具有重要意义。从这场学术争论来看,刘艳红教授的实质刑法观是居于正面立论的位置,而邓子滨研究员则处于批判者的地位。虽然刘艳红教授倡导实质刑法观,但在著作中刘艳红教授是以形式与实质合理性的辩证统一为原则立论的。例如,刘艳红教授指出:"无论是形式的合理性还是实质的合理性,都只能是相对的合理性,绝对的合理性是不存在的;过分地追求形式合理性就会导致法律的变异;过分地追求实质合理性则会导致对法治的践踏与破坏。如果法律的形式合理性与实质合理性发生冲突,则只能在坚持形式合理性的前提之下追求实质合理性;法律的形式合理性是第一位的,实质合理性是第二位的。"[1]如果仅看这段话,我们完全可以把刘艳红教授归入形式刑法观的赞同者,因为她是主张形式合理性的优先论的。那么,究竟为什么刘艳红教授将自己的观点称为实质刑法观呢?例如,在犯罪概念问题上,基于形式与实质

---

[1] 刘艳红:《实质刑法观》,北京:中国人民大学出版社,2009年,第42页。

相统一的前提,刘艳红教授赞同混合的犯罪概念,反对形式的犯罪概念与实质的犯罪概念,并且将社会危害性分为犯罪圈内与犯罪圈外两种功能。那么,犯罪概念的主要功能是什么,难道不是划定犯罪的边界吗?这也正是罪刑法定原则的应有之义。在法无明文规定不为罪的观念中,不正是刑法的明文规定确定了犯罪的范围吗?在此,存在一个过去尚未引起重视的形式判断与实质判断对于犯罪认定的位阶性问题。罪刑法定原则要求首先确定犯罪的外延,只有在此基础上,才能通过实质判断进一步对行为进行实质审查。因此,形式对于实质的优先性,主要就表现为对犯罪认定上形式标准与实质标准的位阶性。如果放弃这种位阶性,不再坚持形式对于实质的强有力的限制作用,则实质内容就会吞噬形式。正如邓子滨研究员所说的那样,动摇罪刑法定原则。邓子滨教授对实质刑法观作了政治的、文化的和法理性的有力批判。

第二个阶段是 2010 年,张明楷教授与我同时在《中国法学》2010 年第 4 期发表了两篇论文,这就是张明楷教授的《实质解释论的再提倡》和我的《形式解释论的再宣示》。之所以说是"再",对于张明楷教授来说,早在《法益初论》一书中,他就基于法益侵害论而推导出实质解释论。例如张明楷教授指出:"刑法理论与司法实践在解释犯罪构成时,就必须以保护法益为指导,对犯罪构成作实质的解释,从而实现刑法的目的。"[1]此后,又在《刑法学研究中的十大关系》(《政法论坛》2006 年第 2 期)一文中对形式解释与实质解释进行了辨析,并且明确站在实质解释论的立场上。在《实质解释论的再提倡》一文中,张明楷教授进一步阐述了其实质解释论的观点。而我则在《形式与实质的关系:刑法学的反思性检讨》(《法学研究》2008 年第 6 期)一文中,论述了形式解释论的观点,基于形

---

[1] 张明楷:《法益初论》,北京:中国政法大学出版社,2003 年,第 216 页。

式主义的罪刑法定原则与实质主义的罪刑法定原则的界分,考察形式解释与实质解释,就不能简单地贬形式解释而褒实质解释,而是强调在罪刑法定原则所允许的范围内进行刑法解释。显然,这种刑法解释就是形式解释。在《形式解释论的再宣示》一文中,我对形式解释论的立场进行了进一步的展开。在该文中,我明确提出:"形式解释论与实质解释论正在成为我国刑法学派之争的一个方面。这一争论不仅是刑法解释的方法论之争,而且是刑法本体的价值论与机能论之争,甚至可以上升到刑法观的层面,由此而形成形式刑法观与实质刑法观的对峙。我是主张形式刑法观的,并且从形式刑法观的基本立场出发,推演出形式解释论的结论。因此,对于形式解释论与实质解释论之争,不应局限在刑法解释这一范围,而应当从形式刑法观与实质刑法观的对立中,探寻形式解释论与实质解释论的分歧所在,由此阐述形式解释论的理据。"①因此,我是从罪刑法定原则出发,强调刑法明文规定对于犯罪认定的限制机能,这是形式解释论的精髓之所在。张明楷教授提倡的实质解释论,主要是针对构成要件的解释而言(包括构成要件符合性的判断以及与构成要件相关的未遂犯等问题的解释),张明楷教授将实质解释论的基本内容(或要求)归纳为如下三点:第一,对构成要件的解释必须以法条的保护法益为指导,而不能仅停留在法条的字面含义上。换言之,解释一个犯罪的构成要件,首先必须明确该犯罪的保护法益,然后在刑法用语可能具有的含义内确定构成要件的具体内容。第二,犯罪的实体是违法与责任。所以,对违法构成要件的解释,必须使行为的违法性达到值得科处刑罚的程度;对责任构成要件的解释,必须使行为的有责性达到值得科处刑罚的程度。易言之,必须将字面上符合构成要件、实质上不具有可罚性

---

① 陈兴良:《形式解释论的再宣示》,《中国法学》2010 年第 4 期。

的行为排除于构成要件之外。第三,当某种行为并不处于刑法用语的核心含义之内,但具有处罚的必要性与合理性时,应当在符合罪刑法定原则的前提下,对刑法用语作扩大解释。质言之,在遵循罪刑法定原则的前提下,可以作出不利于被告人的扩大解释,从而实现处罚的妥当性。①在以上三个含义中,前两个含义并不存在太大的争议,关键是第三个含义,即如何看待语义边界与处罚必要性之间的关系。对此,实质解释论往往以处罚必要性决定可能语义的边界,因此,名义上虽然也坚持在可能语义的范围内认定犯罪,但实际上则将刑法没有规定的行为通过实质解释而入罪。

形式刑法观与实质刑法观之争,在不同的范围内展开。这是一个涉及刑法基本问题的争论。尽管如同劳东燕教授所言,形式刑法观与实质刑法观两大阵营彼此之间存在曲解与误读。②但这场论战将会影响到罪刑法定原则的贯彻,对于我国刑法理论的观念形态也具有重大的形塑作用,因此具有不可忽视的理论意义。

3. 行为无价值论与结果无价值论之争

如果说前两个争论属于我国刑法学界所特有的问题,具有本土的性质;那么,行为无价值论与结果无价值论之争就是从日本刑法学界输入的一种学派之争。

行为无价值论与结果无价值论是在刑法客观主义内部的一种学派之争。这种学派之争兴盛于日本,是日本过去数十年来刑法学术发展的基本线索,贯穿整个刑法学科始终。根据日本学者曾根威彦的描述,行为无价值论与结果无价值论之争,是承接古典学派的刑法客观主义与近

---

① 参见张明楷:《实质解释论的再提倡》,《中国法学》2010年第4期。
② 参见劳东燕:《刑法解释中的形式论与实质论之争》,《法学研究》2013年第3期。

代学派的刑法主观主义而来,他指出:"从对立的历史来看,所谓学派之争,在欧洲,20世纪20年代之后,就逐渐开始趋向平息,在此,古典学派(客观主义刑法学)和近代学派(主观主义刑法学)的对立形式发生了变化,逐渐向现在所说的结果无价值论和行为无价值论的对立转变。在日本,战后,近代学派的主观主义刑法学的影响逐渐减弱。从20世纪50年代中期开始,在客观主义刑法学的内部,受威泽尔(1904—1977)的目的行为论影响的行为无价值论逐渐兴起,进入20世纪60年代之后,作为与行为无价值论相对立形式的结果无价值论逐渐展开了。"①在日本刑法学界,以行为无价值论与结果无价值论划界,形成了两个相互对立的刑法学派。

行为无价值论与结果无价值论是一种十分日本化的表述,两者所要解决的是:究竟是行为还是结果决定违法性的问题,也可以说是一个违法性的根据问题。其中,行为无价值论是指强调行为对于违法性的决定意义的理论。行为无价值论又可以分为一元的行为无价值论与二元的行为无价值论。一元的行为无价值论是彻底的行为无价值论,即只有行为才是决定违法性的根本要素,结果只是客观处罚条件而已。二元的行为无价值论是折中的行为无价值论,即行为与结果都是决定违法性的要素。结果无价值论则认为,只有结果才是决定违法性的根本要素。由此可见,在客观要素决定违法性这一点上,两者是相同的,都属于刑法客观主义的范畴。只是在行为与结果究竟何者决定违法性问题上两者之间存在区分。目前在行为无价值论中,已经没有学者赞同一元的行为无价值论。因此,在与结果无价值论相对立意义上的行为无价值论,都是指二元的行为无价值论。行为无价值论与结果无价值论在各个刑法问题

---

① [日]曾根威彦:《刑法学基础》,黎宏译,北京:法律出版社,2005年,第85—86页。

上都存在立场的不同,其中最为重要的对立表现为构成要件的理解。结果无价值论将构成要件理解为违法行为类型,认为故意与过失不是构成要件要素而是责任要素。而行为无价值论则将构成要件理解为违法有责行为类型,认为故意与过失属于构成要件要素。

可以说,行为无价值论与结果无价值论的学派之争是日本特有的现象。此后,这种学派之争传入我国。开始,我国学者对行为无价值与结果无价值的理论进行了介绍。例如我国学者王安异教授最早介绍了这一理论,并且试图采用这一分析工具对我国刑法的犯罪构成进行探讨。在王安异教授所著的《刑法中的行为无价值与结果无价值研究》(中国人民公安大学出版社,2005年)一书中,主要是以德国刑法理论为基础对行为无价值与结果无价值的理论作了较为详尽的论述,因为该理论最初发源于德国。同时,也论及日本刑法学界关于行为无价值论与结果无价值论之争。可以看出,王安异是站在德国的立场上看待行为无价值与结果无价值理论的,因此并没有在两者之间选择其一进行站队,而是将其作为一种分析工具。例如,王安异教授指出:"行为无价值论与结果无价值论虽各持一端,但分别都具有一定合理的成分,故而难分轩轾。申论之,因为这种对立关系的存在,欲消除行为无价值与结果无价值的理论差异是很难的,无论将二者融合为二元的理论或者简单地以一种无价值理论代替另一种理论都无法消除这种客观存在的龃龉。"[1]因此,王安异是从行为无价值与结果无价值的理论出发,对我国刑法中的犯罪构成进行讨论的,这种讨论较之以往的讨论具有一定的理论新意与深度。

从日本刑法学界真正引入行为无价值论与结果无价值论之争的是

---

[1] 王安异:《刑法中的行为无价值与结果无价值研究》,北京:中国人民公安大学出版社,2005年,第7页。

具有日本留学背景的黎宏教授、张明楷教授和周光权教授。其中,黎宏较早发表了《行为无价值论批判》①一文,该文是站在结果无价值论的立场对行为无价值论进行了批判,这也就间接地表明了黎宏教授的结果无价值论的立场。此后,周光权教授发表了《违法性判断的基准与行为无价值论》②一文,在该文中,周光权教授明确主张行为无价值论的立场。作为对周光权教授观点的回应,张明楷教授发表了《行为无价值论的疑问——兼与周光权教授商榷》③一文,明确主张结果无价值论的立场。这些围绕着行为无价值论与结果无价值论所展开的学术争论,拉开了我国刑法学界对于这个问题的学派之争的序幕。此后,这个问题成为我国刑法学界的一个热点,吸引了较多学者的关注。例如,《政治与法律》在2015年第1期组织的主题研讨就是"行为无价值论与结果无价值论若干问题研究",该主题研讨发表了周光权教授等多位学者的三篇论文,结合具体问题展开讨论。④ 在编者按中,研讨的组织者指出:"行为无价值论与结果无价值论之争是中外刑法理论界普遍存在的基本立场之争,现在已渗透到犯罪论、刑罚论与许多具体犯罪的各个方面。在我国转型期的社会背景与犯罪论体系重构之争的理论背景下,研究行为无价值论与结果无价值论的基本问题可以更好地回应社会发展与司法实务的现实需求,推动刑法学各个具体理论的深入发展。"应该说,以上关于行为无价值论与结果无价值论之争对我国刑法理论发展的意义之阐述,是极为

---

① 黎宏:《行为无价值论批判》,《中国法学》2006年第2期。
② 周光权:《违法性判断的基准与行为无价值论》,《中国社会科学》2008年第4期。
③ 张明楷:《行为无价值论的疑问——兼与周光权教授商榷》,《中国社会科学》2009年第1期。
④ 这三篇论文是:周光权:《行为无价值与结果无价值的关系》,劳东燕:《结果无价值逻辑的实务透视——以防卫过当为视角的展开》,周啸天:《行为、结果无价值理论哲学根基正本清源》,均载于《政治与法律》2015年第1期。

中肯的。值得肯定的是,张明楷教授与周光权教授对行为无价值论与结果无价值论的理论争论都没有停留在表面,而是继续进行了深度的理论研究,并分别形成了专著。这就是张明楷教授的《行为无价值论与结果无价值论》(北京大学出版社,2012年)和周光权教授的《行为无价值论的中国展开》(法律出版社,2015年)。这两部著作可以说是我国刑法学界对于行为无价值论与结果无价值论进行理论交锋的学术成果,代表了在该问题上的最高学术水平。

虽然行为无价值论与结果无价值论是日本的一个学术话题,但引入我国刑法学界以后,我国学者并没有停留在对此的介绍上,也没有完全重复日本学者的争论,而是结合我国刑法中的理论问题与实务问题,进行了具有相当深度与广度的研究,对于促进我国刑法理论的向前发展起到了积极的作用。当然,行为无价值论与结果无价值论的学派之争和前述两个学派之争相比,影响范围与影响力都还是有限的,对此也没有必要否定。

就我本人而言,并没有深度卷入行为无价值论与结果无价值论之争。主要还是因为我本人缺乏对此的学术准备。至于有些学者将我归之于行为无价值论的阵营,[1]则我并不能认领。如果以故意与过失是属于违法性要素还是责任要素作为行为无价值论与结果无价值论的分野,则我无疑是站在结果无价值论的立场上的。当然,我并不像张明楷教授那样是极端的结果无价值论者,而是较为赞同日本山口厚教授缓和的结果无价值论的观点。例如,山口厚教授指出:"在支持结果无价值论的学者中,存在着像内藤谦教授或中山研一教授那样,否定一切主观违法要素,主张只以客观要素来判断违法性,将行为人的主观目的等要件都归

---

[1] 参见周啸天:《行为、结果无价值理论哲学根基正本清源》,《政治与法律》2015年第1期。

属于责任要素的观点。主张这一观点的学者们,担心如果在评价违法性时考虑主观要素将会导致违法性的主观化,从而导致违法论向行为无价值论的倾斜。所以他们特意强调应该区别主观责任和客观违法,并将客观违法性的意义理解为判断对象的客观性,从而拒绝考虑任何主观要素。但现在,主张这种极端彻底的结果无价值论的观点还是少数。包括笔者在内,多数人认为,行为人欲进行法益侵害的行为意志,在增加法益侵害的危险性的意义上,应该成为影响违法性的要素。"① 因此,我虽然否定故意与过失是违法性要素,但也例外地承认目的、明知、倾向等主观违法要素。在这个意义上说,我的学术立场更偏向于结果无价值论。

五、结语

经过 40 年的发展,我国刑法学科已经走过了筚路蓝缕的草创阶段,经历了从以立法论为中心到以司法论为中心的刑法学转变,进入了一个以教义学为主体知识的阶段。因此,我国刑法学的教义学化将是未来相当长一个时期的发展方向。我曾经提出"走向教义学的刑法学"的命题,② 揭示了教义学应当是我国刑法学的未来走向。此后,我又阐述了"刑法知识的教义学化"的观点,认为随着我国社会主义法律体系的建立,以立法为中心的法治实践会向以司法为中心的法治实践转变。相应地,也存在一个以立法为取向的法学知识向以司法为取向的法学知识的转型问题。刑法学也是如此。③ 因此,我国刑法学将来应当以教义学为自己的走向。这是以司法论为中心的刑法学的更高发展阶段,也是刑法

---

① [日]山口厚:《日本刑法学中的行为无价值论与结果无价值论》,金光旭译,《中外法学》2008 年第 4 期。
② 参见陈兴良:《教义刑法学》,北京:中国人民大学出版社,2010 年,"代序",第 1 页。
③ 参见陈兴良:《刑法知识的教义学化》,《法学研究》2011 年第 6 期。

学演进的正途。

当前,在我国法学界存在所谓社科法学与法教义学之争。这场争论的实质是对法学话语权的争夺。当然,社科法学与法教义学的争论主要是在法理学界引发的,其主要影响也限于法理学界。就法理学研究而言,社科法学更关注的是法律价值论,而法教义学则主要是一种法律方法论。但在部门法学中,价值论与方法论是融为一体的,两者不可分离。当然,每个部门法学对于教义学研究的需要程度是有所不同的。一般来说,一个部门法学的教义学化程度与这个部门法的立法进度之间存在着密切关联性。当一个部门法忙于立法的时候,相关的部门法学是不可能发展教义学的,而必然以法律价值论为中心。只有当一个部门法较为成熟,完成了立法使命,建立起了一套基础性的制度和规则,相关的部门法学才能集中精力致力于教义学的研究。在我国各个部门法中,刑法无论是在立法的时间上,还是在立法的质量上,都是走在前面的。因此,刑法学的教义学化也是最早的、最为迫切的。

我国刑法学在教义学的研究过程中,需要引入刑事政策的内容,处理好刑法教义学与刑事政策之间的关系,这是十分重要的。刑法教义学绝不是单纯对刑法规范的诠释,其中必然包含了价值判断的内容。只不过,这种价值判断应当受到刑法规范的约束。以往在我国刑法知识中,刑法学与刑事政策是作为两个不同的学科独立存在的:刑法学主要研究刑法关于犯罪与刑罚的规定,属于规范学科;而刑事政策主要研究国家的刑事立法政策和刑事司法政策,这些刑事政策对于刑法具有指导作用。在这种刑法学与刑事政策分立的状态下,刑事政策处于刑法之上或者之外。我认为,刑事政策不能自外于刑法学,刑法学并不是对某一具体政策的解读,而是融合了刑事政策的一体化思考。正如德国学者罗克辛教授指出:"只有允许刑事政策的价值选择进入刑法体系中去,才是正确之道,因为只有这样,该价值选择的法律基础、明确性和可预见性、与体系之间的和谐、对细节的影响,才不会倒退到肇始于李斯特的形式——实证主义体系的结论那里。法律上的限制和合乎刑事政策的目的,这二者之间不应该互相冲突,而应该结合到一起。"①因此,刑法教义学不应该排斥刑事政策,而是应当吸收刑事政策的内容,以此克服教义学所具有的形式主义带来的僵硬性,保持刑法学具有对社会的即时反应能力。

---

① [德]克劳斯·罗克辛:《刑事政策与刑法体系》,蔡桂生译,北京:中国人民大学出版社,2011年,第15页。

第四章 理解当代中国刑法教义学

车 浩[*]

"每个人都是他那时代的产儿。"(黑格尔语)中国刑法学正在经历一个知识转型的时代。任何一个刑法学者回望晚近40年的刑法学发展,都会深切地感受到,这是一个刑法知识剧烈转型、"向死而生"的时代。它构成了身处这个时代的每一位刑法学者及其作品无法摆脱的约束性条件。转型的基本特征之一,就是在学术大开放的格局下,域外刑法教义学知识和方法的引入,以及在国内学界的迅猛发展。理解刑法教义学在中国的发展轨迹和遭遇的问题,是理解当代中国刑法知识转型的重要线索。本文从法教义学的一般性立场和方法出发,揭示法教义学在中国刑法学界发展的历史与现况,勾勒当代中国刑法知识转型的沟壑面貌,也由此映照出中国刑法学者在这一转型过程中功不唐捐的艰难跋涉。

---

[*] 车浩,北京大学法学院教授。

一、立场与方法

法教义学一词源于希腊语中的"Dogma"。"这个概念首先在哲学中使用,然后在(基督教的)神学中使用。Dogma 是'基本确信''信仰规则'的意思,它不是通过理性的证明,而是通过权威的宣言和源自信仰的接受来排除怀疑。"① 按照德国学者拉伦茨的说法,法教义学就是法学的同义词。"它也可以用来描述一种——以形成某些内容确定的概念、对原则作进一步的填补以及,指明个别或多数规范与这些基本概念及原则的关系为其主要任务的——活动。透过这种活动发现的语句,其之所以为'教条',因为它们也有法律所拥有的——在特定实证法之教义学范围内——不复可质疑的权威性。'教义学'一语意味着:认识程序必须受到——于此范围内不可再质疑的——法律规定的拘束。"② 从这段表述中,至少可以引申出关于法教义学的立场与方法两方面的理解。

(一) 立场

法教义学首先代表一种尊重现行法的态度。"教义学必须受到法律规定的约束",这意味着,围绕着概念、法条以及概念与法条之关系展开的教义学研究,以尊重现行实定法为前提,在现行法秩序框架之内活动,"假定现行法秩序大体看来是合理的"③。实定法既是法教义学的研究对象,也为法教义学的研究活动划定了边界。按照康德的表述,教义学是"对自身能力未先予批判的纯粹理性的独断过程"。"教义学者从某些未加检验就被当作真实的、先予的前提出发,法律教义学者不问法究竟

---

① [德]魏德士:《法理学》,丁晓春、吴越译,北京:法律出版社,2005年,第136页。
② [德]卡尔·拉伦茨:《法学方法论》,陈爱娥译,北京:商务印书馆,2003年,第107页以下。
③ [德]卡尔·拉伦茨:《法学方法论》,陈爱娥译,北京:商务印书馆,2003年,第77页。

是什么,法律认识在何种情况下、在何种范围中、以何种方式存在。这不意指法律教义学必然诱使无批判,但即便它是在批判,如对法律规范进行批判性审视,也总是在系统内部论证,并不触及现存的体制。"①因此,法教义学反对摆脱"法律约束"的要求,主张法律(规范)对于司法裁判的约束作用,②因而主要是一种解释论而非立法论。

"法教义学并不主张批评法律,而是致力于解释法律。通过对法律的解释,使法律容易被理解,甚至可以在一定限度内填补法律的漏洞。法教义学研究并没有丧失研究者的能动性而成为法律的奴仆,而是使法律变得更完善的另一种途径。"③对刑法教义学而言,刑法规定既是解释对象,也是解释根据。冯军教授甚至认为,刑法教义学应当将现行刑法视为信仰的来源。"在解释刑法时,不允许以非法律的东西为基础。对刑法教义学者而言,现行刑法就是《圣经》。"④不过,能否将法律视作不容许认定为有缺陷的"圣经",张明楷教授有不同的看法:"在刑法条文的表述存在缺陷的情况下,通过解释弥补其缺陷,是刑法教义学的重要内容或任务之一。事实上,将批判寓于解释之中,是刑法教义学的常态。"⑤按照这种理解,法教义学当然有批判功能;只不过这种批判功能的表现形式之一,往往是以解释法律的面目出现。

基于解释论的立场,形成了法教义学的知识体系。它包括法律,但不限于法律。法律是其中的基本框架与脉络,通过法教义学方法,使之

---

① [德]阿图尔·考夫曼、温弗里德·哈斯默尔主编:《当代法哲学和法律理论导论》,郑永流译,北京:法律出版社,2013年,第4页。
② 参见雷磊:《法教义学的基本立场》,《中外法学》2015年第1期。
③ 陈兴良:《刑法知识的教义学化》,《法学研究》2011年第6期。文章后收录于陈兴良:《刑法的知识转型(学术史)》,北京:中国人民大学出版社,2012年,第2页以下。
④ 冯军:《刑法教义学的立场和方法》,《中外法学》2014年第1期。
⑤ 张明楷:《也论刑法教义学的立场》,《中外法学》2014年第2期。

形成一个有血有肉的理论体系。① "刑法教义学是一门对于刑法领域中的法律规定和学说理论进行解释、体系化和构建发展的学科。"②在这个意义上,刑法教义学就是刑法学的代名词。"其基础和界限源自于刑法法规,致力于研究法规范的概念、内容和结构,将法律素材编排成一个体系,并试图寻找概念构成和系统学的新的方法。"③因此,刑法教义学包括的内容十分广泛,既包括针对刑法规定本身的具体解释,也包括围绕刑法构建起来的教义,它们与刑法规定一起,构成了一个有机结合的知识体系。近年来关于法教义学一般性立场的深入阐发已经所在多有,④此处不再赘述。

(二) 方法

尽管不是出自于立法者之手,但是学术研究形成的教义,却具有近似于实定法的权威性,受到司法实务部门的重视。从德国的情况来看,"在法学批评的影响下,联邦最高法院的日常判决被改变并不少见。此外,对于待解决的法律问题,最高法院的判决也经常考虑法学界的观点"⑤。那么,法教义学的这种"教义性"或者说近似于立法的约束力,来自何处呢?在我看来,它不是来自于立法权,也不是来自于个人权威的命令或良知的规训,而是来自于法教义学知识形成的方法。

---

① 参见陈兴良:《刑法的知识转型(学术史)》,北京:中国人民大学出版社,2012年,第6页。
② Roxin, Strafrecht AT, 2006, §7A, Rn. 1.
③ [德]汉斯·海因里希·耶塞克、托马斯·魏根特:《德国刑法教科书》(上),徐久生译,北京:中国法制出版社,2017年,第59页。
④ 参见许德风:《法教义学的应用》,《中外法学》2013年第5期;雷磊:《法教义学的基本立场》,《中外法学》2015年第1期;张翔:《形式法治与法教义学》,《法学研究》2012年第6期;冯军:《刑法教义学的立场和方法》,《中外法学》2014年第1期;张明楷:《也论刑法教义学的立场》,《中外法学》2014年第2期。
⑤ [德]乌尔弗里德·诺伊曼:《法律教义学在德国法文化中的意义》,郑永流译,郑永流主编:《法哲学与法社会学论丛》(五),北京:中国政法大学出版社,2002年,第16页。

各个部门法都有自己的教义学。在德国学者看来,刑法学的核心内容就是刑法教义学。[①] 在国内刑法学界,陈兴良教授最早正式阐述了"刑法教义学"的概念。在 2005 年的《刑法教义学方法论》一文中,他将刑法教义学定位为一种方法论,认为它包括刑法解释方法论、犯罪构成方法论、案件事实认定方法论以及刑法论证方法论等。文章明确提出:"刑法学可以分为不同的理论层次,既包括形而上的刑法哲学研究,又包括形而下的规范刑法学研究。在规范刑法学研究中,刑法教义学方法论之倡导十分必要。以往我们往往把规范刑法学等同于注释刑法学。实际上,规范刑法学在某种意义更应当是刑法教义学。"[②]刑法学主要是一门规范科学,对此并无异议。但是如何理解这种规范性研究?上面这段论述区分了两种对规范刑法学的不同理解。以往通常的理解是注释刑法学,而现在要引入一种新的理解即教义刑法学。

这一区分在其后几年间引发了巨大的争议:刑法注释学与刑法教义学之间到底有何区别?与之相关的问题是,刑法教义学与刑法解释学又有何关系?以往国内学者的研究工作,难道不算是一种刑法教义学吗?刑法教义学的说法,是否只是换个新名目而已?例如,陈瑞华教授对此提出批评:"对那种以法律规范为研究对象的方法,本来已经有'规范法学''法解释学'等现成的称谓,可一些学者却偏偏引入了源自德国的'法教义学'这一洋名词。"[③]董邦俊博士引述德国学者金德霍伊泽尔(Urs Kindhäuser)的观点,认为刑法教义学就是一门关于刑法解释的学问,可以将刑法解释看成是一个动态的过程,而刑法教义看成是一个静态结

---

① 参见[德]汉斯·海因里希·耶塞克、托马斯·魏根特:《德国刑法教科书》(上),徐久生译,北京:中国法制出版社,2017 年,第 59 页。
② 陈兴良:《刑法教义学方法论》,《法学研究》2005 年第 2 期。
③ 陈瑞华:《法学研究方法的若干反思》,《中外法学》2015 年第 1 期。

果,所以刑法教义学可以被定义为,"有条理的科学的刑法解释的结果"。① 上述观点并没有刻意区分刑法解释与刑法教义,似乎两种说法并无本质差异。如果从广义上去理解刑法解释,这种观点也有其道理。但是放在中国刑法理论发展的历史语境下,却无助于增进对相关争议的解惑。

刑法教义学与刑法注释学的区分,关乎学术方向,绝非无足轻重的概念游戏。注释研究的前提,是存在作为注释对象的法条文本。以往的刑法注释学,与狭义上的刑法解释学的意义接近,即以特定的文字作为解释对象,进而完成妥当解释的任务。这种研究的理想状态,主要是文义解释、历史解释、体系解释和目的解释等几种解释方法的娴熟且适当的运用。但是,刑法解释方法,只是法学方法论中的一部分;通过具体解释来寻求刑法条文本意,这也只是法教义学工作的一部分。按照耶林的说法,法教义学存在高低层次之分。在他看来,那种只能对法律材料提出解释、厘清矛盾的法教义学,仅仅拥有分析和逻辑体系化的方法,属于"较低层次法学";而能够使法律材料摆脱命令形式,在分析、逻辑抽象的基础上进行进一步自由塑造,采用建构方法形成独特的"法学身体"的生产性法教义学,属于"较高层次法学"。②

具体而言,刑法要想得到正确的理解和适用,往往需要很多比个别条文的解释本身更为复杂和基础的理论模型。例如,因果关系与客观归责、正犯与共犯的区分、不作为犯的保证人地位等等,这些问题在刑法典中找不到文字规定,因而不是依靠传统的几种解释方法能作出回答的。于是,由于学者们的创造性努力,设计出大量更加复杂的理论模型,它们

---

① 参见董邦俊:《教义学发展、功能与内涵之刑法学揭示》,《环球法律评论》2014年第4期。
② 转引自陈辉:《德国法教义学的结构与演变》,《环球法律评论》2017年第1期。

构成了法教义学中非常重要的一个组成部分。"这种理论和理论模式为现实中出现的具体问题,以及在解决这些问题中应当考虑的具有现实意义的法的价值和原则,能够提供一个充满理性、公正以及实用的答案。在这种情况下得出的答案,不但在各个事实关系中必须确立一个不能相互矛盾的子系统,而且与从其他子系统中得到的答案具有可兼容性。"①这些更为复杂的、不是由立法者规定而是由学者创造出来的理论和概念,利用逻辑力量与存在一定距离的法律文本构建起关联性,进而链接到法律适用中,与那些直面文本的解释工作一起,构成了法教义学的知识内容。

由此可见,真正的教义学的理论、概念和规则,必须能够在逻辑上被包含于其他效力已然被认可的规则之中。"这样形成的一种规则整体,其融合性是其自身的保证。这一过程是一种无穷尽的相互调适、完整化与排除的过程,以便于产生一个自我包容的体系。"②立法者创制了法律规定,学者在法律框架和脉络的基础上,发展出理论和概念,而这些理论和概念与法律之间具有或直接显明或曲径通幽的逻辑关联;与这些理论和概念之间的矛盾,就可能会在逻辑上导出与法律相冲突的结果。正是因为这种逻辑关联性,使得理论与法律血肉交融成为一体。就如同缠绕在树木上的藤蔓一样,法教义学与实定法之间形成了一种独特的共生关系,也因而具有了适用并指导司法实践的正当性和权威性。

这里再用一个比喻来对这种教义学方法的运用加以形象化:一个运用法教义学方法的学者,经常会站在一个缺乏法条的地方,向远处的某

---

① [德]沃尔福冈·弗里希:《法教义学对刑法发展的意义》,赵书鸿译,《比较法研究》2012年第1期。
② [德]赫尔曼·康特洛维茨:《为法学而斗争 法的定义》,雷磊译,北京:中国法制出版社,2011年,第98页。

个法条扔去绳索,套在那法条上,从而让自己的观点与那法条之间建立起一种逻辑关联。于是,赞成或反对自己的观点,经过这逻辑绳索的传递,最后就变成了是赞成或反对法条。这样一来,自己的观点就与法条之间形成了一种逻辑共生关系,分享了实定法的权威性,从而可以运用这个观点去解决法律没有明文规定的问题。在这个意义上,法教义学规则的权威性或约束力,归根结底是来自于实定法。

这种掷绳索套法条的功夫,就是法教义学的方法。谁掷得巧妙,谁套得准,谁的绳结打得牢,谁的逻辑绳索更结实,谁的理论观点就更有说服力,从而在各种理论竞争中胜出,逐渐得到判例认可,最终成为"通说"。[①] 而一旦形成被普遍认可的通说,就相当于"类法律"的权威性规则,又可以成为其他绳索套取的对象。由此一来,理论与法条之间,理论与理论之间,法条与法条之间,通过各种大大小小、长短不一、或显或隐的逻辑绳索相互链接,从而形成一个密密麻麻、多个层级的逻辑网络,这就是法教义学的知识体系。这个网络越是复杂精细,越是四通八达,解决问题的能力就越强。将一个具体问题扔进去,总是可以找到适当的解决方案,就像一个人被高度发达的轨道交通网运送到目的地一样。

综上可知,从刑法注释学(或狭义上的刑法解释学)向刑法教义学的转变,在方法论层面上,意味着超越法条注释,创造法理概念,从而丰富法之形态,拓展法之范围。在研究方法上,法教义学以法律文本为出发点,它包括狭义上的解释,但是不止于解释。在没有法律明文规定之处,它更加依靠学者创造的能够在逻辑上被包含于法律规定之中的概念和

---

① 关于法教义学上的"通说",相关研究可参见庄加园:《教义学视角下私法领域的德国通说》,《北大法律评论》第12卷第2辑,北京:北京大学出版社,2011年,第330页;黄卉:《论法学通说(又名:法条主义者宣言)》,《北大法律评论》第12卷第2辑,北京:北京大学出版社,2011年,第381页。

理论。法教义学始于对法律概念的逻辑分析,再将这种分析概括成为一个体系,还要将这种分析的结果用于司法裁判的证立。① "它通过与现行法的关联和自己的方法,区别于刑法史学、比较刑法学和刑事政策学。"②

二、历史与现实:以阶层犯罪论为例的考察

上文从一般性和普遍性的层面,讨论了法教义学的立场与方法。这为评价我国刑法理论的发展,树立了一个知识论上的标尺。只有对法教义学有了深切理解,才会感受到,当学术开放的大门打开之后,域外教义学知识对我国传统刑法理论造成的冲击。

(一) 学术开放与域外教义学知识的引入

学术开放对中国刑法学的第一轮冲击,促成了中国近代刑法学的发轫,这以清末沈家本主持的法律改革为契机。在此以前,中华法系绵延数千年,至公元 7 世纪《唐律》而达致成熟,此后《宋刑统》《明大诰》《大清律》一脉相传,其律均以刑法内容为主,世称刑律。中国古代以刑律为研究对象,形成了律学。因此,律学是中国古代的刑法学。③ 中华法系的刑律制度和律学研究,孵化了丰富的刑法思想并对周边诸国产生深远影响,但其旨趣与抱负,却与近代以来发轫于西方的"法律科学"大相径庭。精于条文注疏而疏于理论体系的建构,是律学的总体特点;具有内在逻辑的一般性理论模型,并不是其学术追求的目标。在遭遇晚清变法修律

---

① 参见[德]罗伯特·阿列克西:《法律论证理论——作为法律证立理论的理性论辩理论》,舒国滢译,北京:中国法制出版社,2002 年,第 314 页。
② Roxin, Strafrecht AT, 2006, §7A, Rn. 1.
③ 参见陈兴良:《刑法学:向死而生》,《法律科学》2010 年第 1 期。

与新文化运动的双重冲击之后,中华法系传统中断,律学研究随之覆灭。①

1902年清廷颁诏修法。② 晚清至民国期间,中国"以日为师",③近代刑法学由此发端。日本刑法学又深受欧陆刑法学的影响,由是观之,近学日本、远学德国,中国近代刑法及刑法学的起始方向,可归入大陆法系国家之列。④ 1949年中华人民共和国成立之后,国民党政府的"六法全书"被废除。晚清民国时期累积起来的"旧法"及其理论,遭到从形式到内容的彻底清算。破旧之后的立新,则走上了一条"以苏为师"的路子。这期间各类"运动"导致立法和法学停滞,未有建树,直到"文化大革命"结束,法制建设才得到重视。1979年《刑法》颁布后,刑法学研究复苏。1982年,高铭暄教授主编的《刑法学》出版,该书参照苏联刑法学的理论框架,建立起以四要件犯罪构成理论为核心的刑法学体系,为之后各种文献所沿用,成为中国刑法学界的通说。

经过了近20年的繁荣生衍,以苏联刑法学为基底的中国刑法理论,逐渐显示出知识见底、前行乏力的症状。主要原因是作为理论源头的苏联刑法理论供给不足。陈兴良教授认为:"在苏俄刑法学中,存在以政治话语代替法理判断的缺陷,是一种学术水平较低的刑法学,也是一种教

---

① 陈兴良教授指出:"律学对语言的依附性的特点,一方面使它具有应用性,另一方面也使它受到律文、甚至语言的桎梏。一旦语言发生重大变更,则律学赖以依存的基础全然丧失,从而导致律学的消亡。而律文与语言的翻天覆地变化,在清末同时出现,此乃我国三千年未有之变局。"陈兴良:《刑法学:向死而生》,《法律科学》2010年第1期。
② 1903年清政府成立修订法律馆,沈家本、伍廷芳出任修订法律大臣。
③ 学习形式包括:大规模翻译日本法典和著作,派员到日本学习和考察法制,聘请日本学者为修律顾问。
④ "正是通过民国时期刑法学家的引进、介绍和发展大陆法系刑法制度和刑法学说,中国现代刑法学的体系才初步形成,并在许多刑法学基本理论问题的研究上取得了相当的成就。"梁根林、何慧新:《二十世纪的中国刑法学(上)》,《中外法学》1999年第2期。

义含量较低的刑法学,不法理论、责任主义、刑罚学说都停留在对法律规定的诠释上,没有达到法理程度。"①此外,相对封闭的学术环境必然会压抑理论创新。尽管刑法规定具有本土性,但是刑法学知识作为一种知识形态,与其他学科的知识一样,不可能长期在封闭的环境中成长。只有海纳百川地吸收各种知识来源,才能避免刑法理论从最初的生机勃勃走向暮气沉沉。这种局面在1997年《刑法》修订特别是2000年之后,发生显著改变。在陈兴良、张明楷、周光权等学者的大力推动下,德日知识又一次大规模进入中国,学术开放的格局初步形成。赴德日留学人员逐渐增多,德日刑法著作被大规模翻译引入,中德、中日的学术交流日益频繁,一些主题具有浓厚德日理论色彩的学术研讨会陆续召开。隔了百年之后,中国刑法学重新接续上了民国时期的知识传统。

新时期的学术开放不再担负强国使命,而是基于学术立场在理论优劣比较之后的引入。从这个意义上说,所谓"终点又回到起点",不是无奈的回头,而是一种"否定之否定";所谓"未竟的循环",也不是简单的重复,而是一种螺旋式的上升。刑法学界以未曾有过的开放姿态,快速地吸收着来自世界各国的刑法知识。中国刑法学原本单一的知识结构发生了潜移默化的改变。特别是德日法教义学知识被大量引入,成为中国刑法理论新一轮发展的引擎和动力。

回望我国刑法理论晚近40年的演进过程,这种感受尤其强烈。在1979年《刑法》颁布之初,学界主要针对刑法条文进行注释,并在此基础上逐渐展开刑法的理论研究。一方面,确立了以法律解释为中心的研究径路,但另一方面,对法律的解释处在较为浅显的注释性的阶段,尚不能称之为适格的刑法教义学。在1997年《刑法》修订之前,学界的主流研

---

① 陈兴良:《刑法学:向死而生》,《法律科学》2010年第1期。

究风气是以修改刑法为主题的刑法理论研究。这种研究具有立法论的性质,是以刑法的发展完善为宗旨而不以刑法适用的司法论为追求。"从1988年至1997年,在这将近十年的时间内,我国刑法理论都是以刑法修订为中心而展开的。这个时期我国出版的刑法著作和发表的刑法论文大多数都属于立法论方面的研究成果,在这种情况下,刑法教义学在我国刑法学界还没有足够的生长空间。"[1]直到1997年《刑法》颁布之后,学界的主流研究范式又开始逐渐从立法论切换到解释论的轨道。可以说,刑法教义学在我国的发轫,是在1997年《刑法》面世后才真正开始。

在此过程中,关于罪刑法定原则与社会危害性的一系列研究,[2]对于确立罪刑法定原则在解释论研究中的基石地位,起到了重要的理论指引作用。这对我国刑法教义学的发展所带来的影响是不可估量的。

正如陈兴良教授所指出的,刑法教义学的发展程度与罪刑法定原则之间具有密切关联性。其一,罪刑法定原则为刑法教义学发展提供了价值标准。罪刑法定原则彰显的人权保障功能就对刑法教义学具有重大的制约性。它不仅是现代刑法的精髓与灵魂,而且也是刑法教义学的内在生命。其二,罪刑法定原则确立了刑法教义学发展的逻辑前提。在罪刑法定原则之下,现行刑法就成为建构刑法教义学的前提,而刑法学术研究就是在此前提下展开的逻辑推理。这就决定了刑法教义学受到现行有效法律的约束,不能随意对实定刑法进行批评,而只能在实定刑法

---

[1] 陈兴良:《刑法教义学的发展脉络——纪念1997年刑法颁布二十周年》,《政治与法律》2017年第3期。
[2] 参见樊文:《罪刑法定与社会危害性的冲突——兼论新刑法第13条关于犯罪的概念》,《法律科学》1998年第1期;陈兴良:《社会危害性理论:一个反思性检讨》,《法学研究》2000年第1期;陈兴良:《社会危害性理论:进一步的批判性清理》,《中国法学》2006年第4期。

的基础上进行有效解释,从中引申出教义规则。因此,刑法教义学是背靠刑法典而面对司法实践的一种司法论的知识体系,与以批评刑法、完善刑法为宗旨的立法论的理论范式是截然有别的。其三,罪刑法定原则勘定了刑法教义学的知识边界。在罪刑法定原则的制约下,刑法解释受到一定的限制。刑法教义学不能任意地延展,特别是禁止类推解释成为十分重要的限制,也是不可突破的边界。①

应当说,上述关于罪刑法定原则与刑法教义学之关系的阐述是十分深刻的。特别是在阶层犯罪论体系之中,对于刑法各论研究而言,每一个法律条文的解释和适用,都始于构成要件阶层。透过构成要件所追求的一般预防的目的,是以法律的明确规定为前提条件的。因此,刑法教义学在构成要件阶层的展开,始终处于一般预防与罪刑法定原则的紧张关系之中。② 罪刑法定原则通过立法技术落实为具体明确的法律规定,这为刑法教义学的发展提供了舞台,也设置了舞台的边界。

从实际情况来看,尽管有了发展的舞台条件,但是在1997年之后的一段时期内,传统刑法理论仍然徘徊在较低的学术层次上,并没有真正走上刑法教义学之路。这种低水平徘徊,可以分为非教义学化与教义学化程度较低两种情况。所谓非教义学化,是指立法论与解释论的混淆,超规范与反逻辑的思维时有发生的情形。而教义学化程度较低,是指我国刑法知识上缺乏内在统一的理论体系。苏俄的刑法学话语还占有重要的地位,各种刑法知识相互隔阂。无论是刑法总论还是刑法各论,教义学化程度都严重不足。③ 上述论断,分别从与解释论的立场相悖和方

---

① 参见陈兴良:《刑法教义学的发展脉络——纪念1997年刑法颁布二十周年》,《政治与法律》2017年第3期。
② Roxin, Strafrecht AT, 2006, §7, Rn. 56.
③ 参见陈兴良:《刑法的知识转型(学术史)》,北京:中国人民大学出版社,2012年,第7页。

法运用不足两个方面,指出了传统刑法理论与法教义学之间的距离。这是在对法教义学有了全面把握之后,以其作为标准来衡量我国刑法理论,进行深度把脉后得出的结论。这一诊断切中了传统刑法理论的弊端。针对这一病灶的对症下药,就是刑法知识的教义学化。"就我国的刑法知识转型而言,基本路径就是走向教义学的刑法学,即刑法知识的教义学化。……如果说,去苏俄化是对我国刑法知识的一种批判性思考,那么,教义学化就是对我国刑法知识的一种建设性思考。"[①]

(二)犯罪论体系之争:教义学的攻坚战

刑法学中各个具体问题的教义化程度,与整个刑法知识体系的内部结构关系密切。其中,作为刑法体系最核心的结构,即犯罪构成理论,对刑法理论的教义化发展起到至关重要的制约作用。简言之,不同的犯罪论体系决定了刑法教义学研究的不同面相。而犯罪论体系,就是学术大开放格局中最不易撼动的一块禁区。

在 2000 年之后,随着学术对外开放的大门完全打开,在中国刑法理论格局中,苏俄刑法学知识与德日刑法学知识存在一种消长趋势:苏俄刑法学的影响日益萎缩,德日刑法学知识的影响逐日隆盛。但是,中国刑法学整体上仍然笼罩在苏联刑法学的阴影之下。为何在已经形成开放局面的情况下,与其他早已摆脱苏联法学影响的部门法学相比,刑法学始终难以从苏联刑法学的桎梏中解脱呢? 陈兴良教授提出了发人深思的问题,并给出了回答。在他眼中,中国刑法学整体上仍然笼罩在苏联刑法学的阴影之下无法走出,问题的关键在于犯罪论体系。"我国刑法学目前仍然采用苏联刑法学中的犯罪构成理论,而犯罪构成理论是整个刑法学知识的基本架构。因此,如欲摆脱苏联刑法学的束缚,非将目

[①] 陈兴良:《刑法的知识转型(学术史)》,北京:中国人民大学出版社,2012年,第 2 页。

前的犯罪构成理论废弃不用而不能达致。"[1]

中国刑法理论通说的"四要件"包括四个方面:犯罪客体、犯罪主体、主观方面和客观方面。在20世纪50年代,中国刑法学以苏联为师,引入了这套犯罪构成理论;在20世纪80年代后期法制建设恢复之后,在高铭暄教授主编的教科书中正式地确立了"通说"的地位,也被司法实践广泛接受,在理论和实务中都占据了主导地位。在此过程中,尽管包括何秉松教授在内的一些学者对四要件理论提出过质疑,[2]但由于缺乏系统性和深厚的法理支撑,并未形成真正的挑战。这些挑战都是零星的、不成气候的,并没有形成对"四要件说"的真正威胁。因此,直到20世纪末,"苏联犯罪构成体系仍然统治着我国刑法学",四要件说仍然是绝大多数刑法学教科书在编撰"犯罪构成"一节时理所当然采纳的通说。

但是,站在理论的立场上进行审查,四要件说的教义化水平不能令人满意。尽管从基本要素来看,认定犯罪通常需要具备的行为、结果、因果关系、故意过失以及责任能力等等,都在四要件理论中得到体现。但是,应当以何种逻辑结构将这些要素有机地联结起来,司法者在认定犯罪时,又应该以什么样的思维模式和顺序去考虑这些要素,四要件理论对此基本上是沉默的,或者说,仅仅给出了一些随意性较大的说明。这种理论模式可以被称为一种"要素集合"式的犯罪构成理论。与之相反,目前在德日等大陆法系国家普遍采用的阶层理论,则将上述各种要素整合成具有逻辑相关性的基本范畴,并确立出逻辑始项、逻辑基项和逻辑

---

[1] 陈兴良:《刑法知识的去苏俄化》,《政法论坛》2006年第5期。周光权也指出:"使中国刑法学陷入失语状态的,主要就是犯罪构成理论体系问题。"周光权:《无声的中国刑法学》,《清华法治论衡》2005年第1期。
[2] 对苏联犯罪构成理论的反思始于1986年,以何秉松教授发表在《法学研究》1986年第1期上的《建立具有中国特色的犯罪构成新体系》一文为标志。进一步的展开,可参见何秉松:《犯罪构成系统论》,北京:中国法制出版社,1995年。

终项，按照一定的顺序和阶层去构建体系，在认定犯罪时具有步骤性和历时性的特点。在这种阶层理论内部，构成要件阶层、违法性阶层与责任阶层之间，形成了明确的位阶关系，[①]后一个阶层以前一个阶层的认定为前提条件，"第二步永远不能先于第一步"，因而可以被称之为一种"位阶体系"。

四要件理论与三阶层理论之间的教义学区别，主要表现在体系化程度上的差异。例如，四要件理论在基本概念上是缺位的。四要件理论中的主观方面、客观方面、主体以及客体的要件，已经位于逻辑结构的最高层，在它们上面不存在更高级的概念。但是，这些概念仅仅停留在对下位的具体要素的集合性记叙，其抽象程度还处于一种很浅的层次，并没有显示出一种经过整合后的功能增量。因此，无论名义上叫要素还是叫要件，这四个要件在规格和功能上都没有达到基本概念的要求，没有超出原始概念和普遍概念的限度和范围。相反，阶层理论中诸如责任或构成要件这样的概念，不仅仅是对行为人主观情况或客观情况的事实性概括，而是具有规范性和价值判断的功能，且在这种功能的指引下，可以不断地将下位要素吸纳整合，使得理论保持一种常新的开放性。同时，由于这些概念的价值内涵，使得不法与责任之间，构成要件与违法性之间，形成了一种不能随意改变的逻辑关系（存在没有责任的不法，不存在没有不法的责任）。这样的概念，就具备了成为体系基石性范畴的基本概念的资质。而欠缺这种基本概念的四要件理论，不仅在解释力和包容度方面匮乏，而且在整个理论上也缺乏内在的逻辑统一性。

再如，四要件耦合式的逻辑结构，存在难以克服的缺陷。这主要表

[①] 关于犯罪论体系内部的位阶关系的最新阐述，可参见陈兴良：《刑法阶层理论：三阶层与四要件的对比性考察》，《清华法学》2017年第5期。

现在概念之间缺少推导性。一个体系化程度高的理论,内部的各个概念之间具有一种可以相互推演的性质。概念自身有严格准确的定义,同时又与其他概念保持逻辑关联。由此决定了,每个概念在体系中的地位不是任意排放的,而是存在相互的制约,固定在体系的特定环节之上。这样一来,体系内部才可能形成逻辑的内力。而四要件理论的几个要件之间,恰恰缺少这样一种推导性,相互间不能够实现合乎逻辑的过渡。而且,四个要件很难说谁是明确的逻辑始项,属于一个不确定"从哪里开始"的理论。相比而言,在三阶层理论中,构成要件该当性被当作构造理论的逻辑始项,整个判断犯罪的过程正是以行为是否符合构成要件为起点来展开的,在构成要件之后,才继续进行违法和责任的检验。构成要件该当性、违法性与有责性之间,有着紧密的推导关系和确定的环节,这种次序具有内在的逻辑联系,不能任意颠倒。

  刑法理论成熟的重要标志就是体系化。① "刑法总论的教义学化,要求采用体系性的思考方法。体系性思考是以存在一个体系为前提的,没有体系,也就没有体系性思考。"② 而上述对比恰恰说明,四要件理论在体系化程度方面,与阶层理论存在较大距离。四个要件之间缺乏内在的逻辑联系,欠缺明确的逻辑始项,彼此之间没有明显的逻辑层次,基本概念之间未能形成内在的递进或推导的关系,而是以一种平面耦合的方式拼合在一起。要言之,整个理论缺乏内在的逻辑统一性。一般认为,理论体系的建构需要两个阶段:在第一阶段,主要是对基本要素的提炼和归纳;在第二阶段,则是将各个要素按照一定的认知规律或逻辑方法

---

① 如德国学者李斯特所言:"只有将体系中的知识系统化,才能保证有一个站得住脚的统一的学说,否则,法律的运用只能停留在半瓶醋的水平上。它总是由偶然因素和专断所左右。"[德]李斯特:《德国刑法教科书》,徐久生译,北京:法律出版社,2000年,第2页。
② 陈兴良:《刑法的知识转型(学术史)》,北京:中国人民大学出版社,2012年,第8页。

联结起来，形成体系。犯罪论体系的理论建构也是如此。四要件犯罪构成理论尚未走出体系构建的第一阶段，仍然停留在"要素集合"的水平上。相比之下，阶层犯罪论体系则在体系化的道路上更进一步，属于四要件理论的升级和进阶。而四要件理论的体系化程度不足，也必然影响到整个刑法理论的教义化水平，也制约着处于这个理论之内的各层级概念的发展。

基于上述原因，在学术开放的大背景下，近年来一些学者从不同角度对四要件理论提出了批评和挑战。与以往不同的是，这一轮的批评，吸收了或依托于德日三阶层犯罪论体系作为批判武器。在这套发展业已百年、相对比较成熟的阶层犯罪论体系的支撑下，新的挑战显得更为厚实和有力。挑战者或是访学过海外，轻装上阵的新生代，或是脱胎于传统，但又不满于现状的中坚力量。

例如，陈兴良教授主编的《刑法学》（复旦大学出版社，2003年）一书，是学者们引入三阶层犯罪论体系的集体努力。此前，学界往往在专著、论文或教科书某个章节中讨论或介绍德日的三阶层理论。如陈兴良教授所言，在当时的语境中，三阶层的犯罪论体系是被当做"他者"看待的，是一种理论的对立物或者对应物，主要在外国刑法学或者比较刑法学中加以讨论。但是，这本复旦版的《刑法学》教科书，直接采用了三阶层理论作为整个刑法总论和分论的基本构架，是在三阶层的体系之内，安排和讨论总论中的各个概念以及分论中的具体问题。这就不再是把三阶层犯罪论体系当做一个作为外国刑法学知识的"他者"，而是直接将其视作中国刑法学知识的一部分，甚至作为整个刑法学知识表述的基本平台。这一大胆引入的意义如何评估也不为过。"三阶层犯罪论体系进入我国刑法教科书，使得刑法教科书中的犯罪论体系可以采取不同模式，从而促进了不同的犯罪论体系之间的竞争，也进一步普及了三阶层犯罪论体系,为其中国化提供了可能。"①

当然,阶层犯罪论体系的引入,也遭遇了强大的反对力量。以三阶层理论进入 2009 年的国家司法考试大纲中引起的巨大反响为契机,刑法学界围绕着犯罪论体系展开了激烈的论战。例如,赵秉志教授主编的《刑法论丛》专门设立"犯罪构成理论专栏",对犯罪论体系问题进行专题研讨。专栏的编者按指出:"2009 年 5 月,德日三阶层犯罪论体系被贸然纳入国家司法考试大纲,这在刑法理论与实务界引起了轩然大波,同时亦使犯罪构成理论之争再次成为学界关注的焦点。因为这一问题不仅事关刑法理论的核心与基础,亦直接决定中国刑法学发展的未来走向。"②该专栏刊登了《对主张以三阶层犯罪成立体系取代我国通行犯罪构成理论者的回应》(高铭暄)、《简评三阶层犯罪论体系》(马克昌)、《中国犯罪构成理论的发展历程与未来走向》(赵秉志、王志祥)等六篇论文,表明了对四要件理论的维护立场,以及对阶层犯罪论体系的批评。

此外,作为四要件理论的奠基人,高铭暄教授在《中国法学》专门撰文指出,四要件犯罪构成理论逻辑严密,契合认识规律,符合犯罪本质特征。与德日三阶层犯罪论体系相比,相对稳定,适合中国诉讼模式,具有比较优势。因此应当得到坚持。③ 赵秉志教授在坚持维护四要件基本结构的前提下,提出了调整要件间顺序的一个内部方案。他认为四要件的逻辑顺序存在两种排列方式:若以认定犯罪的过程为标准,则顺序应为"犯罪客观要件—犯罪主体要件—犯罪主观要件—犯罪客体要件";若

---

① 陈兴良:《刑法教义学的发展脉络——纪念 1997 年刑法颁布二十周年》,《政治与法律》2017 年第 3 期。
② 赵秉志主编:《刑法论丛》第 19 卷,北京:法律出版社,2009 年,第 1 页。
③ 参见高铭暄:《论四要件犯罪构成理论的合理性暨对中国刑法学体系的坚持》,《中国法学》2009 年第 2 期。

以行为自身形成过程为依据，则顺序应为"犯罪主体要件—犯罪主观要件—犯罪客观要件—犯罪客体要件"。在赵秉志教授看来，这两种排列顺序基于不同标准，从不同角度、不同方面揭示了犯罪构成诸要件之间的逻辑关系，具有不同的功用，不能彼此替代。① 黎宏教授认为，四要件理论的确存在缺陷，但没有必要推翻重构。"我国犯罪构成体系并非被抨击的那样一无是处，而为重构论者所推崇的德日犯罪判断体系同样存在着前后冲突、现状和初衷背离、唯体系论等弊端。我国犯罪构成体系所存在的犯罪构成要件之间的关系不明、根据犯罪构成所得出的犯罪概念单一等问题，可以通过贯彻客观优先的阶层递进观念以及树立不同意义的犯罪概念的方法加以解决。"②

应当说，上述关于四要件理论应当维持或改良的声音，目前在刑法学界仍然占有相当比重的话语权和影响力。除了高铭暄教授与马克昌教授主编的《刑法学》③之外，从国内学界的教科书体例来看，四要件犯罪构成理论仍然占据着"多数说"的地位。例如，赵秉志教授主编的《刑法新教程》④、阮齐林教授独著的《刑法学》⑤、冯军教授和肖中华教授主编的《刑法总论》⑥、贾宇教授主编的《刑法学》⑦、齐文远教授主编的《刑法学》⑧、刘宪权教授主编的《刑法学》⑨、孙国祥教授主编的《刑法学》⑩等

---

① 参见赵秉志：《论犯罪构成要件的逻辑顺序》，《政法论坛》2003年第6期。
② 黎宏：《我国犯罪构成体系不必重构》，《法学研究》2006年第1期。
③ 高铭暄、马克昌主编：《刑法学》，北京：北京大学出版社，2016年，第53页。
④ 赵秉志主编：《刑法新教程》，北京：中国人民大学出版社，2012年，第65页。
⑤ 阮齐林：《刑法学》，北京：中国政法大学出版社，2011年，第71页。
⑥ 冯军、肖中华主编：《刑法总论》，北京：中国人民大学出版社，2016年，第139页。
⑦ 贾宇主编：《刑法学》，北京：中国政法大学出版社，2017年，第67页。
⑧ 齐文远主编：《刑法学》，北京：北京大学出版社，2016年，第62页。
⑨ 刘宪权主编：《刑法学》，上海：上海人民出版社，2016年，第89页。
⑩ 孙国祥主编：《刑法学》，北京：科学出版社，2012年，第52页。

等,均采取了四要件犯罪构成理论。①

与之相对,陈兴良教授、张明楷教授、周光权教授、李立众教授、付立庆教授等学者,则完全站在了批判四要件理论、引入阶层犯罪论体系的立场上。陈兴良教授、张明楷教授关于犯罪论体系的系列论文,②以及周光权教授、李立众教授和付立庆教授关于犯罪论体系的专著,③代表了阶层犯罪论体系的主张者的基本观点。其中,陈兴良教授关于犯罪论体系位阶性的论述,张明楷教授关于违法与责任作为犯罪论体系支柱的基础理论的论述,周光权教授、付立庆教授和李立众教授关于犯罪论体系的比较和改造的系统研究,从不同的角度和层面,阐述了传统四要件理论的缺陷,论证了阶层犯罪论体系的优点,对于阶层犯罪论体系在中国的引入、传播和扩散,作出了各自独特的理论贡献。

犯罪论体系的四要件与三阶层之争,是晚近20年中国刑法学史上的最重要事件。这场学术争论的意义,甚至超越了哪一种理论更值得选择这一问题本身。它意味着,一种外来理论可以因为其学术优势,而在传统话语场域中获得"学术合法性"。一般而言,一项制度(或政策)的优劣,需要通过实践效果来加以检验,得出是否有必要废改该制度的结论。但是,犯罪论体系不是一种制度安排,更不是基本国策,因此不能用"制

---

① 其中值得注意的是,赵秉志教授主编的《刑法新教程》,调整了四要件的顺序,采取的是"犯罪主体—犯罪主观方面—犯罪客观方面—犯罪客体"的排列次序。
② 参见陈兴良:《犯罪论体系的位阶性研究》,《法学研究》2010年第4期;陈兴良:《转型中的中国犯罪论体系》,《现代法学》2014年第1期;陈兴良:《刑法学:向死而生》,《法律科学》2010年第1期;张明楷:《以违法与责任为支柱建构犯罪论体系》,《现代法学》2009年第6期;张明楷:《构建犯罪论体系的方法论》,《中外法学》2010年第1期;张明楷:《犯罪论体系的思考》,《政法论坛》2003年第6期。
③ 参见周光权:《犯罪论体系的改造》,北京:中国法制出版社,2009年;李立众:《犯罪成立理论研究》,北京:法律出版社,2006年;付立庆:《犯罪构成理论:比较研究与路径选择》,北京:法律出版社,2010年。

度(政策)运行良好没有出大错也就不需要改变"这样的思维,来论证某一种学说的理论优势。无论是三阶层还是四要件,都从来没有被明确规定在刑法典之中,而仅仅是一种学术理论。学者不是政治家,既不可能"制定"也不可能"废除",而只能是创造、主张、支持或反对某一项理论。如果把犯罪论体系制度化或政策化,则是政治性思考入侵学术领域的表现,是对刑法教义学的学术属性和刑法学者的职业属性的一种误会。

回看历史,任何重大学术成就的取得,关键的问题是争鸣,而不是简单的取代。即使最后出现取代的结果,也只是一个优胜劣汰的自然结果,而不应当是人为的命令。这里需要呼唤的,是一个百家争鸣的春秋时代:既排斥秦朝的专用法家,也反对汉代的独尊儒术。因为在这两种情况下,法家和儒术都已经不再是一种学问,而是统治者的专制工具。学者首先需要纠正的,就是在学术上非此即彼、你死我活的心态。无论是支持还是反对,都应当在一个允许百家争鸣的学术市场中,采用平等说理、自由竞争的方式进行,坦然地接受成为"通说"或者"少数说"的命运。即使在四要件理论维持者的眼中,犯罪论体系之争也被赋予学术属性,即争论的目的,是"为了强化基础理论研究,在纯粹学术层面使真理越辩越明"[①]。要言之,基于学术立场而非政治立场,是评价四要件与三阶层之争的正确打开方式。

随着教科书体例逐渐多元化,四要件理论一统天下的格局已经被打破了。人们逐渐认识到并开始接受,犯罪论体系没有对错之分,更没有是非之分,只是理论上的学术竞争而已。正如日本学者平野龙一教授所言:"犯罪论体系的主要功效是整理法官的思考方法,其作为统制法官判断的手段而存在。显然,并不存在唯一'准确'的体系。在某些场合,用

[①] 赵秉志主编:《刑法论丛》第19卷,北京:法律出版社,2009年,第1页。

不同的体系看问题,反而能够揭示事物的不同侧面。"①所以,犯罪论体系仅仅是服务于刑法解释和适用的一种工具性理论,刑法教科书可以有多种写法,犯罪论体系也存在多元模式。以德国为例,历史上长期并存着古典犯罪论体系、新古典犯罪论体系和目的论犯罪论体系。对此,德国学者耶塞克教授认为:"每一种体系都得从其精神史根源和前一阶段人们通过学术体系的重建而加以改造和克服的计划的联系中去解释。因为没有哪一种理论试图完全取代另一种理论,时至今日所有三种犯罪概念的体系思想仍然并列存在。"②习惯了只有四要件理论一枝独秀的中国刑法学界,正是要改变以往"犯罪论体系只能有一种"的思维惯性,如周光权教授所呼吁的,应当容许不同犯罪论体系并存和对抗。"每一个中国刑法学者都必须要有足够宽广的胸怀,要有接受多种犯罪论体系在中国刑法学中并行不悖、'长期共存'的思想准备。"③

概言之,打破理论禁区,远离非学术话语的压制,让学术争论脱敏,在最核心的刑法问题上形成平等自由、百家争鸣的学术氛围,是犯罪论体系之争值得纪念的学术史意义。

如今,经过学者们的不懈努力,阶层犯罪论体系已经不再是"他者",而是作为我国刑法教义学发展的组成部分,正式进入到刑法学界学术讨论的话语场域,具有了在中国刑法语境下活动的学术身份,或者说"学术合法性"。"这场学术论战(按:四要件与三阶层之争)如同在传统四要件的阵营中打开了一个缺口,后续的学术研究按照三阶层指引的路径向前展开。可以说,这是一场改变了学术发展方向的论战。此后,对三阶层

---

① 转引自周光权:《犯罪论体系的改造》,北京:中国法制出版社,2009年,第9页。
② [德]汉斯·海因里希·耶赛克、托马斯·魏根特:《德国刑法教科书》(上),徐久生译,北京:中国法制出版社,2017年,第276页。
③ 周光权:《犯罪论体系的改造》,北京:中国法制出版社,2009年,第10页。

的犯罪论体系的研究不断深入,例如构成要件理论、客观归责理论、违法性理论、责任理论、期待可能性理论等都成为我国学者在讨论刑法问题的时候不可或缺的分析工具。"①在不同的犯罪论体系中,各个概念的研究角度、层次甚至地位都存在差异。近年来得到深入研究的一些问题,包括构成要件阶层的客观归责理论、违法性阶层的被害人同意理论以及责任阶层的违法性认识错误理论等等,都是在三阶层的体系框架之内展开的。这些具体的范畴和概念的构建,能够在一个深入的方向上探索下去,皆获益于阶层犯罪论体系在中国刑法学语境中的"学术合法性"的确立。

综上,刑法理论的深入发展,包括各种层级的教义学概念的日益丰富,与犯罪论体系挣脱单一模式的束缚,在学术自由的氛围中多元化发展密不可分。这是理解当代中国刑法知识转型的重要维度。

(三)阶层犯罪论的本土化探索

任何针对传统的变革都会带来反弹,以及对未来的困惑。在学术开放的大门彻底打开,学术自由的空气日益浓厚,德日刑法知识大规模引入之后,作为刑法理论根基的犯罪论体系也终于遭遇严峻挑战。面对国外刑法理论全方位的进入,一种学术自主的情绪在学界蔓延开来。人们从不同的角度理解和实践着中国刑法学者的主体意识,由此深刻地影响着刑法理论在晚近十余年中错综复杂的沟壑形态。

关于犯罪论体系的争论,一个重要的角度就是对拿来主义的态度,即中国刑法学的自主性问题。明确反对引入德日阶层犯罪论体系的理由之一,就是认为传统的刑法理论已经在中国扎根,不能盲目学习国外,妄自菲薄,最多只需要做些局部改良即可。例如,高铭暄教授认为,来源

---

① 陈兴良:《刑法教义学的发展脉络——纪念1997年刑法颁布二十周年》,《政治与法律》2017年第3期。

于苏联的四要件理论是"一种历史性的选择",也"经受住了历史的考验","以四要件犯罪构成理论为核心的中国刑法学体系早已建立数十年,深入人心","强行掐断已经生机勃勃的中国刑法学,再移植进一个完全没有生存土壤的德日犯罪论体系",属于"舍本逐末"。① 冯亚东教授认为,中德两国的刑法典规定存在诸多差异,决定了不可能采用同样的犯罪论体系。② 黎宏教授认为:"我国现有的犯罪构成体系并不像批判者们所说的那样糟糕,而被拿来主义者们所顶礼膜拜的德日犯罪判断体系也不是想象的那么美好。我国的犯罪构成体系存在一些问题,但这并不是其与生俱来、不可克服的顽疾,完全可以通过改良加以消除。"③

有的学者承认传统的四要件理论存在弊端甚至应当放弃,但对于是否再引入一个新的外来的理论体系,也充满疑惑和警惕,而是主张中国学者应当创造自己的理论体系。例如,杨兴培教授提出:"在众多的方案当中,却让人看到了、听到了并能够感觉到了一种悲伤,即对于犯罪构成理论,中国好像除了要么选择这一套犯罪构成的理论体系,要么模仿那一套犯罪构成的理论体系外,自己在这个问题上注定是无所作为,是无法构建自己应有的理论体系的。……我们既没有必要闭门造车,拒他人于千里之外,也没有必要妄自菲薄,以为只有采用域外某一种犯罪构成模式才是刑法的唯一正道。"④ 对于中国学者自己创造和构建新的犯罪论体系,杨兴培教授充满信心。"我们中国刑法学完全可以在借鉴和吸

---

① 高铭暄:《论四要件犯罪构成理论的合理性暨对中国刑法学体系的坚持》,《中国法学》2009年第2期。
② "中国刑法典中单一样态主客观相统一的犯罪,决定了犯罪论体系毋须采阶层式构造而只须在既定的四要件体系的基础上,切实理解并诚心接受德国理论分析犯罪'从客观到主观'的路径模式。"冯亚东:《刑法典对犯罪论的制约关系》,《中外法学》2012年第3期。
③ 黎宏:《我国犯罪构成体系不必重构》,《法学研究》2006年第1期。
④ 杨兴培:《中国刑法学对域外犯罪构成的借鉴与发展选择》,《法学论坛》2009年第1期。

收域外犯罪构成理论体系和犯罪构成规格模型之后，博采众长，走自己的路，形成中国自己的犯罪构成理论体系和构建自己的犯罪构成规格模式，服务于我国的刑事司法实践。"①

这种拒绝拿来主义而追求自创一套的心态，体现了刑法学者在对外开放中面对外来知识大规模进入时的一种茫然和学术自尊。"无论是苏俄是德日，对于我们来说都是'异邦'。为什么不能有本土的责任理论？这当然是一种羞辱。"②但是，陈兴良教授针对自己的感慨同时给出了化解之道。一方面，由于历史进程和学术传统的原因，中国刑法学自从近代开始就不再是中学而是西学。"中华法系传统中断，律学也无从接续，我们只能引入大陆法系的刑法话语，这是我们这一代中国刑法学人的宿命。"③另一方面，刑法学理论本身是没有国别的。④"在一个全球化的时代，刑法的趋同性越来越明显，刑法学的互相勾通也应当是一种进步。"⑤因此，对于"我国能否完全排拒外国刑法学建立起一套中国独特的刑法学知识体系"这样的问题，陈兴良教授的回答是："既不可能也无此必要……刑法相关问题在国外都已经得以充分研究，积累了丰富的刑法文化知识。我国不可能自外于此，另创一套。"⑥

当然，外国理论的全盘引入并不意味着学术主体性的丧失，而是达到最终的学术自主目标的一种手段。一方面，要吸收和借鉴德日理论来解决中国刑法问题，另一方面，学者也担负着提出新概念和新理论的创新使命。

---

① 杨兴培：《犯罪构成的中国春秋》，《法学》2009 年第 2 期。
② 陈兴良：《从刑事责任理论到责任主义》，《清华法学》2009 年第 2 期。
③ 陈兴良：《从刑事责任理论到责任主义》，《清华法学》2009 年第 2 期。
④ 参见樊文：《没有国别的刑法学》，《法学研究》2010 年第 1 期。
⑤ 陈兴良：《从刑事责任理论到责任主义》，《清华法学》2009 年第 2 期。
⑥ 陈兴良：《刑法学：向死而生》，《法律科学》2010 年第 1 期。

事实上,已经有不少学者在努力将德日的阶层犯罪论体系进行本土化。例如,陈兴良教授提出了"罪体—罪责—罪量"的犯罪论体系。在2001年出版的《本体刑法学》一书中,作者首次提出了罪体与罪责的二分体系:罪体是犯罪构成的客观要件,罪责是犯罪构成的主观要件,两者是客观与主观的统一。① 此后,在2003年出版的《规范刑法学》一书中,陈兴良教授又在二分体系的基础上提出了罪体、罪责、罪量三位一体的犯罪构成体系。其中,罪体相对于犯罪构成的客观要件,罪责相对于犯罪构成的主观要件,两者是犯罪的本体要件;罪量是在罪体与罪责的基础上,表明犯罪的量的规定性的犯罪成立条件。在这个体系中,罪量是一个独立的犯罪成立要件,数额、情节都属于罪量的表现形式。这是根据我国刑法的犯罪概念存在数量因素这一特殊立法体例而设置的,具有较为鲜明的中国特色。陈兴良教授的新体系区分了罪体与罪责,并使二者之间呈现出一种递进式的位阶关系,这使得该体系在本质上与德日的三阶层理论分享着共同的理论特征。但是,这一体系的最大问题,是将正当化事由放置在外。而这一点,恰恰是未能完全跳出传统的四要件理论的窠臼之处。

这里涉及正当化事由的体系性地位的问题。传统的四要件理论沿袭了苏联刑法学的传统,将正当化事由放在犯罪构成要件之外来考虑。以正当防卫和紧急避险为例,苏联学者认为,在犯罪构成学说的范围内,没有必要而且也不可能对正当防卫和紧急避险这两个问题作详细的研究。② 四要件理论沿袭了这种看法,认为社会危害性是犯罪的本质特征,而不是犯罪构成的一个要件,因而关于排除社会危害性的行为,不在

---

① 参见陈兴良:《本体刑法学》,北京:商务印书馆,2001年,第220—221页。
② 参见[苏]A. H. 特拉伊宁:《犯罪构成的一般学说》,薛秉忠等译,北京:中国人民大学出版社,1958年,第272页。

犯罪构成体系内论述。① 有学者提出,正当化事由成了"游离于犯罪构成体系之外,与犯罪构成体系不发生任何关系的活泼元素,一个可以在犯罪构成体系之外对犯罪主观方面进行判断,进而对行为性质的认定即犯罪成立与否的认定发挥作用的自由战士"②。在犯罪论体系的争论中,关于正当化事由的体系性地位,被认为是传统"四要件"犯罪构成理论的最大问题,受到了比较猛烈的攻击。既然认为四个要件是认定犯罪的唯一根据,那么,在四个要件之外,又因为正当化事由而否定犯罪,其理据就必然遭受质疑。

正是在这一点上,陈兴良教授在《本体刑法学》(2001年版)与《规范刑法学》(2003年版)中提出的新体系,存在着与四要件理论未能完全剥离的不彻底性。这是令人遗憾的。但是,作者很快就觉察到这一体系上的缺陷。在《规范刑法学》第2版(2008年版)中,陈兴良教授调整了罪体和罪责的内容,将三阶层犯罪论体系中的违法阻却事由与责任阻却事由分别作为罪体排除事由与罪责排除事由,由此,处在体系之外的出罪事由进入到罪体—罪责的体系之内,这就与四要件理论划分出本质的区隔,彻底完成了从平面式、耦合式的犯罪构成理论到阶层犯罪论体系的升级和进阶。

张明楷教授在1997年出版的《刑法学》中,采取了四要件理论的通说,按照犯罪客体要件、犯罪客观要件、犯罪主体要件、犯罪主观要件的顺序排列四个要件。在该版书中,张明楷教授指出:"各种教科书均采取四要件说,但这并不意味着该说完美无缺,理论上仍有必要对犯罪构成的共同要件进行研究。这种研究应以刑法规定为依据,以具体要件为基

---

① 正当行为在犯罪构成理论之外的体系安排,可参见高铭暄、马克昌主编:《刑法学》,北京:北京大学出版社,2016年,第127页。
② 田宏杰:《刑法中的正当化行为》,北京:中国检察出版社,2004年,第144页。

础,以有利于认定犯罪和保护合法权益为原则,同时应照顾到刑法理论的体系性和协调性。"①在此,张明楷教授表达了想要努力完善和改进四要件理论的愿望。而在之后的各版中,这种改变的幅度也越来越大。在第 2 版中,张明楷教授从四要件中删除了"犯罪客体要件"。基本理由是:犯罪客体实际上就是法益,而法益本身不应当被视作是构成要件的内容;犯罪客体本身是被侵犯的法益,但要确立某种行为是否侵害法益,不是由犯罪客体来解决,而是要通过客观要件的检验;犯罪客体与犯罪构成的其他要件并不处于同一层次;排除客体要件,不会给犯罪定性带来什么困难;犯罪侵犯法益,不等于法益本身是构成要件。② 在此基础上,作者提出:"犯罪构成的共同要件为犯罪客观要件、犯罪主体要件和犯罪主观要件。"③遗憾的是,与陈兴良教授一样,在 2003 年的这版教科书中,张明楷教授同样把排除犯罪的事由,即正当化事由,放在了他的三要件理论之外,使得正当化事由成为一个游荡于犯罪构成理论之外的存在。整体上来看,第 2 版教科书虽然从四要件中删除了客体要件,但是论证犯罪构成理论的思维方式,仍然是处在四要件的框架束缚之中,并没有完全摆脱。

到了 2007 年的第 3 版中,张明楷教授进一步删除了主体要件,将其纳入到客观要件之中,建立了客观构成要件与主观构成要件的二要件说。最重要的是,在这一版中,作者将违法性阻却事由纳入客观要件之

---

① 张明楷:《刑法学》(上),北京:法律出版社,1997 年,第 110 页。
② 参见张明楷:《刑法学》,北京:法律出版社,2003 年,第 121 页。
③ 关于各个要件之间的排列顺序,作者认为:"犯罪构成共同要件的排列不只是一个形式与逻辑顺序问题,而是一个关系到人权保障、刑法学研究方向与犯罪构成理论深化的问题,传统的排列顺序具有妥当性;如果采取'三要件说'也应当按客观要件、主体要件与主观要件的顺序排列;新的排列顺序(指前述主体、主观要件、客观要件、客体)值得商榷。"张明楷:《刑法学》,北京:法律出版社,2003 年,第 122—123 页。

下,将有责性阻却事由纳入主观要件,在整个理论体系的逻辑架构上,与陈兴良教授一样,彻底解决了出罪事由的体系性地位问题,完成了与四要件理论的决裂。① 作者在第3版前言中表示,"第二版乃妥协之作",第3版已经是"体系面目全非,观点也改弦更张"。此后,在第4版中,张明楷教授进一步将客观要件与主观要件的二要件说,更新为违法构成要件与责任要件。② 这就对犯罪成立条件从纯粹本体论上的理解转向了规范评价,也更加贴近阶层犯罪论体系。到了第5版,作者直接用不法与责任构筑犯罪构成体系,③这就是直接采用德日通行的阶层犯罪论体系了。至此,在犯罪论体系的问题上,张明楷教授完成了从四要件理论向德日阶层论的彻底转向。

作为引入德日阶层犯罪论体系的积极倡导者,周光权教授在他2007年第1版的《刑法总论》中,却没有直接采取"构成要件该当性—违法性—责任"的德日三阶层体系,对此,周光权教授表示,这是"出于借鉴大陆法系阶层理论总体合理性的考虑,同时也照顾到观念转换、接受程度上的困难",因此,他将犯罪成立要件分为犯罪客观要件、犯罪主观要件与犯罪排除要件。其中,犯罪排除要件包括违法阻却要件与责任阻却要件。④ 在2011年第2版《刑法总论》中,周光权教授作了进一步的解释。尽管仍然使用了客观要件和主观要件这样的术语,但是,"这里的客观要件可以直接推导出行为的违法性,主观要件可以直接推导出有责性,所以,客观要件、主观要件的用语与四要件理论在精髓上貌合神离,有很大的不同";周光权教授的自我评价是,"仅仅从形式上看,可以说我

---

① 参见张明楷:《刑法学》,北京:法律出版社,2007年,第98页。
② 参见张明楷:《刑法学》,北京:法律出版社,2011年,第105页。
③ 参见张明楷:《刑法学》,北京:法律出版社,2017年,第103页。
④ 参见周光权:《刑法总论》,北京:中国人民大学出版社,2007年,第104页。

是温和的改革派。但是,如果从实质上看,我对四要件理论的改造应该说是有相当力度的"。①

到了2016年第3版《刑法总论》,作者进一步提出,在犯罪论体系的问题上,必须从要件的思考转向体系思考,"通说所坚持的四要件理论在很大程度上,只是犯罪构成要素的堆积,而缺乏体系化思考";同时,作者表示,"对四要件理论进行重构,不是完全照搬三阶层体系,也丝毫不意味着必须使用构成要件符合性、违法性、有责性这样的术语。……对于我国四要件说的发展方向,我也丝毫没有必须依欧陆刑法理论画瓢的意思。问题的关键在于,只要四要件不能够区分事实判断/价值判断,不能够区分违法和责任,其就必须被重构,从而被改造成为阶层体系"。②

值得注意的是,周光权教授虽然在教科书体例中先后列出客观要件、主观要件、排除要件(违法阻却要件与责任阻却要件),但是他又认为,不必按照这一排列顺序来认定犯罪。在他看来,司法实务中是在检验客观要件之后,立即检视是否存在违法阻却事由,在没有推翻违法性的情况下,再检讨主观要件与责任阻却事由。③ 按此说法,这就是一个德日阶层理论的古典模式,即在纯粹客观的构成要件阶层之后,再进行违法性阶层的检验,然后再在责任阶层进行故意、过失以及其他责任要素的检验。但是,作者又认为:"如果将故意、过失作为违法要素看待,那么我的理论是三阶层的理论:先判断客观要素,再考虑主观要素,这是关于构成要件符合性的判断。在得出肯定结论的前提下,判断是否存在违法排除事由,这是关于违法性的判断。如果能够得出没有违法排除事由

---

① 周光权:《刑法总论》,北京:中国人民大学出版社,2011年,第67页。
② 周光权:《刑法总论》,北京:中国人民大学出版社,2016年,第85、88页。
③ 参见周光权:《刑法总论》,北京:中国人民大学出版社,2016年,第88页。

的结论,就最后判断有责性。"①按此说法,这就是一个德日阶层理论的新古典模式,即将故意移至构成要件阶层,然后将主客观要素整体地在构成要件阶层检验完毕之后,再检验违法性阶层和责任阶层。当然,无论是古典模式还是新古典模式,无论是构成要件不包含故意的结果无价值论,还是构成要件包含故意的行为—结果二元论,在基本性质上都属于递进式的、有内部位阶关系的阶层理论。但是,这毕竟是两种影响整个教科书体系架构的不同的阶层体系,至少在一部教科书中,不能同时容纳两种体系,作者应当对此有明确的选择和安排,而不能说"怎样理解都行",否则会造成读者的困扰,无法把握作者的立场。

曾经明确提出"我国犯罪构成体系不必重构"的黎宏教授,在其2012年版的《刑法学》中,也对通说的四要件理论提出了批评。他一方面肯定四要件理论的长处,认为四要件理论是对德日三阶层犯罪构成体系的简化,在明确地指出成立犯罪所必须的各种要件及其排列先后顺序这一点上,满足了犯罪构成体系的基本要求。并且,四要件理论不区分形式要件与实质内容,而是将二者结合起来一体考虑,具有结构简单、方便实用的优点。但是,黎宏教授也指出了四要件理论的问题所在:一是造成了犯罪概念单一化的结果,使得不罚的犯罪概念没有存在的余地;二是尽管四要件排列有序,但由于在形式上将四个方面并列于一个平面上,大大弱化了犯罪构成体系所应具有的指引法官思考方向的作用。而这一点,恰恰是三阶层犯罪论体系的长处。"这种从德日刑法学中移植过来的犯罪构成体系最大的长处在于,将对法官认定犯罪的指引作用发挥得淋漓尽致。"②不过,在黎宏教授看来,三阶层犯罪论体系也存在缺

---

① 周光权:《刑法总论》,北京:中国人民大学出版社,2016年,第89页。
② 黎宏:《刑法学》,北京:法律出版社,2012年,第62页。

陷,那就是采用形式与实质分开的分析方法,将构成要件符合性的判断和违法性、有责性的判断分为三个不同的层次,会导致犯罪认定上的混乱。①

在这种情况下,黎宏教授提出了自己的犯罪构成理论。第一,将传统的四要件区分为客观要件和主观要件两大部分;第二,将四要件中的犯罪主体,拆分为行为主体与责任能力两部分的内容,然后将前者归入客观要件,将后者归入主观要件;第三,将正当防卫、紧急避险等排除社会危害性事由,归入客观要件,将期待可能性等内容归入主观要件。②在2016年版的《刑法总论》中,黎宏教授继续维持了这一理论。③ 尽管他声称"将现有的四要件的犯罪构成体系进行改良",尽管他将形式判断与实质判断放在一起,但是在我看来,这恐怕也不是一种局部修补式的改良,按照笔者设定的标准,这已经接近升级和进阶到阶层体系的阶段。一方面,黎宏教授的理论突出强调了犯罪判断的递进式和层次性,这背离了传统四要件平面集合式的思维方式;另一方面,四要件理论的最大特点也最为人诟病之处,就是正当防卫、紧急避险等事由处于犯罪成立条件之外,而这也是与阶层犯罪论体系在形式上的一个最大区别。现在黎宏教授将其放置入客观要件中,也就是纳入犯罪成立条件之内,在这一点上就彻底与四要件决裂了。因此,黎宏教授的犯罪构成理论,与陈兴良教授、张明楷教授、周光权教授的理论一样,在基本性质和根本特征上,都已经彻底地告别了四要件理论,而进阶到阶层犯罪论体系的行列中。

曲新久教授在2009年的《刑法学》教科书中,采取了"客观罪行—主

---

① 参见黎宏:《刑法学》,北京:法律出版社,2012年,第64页。
② 参见黎宏:《刑法学》,北京:法律出版社,2012年,第65—66页。
③ 参见黎宏:《刑法总论》,北京:法律出版社,2016年,第66页。

观罪责"的所谓双层次二元理论。一方面,将构成要件与正当化事由并列,从正反两个方面判断危害行为是否构成犯罪。另一方面,将犯罪分解为客观罪行与主观罪责两大要件,在罪行与罪责之下进一步分解为一系列的客观构成要素与主观构成要素。其中,罪行是犯罪客观面之事实与评价的统一,包括实行行为、行为对象、危害结果、行为人身份、因果关系、时间与地点等具体的客观构成要素。罪责是犯罪主观面的事实与评价的统一,其中包括刑事责任能力、罪过、目的与动机等具体要件,统称为主观的构成要件要素。① 在2012年版的《刑法学》中,曲新久教授进一步提出:"彻底放弃以往的'犯罪构成'概念,并对犯罪论体系进行了适当调整。以往的'犯罪构成理论'存在很多问题,将'犯罪构成'作为静态的定罪标准与模式意义上的概念,是其技术构造层面上的大缺陷。因此,本书彻底放弃这一意义上的'犯罪构成'。"在该版教科书中,作者继续维持了"客观罪行—主观罪责"的基本结构,正当化事由位于两要件之外。②

黎宏教授对曲新久教授的理论提出批评,认为这种理论"将我国传统的犯罪构成体系所特有的形式要件与实质要件统一的特点给折中掉了,将犯罪构成转化为了一个完全形式的构成,从而陷入了德日学者所存在的在犯罪构成判断上形式与实质分开、构成要件符合性的判断属于形式判断的窠臼"③。但是,一方面,黎宏教授把形式与实质相结合作为传统四要件理论的核心特征,这一判断本身的妥当性存在疑问,因为四要件理论将正当防卫、紧急避险等正当化事由放在四要件之外,最终仍然起着决定犯罪成立与否的作用,就这一点而言,就是最典型的将违法

---

① 参见曲新久:《刑法学》,北京:中国政法大学出版社,2009年,"序言"、第75页。
② 参见曲新久:《刑法学》,北京:中国政法大学出版社,2012年,"序言"、第92页。
③ 黎宏:《刑法总论》,北京:法律出版社,2016年,第64页。

性的实质判断单独拿出来作为一个范畴。另一方面,黎宏教授的批评也存在准确的地方,那就是,曲新久教授的理论,的确在强调层次递进方面,向着阶层犯罪论的思维方式迈出了重要一步。所谓"窠臼"在我看来,恰恰是值得肯定之处。

此外,林亚刚教授在其《刑法学教义(总论)》的教科书中,采取了"构成客观必备要件—构成主观必备要件—违法阻却事由"的犯罪论体系。① 叶良芳教授在其《刑法总论》的教科书中,采取了"客观构成要件—主观构成要件—犯罪阻却事由"的理论结构。② 李晓明教授在其《刑法学总论》的教科书中,采用了"犯罪客观要件—犯罪主观要件—犯罪度量要件"的三要件理论,将犯罪数额、情节以及正当防卫和紧急避险纳入犯罪度量要件。③

上述种种,都是中国学者在犯罪论体系的改造方面作出的探索和努力。阶层犯罪论体系,被学者们以一种更为容易被接受的、本土化的表述方式,在中国引入和传播。上述教科书中的新体系,都在不同程度上体现了阶层犯罪论体系的位阶性、递进式的核心特点,但在具体架构和术语使用上,则进行了大量调整和改造。这些新式教科书都在不同程度上疏离了传统的四要件理论,而更加贴近递进式的阶层犯罪论体系,推进了刑法理论话语的多元化,为我国刑法教科书市场带来了一股新鲜的空气,作出了各自的学术贡献。

(四)阶层犯罪论的内部深耕

从2000年至今的关于犯罪论体系的讨论,可以分为三个阶段:第一个阶段,主要是为来自于德日的阶层理论,在中国刑法语境下争取与四

---

① 参见林亚刚:《刑法学教义(总论)》,北京:北京大学出版社,2017年,第83页。
② 参见叶良芳:《刑法总论》,北京:法律出版社,2016年,第75页。
③ 参见李晓明:《刑法学总论》,北京:北京大学出版社,2016年,第216页。

要件理论平等竞争的进场资格，即争取"学术合法性"。三阶层与四要件之间的争论，主要发生在这个阶段。第二个阶段，是在阶层理论进场之后，为了使其更易被接受和传播而采取的各种本土化改造。陈兴良、张明楷、周光权等学者根据阶层理论的精髓而自创犯罪论体系，并通过各自不断调整的教科书而摧城拔寨地扩大影响力，就属于这一阶段的工作。第三个阶段，则是在阶层理论已经在中国刑法学界落地扎根之后，需要在各个阶层内部，不断地引入和研究归属于各个层级的教义学概念和理论。

从目前的情况来看，第一阶段的工作已初步完成。陈兴良教授所说的"三阶层与四要件之争已经硝烟不再"[①]，意指这一阶段已经完结。不过，学术论争不可能完全摆脱时势影响。在统编教材又一次呼啸而来的历史时刻，阶层理论的学术正当性与合法性，很可能再度遭遇质疑和挑战。这也是仍然需要对犯罪论体系持续进行整体性论证的意义。第二阶段的工作，即阶层犯罪论体系的整体框架的稳定，主要是通过教科书来完成的。随着学者们的教科书不断地面世和修订，这将是一项在持续的修补和完善中实现的任务。至于第三阶段的工作，即在阶层理论的框架结构之内，进行各层级概念和理论的研究，必将是一项长期且没有尽头的漫漫长路。

第三阶段工作的顺利开展，必须是以前两个阶段的学术工作为前提的。回顾过去十几年的学术发展，虽然有了学术开放的格局，但是，引入和讨论各种教义学理论时遇到的最大困扰和阻力就是：如果保持理论原貌，则难以在四要件结构中找到合适位置予以安放。在保持原有四要件

[①] 陈兴良：《刑法教义学的发展脉络——纪念1997年刑法颁布二十周年》，《政治与法律》2017年第3期。

结构不变的情况下,将一个产生于其他不同体系中的概念移植过来之后,最大的疑问就是体系性地位:无论怎样安放,都存在兼容困难的阻碍。

最初,面对这种外来概念与现有体系的不兼容,一些学者给出的解决方案,是对外来概念本身予以彻底改造,努力使其适应四要件理论。例如,期待可能性就是一个典型的从域外引入的概念。在阶层理论中,处在责任阶层的期待可能性概念,是以行为符合不法阶层为前提的。为了将期待可能性安插进四要件理论中,一些学者尝试将期待可能性与行为违法性脱敏,即讨论期待可能性不以行为违法性为前提。"围绕我国刑法理论,期待可能性是指,根据行为时的具体情况,能够期待行为人进行行为选择的可能性。"[①]这种意义上的期待可能性,就与行为人的意志选择自由基本上等同了。讨论一个人的行为有没有期待可能性,就是在讨论他行为时是否有意志自由。可是这样一来,期待可能性的概念变得非常宽泛,它可能从一个位于不法之后的概念上升到一个不法之前的"行为选择可能性"的概念,甚至可能在最一般的意志自由的意义上去使用。按照这种观点的逻辑,刑法总则中几乎所有规定,都能被挖掘出期待可能性的含义。事实上,当时的讨论也是这样处理的,故意、过失、不可抗力、刑事责任能力、正当防卫、紧急避险、胁从犯……无一不在期待可能性理论的覆盖之下。但由此带来的后果是,期待可能性变成了一个边界被不断拓展、缺乏前提约束因而解释力宽泛无边的超级概念。这就离被滥用的命运只有一线之隔了。

期待可能性理论在中国引入之后的遭遇,具有普遍性和代表性。任何一个概念都是在特定语境中产生和适用,根据体系的内部结构特点和

[①] 李立众、刘代华:《期待可能性理论研究》,《中外法学》1999年第1期。

要求,被发明和培育出来。要素离不开整体,概念依托于体系,脱离开原来的体系,概念就会发生异化。当把一个原产于三阶层体系中的概念引入现行四要件理论之内时,高概率地会造成这个概念与四要件理论之间的内在冲突。对此有三种解决方案:第一条路,是彻底改造概念,让它与现有体系兼容;第二条路,是排斥引入新概念,不让它进入现有体系之中;第三条路,是彻底更换体系,在新体系中讨论新概念。究竟选择哪一条道路? 在20世纪90年代,多数学者选择第一条路。但是,在2000年之后,随着四要件与三阶层的犯罪论体系之争愈演愈烈,道路分化的格局愈加明显起来。

部分四要件理论的坚定支持者选择第二条道路,明确地反对引入期待可能性理论。在四要件理论的支持者眼中,只要维持四要件的理论结构不变,那么无论是在四要件之内还是在四要件之外,都很难为期待可能性理论找到合适的栖身之所。在四要件维持论者眼中,如果强行将期待可能性理论引入,很可能是"引狼入室",最终侵蚀四要件犯罪构成理论。而越来越多的学者选择第三条道路,即直接更换作为背景的犯罪论体系,在新体系之内讨论期待可能性,这样就可以彻底地解决不兼容的问题。既然"四要件犯罪构成体系的结构性缺陷导致其无法接纳期待可能性理论",因此,"有必要采行区分违法阶层(包括违法阻却事由)和责任阶层(包括责任阻却事由)的犯罪构成体系,为期待可能性理论的引入奠定体系基础"。①

比上述呼吁者更进一步的是,一些学者已经身体力行,在教科书中采用了新的犯罪论体系并引入了期待可能性理论。例如,陈兴良教授在

---

① 钱叶六:《期待可能性理论的引入及限定性适用》,《法学研究》2015年第6期。类似观点,还有付立庆:《期待可能性的体系地位》,《金陵法律评论》2008年春季号。

自创的"罪体—罪责"的犯罪论体系中,将期待可能性视作故意和过失的规范评价要素,纳入故意和过失的内容。① 后来他又将期待可能性设定为一种消极的罪责排除事由,放在故意和过失之外。② 采取了"违法—责任"的两阶层犯罪构成体系的张明楷教授,则将缺乏期待可能性视作责任阻却事由。③ 周光权教授在其犯罪客观要件、犯罪主观要件和犯罪排除要件的体系中,将缺乏期待可能性定位为一种责任排除事由。④ 如前所述,上述几种犯罪论体系表面上看起来不同,但就呈现出阶层递进性这一点而言存在共性,而与传统的四要件理论之间存在根本性差异。这种以"不法—责任"的位阶性为核心特征的阶层体系,本来就是期待可能性理论最初萌芽和生长的语境,在这个原生态语境中引入期待可能性理论,结构性冲突或者说兼容性的问题自然地得到了消解。

上述期待可能性理论引入中国的命运充分说明,域外各种丰富的教义学理论,是与作为其生长环境的阶层犯罪论体系血肉相连,密不可分的。拒斥了阶层犯罪论体系,就相当于是拒斥了引入和学习其内部的大量教义学知识的机会。而那种试图不引入犯罪论体系,只是从其内部摘取局部理论为我所用的想法,注定只能是断章取义地利用,随意的改造,任意拆解其教义学逻辑,最终落得南橘北枳的下场。只有在阶层犯罪论体系的平台上,随着学术开放之门洞开后蜂拥而入的域外知识,才能在不流失其教义学内涵的情况下,彰显出它们对于中国刑法学发展的真正价值。

这就是关于犯罪论体系前两个阶段的学术工作的重大学术史意义。

---

① 参见陈兴良:《本体刑法学》,北京:商务印书馆,2001年,第331页。
② 参见陈兴良:《规范刑法学》,北京:中国人民大学出版社,2008年。
③ 参见张明楷:《刑法学》,北京:法律出版社,2011年,第97页。
④ 参见周光权:《刑法总论》,北京:中国人民大学出版社,2011年,第67页。

近年来，学者们在此基础上，于第三阶段的学术工作取得了可喜的硕果。例如，在构成要件阶层中对客观归责理论和故意理论的研究，在违法性阶层中关于各种正当化事由的研究，在责任阶层中关于违法性认识以及期待可能性理论的研究等等，都取得了突飞猛进的成果。只有深入地研究这些具体问题，才会真正地显示引入阶层理论的价值和意义。而中国学者的任何创造性工作，也只有在这个过程中，才可能在一个深厚的学术传统中得以充分地展开。

俯瞰当代中国刑法知识转型之路，刑法学者可谓步履维艰。既要清理传统的四要件理论，又要引入阶层犯罪论体系，还要改换话语表述方式，使得阶层理论能够在中国被接受和传播。在确立了阶层犯罪论的框架之后，要利用这个平台，进一步引入各个阶层内的刑法教义学知识。在此过程中，不仅要运用各种新知识解决中国的问题，还不能丧失学术主体性，需要尝试各种教义学改造，提出立足本土的新的教义学理论。这就是中国刑法学者面临的错综复杂的学术任务。

三、批评与回应

法教义学的概念在中国的引入和使用，在为陈旧的刑法理论注入活力的同时，也遭遇了很多质疑。这些质疑，大体上可以分为五类：第一类是认为主张法教义学就意味着崇洋媚外，丧失主体性，完全追随外国理论；第二类认为，目前中国刑法理论有点走火入魔，钻在所谓的法教义学里出不来，过度精细以至于有封闭和僵化的危险，脱离了实践，欠缺应有的社会关怀；第三类是认为法教义学与社科法学之间存在对立和竞争的关系，特别是在个案领域，社科法学有更出色的表现；第四类是认为法教义学只能处理常规案件，而无法应对疑难案件，真正疑难的问题必须通过非教义学的方式，借助社会科学的理论资源才能解决；第五类是认为法教义学很难与其他学科知识沟通,如果真的吸纳融汇了,也已经名存实亡,不再是真正的法教义学了。应当说,这些学术批评有助于推进学术繁荣,促进法教义学的发展与反思。至少,笔者本人的教义学研究,就从这些批评中受益良多。接下来笔者尝试对此一一作出回应,也欢迎更多的学术批评。

(一)学术主体性的丧失?

在第一类批评者眼中,法教义学是一个纯粹的舶来品,属于从德国或日本法学进口的概念,[①]对中国刑法理论来说,不能唯外国马首是瞻,而应该发展创造自己的理论。但是,应当指出,法教义学这个说法,至少包括方法和知识两重含义。通常所说的法教义学知识,是指运用教义学的方法创造出来的理论和概念。上述批评,是由于对法教义学概念本身有所误解,未能区分法教义学知识与法教义学方法。

一方面,就教义学知识而言,的确,目前国内刑法理论中的大多数概念,基本上都原产于德日,是德日刑法学者运用法教义学的方法在德日语境下创造的产品,它们漂洋过海被中国学者直接运送到国内,或者经过一些局部改装后投入使用。对于这部分可称之为"法教义学产品"的理论,需要仔细考察的是,它们在德日原产地出生和适用的语境,是否与中国刑法的语境大致相当。换言之,这些外来的教义学概念是否与中国刑法语境相契合,它们之间的兼容性,需要认真对待而不能想当然地忽略。如果不存在兼容性障碍——特别是在核心刑法领域,往往是各国刑法有相同规定和共同问题,那么,无论是德国或者日本的理论,只要能够更好、更有说服力地回答和解决中国刑法解释以及司法实践中的疑难问

[①] 例如,有学者认为:"(主张法教义学)另一个不大公开说的,摆着让人看或用来炫耀的理由,是法教义学历史悠久和其纯正的罗马法或德国法血统和门第。"苏力:《中国法学研究格局的流变》,《法商研究》2014年第5期。

题,就应当大胆地使用。至于它的创作者是德国人、日本人还是中国人,当然可以由学者基于学术自尊心而躬身自省,但是对于整个中国刑法学的发展和刑事法治建设来说,则在所非问。

但是,如果存在不兼容的情形,自不能盲目地使用,更不宜削足适履。这就是法教义学知识的国界性。在如何对待域外传入的法教义学知识这个问题上,的确存在着一些如陈瑞华教授批评的现象:"甚至在很多场合,就连论证和支持某一理论的例子都来自欧陆学者的著述。这种唯大陆法马首是瞻的研究状况,甚至跟随在日本法学后面亦步亦趋的局面,迫使我们不得不进行深思:难道这就是中国法学界孜孜以求的'法学研究'?"①对此,还应该进一步追问的是,这些从域外传入的知识,是否与国内刑法语境相契合。各国案例往往有特定社会的生活事实的细节和背景,在作为论证资源时必须格外小心。这不仅仅是影响到学者学术创造的热情和自尊心,而且有可能会带来反教义学的后果。

丁胜明博士认为:"无视他国的法律背景,不加区分地引进国外的教义学知识,并进一步将其直接当作中国的教义学知识的做法,实际上是视中国法律的具体规定为无物,而这恰恰违背了法教义学最核心的精神——法教义学正是要特别重视和尊重法条,把法条视为不可置疑的前提。无视国与国之间法律规定的差异,而不加区别地把对他国法条的解释结论嫁接到中国,这无异于以教义学之名行反教义学之事。刑法教义学知识具有根深蒂固的国界性和地方性,这是中国刑法学者必须认真对待的问题。"②应当说,上述批评对于目前国内学界的教义学研究不啻一针清醒剂。教义学知识的国别性,是在引入和学习过程中始终不能掉以轻心的问题。

---

① 陈瑞华:《刑事诉讼的中国模式》,北京:法律出版社,2010年,第4页。
② 丁胜明:《刑法教义学的中国主体性》,《法学研究》2015年第2期。

另一方面,与法教义学产品不同,法教义学方法则不存在国界的问题。它是一种基于人所共有的普遍理性能力的逻辑方法,因而无所谓德国或中国的方法之说。如上文所述,在所要解决的问题点上,如果存在相应的法律条文的明确规定,则以该法条为对象,通过文义解释、体系解释、历史解释以及目的解释等方法,使其适用于具体问题;更困难一点的方法是,如果所处问题点上没有明确法条可直接适用,则通过与其他法条构建逻辑关联,形成有约束力和说服力的理论规则,再将该规则适用于具体问题。显然,就这种构建逻辑关联,与法条形成共生关系的方法而言,并不存在所谓中国方法或德国方法的地方性知识。

只不过,经过上百年的学术传承和逻辑试错,德国刑法学者的教义学方法运用得更加娴熟、精湛和复杂,由此创造出来的教义学产品,也更加成熟,具有强大的解释力,因而被输出到世界各国。相比之下,中国刑法学在这方面起步较晚,因此不仅要直接引进那些可以无语境障碍地解决中国问题的教义学知识,而且还要虚心涵泳,沉潜其中,体味国外学者是如何创造出那些教义学知识,如何在教义学方法上"运用之妙,存乎一心",从而逐渐掌握这套方法,最终在国外的教义学知识因语境障碍而无法适用或知识匮乏的地方,创造出围绕着中国刑法规定构建起来的新的教义学产品。按照这种认识,齐文远教授的担忧就是没有必要的,他认为:"这种言必称德日的移植主义,固然可以习得一些具有'普适性'的法学思想精髓,但也有可能会遮蔽中国经验、忽视中国问题的特殊性,还可能掩盖了中国学者应有的贡献。"[①]

(二)走向封闭僵化?

针对法教义学的第二类批评认为,目前中国刑法理论围绕着刑法条

[①] 齐文远:《中国刑法学该转向教义主义还是实践主义》,《法学研究》2011年第6期。

文展开了过分精细的解释,追求体系化却脱离了实践,这种所谓法教义学会导致刑法学研究走向封闭和僵化。这个批评,对于中国刑法理论研究的历史和现状来说,缺乏深切同情和理解,但对未来的法教义学的可能走向和趋势的担忧,又有积极的建言的意义。

一方面,中国刑法理论是1979年之后在一片废墟之上重建的,迄今为止,真正的发展也不过30多年。1979年旧刑法颁布之后,刑法理论一直停留在较为浅显的注释法学的层次上。在1997年《刑法》修订之前,学界的主要精力又投入到立法论中。即使在1997年新刑法施行之后,由于惯性,刑法理论仍然没有出现大幅度的质的提升,始终徘徊在较低的学术层次上。张翔教授曾经这样描述过中国法学发展的教义学水平:"在中国,法教义学并非如某些批评者说的那样已经是法学的主流,相反,自觉的法教义学反思只是正在发生,距离概念清晰、逻辑谨严、体系完整的目标还甚为遥远,其与法律实践的良好互动也未形成。尚未形成的体系,还远未到被批评为封闭僵化的程度。事实是,法学家们并不习惯于'援法而言',各种政治话语、伦理话语的泛滥,使得法学研究很难聚焦于现行有效法律的解释与适用,而经常要回到价值前提上的辩论。"①

刑法学的发展状况整体上也是如此。正如邹兵建博士指出的:"上个世纪末、本世纪初,具有强烈意识形态色彩的、泛道德化的中国传统刑法学已经严重滞后于时代的发展,无力解决日新月异的社会对刑法学提出的新问题。"②在全国范围内来看,整个刑法学界的学术研究的教义学

---

① 张翔:《形式法治与法教义学》,《法学研究》2012年第6期。
② 邹兵建:《中国刑法教义学的当代图景》,《法律科学》2015年第6期。

化程度较低,而且立法论与解释论相混淆、超规范与反逻辑的非教义学化情形也屡见不鲜。不进入这一历史现场,就无法对变革刑法理论的强烈驱动有真切的理解和同情。直到晚近十余年来,随着学术开放,德日刑法知识涌入,刑法学的体系化水平和精细化程度才发生了显著改善,同时也能够对一些疑难案件给出有说服力的解决方案。但是,整体上仍然是处在起步阶段,很大程度上还是依靠"理论外援"。与德日等国的刑法教义学程度相比,还有很大的差距,而距离批评者所说的"过分精细的解释"以及"走向封闭"的场景,更还有相当遥远的距离。

既然如此,为什么还会出现这种不接地气的批评呢?一种原因可能是部分批评者对于"刑法学的国情"有些隔膜。"对部门法的整体研究状况存在基本的误判。"[1]穿越时空错位思考,把法教义学刚刚起步的中国刑法学,错误地想象成法教义学已经相当发达以至于需要纠弊的德日刑法学,于是,那些针对德日法教义学过度化的各种反思,也被移植过来,简单地套用在法教义学化尚且远远不足的中国刑法学身上(或者是将美国现实主义法学对形式主义法学的批判套用过来)。打个比喻,这就相当于是把对一个过度社会化甚至成熟到油腻的中年人的批评,用来指责一个尚未成年的、缺乏足够社会经验和人生阅历的青涩少年。相比于构建性话语资源的移植,这种批评性话语资源的简单移植,更会让人产生"没搞清本土状况""缺乏同情的理解"之类的感叹。

还有一种可能的原因,那就是部分批评者,是在传统刑法学的教育和灌输中成长起来的一代人,他们对刑法理论应然状态的理解,尚未能跳出自己上学时接触到的那种较为浅显的教科书层次的窠臼。面对晚近十余年来刑法教义学的飞速发展,突然发现原本可以轻易掌握和理解

---

[1] 周详:《教义刑法学的概念及其价值》,《环球法律评论》2011年第6期。

的、没有什么专业门槛的刑法学,似乎变得越来越复杂和精细,陌生的概念越来越多,门槛越来越高,学习成本越来越大,以至于无法轻易踏足或置喙。这种变化可能会让没有同步成长的学者感到非常不适,反过来认为是刑法理论走上了曲高和寡、自我封闭的邪路。

此外,部分批评者对于法教义学本身的实践导向也存在误解。事实上,法教义学有着强烈的实践品格。"作为法律和司法实践的桥梁的刑法教义学,在对司法实践进行批判性检验、比较和总结的基础上,对现行法律进行解释,以便利于法院适当地、逐渐翻新地适用刑法,从而达到在很大程度上实现法安全和法公正。"①与法哲学、法史学和比较法学的研究不同,法教义学本身就是围绕着现行的实定法展开和构建起来的,它诞生的使命就是增进对法律的理解,指导司法实践。"如果应遵守法官受法律规则的约束,那也必须为法官提供法律以外的其他具体的法律规则。法律教义学的任务是准备这种法律规则。"②作为法教义学发展的重镇,德国的法教义学对司法能够施加重要的影响。"在司法实践中,法律评注的地位更是举足轻重。这当然不仅是因为法律人已经习惯于使用和依赖法律评注,更是因为若不勤加阅读,便有逃避承担现实责任之虞。"③联邦法院的判决不仅经常考虑学界的观点,而且会因为法学批评的影响而改变。学界通过编撰评注书和教科书的方式,提供对法律的系统解释,并在各种法律专业杂志上对当前的法院的判决进行持续的讨论。"这种法学与司法之间的深入的对话,只有以阐释性的法律教义学

---

① [德]汉斯·海因里希·耶塞克、托马斯·魏根特:《德国刑法教科书》(上),徐久生译,北京:中国法制出版社,2017年,第59页。
② [德]乌尔弗里德·诺伊曼:《法律教义学在德国法文化中的意义》,郑永流译,郑永流主编:《法哲学与法社会学论丛》(五),北京:中国政法大学出版社,2002年,第15页。
③ 贺剑:《法教义学的巅峰:德国法律评注文化及其中国前景考察》,《中外法学》2017年第2期。

为基础才为可能,法律教义学为所有的法律问题提供了有关的论证模型。"①

任何教义学上的概念和规则,如果不能落在一个个具体的判例中显示出其后果,不能依附于一个个具体的判例之上得到延续,就不可能有长久的生命力。而且,形成教义的营养资源往往就是来自于司法实践,并由此进一步指导司法实践。"判例的一大意义在于渐进地、稳妥地、有理由地、有说服力地演进法律,为法教义学体系输入新问题和新素材。"②事实上,从刑法教义学理论的发展轨迹来看,很多关键概念和重大理论的发明和出现,常常是被一些代表性的判例导引出来的。刑法学者从判例中寻找灵感,构建理论,反过来这些理论又推动新判例的发展。③ 在此过程中,法官在适用法教义学规则的同时,也将自己的实践智慧和经验总结纳入既存的教义学规则中,促进规则的丰富与发展。④

---

① [德]乌尔弗里德·诺伊曼:《法律教义学在德国法文化中的意义》,郑永流译,郑永流主编:《法哲学与法社会学论丛》(五),北京:中国政法大学出版社,2002年,第16页。
② 王洪亮:《德国判例的编纂制度》,《法制日报》2005年3月10日。在德国法律评注书的撰写中,基于实务导向,案例也被放置在一个甚至高于理论的地位。参见贺剑:《法教义学的巅峰:德国法律评注文化及其中国前景考察》,《中外法学》2017年第2期。
③ 在国外,理论与实践通过判例互动互惠的例子俯拾皆是,众所周知的"癖马案"与期待可能性理论即为适例之一。1879年,德意志帝国法院第四刑事庭作出了"癖马案"的判决。在这个案件中,马车夫驾驶一匹有以尾绕缰的癖性的马上路,结果导致癖马失控,伤及路人。马车夫曾经提出过更换马匹,但雇主不同意且以解雇相威胁。法院认为,必须考虑到难以期待马车夫不顾自己失业而拒绝使用癖马,因此,不能让被告人承担过失伤害行人的责任。参见《德国帝国法院刑四庭关于癖马案的判决书(1897年)》,车浩译,《刑事法判解》2009年第1期。癖马案引起了德国刑法学者的广泛关注。该判决发表之后,梅耶(Mayer)于1901年首先提及期待可能性问题;1907年弗兰克(Frank)在《论责任概念的构成》一文中以"癖马案"为例,启动了期待可能性理论研究的开端。此后,经过格尔德施米特(Goldschmidt)、弗洛登塔尔(Freudenthal)、施米特(Schmidt)等人的不断完善,期待可能性理论逐渐成为规范责任论的核心概念,甚至漂洋过海,得到众多国家的刑法理论和实务的广泛承认。
④ 参见江必新:《司法对法律体系的完善》,《法学研究》2012年第1期。

许德风教授甚至认为:"应淡化权力制衡的观念,承认法官造法的权力。不放手允许法官裁量,法教义学无从壮大发展。"①

尽管如此,从另一个角度来看,即使一些批评不符合中国现况,也对法教义学存在误解,但是,如果将其作为针对未来的中国刑法学可能状况的提醒,还是具有积极的意义,甚至不乏真知灼见的成分。法教义学方法的充分运用,最终引向的必然是一个高度体系化的刑法理论。虽然体系化对于法治国的实践具有重要意义,但就像人们批评的"概念的自我繁殖",在极端情况下,也可能会自我膨胀地走向为实践服务的反面,即让实践服从于体系安排,即使根据体系得出的结论明显有悖于事理。在这种时刻,体系显示出一种自身即为目的的自我证明,为此,甚至会不惜出现对法律材料的扭曲。通过体系性的推导关系来寻找解决问题的办法,有时候会让个案中的正义性,为了服从体系本身的逻辑自洽,也不得不被牺牲掉了。还有些时候,体系性的方法在简化问题解决思路的同时,也减少了问题解决的可能性。② 离开了体系的观点,就如同失去了依赖成性的手杖而不知如何走路。

上述对体系化的反思,主要是出现在刑法教义学理论高度甚至过度体系化的德国刑法学中。但是,在某种程度上,可能也是未来中国刑法学发展到高级阶段之后,不得不面对的问题。梁根林教授在讨论责任主义原则时曾经指出,如果将"刑法视为与变动不居的社会现实或者国家治理的客观需要无涉的自给自足的规范体系,沉湎于由古典犯罪阶层体系所发展起来的体系性、逻辑性思考,虽然其合体系性与合教义性的逻辑演绎结论可能无懈可击,但这种唯美主义的体系性思考,无视刑法生

---

① 许德风:《法教义学的应用》,《中外法学》2013 年第 5 期。
② Roxin, Strafrecht AT, 2006, §7D, Rn. 38ff.

活于其中的现实世界解决问题的客观需要",可能反而会使得理论丧失生命力,因缺乏实践解释力而被不恰当地否定。① 因此,在研究视野上,不能排他性地陷入到一种"法教义学拜物教",要让法教义学的发展不至于盲目地飞行,这就需要在注重理论的精细化、体系化和自洽性的同时,保持与社会生活的沟通,重视刑法的社会任务的实现。

就此而言,针对法教义学的一些批评,诸如陈瑞华教授所说的:"坚持一种过于自负的理性主义立场,将某种原则和价值套到各种经验事实之上,而不是根据经验和事实来提出和发展法律概念和理论。这很容易出现法律理念的意识形态化,甚至走向危险的教条主义之路。"②虽然说这实际上是一个针对未来的批评,但是与德国刑法学者的自我反思一样,也能够对当下法教义学研究起到警醒的作用,帮助中国刑法学者以一种未雨绸缪的心态保持足够的清醒,有助于法教义学在保持优点的同时克服弊端,以实现更好的发展。

(三)社科法学的挑战?

针对法教义学的第三类批评,是在所谓法教义学与社科法学之争的框架下出现的。③ 此类批评近年来在国内学界颇为流行,尽管它有社科法学"寻衅滋事"的意味,但是由此引发的一些深层次思考,值得认真对待。

法教义学与社科法学之间存在对立吗? 按照我一贯的理解,两者之间没有真正意义上的冲突。我曾经在一篇文字戏谑但意思诚恳的文章中,将法教义学比作少妇,将社科法学比作少女。"少女天真烂漫,无所

---

① 参见梁根林:《责任主义原则及其例外》,《清华法学》2009年第2期。
② 陈瑞华:《刑事诉讼的中国模式》,北京:法律出版社,2010年,第4页。
③ 参见苏力:《法条主义、民意与难办案件》,《中外法学》2009年第1期;苏力:《中国法学研究格局的流变》,《法商研究》2014年第5期。

羁绊,任意恋爱,总能在那向着自由最大化边界的探求中,获得精神上的愉悦和满足。一旦身为人妇,就有了许多规矩,生儿育女,照顾家庭,尘世中的柴米油盐,牵绊无处不住。再优雅的女人,也是戴着枷锁跳舞。"这里的"枷锁",当然就是指实定法。法教义学以法条为逻辑起点,论据、论证以及结论,都不能与实定法相冲突,因此是"戴着枷锁跳舞"。相反,社科法学并不受法条的羁绊,法条既不是它的逻辑起点,也不是它的必达目标。

法教义学除了追求理论体系自身的自洽性,也要接受能否有效指导本土司法实践的检验,主要是指能否为解决具体案件提供一般性规则。而这一点,通常并不是社科法学的研究目的和兴趣所在。社科法学更关心与法律有关的各种社会现象,运用社会学、经济学等学科知识进行描述与分析,但既不下落到具体案件的裁判论证中,也不提供司法适用的一般性规则。"少妇们的劳作维系着法律帝国的运转,在这片苍穹笼罩之下求自由。而处在这片苍穹之外的少女们,对这个帝国没那么多敬畏,她们只是把它当做一个观察的对象,她们的目光更遥远,好奇更彻底,笑声更自由。"就此而言,法教义学与社科法学是处在实定法苍穹内外的两种不同的知识形态;或者说,是观察法律的内部视角与外部视角之别。不同的学者基于不同的理论兴趣和知识背景,进入不同的领域,站在不同的视角,运用不同的方法,研究不同的问题,本无所谓法教义学与社科法学之争。

不过,世界上大多数争论,常常缘起于定义。例如,在苏力教授眼中,社科法学的研究兴趣和对象覆盖了法教义学。"社科法学是针对一切与法律有关的现象和问题的研究,既包括法律制度研究、立法和立法效果研究,也包括法教义学关注的法律适用和解释,主张运用一切有解释力且简明的经验研究方法,集中关注专业领域的问题(内在视角),同时注意利用其他可获得的社会科学研究成果,也包括常识(外在视角)。"①按此界定,在具体案件的分析上,法教义学与社科法学的研究出现了重叠。这样一来,苏力教授就令人热血沸腾地营造出了法教义学与社科法学赤膊对决的气氛。"社科法学必须进入其实也已经进入了刑法和民法这些传统法教义学固守的核心阵地……更必须准备好在部门法的每一个街角、每一座高楼同法教义学展开厮杀,准备自己倒下,但也要等着看最后是谁倒下。"②

其实,谁倒下并不重要。重要的是,不能耽误了给司法实践输送具有实操性的规则。这才是法教义学的任务,而不是陪社科法学打 CS。显然,即使同样是个案研究,法教义学与社科法学对研究任务的理解也是不同的。对法教义学来说,个案研究的核心任务是在法律框架内阐明或创设一般性规则。这些规则不是在个案中任意考量和适用的政策性表达,而是既需要在法理上明确其内涵,也需要在司法实践中保持规则适用的统一性。作为能够涵摄各种案件事实的上位规则,在某一个案件中适用时所赋予的内涵,必须要能够保持逻辑一致地、普遍化地适用于其他个案。由此,才能在一个以刑法典为前提的司法语境中,维护法律的统一性和安定性。与之相对,社科法学的个案研究,往往不看重提炼一般性规则,③而是强调——运用经济分析的单一工具或者实用主义地综合运用各种工具——具体问题具体分析。简言之,更看重个案权衡是否合乎目的。这里的合乎目的,就是考虑判决将会影响到的利益变化,

---

① 苏力:《中国法学研究格局的流变》,《法商研究》2014 年第 5 期。
② 苏力:《关于问题意识的对话》,侯猛编:《法学研究的格局流变》,北京:法律出版社,2017 年,第 27 页。
③ 但是,一些有能力提炼规则的所谓社科学者,实际上已经在从事创造教义的工作了。例如,苏力教授提出的"海瑞定理"以及"独生子女不适用死刑"等等,即使有些教义因为超越了法律而不属于法教义学,但至少属于教义学。

或者说,一种后果主义的考量。

由此,在个案研究领域,出现了法教义学与社科法学的第一个冲突。究竟是着眼于法的安定性,强调规则之治,还是看重具体后果,关心个案的纠纷解决?这个看似方法论和视角的差异,实际上涉及一个法哲学层面的经典问题。

拉德布鲁赫曾经指出:"公共利益、正义和法的安定性共同宰制着法——这种共同宰制不是处在紧张消除的和谐状态,恰恰相反,它们处在生动的紧张关系之中。这种紧张关系只能通过妥协,通过相互的牺牲而间或地能够得到缓解。"①如果把这里的公共利益进一步做松弛化理解,视作整体利益的后果主义考量,那么,利益或后果导向的个案研究,与法教义学的规则导向的个案研究的差异,在法的价值层面上,就表现为合目的性与法的安定性(以及平等适用的正义性)之间的紧张关系。对此,拉德布鲁赫的看法是:"除了法的安定性之外,还涉及另外两项价值:合目的性与正义。在这一价值序列中,我们把为公共利益的法的合目的性放在最后的位置上。绝对不是所有'对人民有利的东西'都是法,而是说凡属法的东西,凡是产生法的安定性和追求正义的东西,最终都是对人民有利的。法的安定性,是任何实在法由于其实在性而拥有的特性,它在合目的性与正义之间占有颇受注目的居中地位:它一方面是为公共利益所要求的,但另一方面也为正义所要求。或者说,法应是安定的,它不应此时此地这样,彼时彼地又那样被解释和应用,这同时也是一项正义的要求。"②

在法的安定性、正义与合目的性的价值序列上,拉德布鲁赫将合目

---

① [德]古斯塔夫·拉德布鲁赫:《法律智慧警句集》,舒国滢译,北京:中国法制出版社,2001年,第18页。
② 转引自舒国滢:《法哲学:立场与方法》,北京:北京大学出版社,2010年,第188页。

的性放在最后,而把法的安定性的价值放在优先于合目的性的位置上。"法律规则的存在比它的正义性与合目的性更重要;正义和合目的性是法律的第二大任务,而第一大任务是所有人都认可的法的安定性。"①引用拉德布鲁赫并不是由于"名人名言",而是他讲出了不能将合目的性放在价值序列首位的重要理由。在拉德布鲁赫笔下,对于什么是合乎目的的公共利益,始终抱有一种警惕的心态。在他看来,如果认为对人民有利的就是法,"这意谓着:任性、背约、违法,只要对人民有利,就是法。这实际上是说:掌握国家权力者自认为对社会有益的事,独裁者每一次的突发奇想和喜怒无常的脾性,没有法律和判决的惩罚,对病弱者的非法谋杀,如此等等都是法。还可能意味着:统治者的自私自利被当作为公共利益看待。故此,将法与臆造的或杜撰的人民利益相提并论,就把法治国家变成了一个不法国家。"②这段话时隔虽久,但并未过时,特别在当下的中国法治环境下,更加振聋发聩。它尖锐地指向了各种后果主义的分析:在法律之外,谁是判断后果好坏的有权主体?在以社会效果或利益最大化之名来给个案定调时,解释者把自己想象成谁的化身?又如何控制其中潜伏的恣意化风险?

早在十多年前,苏力教授在《送法下乡》中敏锐地提出:"法院的基本职能究竟是落实和形成规则(普遍性地解决问题),还是解决纠纷(具体地解决问题)?或者在两者不可偏废的情况下以何为重,并将向哪个方向发展?"③这一问题的丰富性,特别是对于基层法院而言,迄今仍有意

---

① [德]古斯塔夫·拉德布鲁赫:《法哲学》,王朴译,北京:法律出版社,2005年,第74页。
② 舒国滢:《法哲学:立场与方法》,北京:北京大学出版社,2010年,第188页。
③ 苏力:《送法下乡——中国基层司法制度研究》,北京:中国政法大学出版社,2000年,第176页。

义。侧重规则之治还是纠纷解决,也同样适用于这里的提问。不同的是,法教义学与社科法学不是审判实践,而是一种面向实践的学术研究;回答问题者也不是法院或法官,而是学者。因此,面对一个已经发生的案件,如果一个社科法学的个案研究者把自己想象成法官,在文章中仅仅展示自己是如何分析具体事实细节去解决特定纠纷,但却没有从个案中提炼出一般性规则,那么,这种研究的实践意义是相当有限的:它既不可能有助于那个已决案件,也难以为其他案件的审理提供帮助——因为按照它的主张,每个案件的事实细节都是不同的,当然也就不能相互照搬,重要的不是规则或教义的适用,而是具体问题具体分析。但问题是,研究者展示的那种细致漂亮的个案分析,实际上只能由研究者本人完成,对基层法院的法官来说,至多是看个热闹而已——显然,如果大多数法官都有能力这样分析,这种研究也就没学术发表价值了。于是,这种不提供规则只展示分析过程的个案研究,最后可能连看热闹的实务工作者也散去了,只能萎缩成学界内部感叹其分析能力的一种孔雀亮屏。但与它表面上声称非常重视的司法实践,其实已经没有多少关系,更难以实现它所期待的那种指导功能了。

与上述差异密切关联的,法教义学与社科法学另一个可能的冲突,就是在个案分析时对待实定法的态度。按照苏力教授的说法,社科法学的个案研究,是运用"本领域的相关知识、相关制度机构的权限、历届和本届政府的政策导向,可能的当下和长期效果、社会福利,影响本领域的最新技术或最新科研发现,眼下的突发事件等,甚至法律、规范和教义在这里是作为事实之一在法律实践中必须给予足够的关注,却从来不是必须不计代价予以恪守的天条或教义"。这样的个案研究,在苏力教授看来,就与法教义学的个案研究存在冲突。"由于法教义学和社科法学各自将对方的核心考量仅仅作为自己的考量因素之一,就此而言,两者看待法律和世界的方式一定是尖锐对立的。"[①]这里需要澄清的是,所谓法律"仅仅是考量因素之一",到底是什么意思？如果说,社科法学是在个案分析时建议法官,可以为了更重要的社会效果而抵触或者突破现行的实定法,那么,法教义学与社科法学之间的对立,就是真实存在且不可调和的。源于这种根本性对立,也难以争论出什么有价值的成果。

但是,如果说,社科法学的个案研究,也愿意接受不与现行法相冲突这一底线,那么,双方所谓"尖锐对立"就是表象。因为,法教义学在解释法律和创设规则的过程中,既会受到道德、哲学、历史以及价值观的影响,也同样会考虑政策、效果、福利等因素。对于一个法教义学研究者来说,这些都是他在编织那条套向法条的绳索时选用的各种材料。如果说与社科法学研究者有点不同,那可能就是使用材料的目的:各种理论材料和知识资源的选用,都服务于有说服力地铺设通往实定法之路。所谓"法律作为核心考量",更多地是表现在,研究者使出各种解数尽情表演的时候,不能跳出实定法的舞台。在球场上踢球的,可以是逻辑或经验,可以是统计数据或后果主义,但是,行使边裁功能,监督研究不得出界的,只能是实定法。只要在不突破实定法这一点上有共识,那在此基础上,就什么问题都可以争论。

综上,在大多数情况下,法教义学与社科法学的研究对象不同,视角方法有别,但不存在矛盾和冲突。当社科法学进入到司法领域,当两者都聚焦于个案分析时,只要社科法学不突破实定法的边界,那么,"天高任鸟飞",它与法教义学之间也不会产生实质性的冲突。无论是强调逻辑还是经验,是塑造一般性规则追求法的安定性,还是解决具体纠纷寻

[①] 苏力:《关于问题意识的对话》,侯猛编:《法学研究的格局流变》,北京:法律出版社,2017年,第17页。

求利益最大化或重视后果,都是在实定法的苍穹之下,呈现了各自展翅翱翔的不同轨迹。真正意义上的势不两立,只有在社科法学的论证或结论违反实定法时才会出现。

(四)无力回应疑难案件?

针对法教义学的第四类批评,是法教义学只能解决常规案件,面对疑难案件却束手无策。针对疑难案件,需要通过借助法学之外的其他知识资源,包括经济学、政治学、社会学等各种理论,才能给出解决方案。

例如,苏力教授认为:"刑法教义学只能有效解决大量常规案件,对于像许霆案这样的难办案件或者其他疑难案件,脱离了政治性判断和政策考量或者脱离了整个中国政治制度运行模式的刑法教义学分析就基本失效,分析结论也显得武断。"①在我看来,上述说法恰恰反映了对法教义学的误解。这里所谓"常规案件"与"疑难案件"的界分,其意义是有限的。如果常规案件指的是依照法律的明确规定,明晰无误地指向案件事实,没有任何争议就可以得出结论的案件,那么,这种简单案件的处理,本来也不需要一个专门的法教义学的研究,甚至不需要任何理论,只要受过基本教育,具备一般的理解能力就可以了。在这个意义上,甚至连法学院的设置都无必要(苏力教授所说的"不需要法律人思维"也能摆平的,主要是指向这种案件)。

但是,这种不需要太高专业门槛、普通人一望可知的简单案件,绝不是一些论者所说的占到案件总量的大比例数,恰恰相反,实际数量是非常稀少的。对于绝大多数法条,几乎都需要对整个法律体系熟悉掌握之后才能作出正确妥善的解释;绝大多数案件,也都需要裁判者的目光在

---

① 苏力:《法条主义、民意与难办案件》,《中外法学》2009年第1期。

法条规范与案件事实之间来回流转,既要戴着规范的眼镜来确定和剪裁案件事实,又要为特定事实寻找合适的法条和教义学规则。当然,浸淫多年的解释者或司法者对此会有更高的体会,但是,特定人士的娴熟不等于对所有人的简单(想一想"无他,唯手熟尔"的卖油翁,以及"以神遇而不以目视"的庖丁)。

如果说这些案件是"常规案件",那也仅仅是因为,论者已经熟悉了法律解释和事实认定的一些基本套路。但是,不要忘记,这些看似平常的基本知识和套路,一开始也是被人努力创造出来的。不能站在前人创造出来各种教义学知识的基础上,吸收殆尽之后,而浑然不觉地以为是自己天赋异禀,生而知之(套用一句时髦语表达,"哪有什么岁月静好,都是因为有人替你在负重前行")。在这个意义上,世界上根本没有什么常规案件与疑难案件的本质主义区分。所有的常规案件刚出现时,都可能是疑难案件。而随着研究深入展开,针对疑难案件形成一般性规则之后,所谓疑难自然就消失了。以后再出现类似案件,就都属于可以适用一般性规则解决的常规案件了。

例如,德国在没有出现"癖马案"之前,也没有理论规则去应对,但是癖马案带动了学术研究,催生了期待可能性理论甚至规范责任的持续发展,并进一步反哺实践,如今就算再出现癖马案,谁又会觉得那是一个"疑难案件"呢?国内学界的情况也是如此。以经常被举出来的许霆案、李昌奎案、快播案、于欢案等所谓疑难案件为例,它们之所以被评价为"疑难",仅仅是因为,在它们出现时,法教义学上(更准确地说,是国内学者掌握的法教义学)还没有可以充分回应的规则。但是,创造生产法教义学知识的一个主要径路,本来就是在新案件的刺激下,在理论上发展出新的一般性规则,然后推而广之,适用于同类案件。许霆案推动学者去深入研究占有的概念以及 ATM(自动取款机)的"预设的同意";李昌奎案推动学者去研究"邻里纠纷"与"手段残忍";药家鑫案推动学者去研究独生子女的死刑限制;快播案推动学者去关注中立帮助行为与不作为犯的保证人义务。随着研究的深入,教义学上逐渐发展出一般性规则并形成通说,实践中的处理方案也必然形成稳定的预期,在这种情况下,即使再多的许霆案出现,还会有人认为那是让司法者不知所措的疑难案件吗?它们早已经"常规"了。

在这个意义上,尽管法教义学的个案分析与社科法学的个案分析一样,在所谓疑难案件出现时,可能会有旧的教义无法回应的情形,但是,疑难案件恰恰如一个个催化剂,催生了新的教义学补丁,从而为以后的类似案件提供了解决方案,使得疑难案件逐渐变得常规。因此,认为法教义学只能处理常规案件而无力解决疑难案件的观点,显然是对法教义学的误解,也缺乏一个动态的、发展的评价视角:只看到旧的教义在新问题面前捉襟见肘,却看不到正是新问题在不断地催生新的教义。就此而言,没有疑难案件,就没有法教义学。法教义学的任务,就是通过对一个个疑难案件的研究,创造出足以应对此类案件的理论观点,为司法者提供一般性规则。简言之,不断地变疑难案件为常规案件,这本来就是法教义学的"初心"。

由此会引出另一个相关的问题,那就是纯粹的法教义学,有能力来应对疑难案件吗?

质疑法教义学处理疑难案件的能力的观点,在国内外学界都不鲜见。桑本谦教授以阿列克西的法律论证理论为靶子,试图把所有与道德论证相关的法律论证理论,以及在方法论上包括法律论证理论的法教义学,"打击一大片"。"当法官从实在法范围内无法获得令人满意的判决结果时,应当求助于社会科学的论证,而不是道德哲学的论证,后者无力为法律疑难问题提供决策方案,充其量也只能够大致满足公众寻找正当性依据的心理需求。"① 孙海波博士提出:"传统法教义学理论强调在法教义学内部进行形式化的解释和推理,尽可能避免或减少对规范性价值预设的质疑和挑战,以此最大限度地维护法秩序的安定性和可预期性。面对疑难案件时它却显得力不从心,由此导致的一个危险倾向便是认为对疑难案件的裁判,必须引入诸如经济的、政治的或道德的方法才能解决,从而否认了疑难案件中裁判结果的法律属性。"② 类似的观点,在国外学界也颇有市场。"在不同程度上,疑难案件裁判不被视为法律实践,而是被视作非法律的、政治的、经济的、道德的或者其他性质的自由裁量。越来越多的观点声称疑难案件的裁判任务属于其他学科如经济学、法与经济学、政治学及日益繁荣的法律与政治研究的领域。"③ 上述质疑,都是认为在疑难案件面前,法教义学无能为力,只能依靠其他非法律领域的知识,进而否认裁判结论的法律属性。

在我看来,上述质疑针对的是一种已经过时的、陈旧的教义学观念。法教义学的当代发展,已经从过去那种科学面向的、唯体系化的、纯粹依靠概念和逻辑推理构建起来的法教义学,转向为实践和经验面向的、融合了多学科知识、包含了目的、利益和价值判断的法教义学。法教义学发展之初,曾经以历史法学、概念法学的面目示人。萨维尼站在历史法学派的视角,试图建构起能解决实证法的变幻不定以及权力依赖问题的法教义学。普赫塔在萨维尼体系概念的基础上进行了一种彻底的形式化建构,即将法条之间的有机关联转化为概念的逻辑关联。由此,法律

---

① 桑本谦:《法律论证:一个关于司法过程的神话》,《中国法学》2007年第3期。
② 孙海波:《在"规范拘束"与"个案正义"之间——论法教义学视野下的价值判断》,《法学论坛》2014年第1期。
③ [德] Ralf Poscher:《裁判理论的普遍谬误:为法教义学辩护》,隋愿译,《清华法学》2012年第4期。

科学的任务就变成了一种谱系学的考察:通过形式逻辑的涵摄和演绎向上追溯至法条的原则,并且从原则下降到法条最远的支脉上。① 陈辉博士描绘了普赫塔的设计理念:"通过参与他构建的所有中间环节,能够向上和向下追踪每一个概念的起源;通过这样的'概念阶梯',人们获得其'成体系的认识'。"②

但是,传统法教义学的观念理解中存在的问题,早就为学者们所认识。以刑法教义学为例,正如冯军教授指出的,传统刑法教义学把刑法秩序解释成封闭的体系,认为仅仅从刑法典中就能找到解决一切现实问题的答案,否定了刑法秩序的开放性,没有根据社会的发展来丰富刑法规范,容易使刑法规范丧失处理现实问题的活力。③ 事实上,从学术发展史来看,这种基于科学主义理念的"概念—逻辑体系"取向的法教义学在耶林之后发生了转向。在耶林眼中,传统的科学面向的、过度形式化的、抽象化的教义学体系跟生活、实践脱离了关系。"像通过寻找化学元素一样寻找法律概念,并且试图通过化学式化合的方式构建法律语句,或者试图给法律加上逻辑的光环,将法学作为'法律数学'来演绎,这些个疯狂的想法是不成熟的表现。套用耶林自己的话说:'生活不是概念,毋宁概念是由于生活而存在。不是逻辑而是生活、交易、法感预设要发生的事情'。"④

在概念法学之后出现的利益法学、目的法学等等,已经改变了传统意义上那种科学面向的、逻辑封闭的教义学面貌。现在面临的迫切任务是,如何在科学面向的法教义学与实践面向的法教义学之间找到最佳的

---

① 参见陈辉:《德国法教义学的结构与演变》,《环球法律评论》2017 年第 1 期。
② 陈辉:《德国法教义学的结构与演变》,《环球法律评论》2017 年第 1 期。
③ 参见冯军:《刑法教义学的先行思考》,《法学研究》2013 年第 6 期。
④ 陈辉:《德国法教义学的结构与演变》,《环球法律评论》2017 年第 1 期。

契合点:既要维系科学面向的法教义学带来的法的安定性、确定性或者说规范正义的优点,同时也要让目的、利益和价值考量因素进入,以避免概念与生活实践的割裂。简言之,在考虑目的、利益、政策、价值等因素的基础上,仍然要确保法律论证和结论的安定性。①

当代刑法教义学的发展,正在努力探索这方面的径路。其发展趋势,是拒绝一个封闭的刑法教义学体系,而更加重视刑法的社会任务。刑法教义学不应当奠定在各种本体性的"事物本质"之上,而是要从刑法的目的设定中推导出刑法体系的构造。换言之,不能从无体系走向体系封闭的另一个极端,让体系的封闭性阻碍了问题的解决。完全从概念和体系出发的科学面向的刑法教义学,在面对实践生活时,常常会产生事理上难以令人满意的结论。而令人满意的结论,往往是从理解现实的价值中引导而出,并不是存在本身就能自动回答。因此,原本以存在论为基础的体系,在最近几十年中出现了功能主义的倾向。②

这种变化,是刑法教义学的一种自我进阶,是要努力回答这样的问题:"我们运用精致的概念精心构建了教义学,而教义学中这种体系化的精工细作是否会导致在深奥的学理研究与实际收益之间产生脱节?"因此,让刑法的社会任务在刑法教义学体系中发挥作用,贯通刑法的社会任务与法教义学体系之间的鸿沟,就形成了当代刑法理论的功能主义导向。"一种能够在体系内正确处理现实问题的刑法教义学,总是在对刑法规定的理解和阐释中包含着历史和现实的沟通。……确保刑法规范

---

① 为此提供的解决方案,包括菲韦格的论题学,阿列克西的法律论证理论等等,陈辉博士提出,维亚克尔在以概念法学为代表的科学面向的法教义学和以利益法学为代表的实用、实践面向的法教义学之间建立一种并列的、无矛盾可能性的基础上,进一步通过"诠释学循环"的结构让两者各自发挥功能实现互补。参见陈辉:《德国法教义学的结构与演变》,《环球法律评论》2017年第1期。
② 参见车浩:《阶层犯罪论的构造》,北京:法律出版社,2017年。

的纯洁,是指不允许把与刑法规范相矛盾、相对立的东西通过解释强加到刑法规范中,而不是指不允许根据刑法的原则、原理和社会进步来丰富刑法规范的内容。"[1]在对历史、现实和社会进步的理解过程中,政治的、经济的、道德的、政策的思考,或者其他性质的裁量因素,完全可以经由整合,转换成法律话语,导入教义学体系中,而无需游离在教义学之外,再另外自命为一种非法教义学的思考模式。

(五) 法教义学"名存实亡"?

与上述法教义学能否应对疑难案件的疑问密切相关的是,所谓法教义学在处理疑难问题时的开放性,或者说,对于其他学科知识以及各种利益、价值因素的吸纳是如何实现的? 而一旦吸纳了这些因素,法教义学还能保持纯粹性,与其他非法律的论证方式相区分吗?

贺剑博士曾以汉德公式在德国民法评注中的境遇,说明了经济学知识在法教义学领域中的运用。"对于能否依汉德公式来判定《德国民法典》第276条的过错,主流学说包括法律评注均持否定态度,因为法官在实务中无法对这一公式中的相应变量完成赋值计算。但支持者亦有之,如《帕兰特民法典评注》自1989年以来就主张,至少在财产侵权当中,过错的认定不妨借鉴汉德公式。这一主张后来得到了部分评注的响应,并且至少已在一个案件中得到了州一级高等法院的认可。"[2]笔者在讨论刑法上的占有概念时,提出"占有的成立必须以事实控制力为必要条件,以规范上认同度的高低作为判断占有归属的标准"的观点。在论证这一规则合理性的过程中,也运用了法律经济学的分析予以支持。简言之,在判断占有成立时,如果否认事实控制力对占有成立的必要性,会导致

---

[1] 冯军:《刑法教义学的先行思考》,《法学研究》2013年第6期。
[2] 贺剑:《法教义学的巅峰:德国法律评注文化及其中国前景考察》,《中外法学》2017年第2期。

一系列高成本、低效率的结果;在判断占有的归属时,如果不考虑规范认同度的高低,而仅以事实上控制力的大小强弱作为决定标准,会提高犯罪激励,增加发案率,也将增大社会成员之间的交易成本,促使整个社会朝着高成本、无效率的方向运作。① 这也是运用经济分析进行法教义学规则论证的一个例子。

如果说经济分析进入教义学领域至少得到了部分支持,那么,对于社会学理论在法教义学的运用,受到的质疑较相对多一些。例如,贺剑博士认为:"法社会学研究对于法教义学甚少助益,原因有二:其一,法律解释尤其是疑难法律问题的解决多数时候关乎价值判断,法社会学所擅长的事实判断在此难有作为;其二,法社会学研究通常偏于宏大,无法为具体制度的解释提供直接有用的信息。"在他看来,社会科学之于法学,其作用通常仍仅限于"装点门面"而已。② 不过,笔者对此有不同的看法。在诠释刑法上的"扒窃"概念时,笔者提出了"贴身禁忌"的理论,只有当盗窃对象处在被害人贴身范围之内时,该盗窃行为才能被评价为扒窃。因为此时,行为人不仅侵犯了被害人的财产,而且未经允许进入到他人贴身范围内,这一点触犯了一种法理和社会观念上关于人的身体之隐私与尊严的"贴身禁忌"。③

这个想法,能够在生物社会学和身体社会学领域得到思想支持。那些放在贴身范围之内的财物,之所以不同于其他财物,就在于这些财物处于一个禁止他人侵入的空间,这个空间是作为一个生物体和社会体的

---

① 参见车浩:《占有概念的二重性:事实与规范》,《中外法学》2014 年第 5 期。
② 贺剑:《法教义学的巅峰:德国法律评注文化及其中国前景考察》,《中外法学》2017 年第 2 期。
③ 参见车浩:《扒窃入刑:贴身禁忌与行为人刑法》,《中国法学》2013 年第 1 期。

个人,对自己身体进行保护、避免与他人接触的最低界限和最后防线。[1] 按照身体社会学的最新研究成果,身体被看作社会的源泉、社会结构性特征的"定位场所"和手段,个体据此可以在情感上和生理上定位于社会、定向于社会。[2] 身体具有沟通和表达的功能,它不是一具简单的肉身,而是人们履行各种社会约定、承担各式社会任务的工具,也是在特定的场合、以特定的方式拒绝他人的工具。这些社会学理论的研究,不仅为笔者通过"贴身禁忌"构建"扒窃"概念带来了灵感和启发,也提供了令人信服的思想基础。这至少可以提供一个例证,即社会学知识可以融入法教义学知识的生产过程,成为规则创设的灵感来源和强力支撑。

又如,价值判断与政治分析是否难容于法教义学?对此的回答也是否定的。许德风教授认为,一方面应当区分法教义学与价值判断,另一方面也要重视价值判断断的论证规则。后者是将价值判断本身纳入法律应用过程的规则,是法教义学的重要部分。在他看来:"在司法过程中,裁判者可能需要在适用法律的每一个环节都处理价值判断问题。但在强调价值判断与法教义学二元区分的情况下,价值判断必须通过特定的程序和论证过程才能作为裁判的依据。"[3]在刑法理论中,学者在构建教义学规则时,常常会自觉或不自觉地依托于自己的价值立场。就如同法条承载着立法者的价值立场一样,针对解释者的不同观点,一路追问下去,也会发现规则背后隐藏着解释者的价值判断。例如,如何处理基

---

[1] 参见[英]莫利斯:《亲密行为》,何道宽译,上海:复旦大学出版社,2010年,第86—87、145页。
[2] 参见[英]克里斯·希林:《文化、技术与社会中的身体》,李康译,北京:北京大学出版社,2011年,第14、30—42页。
[3] 许德风:《论法教义学与价值判断》,《中外法学》2008年第2期。

于错误的被害人同意的效力？法律上缺乏明确规定,只能依赖于教义学规则。对此,存在着"全面无效说"与"法益错误说"的不同观点。这两种教义学规则的构建,隐含了某种非逻辑性的价值选择,即刑法家长主义应如何对待人身法益商品化的问题。而向更深处探寻的话,这一问题实际上涉及解释者在自由主义或保守主义这种基本价值立场上的倾向。

如果解释者是一个彻底的自由主义者,坚持国家在价值观上必须保持中立,坚决维护自我决定权的自由行使,将人身法益的交易也看作一种个人自主决定的自由,那么,作为"家长"形象出现的刑法就应该充分保障这种交易自由,最终在教义学层面,就会支持"全面无效说";相反,一个在自由问题上偏向保守主义立场的解释者,可能对人身法益的商品化和器官的自由买卖忧心忡忡,进而主张刑法对这些做法至少不应表现出支持的态度,也就是不应该用刑罚手段为这些"堕落的"行径保驾护航。这种基础上的刑法家长主义,会坚持有所为有所不为,拒绝为自我决定权提供无节制的保障。最终,在教义学层面,就会认同对被害人的错误进行选择性保护的"法益错误说"。[①] 由此可见,尽管具体的结论常常可以溯源到解释者的价值立场上面,但是,在解释者的价值立场与具体问题的结论之间追溯的过程,并不是两点间的直接连线,而是必须经由一系列可反复检验的教义学规则的管道,使得抽象的、隐含的价值观逐层被具体化和传递出来。

上述讨论旨在说明,经济、社会、政治知识以及价值、政策、利益的考量,完全可以进入法教义学中,成为锻造理论规则的得力材料。因此,那种把法教义学与其他学科和领域的知识完全割裂甚至对立化的想法,是过分夸大了法教义学的封闭性,而对于发生在法教义学生产车间中的熔

---

① 参见车浩:《自我决定权与刑法家长主义》,《中国法学》2012年第1期。

铸各种因素的工艺流程,不甚了解或者视而不见。

由此进一步深入,需要回答的问题是:既然法教义学可以吸纳多学科知识,融入价值、政策、利益的考量,那么,它与经济分析、政策考量、后果评估甚至政治判断还有实质区别吗?在一些学者眼中,这其实就已经等置了。例如,苏力教授认为:"如同中国的一些法教义学研究者倡导、主张和努力的那样,坚持其学术开放性,注意吸纳有关法律的多学科经验研究的知识和成果,以各种途径或设置甚至伪装将法律的系统社会后果考量纳入法教义学分析或话语系统中,在这个不断自我修改、吸纳和融合过程中,华丽转身,实际变成了社科法学。它还完全可能'成功'保留其教义法学的名号,尽管衣钵没了。"①但是,这种看法又走向了另一个极端,它过分地夸大了法教义学的开放性,以至于将其想象成一个同时容纳法律、经济、政治、社会等多学科知识自由流通、任意出入的百货市场。这同样是对法教义学的误解。它虽然吸收了其他学科的知识和营养,但就像希腊神话中的米达斯国王之手,可以点石成金;凡是指过之处,就将那些非法律的因素重新整合,融入法教义学的脉络之中,赋予与原有的非法律判断不同的独立意义。

进一步而言,法教义学依靠规则解决疑难案件,具有独特的保障正义的品行。在面对所谓简单的常规案件时,由于实定法或者逐渐发展起来的、得到普遍承认的教义学规则已经提供了明确的答案,因此裁判结论及其正义性是易于实现的。但是,在法律没有明文规定,同时也没有现成的教义学规则可供使用的场合,一些案件就因此变得疑难起来。真正困难的问题,其实并不是凭借哪些知识得出结论,而是

---

① 苏力:《关于问题意识的对话》,侯猛编:《法学研究的格局流变》,北京:法律出版社,2017年,第28页。

如何保障得出的结论是公平的，不会丧失法的正义性。此时，距离非常重要。一项公平的裁决，就要求裁决人与具体当事人的直接经济、政治或道德利益保持距离。"通过设置具有教义学结构的法律论证场域，即使在法律不确定的案件中，法律也能制造这样的距离。教义学路径为开放性法律问题之解决创造的距离是疑难案件裁判公平性的特殊实现形式。"①

Poscher敏锐地指出，人们之间的实质冲突与法律本身无关，它们只有经过法律系统的转化才成为法律纠纷。由于法律论证场域与作为法律纠纷根源的、实质性的、现实世界的非法律问题保持了距离，这样一来，法院只是在法律论证场域之内对法律问题作出了裁决，而可以搁置根本性的实质问题。② 这就是法律论证场域的特殊性和独特价值：它一方面把社会冲突转化为法律纠纷，在法律领域内作出确定性和权威性的结论，满足人类社会解决具体纠纷的需求；但同时，又与作为法律纠纷根源的、实质性的、现实世界的非法律问题保持适当距离，它不像那些政治、经济、政策性的论证试图根本性地为现实问题定调，而是保证了多元价值下社会发展及其争议的开放性，让社会在一个可以持续更新、保持争论和挑战，因而充满活力的轨道上运行。

之所以法律论证领域有这样的独特性，与它的法教义学的论证方式

---

① ［德］Ralf Poscher:《裁判理论的普遍谬误：为法教义学辩护》，隋愿译，《清华法学》2012年第4期。
② "即使法院已经对堕胎做出了裁决，他们也没有对道德问题做出决定；即使法院已经对某些环境监管政策做出裁决，他们也没有对全球变暖问题做出决定；同样，即使法院对经济调控做出裁决，他们也未对某种经济理论做出决定。非法律的实质性讨论依然保持开放性，即使法院已经做出权威法律裁决，公共的、科学的或学术的讨论也依然可以继续。"［德］Ralf Poscher:《裁判理论的普遍谬误：为法教义学辩护》，隋愿译，《清华法学》2012年第4期。

密切相关。不同话语领域有不同的论证场域和意义系统,有不同的证立方式。即使法律论证与经济分析、政策论证或道德论证能得出同样的结论,它们也因为论证方式的差异而不同。Poscher 认为,法律论证会考虑立法意旨和过往判例,将历史解释作为基本解释方法之一,从而与过去相关联,重视历史性、回顾性的时间向度。相反,政治论证常常因为决定的不连续性甚至颠覆性而显示其英明。与此相关的,裁判的一致性在法律领域非常重要。"这种一致性并不强调结果的一致性,而是论证的一致性。有关劳动法问题的司法裁决不必总是有利于工人或者有利于雇主。相反,结果的一致性将令人怀疑。必须保持一致的是教义学的论证,它为结果并不一致的不同司法裁决提供支持。法律的历史性取向导致了对法律论证前后一致的普遍要求,一个与先前论证不一致的论证或多或少存在问题。"①这一分析非常到位。它表明了法教义学论证规则相对于结论的意义。世界上不存在事实细节完全相同的案件,但是,存在指导人们理解和涵摄事实要点的一致性规则。法的安定性不是指结论的一致性,而是指可以论证出不同结论的规则或论证方式应当是一致的。

综上可见,法教义学可以吸纳多学科的知识,可以容纳利益和价值等因素的考虑。"切不可让法律评注沦为狭隘的法教义学故步自封、盲目排斥社会科学研究的万里长城。只要有适当的着眼于具体制度之适用的社科研究,就理应将其纳入考虑或予以接纳。"②但是这也不会因此就与其他论证方式混为一谈,丧失法教义学论证的特殊性。"将其他话

---

① [德]Ralf Poscher:《裁判理论的普遍谬误:为法教义学辩护》,隋愿译,《清华法学》2012 年第 4 期。
② 贺剑:《法教义学的巅峰:德国法律评注文化及其中国前景考察》,《中外法学》2017 年第 2 期。

语领域的论辩整合进法律论证场域是法律家的特殊使命,而不能由哲学家、经济学家或者政治学家代劳。"①

四、结语

"中国刑法学正在经历体系化、精细化、教义化与学派化的知识转型,这是我国刑法学真正走向规范科学的新起点。"②在当前中国刑法知识转型的过程中,法教义学是不可取代的核心关键词。它在立场上确立了刑法学研究的实定法导向,在方法论上有别于传统的文字注释性研究,强调从与实定法的逻辑关联中寻找概念和理论生存的空间。而这些认知,在很大程度上得益于德日教义学知识的引入,提供了在体系化和精致化程度上远超苏俄的教义学知识的对比模板。在学术开放的大背景中,去体会和把握引入域外教义学知识的重大意义,学习和掌握法教义学的方法,是理解当代中国刑法知识转型的重要维度。

刑法教义学的引入不意味着学术主体性的丧失,应当区分法教义学知识与法教义学方法。要仔细甄别域外教义学知识与中国刑法语境的兼容性,积极引入没有语境障碍的教义学知识,并运用教义学的一般方法创造立足本土的新教义。中国刑法教义学发展的当务之急是加强体系性,同时对未来可能出现的体系封闭和僵化保持警惕。社科法学的研

---

① 一些法律特有的论证,无法适用于其他领域的论证。例如,只有在法律论证场域中,根据教义学传统、先例和教义学的一致性进行的论证才能发挥作用。在政治或道德论辩中教义学论证是不合适的。而且,法律论证场域排除了某些论证参与法律论辩的可能。在这一点上最明显的是以政党立场或者日常政治见解为根据的实质性或策略性论证。如果一个特殊利益论证不能与制定法的立法意图或目的相关连,不能被转化为特定的法律论证,那么它就不能进入法律论证场域。参见[德]Ralf Poscher:《裁判理论的普遍谬误:为法教义学辩护》,隋愿译,《清华法学》2012年第4期。
② 梁根林:《犯罪论体系与刑法学科建构》,《法学研究》2013年第1期。

究不会对法教义学形成挑战,而是提供了资源和助力。法教义学有能力回应和解决疑难案件,在广泛吸收多学科知识以及充分考虑利益、价值的因素的同时,仍然保持法律场域中法教义学论证的独特性。法典化国家的历史现实,决定了法教义学是法学研究的主流范式,但绝非法学研究的全部;法教义学应当充分尊重其他法学研究方法,虚心学习、共同繁荣。当代中国刑法教义学的发展,虽然承受了来自不同角度的批评,但这些批评有助于推进法学研究的多元化,有助于廓清法教义学的真实面目,有助于刑法教义学的自我反思和不断进步。

第五章 市场观念与中国民法理论模式

薛 军[*]

本章并不试图概括从1978到2018年的40年中,中国民法经历了哪些发展,特别是制定了哪些法律,理论上的议题发生了哪些变化,学界围绕哪些问题展开了持久且深入的讨论,以及收获了什么样的共识。这并不是说相关的梳理、归纳和分析不重要,主要是因为学界类似的综述性的论述已经很多,而且相关的情况,作为一种常识,学界基本上都比较了解。在这里作者关注的重点是40年来,中国民法学界跟随主流的经济政策的变迁,给出相应的民法基础理论层面上的解读。可以说,没有哪个部门法如同民法那样,如此紧密地与中国经济体制改革的每一个阶段相联系。[①] 伴随着经济体制从计划经济到有计划的商品经济,再到社会主义市场经济体制的变迁,中国民法也经历了从最初其存在的必要性尚受到质疑的边缘状态,到1986年《民法通则》明确宣告民法的地位,到

---

[*] 薛军,北京大学法学院教授。
[①] 参见梁慧星:《中国民法经济法诸问题》,北京:法律出版社,1989年。

1992年以后迅速发展成为最重要、最有影响力的法律部门之一,[①]再到当下正在进行的中国民法典编纂,为建立社会主义法治国家奠定了基础。[②] 在我看来,中国民法之所以能够获得这种发展,与民法学者对这40年来中国经济体制改革的立法政策内涵作出持续性的解读,并及时在立法和理论研究上予以回应是分不开的。

无论"计划经济""有计划的商品经济"还是"社会主义市场经济",作为基本经济体制,都具有特定的民事立法政策内涵。在计划经济体制下,生产、交换和分配的环节,都受制于刚性的计划,私人自主的空间非常有限,民法存在的必要性当然会受到质疑。但是,当中国开始逐步抛弃纯粹的计划经济体制,引入市场因素的时候,民法学界立即准确地解读出这一经济体制改革中的民事立法政策内涵,紧紧围绕商品经济体制所要求的法律框架,建构相应的民事立法和理论体系,其成果即表现为1986年《民法通则》的制定。[③] 当1992年我国确立了建设"社会主义市场经济"的目标的时候,民法学界又一次对这一经济体制改革的民事立法政策内涵作出解读,提出建设与社会主义市场经济体制相适应的民事法律框架的目标。1993年制定《公司法》,确立了市场经济体制中最重要的市场主体的法律框架;1999年制定《合同法》,消除先前合同法体制中的具有计划经济色彩,与市场经济体制不适应的内容;2007年制定《物权法》,对作为市场交换之前提的财产归属秩序作出全面系统的规定;2009年制定《侵权责任法》,确定侵权损害赔偿的基本规则;2014年

[①] 参见苏力:《也许正在发生》,北京:法律出版社,2004年,第53—54页。根据他基于从1998到2002年期间的法学著述引证的研究,民商法学科是当前研究的热点,在他统计的50个学者他引最多的法学者中,民商法学者无论排名和总数,都是最突出的。

[②] 参见薛军:《当我们说民法典,我们是在说什么》,《中外法学》2014年第6期。

[③] 从商品经济的角度阐述民法的体系和基本框架,最典型的论述,参见佟柔主编:《中国民法学·民法总则》,北京:中国人民公安大学出版社,1990年,第31页以下。

提出全面系统的民法典编纂的任务;2017年3月15日颁布了作为未来中国民法典第一编的《民法总则》。当下,正在积极推进民法典分则部分的编纂。可以说,改革开放四十年来民法的发展,与民法学界对中国基本经济制度的立法政策内涵的持续不断的解读密切相关。

但不可否认,到目前为止,民法学界对作为中国当下基本经济体制的"社会主义市场经济"的民事立法政策内涵的分析和研究,仍然存在诸多方面的不足。

第一,民法学界对市场本身的性质、内涵,缺乏清晰和准确的认识。自1992年我国将社会主义市场经济确立为基本经济体制以来,民法学界虽然高度关注"市场",但是对市场的认识,却满足于接受经济学的视角,将市场看作是一种经济运作形态,缺乏从法学自身的视角去剖析"市场"本身所具有的法律制度性的内涵。① 由此导致的结果是,民法学界自觉或不自觉地把市场看作是某种外在于法律制度体系的、自足自发的机制,民事立法的任务不过是去"体现""适应"市场,或者与之"接轨"。民法学界对市场的这种认识,存在着对市场的法律内涵的某种错误解读,由此导致在定位民法与市场的关系时,存在误区。

第二,民法学界在解读"社会主义市场经济"中所蕴涵的民事立法政策内涵时,存在一定程度的片面性。对于"社会主义市场经济"这一政策表述,民法学界重视其中的"市场经济"这一与其他市场经济国家存在共性的方面。这种取向有其理由,因为市场调节机制的运用,毫无疑问是建构社会主义市场经济体制的基础和出发点,但如果因此而忽视这一表达中的个性因素,也即"社会主义"这一层面,那么对"社会主义市场经

---

① 市场作为一种基本经济机制,它不同于个别的、孤立的经济交换,市场如何能够发挥作用,发挥何种作用,以及在何种程度上发挥作用,这些都离不开具有系统性的政治、法律组织机制的界定和支持。在这种意义上,市场本身就是一种"制度"性的存在。

济"的民事立法政策内涵的理解,就很难达到准确和全面。事实上,到目前为止,并没有学者试图在民法基本理论的层面上来回答这样的问题,也即中国民法是否能够,以及(如果前一个答案是肯定的话)如何来体现基本政策表述中对"市场经济"所作出的"社会主义"这一限定。

第三,对"社会主义市场经济"究竟蕴涵了哪些民事立法政策,民法学界的认识和研究,缺乏发展的维度。即使我们承认,在20世纪90年代中期,民法学界对"社会主义市场经济"的民事立法政策内涵,给出了在当时的条件和背景下来看,可以认为是恰当的解读,但这并不意味着就一劳永逸地解决了这一问题。"社会主义市场经济"的内涵究竟是什么,事实上仍处于探索的过程中,并且随着时间的推移,其内涵也处于不断的丰富和发展之中。如果民法学界不能以一种发展的眼光来解读"社会主义市场经济"的政策内涵,仍然固执于多年前的认识,就可能与我国当下和未来的政治方针和政策导向发生偏离,也就不可能以具有前瞻性的眼光来引导目前正在进行的中国民法典的编纂。

所有这些缺陷,在根本上与一种在民法学界流传甚广的"自然主义"的市场观念存在联系。民法学界对"市场"的自然主义的理解,深刻地影响了中国民法学者对民法本身的性质、内涵、功能的界定,使民法学者将某种特定的民法模式,当成民法一成不变的本质,排斥在民法中进行充分的法律政策分析,以一种技术主义的学理姿态,试图超越政治性和具体的价值观立场。从这个意义上来说,破除民法学界中的"自然主义"的市场观念,是引导民法理论对"社会主义市场经济"的民事立法政策内涵作出准确解读的前提。

一、关于市场的两种基本观念

虽然经济交换在人类社会生活中很早就已经出现,但是当市场还没有作为一种基本的经济运行机制出现在历史之中时，人们就不会有意识地去建构某种关于市场的理论。在18世纪前后，随着西欧国家的经济发展，大规模的市场交换作为一种显著的经济现象开始出现在世人面前，理论界才开始尝试建构某种关于市场的理论。也就是在这一时期，对后世影响巨大的"自然主义"的市场观念开始发展起来，并且在各个学科领域产生影响。由于本文并非着意于去梳理关于市场的观念史，所以，在下文中将更多地采用韦伯所开创的类型化的分析方法①，通过对典型的市场观念的描述，来展开论述。

（一）自然主义"的市场观念及其内涵

"自然主义"的市场观念，其核心内容乃是认为市场在本质上是一种"自然的机制"（locus naturalis），它可以不借助于任何外在因素而自然生成和自发运作。虽然参与市场交换的是有意识的人，但是市场机制却超越于人为因素之上，是一种自发生成和自我塑造的体制，因此市场在本质上是自足、自洽的。② 需要指出的是，"自然主义"的市场观念，就其起源而言，来自于古典经济学家对市场如何发挥作用所作的分析，其中最具有影响的理论概括是亚当·斯密的"看不见的手"的理论。③

---

① 关于在社会科学研究中运用"理想类型"作为分析工具，参见［德］马克斯·韦伯：《社会科学方法论》，韩水法、莫茜译，北京：中央编译出版社，1999年，第50页以下。

② Cfr. N. Irti, "Concetto giuridico di mercato e dovere di solidarietà," in *Rivista di diritto civilie*, 1997, p. 186.

③ 关于"看不见的手"的理论，参见［英］亚当·斯密：《国民财富的性质和原因的研究》，郭大力、王亚南译，北京：商务印书馆，1972年。考虑到亚当·斯密在其他学科领域的著述，例如《道德情操论》，所表达出来的观念，他本人并没有试图将"看不见的手"这一经济学领域的理论，推演运用于其他学科，尤其是法学领域。从这个意义上来说，后来在法学领域中产生重要影响的"自然主义"的市场观念，并不能归结于他本人。关于亚当·斯密的法律思想，参见［英］坎南编：《亚当·斯密关于法律、警察、岁入及军备的演讲》，陈福生、陈振骅译，北京：商务印书馆，1962年。

在这一理论基础之上,古典自由主义和新自由主义的经济学家对市场机制的自发性和自足性,进行了进一步的论证。但是本文所要论述的自然主义的市场观念,并非站在经济学的立场上对市场机制本身的性能予以分析,而是着眼于那些以自然主义的市场观念为基础,在政治、法律、社会等领域作出的理论推演和运用。就此而言,哈耶克的理论值得特别的关注。与那些在经济学领域坚持自然主义的市场观念的经济学家不同,哈耶克特别着力于将作为一个经济学理论的自然主义的市场观念,扩展于经济学领域之外,并且以此为基础,试图发展出一套具有综合性的政治、社会和法学理论。由哈耶克提出并且加以论证的"自生自发秩序"学说①,在来源上仍然是经济学领域的"看不见的手"的市场观念,但是,在他的整个理论体系之中,这个学说又进一步演化为一种关于法的性质和内涵的一般理论。由于哈耶克学术生涯后期的论著对法律理论的高度关注,自然主义的市场观念在法学领域所可能具有的意味,也因此得到相对完整的展示。② 这主要表现在以下几个方面:

首先,自然主义的市场观念强调市场的非国家性。依据自然主义的市场观念的逻辑,市场机制是一种可以自我生成、自发运作的体制,因此从根本上来说,市场的运作不需要国家的介入,国家外在于市场,其任务最多是充当消极的守夜人。进而言之,作为一种"自然"的机制,市场也不应该受到具有时空特殊性的国家体制的约束,反而可以与特殊的国家体制形成张力,要求后者主动作出调整来与自己相吻合。市场与国家的

---

① 关于"自生自发秩序"(spontaneous order)观念,参见[英]弗里德利希·冯·哈耶克:《自由秩序原理》,邓正来译,北京:生活·读书·新知三联书店,1997年。
② 参见[英]弗里德利希·冯·哈耶克:《法律、立法与自由》,邓正来、张守东、李静冰译,北京:中国大百科全书出版社,2000年。特别是第1卷"规则与秩序"。

关系,在某种意义上,就如同具有普遍性的自然法与各个国家具体的实在法的关系一样。

其次,自然主义的市场观念,主张将经济体制排除出政治权衡之外。如果说政治活动必然与特定个人或团体的价值观立场、意识形态相联系,那么强调市场的"自然"特征,其目的就是把市场与政治决策分开,使市场相对于政治而获得独立和解脱。对于市场的这种"非政治性"的定位,从政治不得干预市场的角度来看,是对政治本身的范围的限定,是对政治权力的约束;但从市场可以因此而独立于政治,不受政治决策约束的角度看,它又是对市场可以享有某种"特权"或者说是"豁免"地位的承认。关于市场的非政治性定位,其关键就在于,依据自然主义的市场观念,市场是一个自然的事物,服从于其本身的规律,而政治则是基于特定的意识形态和价值观立场的人为建造之物:如果说"自然"的本质就是超脱于人为的设计、控制、约束,那么将"自然"的市场排除出政治之外,就是顺理成章的。

再次,如何处理社会生活中各种相互冲突的利益的取舍、协调的问题,自然主义的市场观念,支持一种自然主义的思路。虽然在社会生活中,个人利益之间、个人利益与群体利益之间存在难以避免的矛盾和冲突,但自然主义的市场观念认为,如果运用市场作为这些利益的整合机制,那么各种利益的协调、均衡过程,将分享市场本身所具有的"自然"的特性,成为一个自动实现的过程,根本不需要国家(也就是政治)的介入。个体之间的利益关系将在相互竞争,同时又是相互合作的市场的引导下达到均衡。在这一过程中,群体的利益会自然地得到实现。既然各种相互冲突的利益会在市场中自然地实现均衡,那么利益权衡和取舍问题,就是一个与特定的意识形态和价值观立场无关的问题。这就是市场在解决利益冲突问题上的非意识形态性,或者说是价值观中立的基本内涵。① 它的言外之意是:放心地将相互冲突的各种利益如何协调、平衡的问题留给市场机制,我们会得到一个皆大欢喜的结果。

上面分析的自然主义的市场观念的内涵,可以进一步概括为"获得中立性的企图"②。这种理论通过强调市场的"自然"性质,试图在诸多方面让市场获得"中立性":强调国家外在于市场,使得市场获得相对于特殊的国家形态而具有国家中立性;强调市场的非政治性,使得市场相对于特殊的政治抉择而具有政治中立性;强调市场脱离于特定的意识形态,使得市场获得意识形态上的中立性;强调市场超脱于具体的利益判断而能够自动整合各种利益冲突,这使得市场获得价值观立场上的中立性。③ 由于"中立性"在很多情况下同时就意味着不受相关因素制约的优越地位,就此而言,自然主义的市场观念,在根本上就是试图使得市场超越于国家,超越于政治,超越于意识形态和价值判断。

(二)"非自然主义"的市场观念及其内涵

严格说来,"非自然主义"的市场观念本身并不具有建构性,它更多的是作为"自然主义"的市场观念的批评者、反思者而出现。这种观念,并不认同上面提到的,关于市场性质的自然主义的理论建构,而是认为市场在本质上乃是一种"人为的机制"(locus artificialis)。既然是人为

---

① Cfr. N. Irti, "Concetto giuridico di mercato e dovere di solidarietà," in *Rivista di diritto civilie*, 1997, p. 186.
② "获得中立性的企图"是卡尔·施米特的政治学理论的一个重要范畴。我借用这一概念来揭示自然主义的市场观念,实质上是在对市场机制进行"去政治化"(de-politicization)的处理。Cfr. R. Racinaro (a cura di), *Tradizione e Modernità nel pensiero politico di Carl Schimitt*, Roma, 1987, 157ss. 有关的中文译著可参见[美]约翰·麦考米克:《施米特对自由主义的批判》,徐志跃译,北京:华夏出版社,2005年,第187页以下。
③ Cfr. N. Irti, *Nomra e luoghi: Problemi dei geo-diritto*, Roma-Bari, 2001, p. 36.

的机制,那么市场的产生、运作和维持就不可能脱离具体的个体或群体的建构、管理、引导和控制,也不可能脱离具体的时代和地域的约束。就其基本内涵而言,这种市场观念强调市场在以下几个方面的特征:

首先,市场经济作为一种基本的经济运行机制,它是在特定历史条件下,特定国家或国家集团出于特定目的的考虑而有意识地建构起来的机制。市场从来就不是一种超历史的自然之物。从发生学的角度,对欧洲的市场经济机制的产生和发展过程的研究,已经无可辩驳地证明了这一点。[1] 即使自然主义的市场观念,可以在经济发展的某一特定阶段,寻找到与其理论建构比较一致的历史事实,这也不能用来说明,这种特殊的市场形态就具有某种超历史的"自然"的性质。这种观念,把市场机制在其发展历程中,在特定前提下出现的某种形态,当作了柏拉图哲学中的"理念"一般永恒不变的"原型"。[2]

其次,市场机制作为一种人为的机制,它的建构、塑造,不可能不建立在特定的政治选择的基础之上。换言之,不可能存在某种外在于政治抉择和立法政策导向的市场机制。"自然主义"的市场观念所主张的市场的"非政治性"在根本上是不成立的。主张市场应该超脱于政治决策而实现自治,为此而要求政治运作在市场领域采取消极的姿态,这种主张,在本质上仍然是一种关于市场机制应该如何运作的,带有明确的"政

---

[1] See K. Polanyi, *The Great Transformation: The Political and Economic Origins of Our Times*, Boston: Beacon press, 1944. 这一著作以大量的历史事实,批评了哈耶克所支持的关于市场是一种"自生自发"秩序的理论,认为市场经济机制是出于国家政策的考虑,有意识地建构起来的。该著作的汉语译本参见[英]博兰尼:《巨变:当代政治、经济的起源》,黄树民、石佳音、廖立文译,台北:远流出版事业股份有限公司,1989年。关于该著作的学术观点的评述,参见夏宇宁:《市场经济的兴起与冲突》,《读书》2007年第2期。
[2] 参见[古希腊]柏拉图:《理想国》,郭斌和、张竹明译,北京:商务印书馆,1986年,第388页以下。

治性"考虑的选择。事实上,让政治去干预市场,这是一种政策选择;主张政治应该避免去干预市场,从而对市场采取放任的态度,这同样是一种政策选择。① 从这个角度看,自然主义的市场观念,并不"自然",它不过是借助于"自然主义"的论证策略,在实质上主张一种特殊的关于市场的政策选择而已。它的特殊之处在于,它是以一种非政治化的方式来落实一个政治选择问题。

再次,"非自然主义"的市场观念,避免对市场机制采取某种带有"本质主义"、教条主义色彩的理解。既然市场具有不可避免的"政治性",特定历史时期的政治家和立法者可以依据其特殊的意识形态,来塑造符合其利益和价值判断的具体的市场机制,那么就必须承认,在不同的政策导向之下的市场,必定展现出不同的特性,而且这些特性,会随着政治家和立法者的政策导向的变化,发生相应的变化。拒绝自然主义的市场观念,也就意味着拒绝承认一个先验的、标准的、"原型"意义上的市场模式。从这个意义上来说,非自然主义的市场观念,在根本上就拒绝接受"自由市场—国家外部干预"之类的理论构架,因为这一构架,本身就蕴涵了某种对市场的本质主义的理解,认为市场是独立于国家法律制度建构的自然机制。强调这一点对于法学领域而言,尤其重要。因为恰恰基于这个理论构架,催生了民法领域中的对特定民法模式的本质主义的理解。

一言以蔽之,"非自然主义"的市场观念,就其内涵而言,是对"自然主义"的市场观念的颠覆。它拒绝市场的非政治性定位,认为任何市场模式都是一定的政治选择的产物;它拒绝认可市场在意识形态的层面上

---

① Cfr. F. Wieacker, *Diritto privato e società industriale*, tra. it di G. Liberati, Napoli, 1983, 8ss.

具有中立性，而是认为它不可避免地体现出一定的意识形态色彩；在各种相互冲突的利益如何协调和权衡的问题上，完全诉诸于市场竞争机制，这本身就是一个已经体现特定的价值观取向的解决问题的思路。总之，在"非自然主义"的市场观念中，"市场"并不作为一个给定的前提条件出现在政治家和立法者面前，相反，它本身就是一种受到政治、意识形态和价值观等多方面因素共同参与塑造的产物。因此，问题并不是我们面前摆着一个市场，然后我们决定是自由放任还是决定对市场进行干预；问题的关键是，我们面前从来就没有一个现成的"市场"，我们可以基于不同的考虑而建构不同的市场模式，所谓的自由放任和国家干预之类，并不是要不要市场的问题，而是不同市场—社会—国家的模式选择问题。

展开对自然主义的市场观念的批评，有一点需要强调：自然主义的市场观念的批评者，并不是市场机制的反对者。主张市场是一种人为建构的机制，而非自然生成的机制，这并不是怀疑市场作为经济运作的基本机制的有效性及其优越性，而是反对将市场从其赖以存在的历史的、国家的、政治的乃至文化的诸多前提中剥离出来，以一种本质主义的、教条主义的态度去对待它。反对自然主义的市场观念，在根本上就是要揭示，这一理论以一种中立化的话语策略，掩盖其本身所具有的政治和价值观立场。

二、市场观念与民法模式

法学界对市场所持有的基本观念，会在整体上影响其对国家法律体制的基本结构和特征的定位。但是，在诸多的法律领域中，民法是受特定市场观念影响最大的法律领域。这是因为，根据传统的部门法分工，规范市场交换的任务主要由民法来承担，因此民法界在理论上对市场的定位和认识,会直接影响到民事立法和理论。事实上,仔细分析民法基本理论框架,我们可以发现,在涉及民法本身的性质、范围、功能、价值取向等基本问题的认识上,都可以看出市场观念的深刻影响。在纷繁复杂的民法理论潮流的背后,可以梳理出与上文阐述的两种市场观念相对应的两种民法模式。

(一) 纯粹私法性定位的民法模式及其基本观念

在近代以来的法学理论中,民法的私法性定位,得到普遍的认同。这一点在20世纪90年代以后也得到中国民法学界的普遍支持。① 但是,如果深入考察民法本身发展历史的话,可以发现,民法的性质和内涵一直处于发展和变化之中,而民法的私法定位,充其量只是一个特定的历史时代对民法的性质和内涵的理解和设定而已。② 但是,在强调纯粹私法性定位的民法理论中,民法的内涵和性质本来所具有的历史性、发展性的维度被有意忽略了。由于受到对市场的自然主义的观念的影响,人们试图寻找出民法的某种不变的本质,在这一过程中,出于一个特殊时代的需要而建构出来的"私法性"定位的民法模式被作了绝对的、非历史的处理,成为一种标准和典范,私法性也被看作是民法的当然的、不变的本质属性。

要理解纯粹私法性定位的民法模式及其基本观念,必须结合上文对

---

① 20世纪90年代后期以来,在中国大陆法学界迅速出现了不少以"私法"为标题的杂志,例如《私法》(易继明主编,北京大学出版社出版)、《私法研究》(吴汉东主编,中国政法大学出版社出版),以及"私法文库"之类的系列丛书,都可以看作是这种理论取向的一个表征。

② 例如,在罗马法时代,民法(ius civile)乃是指一个城邦的实在法的整体,与万民法(ius gentium)相对;在欧洲的中世纪,民法又是指来自于世俗立法者的法律规则的整体,与宗教当局制定的教会法相对。关于民法的内涵的历史变迁,参见[意]阿尔多·贝特鲁奇:《从"市民法"到"民法":关于一个概念内涵的历史变迁的考察》,罗伯特·隆波里等:《意大利法概要》,薛军译,北京:中国法制出版社,2007年。

自然主义的市场观念的分析。这是因为,就其实质而言,纯粹私法性定位的民法模式,乃是民法学界出于自然主义的市场观念,而对民法给出的一套立法政策判断。

首先,纯粹私法性定位的民法模式,依托于公法与私法二元划分框架,强调民法的私人性、非公共性的特征。这种私人性、非公共性,就是对应民法所调整的市场的所谓非公共性。另外,强调民法的私人性,并辅之以严格贯彻的"私人自治"(private autonomy)原则,就在法律的层面上将公共权力排除出经济领域之外。事实上,公法与私法的划分,是为具有政治性的公共权力的运作划定边界,而对私人自治的强调,也就是赋予市场主体在经济交换活动中最大程度的自主和自治。这些理论上的努力,与自然主义的市场观念所强调的,经济活动外在于国家的诉求,可谓一脉相承。

其次,纯粹私法性定位的民法模式,出于贯彻和落实自然主义的市场观念所支持的非意识形态性和价值观中立,在基本理念上坚持民事主体抽象平等和形式主义的公平观念。虽然参与市场经济交换的人形形色色,各有差异,但民法通过将这些人抽象为无差别的民事主体,来达到对民事主体之间现实存在的巨大差别的忽略。民事主体高度的抽象性,以及在此基础上主张民事主体法律地位上的绝对平等,一方面确保民法上不存在基于身份(status)的差别待遇,因此也就确保在形式上不具有意识形态色彩;但在另外一方面,这也使得现实存在于各市场主体之间的巨大的经济交涉能力的差异,被掩盖于民事主体的抽象平等的法律结构之下。此外,为了贯彻自然主义的市场观念所支持的市场体制的价值观中立的色彩,纯粹私法性取向的民法模式,在利益判断问题上坚持形式公平的原则。这种形式主义的公平观念,原则上不对当事人交易的具体内容进行评价和调控,而是认为,只要市场经济交换遵循了自愿的原则,那么参与经济交换的当事人就自然而然地能够博弈出公平的利益分配格局。这种形式的公平观呼应于自然主义的市场观念中,关于市场能够自动地实现利益冲突的当事人之间的利益均衡的观念。由于不需要借助于实质性的价值判断标准来评价当事人交易的后果,形式主义的公平观,就表现出在价值判断问题上的中立的立场。①

再次,纯粹私法性定位的民法模式,在对民法的功能和作用的理解上,受到自然主义的市场观念的影响,认为市场有其内在规律和要求,民法必须将这些规律和要求接受下来作为自己进行制度设计的给定的前提条件。面对这样的市场,民事立法者在实质上并没有积极的能动性,民法的功能,充其量不过是以消极的方式去确认和维护市场机制正常运作所需要的法律条件而已。正是基于这一点,民法的任务被理解为确立"适应"市场经济的法律原则和制度。在与市场的关系上,是市场对民事立法者发号施令,是民法要去与市场经济"接轨",并且判断民法是否成功"接轨"的标准,就是民法的理念、原则和制度不能偏离自然主义的市场观念中所设想的市场的永恒不变的本质。就这样,私人自治、所有权绝对、契约自由、形式公平等等,被认为与市场的本质和内在要求相吻合,因此也被认为是民法"本来就应该具有"的内涵。坚持这些理念和制度,也被认为是坚持民法本来就具有的属性,因此其合理性自不待言;而如果试图偏离这些原则或者对之施加某种限制,就被认为是偏离了本来意义上的民法模式,那么就必须要为此而承担论证责任。

最后,纯粹私法性定位的民法模式,秉承其自然主义的市场观念,趋向于否认民法承载(或者说能够承载)实现特定社会政策的任务。纯粹

---

① 关于民法领域的公平观念的研究,20 世纪 90 年代早期的文献,可参见徐国栋:《公平与价格——价值理论:比较法研究报告》,《中国社会科学》1993 年第 6 期。

私法性定位的民法,其任务被理解为向当事人提供各种法律上的制度工具,至于当事人运用这些工具去实现什么目的,不是民法应该关心的问题,甚至应该被看作是一种禁忌。① 同时,作为一种非政治性的、依赖于私人自治的、非中心化的法律规则体系,不应该要求民法去关注特定的社会政策——例如维护社会正义,推进社会财富合理分配,减少歧视,促进环境保护等——的实现。② 作为这种姿态的体现,私法性定位之下的民法学的理论研究,充满了技术主义的色彩,对民法中的社会政策层面上的问题很少给予关注,甚至隐含地认为这些问题的解决与作为"私法"的民法是无关的。③

总的来说,纯粹私法性定位的民法模式,是民法学界基于自然主义的市场观念,对民法基本模式的选择。它通过公法私法的二元划分,追求民法的政治无涉的外观;通过私人自治寻求私法主体(同时也是市场主体)最大的自治;通过民事主体的抽象平等和形式主义的公平观,试图与特定的意识形态和价值观立场撇清。④ 私法性定位的民法,还强调自己超脱于具体的政策选择的层次,为此它通过抽象的技术主义来回避——更准确地说,是掩盖——政策选择问题。

---

① [德]迪特尔·梅迪库斯:《德国民法总论》,邵建东译,北京:法律出版社,2001年,第8页。
② 这种观念被哈贝马斯称为"形式法"。参见[德]哈贝马斯:《在事实与规范之间》,童世骏译,北京:生活·读书·新知三联书店,2003年,第484页以下。
③ 作为这种态度的一个例证,民法学者在《物权法》的起草过程中,将绝大多数的精力投入到技术性的问题,例如关于物权行为的独立性无因性理论的研究中去,但是对与《物权法》相关的立法政策导向问题,关注不够,而且即使有所关注,也是往往流于表面。
④ 哈耶克在其著作《法律、立法与自由》中所阐发的一种消极的立法观,以及"无立法者"的法律观,其实就是以一种私法性定位的法律模式去界定法律规范的性质。参见[英]弗里德利希·冯·哈耶克:《法律、立法与自由》,邓正来、张守东、李静冰译,北京:中国大百科全书出版社,2000年。

（二）非纯粹私法性定位的民法模式及其基本观念

与上文论述的非自然主义的市场观念一样，非纯粹私法性定位的民法模式，本身不是一种建构性的理论，而是作为一种批评性的理论，立足于反思和批评纯粹私法性定位的民法模式及其观念中存在的各种问题。但是，考虑到这种理论试图把民法从非历史的、教条主义的私法性定位中解脱出来，主张民法的模式和观念应该随着时代而发展，这种理论亦有其建设性的方面。非纯粹私法性定位的民法模式，主要在以下几个方面对私法性定位的民法模式提出反思和批评：

首先，对民法本身的内涵的理解，必须具有历史性的维度。民法的私法性定位，是民法发展过程中某一历史阶段的理论建构，它服务于当时特定的政治和立法政策决断。对于这种民法模式的产生及其内涵，必须结合其所处时代的背景予以分析，而不能将其看作是一种超历史的"原型"或者"本质"。强调民法模式历史的、发展的因素，在根本上就是反对以"本质主义"、教条主义的态度来看待民法的理念、原则和制度。作为解决社会生活中出现的各种问题的法律制度，民法总是随着社会生活的变化而处于发展之中。对待任何一种民法模式及其具体的制度建构，都必须以它是否能够适当地解决社会生活所提出的问题为判断和取舍的标准，而不能以它是否符合了某种被认为是民法的"本质内容"的固有模式为标准。

其次，在认识和理解民法的基本性质时，不能脱离民法本身所具有的"法律性"，因此也不能忽视民法所固有的国家性、公共性和政治性的维度。公法与私法的划分，当然有其技术性的价值，但如果基于这一划分而认为，被划分为"私法"的民法，与"公法"有着完全不同的性质，具有私人性、非公共性、非政治性等特征，这显然是一种误解。虽然公法与私法的确存在一些差别，但公法与私法的划分，无论如何是在一个法律体制内部所进行的划分,它们作为一个法律体系"内部"的共同的组成部分,必然都要共同立足于立法者在建构该法律体制时所作出的政策选择,都要分享作为该法律体制之共同基础的意识形态和价值观立场。纯粹私法性定位的民法模式,有意无意地忽略(或者掩饰)民法的"法律性",把私人自治中产生的规则(私人之间的规范性安排),与民法对这种私人自治的规则进行调整的法律规则混为一谈,在一种含糊不清的意义上使用"私法"的概念。事实上,私人之间的规范性安排,的确具有非国家性、私人性和非政治性,但是严格说来,这些规则并不是民法规则,民法规则是对这些私人的规范性安排是否可以被承认具有法律效力进行确认、控制、调整的规范。① 就此而言,民法规则与其他法律规则一样,都是具有严格的法律性的规则,因此也具有不可避免的国家性、公共性和政治性的因素。从这个角度来说,公法与私法的划分,在很大程度上是一个话语陷阱,它很容易导致我们把私人自治层面上产生的规则,界定为"私法",并且与所谓的公法相对立。但是,这二者其实处于不同的层面之上:私人自治层面上设立的规则,并不能被认为是一种"法",它是否能够被承认是一种法,需要依据正式的法律规范对其进行效力评价。因此,如果我们认为法律效力、法律规范之类的范畴,必然与公共立法权的运作相联系,而不能以一种纯粹私人化的方式来运作,那么强调民法的"私"性、非国家性、非公共性,就存在着内在的逻辑困境。②

---

① 从法律行为作为法律调整的方法的角度对这一问题的研究,参见董安生:《民事法律行为》,北京:中国人民大学出版社,1994年,第37页以下。关于民法对作为私人自治的工具的"法律行为"的调整,从规范分析角度的分析,可参见薛军:《法律行为"合法性"迷局之破解》,《法商研究》2008年第2期。
② 中国法学界近来对公法/私法二元划分的理论反思和分析,可参见金自宁:《公法/私法二元划分的反思》,北京:北京大学出版社,2007年。从民法的角度对公法与私法关系的反思,可参见苏永钦:《民事立法与公私法的接轨》,北京:北京大学出版社,2005年。

再次,作为一个国家法律体制有机组成部分的民法,在事实上不可能脱离其所从属的法律体制,作为一个整体而具有的意识形态和价值观立场。在大陆法系的民法理论中,一直存在一种关于民法的非意识形态性的理论。这种理论认为作为私法的民法与公法不同,它可以不受到政治层面的变迁的影响而独立存在和运作。1804年《法国民法典》与1896年《德国民法典》的历史命运被看作是这种理论的最有力的例证。前者可以在法国政体在君主、共和之间数度来回摆动的前提下,维持200多年的生命力;后者与德意志帝国、魏玛政府、纳粹政权、二战后社会主义的民主德国和资本主义的联邦德国相安无事达100多年。这些例子似乎充分证明了民法典在意识形态和价值观方面的中立和超脱。① 但是,这种理论是站不住脚的。因为,判断民法究竟是否具有中立性,不能只看它是否积极主张了某种价值观立场,同样重要的是看它有没有放任某种价值观立场大行其道,对其不加以制约。欧洲大陆的民法理论,在20世纪后半期以来的发展过程,在某种意义上就是揭开先前的关于民法典的价值观中立的面纱,将民法体系纳入到以宪法为主导的法律体制中去,以宪法中"明示"的价值观立场,改造先前时代的民法典中的,掩盖在中立性之下的"潜在"的价值观立场的过程。对民法的"宪法改造",使得欧洲主要国家的民法理论和制度,发生了根本性的变化。这一事实说明,民法不可能脱离一个国家的法律体制的基本精神和基础性的价值判断(具体而言就是体现在宪法中的基本价值选择)而具有所谓的中立性。

最后,关于民法是否可以承载实现特定社会政策的任务,以及民法学的研究是否必须具有政策意识的问题,在根本上取决于对民法与市场之间的关系的正确定位。如果对市场采取一种自然主义的理解,并且接

---

① Cfr. N. Irti, *Codice civile e società politica*, Roma-Bari, 1995, p. 32.

受相应的纯粹私法性定位的民法模式,那么民法就几乎不可能具有什么主观能动性,它的任务无非是去消极适应所谓的市场的本质,为其提供必要的法律构架。任何超越于这种功能之外的事项,都有越位之嫌。但是,对民法的这种定位显然过于消极,甚至是一种故意的不作为。前文已经提到,从整体而言的市场机制,从来就是人为建构之物,特定国家或特定国家集团的人,在建构市场机制的时候,总是根据自己的需要,去建构符合自己的利益诉求和意识形态、价值观立场的某种特定的市场模式。在形成这种特定的市场模式的过程中,民法是非常重要(但不是唯一)的立法政策工具。它所要发挥的作用,不是消极地去"适应"一个给定的前提,而恰恰是要与其他法律一起,来参与市场机制的塑造,规划其特征和精神面貌。①

事实上,民法可以根据不同的原则和价值取向来对市场的范围、运作的方式作出界定,例如,我们可以更多地侧重强调私人自治,市场中的行为者的责任和风险自负,但是也可以强调控制市场主体经济实力上的悬殊,避免恃强凌弱,以及为民事主体提供最低限度的安全保障,使其免于受到危及其生存的风险的打击;我们可以特别重视人的生命健康利益的保护,因此课加给商品生产者更重的注意义务,也可以为了加速新产品的推出,而适当减轻商品生产者的这种注意义务;我们可以着重保护个人隐藏其个人信息所具有的利益,也可以更加重视信息公开所具有的社会价值;我们可以最大限度地扩大市场机制发挥作用的范围,但是也

---

① 为了避免误解,需要再次强调的是,基于一定的立法政策导向,运用民法去建构某种市场模式,不应理解为是法律去"干预"市场,而恰恰就是民法在参与界定"市场是什么",因为这里并不存在一个可以脱离法律的建构而自在的市场。要超越陈旧的"自由市场—国家(法律)外部干预"的认识框架,就必须要抛弃对市场的"本质主义"的理解。

可以在诸如教育、医疗等领域,划定市场机制的运作的限度,等等。对这些问题不同的侧重点的强调,都向我们展示出具有不同风貌的市场体制。这些法律都不能理解为站在"市场"的外部对市场进行干预,恰恰相反,正是这些法律在规划和塑造着某种市场模式所具有的风貌。同时,在这些侧重问题不同方面的政策抉择中,并没有哪一种模式,可以主张因为符合所谓的市场内在的本质,因而具有某种"不言而喻"(self-evident)的正当性。不能认为民事主体抽象平等、形式公平、所有权绝对、契约自由、私人自治等民法原则和理念"天然"正确,而与之相异的原则和理念,就是令人满腹狐疑的,是对民法"本质"的背离。毋宁说,既然任何民法模式,都带有不可避免的政策性的维度,那么任何民法模式都必须在相同的层面上接受来自立法政策角度的审视,都必须积极地论证自己在立法政策层面上的妥当性。考虑到社会生活的变动不居,这种论证还必须具有持续性、发展性。

总的来说,如果要概括非纯粹私法性定位的民法模式的核心内容,它就是主张不以一种本质主义、教条主义的态度来对待民法,而是以一种开放的、发展的态度来对待民法。这种观念,并不认为作为法律体系有机组成部分之一的民法,能够脱离法律所固有的公共性、政治性,以及与之相伴随的政策性因素。强调民法的这些因素,就是要强调,不能忽视民法在参与建构、调节、塑造市场机制的过程中所可能发挥的积极的建构性功能。

正是在这个意义上,解读特定的政治决策——例如建设"社会主义市场经济"——中所蕴涵的立法政策内涵,通过法律的形式,将其具体化、法律化,落实到具体市场模式的建构之中去,乃是民法学不可回避的任务。这正是下文将要论述的内容。

三、"社会主义市场经济"的民事立法政策内涵

"社会主义市场经济"是我国经过近 30 年的经济体制改革的探索之后形成的政策选择。这一基本政策的表述本身,具有非常丰富的内涵。延续上文的分析框架,可以分别从市场观念和民法模式选择的角度,对其进行解读。

1."社会主义市场经济"这一基本政策,以非自然主义的市场观念为基础,强调市场本身具有可限定性,以及建构具体的市场模式过程中存在的政策性因素。

首先,社会主义市场经济作为一种基本经济体制,它的提出,本身就建立在破除对市场经济体制的一种本质主义、教条主义理解的基础之上。曾经有一段时期,市场机制被认为在本质上就具有某种意识形态色彩,因此与中国的社会主义体制不相吻合。近 30 年的中国经济体制改革,在很大程度上就是破除对市场机制的这种本质主义解读的过程。中国经济体制改革中的著名论断"市场不等于资本主义,社会主义也有市场",乃是对这种市场观念的切中肯綮的批评。社会主义国家之所以能够同样运用市场作为一种经济运行机制,就是因为,市场并不具有某种先验的、一成不变的本质,它不过是一种工具,因此能够为各种社会体制所利用。

其次,强调对市场经济给出的"社会主义"这一前提限制,还意味着在另外一种意义上拒绝对其作出本质主义、教条主义的解读。抽象的市场本身并不具有独立的、自在的内涵,作为一种工具,它具有何种色彩,取决于特定的政治决策对具体市场模式所作出的限定。① 在这个意义

---

① 参见[德]米歇尔·鲍曼:《道德的市场》,肖君、黄承业译,北京:中国社会科学出版社,2003年。在这一著作中,鲍曼深入阐述了一种带有强烈的道德色彩的市场模式的基本内涵。

上,"社会主义市场经济"这一政策表达,不能简单地理解为中国选择了"市场",而应该看作是,中国选择了去建构"一种特定的市场模式"。这种特定的市场模式,利用市场机制作为经济运行的机制,但是在对市场的功能、范围、结构、价值取向等作出定位的时候,要体现出特定的政策取向,也即体现"社会主义"特色。

"社会主义市场经济"这一表达中所体现出来的关于市场的基本观念,因此具有两个层面的内涵。首先,根据这一政策表述,市场作为一种经济运行机制,并不在本质上与某种特定的意识形态相联系。这个层面的解读,突出了市场机制的工具性特征。正是因为如此,社会主义的中国也可以采用市场经济。其次,根据这一政策表述,特定国家基于特定的政治、历史、文化前提条件,建构具体的市场体制的时候,可以基于特定的政策取向和价值观立场,去塑造一种具有特殊面貌的市场模式。这个层面的解读,突出了在建构具体的市场体制的过程中所存在的政策导向的维度。正是因为这一点,市场经济,可以是社会主义的。

这两个层面是理解"社会主义市场经济"内涵的不可偏废的两个方面。我们不能在摆脱了关于市场机制的泛意识形态化的观念——这种观念认为,市场机制具有自然的特定的意识形态属性——的时候,又落入到前文已经分析的自然主义的市场观念中去——这种观念认为,市场是一种在本质上脱离任何意识形态和价值观的自然的机制。

2. 随着我国社会发展不断提出新的问题和要求,"社会主义市场经济"的具体内涵,也处于不断的发展和演变之中。

如果承认在"社会主义市场经济"的建构中,具有鲜明的政策考虑因素,那么也必然要采用一种发展的眼光来看待这一体制的具体内涵。政策性的考虑,在根本上就是为了回应特定时代、特定情势的要求,在现实前提条件允许的情况下,选择最合适的方法来实现既定的目的。既然中国社会处于持续的发展和变化之中,生活世界不断出现新的问题,提出新的要求,那么在政策层面上就不可能采用某种一成不变的固定的政策,去面对新出现的问题。就"社会主义市场经济"的建构而言,同样不能固守某种模式,而是必须关注其发展、变化的方面。

具体来说,在市场体制建构的初期,由于面临着摆脱先前的计划经济体制束缚的需要,因此,强调市场经济体制中的自由竞争的层面,促进经济活动的主体最大限度地发挥能动性,这是一种合适的选择。但是,当竞争性的体制基本建立,市场主体的能动性已经基本得到挖掘,那么控制市场竞争中出现的贫富差距;确保经济活动的参与者能够获得基本的安全保障,不因为竞争中的失败而危及其生存利益;减少市场可能导致的环境污染等外部性的效应等等,就应该得到更多的关注。另外,就对市场本身的性质和功能的认识而言,当一个社会的物质财富的总量极度匮乏时,人们更多关注市场作为一种创造财富的机制,这是很自然的;但是,当物质匮乏的状况得到显著改善,那么关注和引导市场进行更加均衡的财富分配,就自然会得到更多的关注。我无意在这里对一些具体的政策选择问题展开分析,我所试图强调的是,在这些问题上,必须具有一种开放性和发展性的政策意识,而不能认为存在一个放之四海而皆准,或者对所有的时代都有效的"标准答案"。

3. "社会主义市场经济"的民事立法政策内涵之解读。

上文已经提到,中国民事立法和理论在最近40年来的发展,与民法学界对经济体制的民事立法政策内涵的准确解读存在密切联系。在这40年中,民法学界通过强调民法与商品交换、市场机制的联系,为民法的发展寻找到一个坚实的基础。1992年以后的一段时间中,中国民法界运用源自欧洲19世纪后期到二战之前占据主导地位的私法性定位的民法理论框架,进行了卓有成效的理论建构:市民社会与政治国家的分离,以及相应的公私二元的法律架构;小政府,大社会,以及强调私人自治;[1]私人所有权的清晰划界以及严密保护,能够提高资源利用效率;基本价值取向上的效率优先,兼顾公平等等。不可否认,这些理论架构在当时的条件下,是对社会主义市场经济的民事立法政策内涵的适当解读。但如果因此而把这些制度和理念,作一种"本质主义"、教条主义的理解,而加以绝对化、固定化,认为这就是民法的"本来面貌",那么也会导致民法理论的僵化。事实上,自跨入21世纪以来,除了围绕民法典的编纂发生了一些基本理论层面的讨论,民法学的基础理论研究缺乏发展。而这恰恰是中国在各方面都发生巨大变化,社会生活对法律(包括民法)提出许多新的课题和要求的时代。这种情况不能不引起民法学界的深思!

在我看来,基于自然主义的市场观念的纯粹私法性定位的民法模式,限制了中国民法学界的研究视野和政策承担意识,因此已经在局限着中国民法的进一步发展。[2] 为了保证民法作为所谓的私法的纯粹性,民法学界已经习惯于通过排除的方法,以"这不属于民法应该考虑的问题",来回避对许多民法学者本来应该面对的问题进行思考。殊不知这最终将导致民法学对现实问题完全的"失语"。为此,有必要倡导以一种非本质主义的、发展的眼光来看待民法,更多地把它看作是一种在特定的政策指导下,为了处理变动不居的社会生活提出的种种

---

[1] 参见徐国栋:《市民社会与市民法》,《法学研究》1994年第4期;徐国栋:《民法典与权力控制》,《法学研究》1995年第1期。
[2] 民法学界的这种态度,在物权法的起草过程中,围绕征收制度、农村土地制度、国有企业的产权制度等问题发生的讨论中,表现得相当明显。虽然在特定的情况下,这不失为一种正确的理论策略,但是,在根本上,这与民法学界一直以来缺乏政策意识不无关系。

问题而发展出来的法律规则体系。正是在这种意义上,对"社会主义市场经济"的民事立法政策内涵的解读,对民法学的发展具有基础性的价值和意义。如果说法律规则本身不过是社会治理的手段和工具的话,那么对民法究竟要实现什么社会政策目标的反思和追问,应该是民法发展的源头活水。

在下文中,我将结合前面的论述,就民法在摆脱了纯粹私法性定位的模式之后,可能具有的理论拓展,作出简要的分析。

(1) 重新审视公法与私法二元划分的分析框架,以及相应的关于民法的私法性定位。

反思公法/私法二元划分的理论框架,并非全盘否认这种划分所具有的实践性价值,而是要反思建立在这种划分基础之上的,割裂法律体系整体性,主张私法具有与其他法律完全不同的性质的理论。事实上,欧洲大陆国家的民法,在20世纪后半期以来最显著的发展,就是所谓的"发现宪法",就是民法"回归"于以宪法为主导的法律体制整体中去,打通原先被有意割裂开来的公法与私法这两个领域。民法解释学中的合宪性解释的巨大发展,就是这方面最典型的例子。鉴于公法与私法划分的理论,本来就是产生于欧洲的理论,解铃还须系铃人,在这一问题上,欧洲大陆20世纪后半期以来的理论和实践的发展,值得我们关注。

(2) 从新的视角切入对纯粹私法性定位的民法理念和制度的反思。

上文已经提到,在纯粹私法性定位的民法模式中,私人自治、所有权绝对、契约自由、过错责任等理念和制度,被认为反映了市场的本质,因此也被认为是民法的"应有之义"。其实,这些理念和制度,就其起源和功能而言,只是为了参与建构某种特定的市场模式——具体来说,就是自由放任的市场模式——而精心设计出来的制度,因此并不能看作是民法的"万变不离其宗"的本质。① 对这些制度和理念,中国民法理论虽然已经在相当的程度上,就其妥当性进行了深入的反思,并且提出了私人自治之限制、所有权负有义务、契约自由的相对化、过错责任的缓和等等诸多理论。② 但这种反思,在我看来,仍然以一种"本质(常态)—异质(例外)"的框架为前提:私人自治、所有权绝对、契约自由、过错责任等,被认为是一种本质和常态,对它们引入某种修改和限制,则被认为是一种异质的因素和例外的情形,因而对其保持高度的克制和警惕。正因为民法理论界仍然以一种"本质主义"、教条主义的态度来看待民法,将纯粹私法性定位的民法模式看作是民法的"典范",所以即使注意到时代的发展对民法制度和理念提出了挑战,我们也还是趋向于通过"排除法"来解决问题,将那些难以运用严格的私法性定位之下的民法理论框架来处理的问题,排除出民法之外,以维护某种想象中的民法模式的纯洁性,同时还运用部门法"分工"之类的理论为这种做法寻求辩护。为此,劳动合同被排除出民法领域之外,消费者保护问题被排除出去,等等。这种态度,一方面其实是在回避问题,另一方面也是在固步自封、画地为牢。

因此,问题的关键并不是对纯粹私法性定位的民法模式进行修补,引入某些例外,给出某些限定,而是要在根本上放弃一种本质主义、教条主义的思维,避免让某种不变的模式,禁锢了我们的思维,限制了我们的理论想象力。举例来说,我们没有必要认为所有权"在本质上应该"是绝对的,然后出于各种考虑,对其施加各种"限制"。我们完全可以换个角

---

① 例如,对主张契约自由的契约法理论从意识形态角度进行的分析,可参见[美]戴维·凯瑞斯编辑:《法律中的政治》,信春鹰译,北京:中国政法大学出版社,2008年,第352页以下。
② 参见梁慧星:《从近代民法到现代民法》,梁慧星主编:《民商法论丛》第7卷,北京:法律出版社,1997年。

度来思考,其实这些"限制"并不是"限制",而是对所有权本来内涵的更加准确的界定。因此没有一个绝对的所有权,只有法律界定的意义上的所有权。同样的道理,在民法中处理消费者特殊保护问题,并不是对民事主体抽象平等原则的背离,而是民法对特定情势中的法律关系调整的细化。时代在变,民法也要变。将先前的民法模式无法处理的问题说成不是一个民法问题,将其排除出去,这种消极的态度,于民法而言,毫无意义。积极的态度是不自我预设某种无法逾越的前提,不去固守某种特定的模式,而是随时准备调整民法的理念和制度,更新民法理论体系,以容纳对新问题的处理。

在这个意义上,我反对民法领域的任何形式的"危机论"。民法永远是处理社会现实问题的工具,其本身并没有内在的价值。因此,当某种民法制度不能解决现实问题,那么唯一需要考虑的是,这个工具出了什么问题,应该如何改进,而不能说,这个工具出了"危机"。只有我们把工具本身当作是某种需要去维护的目的的时候,才会有所谓的"危机"。对此,发生在欧洲大陆民法学领域的关于"解法典"的讨论,可以作为一个例证。20世纪后半期以来,欧洲大陆的民事立法和理论,越来越多地突破先前的纯粹的私法性定位,日益"实质化"。[①] 在民法领域,出现了越来越多的"特别法",其主题涉及消费者保护,劳动者保护,城市不动产租赁等等。这些法律之所以被认为是"特别法",就是因为它们被认为是对民法典中形式性、抽象性的一般规则的背离。但问题是,这些"特别法"日益侵蚀民法典的实践价值,以致民法典被掏空。对这种现象,有学者

---

① 参见[德]哈贝马斯:《在事实与规范之间》,童世骏译,北京:生活·读书·新知三联书店,2003年,第488页以下。

归纳为"解法典"(decodification)的趋势,是民法典的"危机"。① 但这里所谓的危机,其实是私法性定位的民法典模式本身的危机;被解构的也只是纯粹私法性定位的民法典模式。如果我们抛弃那种对民法典的本质主义的认识,不认为民法典就"应该"是私法性定位的,坚持形式主义、民事主体抽象平等的民法典才是真正的民法典,那么就很难说,民法典存在什么危机。事实上,欧洲在二战以后不断发生"法典重编"(recodification)运动,在民法典重编中,由于放弃了先前的纯粹私法性定位的民法典模式,那些先前被叫做"特别法"的民法规范,显得一点也不"特别",它们不再被看作是民法中的"异类",而是被看作民法体系的有机内容,被整合到重编之后的民法典中。

(3) 超越民法理论研究中的技术主义倾向,更多地关注政治、经济层面的政策导向在民法领域的贯彻和落实。

在技术主义主导之下的民法研究中,难以见到利益衡量、价值判断、政策考虑等方面的考量,一切问题的解决,都借助于抽象的概念,以近乎逻辑演算的方法,来给出答案。民法研究的这种技术主义倾向,以及强调民法规范的抽象性、形式性,在很大程度上与纯粹私法性定位的民法模式,强调民法的意识形态、价值观立场的中立性有关。因为一旦进行利益衡量,作出价值判断,考虑政策导向等因素,民法的纯粹性、非政治性将不复存在。

但这种技术主义的倾向,实际上是以中立化的外观——对此前文已经分析过——体现了特定的价值判断和政策考虑。那些看似抽象的民

---

① "解法典"(decodification)是意大利学者民法学家那塔利诺·伊尔蒂(Natalino Irti)教授在其著名论文《解法典的时代》(L'età della decodificazione)一文中提出来的。该论文的汉语译本,参见[意]那塔利诺·伊尔蒂:《解法典的时代》,薛军译,徐国栋主编:《罗马法与现代民法》第4卷,北京:中国人民大学出版社,2004年,第80页以下。

法概念和范畴,比如民事主体、法律行为、主观权利等,其实并不是完全中性的概念,都蕴涵了一定的价值判断。在另外一方面,在社会生活变化不居的情况下,仍然坚持一种技术主义的态度,也会导致民法研究与社会现实的脱节,或者至少是舍本逐末。如果抛弃作为一种话语策略的民法的非政治性,意识形态和价值观中立的定位,实事求是地将民法还原为法律体制的有机组成部分,那么它与作为该法律体制之基础的政治决策和基本的价值观立场之间的联系,是无论如何也不能否认的。拒绝在民法研究中关注政治、经济层面的政策导向的贯彻和落实,在法律体制的层面上难免导致民法与法律体系的整体之间出现脱节,价值立场不协调,体系违反;在另外一个方面也违反了法律尊重政治决策的基本原则。

当然,在这里需要澄清的是,主张民法研究中更多地具有"政策"意识,并不意味着民法学研究要成为政治话语的传声筒,完全跟随意识形态的流行话语,"泛政治化"。这里所强调的是,民法学研究必须摆脱一种"政策无涉"的技术主义的氛围,而具有更加明确的政策导向意识。只有这样,民法学研究才真正接上了其发展的"源头活水",而不致沉湎于抽象概念的世界中,忘记了现实的生活世界。至于具体政策的形成和解读,民法学者完全可以基于自己的专业视角,就基本政策的妥当性、可行性,发表自己的见解。

在民法中注入更多的政策导向的视角,一方面可以拓展民法学关注和研究的问题的范围,确保民法研究者视野的开放性。就此而言,民法学界似乎可以认真反思,民法究竟如何在理念和制度上去参与建构一个具有"社会主义"特征的市场体制。对此前文已经提到,社会主义的内涵,也处于发展和完善之中,民法学应该从法学的角度积极参与到这一探索的进程之中。例如,建构一种关注社会正义,更多地体现对特定社会关系情景之下,处于结构性的弱势地位的群体——例如,劳动关系中的劳动者,消费者与企业的合同关系中的消费者,家庭关系中的儿童,夫妻关系中的女性等等——的保护的民法体系。再例如,考虑到中国社会传统价值观以及中国资源的禀赋状态,而发展一种更多地强调社会成员之间团结协作的社会生活关系模式的民法框架,等等。另外,面对诸如环境污染、社会歧视等问题,民法学者也要去考虑,民法能够从自己的角度,对有关问题的解决发挥什么作用。现代社会的任何重大问题都错综复杂,决不是任何单一的手段能够解决。在这种前提下,多角度、多层次的分析、研究和应对,越发重要。

在民法中注入更多的政策导向的视角,对民法学研究而言,还具有重要的方法论意义。民法学研究中的规范分析方法,在很长时期内是民法研究中占据主导地位的研究方法。但是,规范分析以法律概念逻辑体系的完备、整全为前提,它并不能非常好地处理社会现实对民法提出的新问题。在一个社会加速发展,新问题层出不穷,法律治理的整体结构发生重大转变的时代,规范分析方法的局限性就更加突出。为了使得民法对社会问题的处理具有更多的实质的妥当性,而不是简单的"有规范依据",仅仅依靠纯粹的"形式性"推理,是完全不够的,必须要更多地借助于"实质推理"。① 所谓的实质性推理,其实就是更多地关注某个处理方法的个案妥当性,社会系统后果的可欲求性,以及与政治决策、主流意识形态、道德价值观立场的协调性等多方面因素的"决策"过程和"论证"过程。民法学研究从形式推理向实质推理的发展,会促进民法学研究对

---

① 关于法律推理的性质的论述,参见[美]波斯纳:《法理学问题》,苏力译,北京:中国政法大学出版社,2002年,第47页以下。在大陆法系的法典法的框架之下,更多关注政策导向的是利益法学之后的"评价法学",其代表人是拉伦茨。参见[德]卡尔·拉伦茨:《法学方法论》,陈爱娥译,北京:商务印书馆,2003年。

有关社会问题的分析和研究的深入、透彻,从而增加它在政策形成过程中的影响力。

总的来说,对"社会主义市场经济"的民事立法政策内涵进行持续的、有深度的解读,都要求民法学无论在关注的问题,还是在研究的方法上,都具有更多的政策导向意识,更多地关注民法中的政策性的问题,拓展自己研究问题的视野,不把自己局限在技术主义的研究范式中进行形式主义的逻辑推理(这种推理的说服力其实是非常弱的!),而是更多地进行实质性的论证。

四、结论

自然主义的市场观念,以及与其相联系的纯粹私法性定位的民法模式,对市场机制以及与市场密切相关的法律领域——民法,都试图进行一种"中立化"的处理。自然主义的市场观念把市场机制的形成和作用发挥,描述为一个自发的、脱离于人为的构造和调控的过程,因此市场被认为超越于、独立于具体的政治决策。纯粹私法性定位的民法模式,试图在法律体系中,通过公法私法的划分,为自己保留一种非公共性、非政治性的色彩,这是在法律领域中进行的"中立化"的企图。这些理论建构没有注意到,自由放任主义的市场模式的出现,恰恰是随着现代民族国家的兴起和相互之间的竞争,在重商主义的政策导向下,产生出来的经济体制。因此,市场就其自身而言,具有不可避免的政治性的内涵。否认市场具有政治性,这本身也是一种带有明确的政治导向的理论话语策略。同样地,纯粹私法性定位的民法模式,也是一种带有明确政策导向的特殊的民法模式。

揭示两种市场观念与两种民法模式的联系,在最根本的意义上就是要强调,在民法的研究和制度构造中,不能忽视政策导向的因素,民法学研究必须具有强烈的政策意识。而这种政策意识,最重要的方面就表现为,对作为中国目前的基本经济体制的"社会主义市场经济"所具有的民事立法政策内涵,进行全面的、有深度的、持续的解读。这种解读,其实也可以看作是中国民法学界以积极的姿态,去参与塑造和形成当今中国的基本政治决策。

第六章 改革开放与中国经济法的制度变迁

张守文*

一、背景与问题

中国四十年的改革开放,引发了经济社会的"大转型",以及大规模的制度变迁。①在社会主要矛盾发生转变的新时期,总结既往变革的经验和教训,探讨相关制度的完善路径,并由此不断提升国家治理能力,推进全面现代化的实现,无疑甚为必要。在此过程中,揭示改革开放与制度变迁之间的内在关联和相关规律,从而更有针对性地解释和解决现实问题,应当是学界努力的一个重要方向。②

在上述诸多制度变迁中,经济法制度的产生和发展尤其引人注目。

---

* 张守文,北京大学法学院教授。
① 转型是一种大规模的制度变迁过程或者说是经济体制模式的转换。参见[比]热若尔·罗兰:《转型与经济学》,张帆等译,北京:北京大学出版社,2002年,第22—26页。其实,中国的经济体制转换与经济法的制度变迁也是直接相连的,且前者对后者的推动作用尤为突出。
② 参见周业安:《中国制度变迁的演进论解释》,《经济研究》2000年第5期。

由于我国的改革开放肇始于经济领域,相关的经济政策、经济法律以及经济法的各类制度变革均与其密切相关,因此,研究改革开放对经济法制度变迁[①]的影响,总结经济法制度建设的成就和不足,对于推动经济法的制度建设和法学研究,促进改革开放的全面深化,实现国家治理的现代化,非常具有现实意义。

从历史的维度看,改革开放对各类法律制度均有重要影响,对经济法制度的影响尤为巨大。正是在这四十年间,中国的经济法从无到有,不断发展壮大,已成为法律体系中独立而重要的法律部门,在规范国家的宏观调控和市场规制行为、促进和保障市场经济的稳定发展、推动经济和社会的良性运行和协调发展方面发挥着重要作用。由于经济法的产生、发展或制度变迁,既是整体制度变迁的重要组成部分,又是中国法制变革的大事件,因而非常有必要将其置于整体的制度变迁和法制变革中研究,并由此揭示其对推进经济发展和法治进步的重要功用。

基于上述考虑,可以构建"改革开放—制度变迁—经济法"的分析框架,其逻辑主线是:改革开放本身就是"变法",它引发了各个领域的制度变迁,其中,经济法的制度变迁尤其值得关注;通过分析改革开放对制度变迁的影响,不仅可以明晰不同阶段制度变迁的特点,发现两者之间的内在关联,还可以揭示经济法产生和发展的现实基础、动力来源及其制度变革对改革开放精神的体现。这对于反思改革开放的四十年或整个经济法的四十年,尤其有特别的意义。

在上述分析框架下,本文试图通过"关系调整"的线索,探寻改革开

[①] 在诺思(Douglass C. North)看来,制度变迁是指"制度创立、变更及随着时间变化而被打破的方式"。参见[美]诺思:《经济史中的结构与变迁》,陈郁等译,上海:上海三联书店、上海人民出版社,2002年,第225页。本文在后面也主要在这个意义上分析经济法的制度变迁。

放的经济实践与相应制度变迁的内在关联。事实上,改革开放的重要目标,就是要处理好一系列重要"关系",特别是政府与市场、国内与国际、公平与效率、自由与秩序等不同层面的关系,通过有效协调、缓解各类关系中可能存在的冲突,增进其"一致性"并形成合力。在处理上述关系的过程中,尤其需要在各类主体之间有效分配权力和权利,以实现更公平的利益分配,可以说,处理好相关的"分配关系",既是改革开放要解决的重要问题,也是经济法调整的重要目标。此外,在经济全球化的背景下,改革开放以及相应的制度安排,还需要处理好对外开放过程中产生的"涉外关系",这也是经济法在制度变革中需要解决的重要问题。

考虑到改革和开放要着重解决分配关系和涉外关系的调整问题,并且,这种现实需求在制度上的体现或回应,会直接引发相应的制度变迁,因此,本文将以上述两类重要关系的调整作为分析整体制度变迁的重要线索,以及探讨经济法制度变迁的重要背景,并据此探究经济法制度变迁过程中的法制建设与法治发展问题。

有鉴于此,本文将基于"改革开放—制度变迁—经济法"的分析框架,采取"分段—组合"的研究路径,将该框架的三个关键词分为前后两段分别组合展开研讨。针对第一段"改革开放—制度变迁",着重从分配关系和涉外关系调整的视角,分别探讨经济改革和对外开放所引发的制度变迁。由于上述两类制度变迁中都包含经济法的制度变迁,因此,有必要基于前面对不同阶段制度变迁的特点、规律的认识,针对分析框架的第二段"制度变迁——经济法",进一步从法制建设、法治发展的维度,分析经济法制度的变迁或成长,从相对微观的经济法层面,探讨其制度建设如何在法治框架下展开,从而推动经济法制度的健康成长。

二、经济改革引发的制度变迁：基于分配关系调整的视角

对于经济改革引发的制度变迁，可从多个视角展开研讨。① 考虑到经济改革与利益分配直接相关，改革就是要实现相关利益的重新分配，而其路径则是对相关权力或权利进行重新调整和分配，并通过法律对此加以确认和保障，也就是说，分配关系调整是经济改革的核心问题，因此，下面有必要着重基于分配关系调整的视角，分析经济改革引发的制度变迁，从中亦可发现经济法制度是如何在上述制度变迁中不断产生和发展，并成为促进和保障经济改革的重要制度基础的。

从总体上看，中国四十年的经济改革，都离不开分配制度和产权制度的变革，因为改革就是要改变生产关系不适应生产力发展的状况，必须对不合理的生产关系进行调整，而生产关系则是基于产权制度和分配制度形成的，且与上层建筑直接相关。② 鉴于中国曾长期实行计划经济体制，在产权制度方面公有制占绝对优势，并且，在改革初期的特定背景下，不可能改变公有制的产权制度，因此，我国最初推出的是通过分配制度带动产权制度的改革，而并非以产权制度带动分配制度的改革。此类改革路径或改革模式，可称为"分配—产权型"改革，只有在其有一定积累的基础上，才能推进"产权—分配型"改革。

上述的"分配—产权型"改革，意在通过分配制度的改革影响产权制

---

① 例如，有些学者是着重从地方政府对制度变迁的作用的角度展开研究。参见杨瑞龙、杨其静：《阶梯式的渐进制度变迁模型——再论地方政府在我国制度变迁中的作用》，《经济研究》2000 年第 3 期。
② 要"多方面地改变同生产力发展不适应的生产关系和上层建筑，改变一切不适应的管理方式、活动方式和思想方式"，"对经济管理体制和经营管理方法着手认真的改革"，这是中共十一届三中全会提出的重要思想，在四十年后的今天仍有重要的现实意义。

度的形成,并由此推动整个生产关系的变革,其引发的制度变迁虽然当时在法律层面反映不够明显,甚至变迁还具有一定的"被动性",但却与经济法的制度生成直接相关,它直接影响经济法领域非常重要的"国家—企业(集体)—职工(个人)"的分配关系的调整,并因而引发了诸多领域的制度变革。

事实上,在20世纪70年代末,基于当时非常突出的"城乡二元结构",我国经济改革最先在农村发端,并在农村改革取得一定成功之后,于1984年开启城市改革。在改革开放的四十年间,农村改革和城市改革交替推进,相关的权力或权利分配以及相应的利益分配亦不断调整,①并由此带动了财政、税收、金融等诸多领域的经济法制度变迁。

从分配关系调整的角度看,我国先行启动的农村改革,主要涉及农业税制度的变革。当时在全国逐渐推开的"联产承包责任制",尽管关注了生产、承包,但最后的"责任"还是落实在分配上,其制度安排的核心问题是农民如何履行向国家缴纳"公粮"(农业税)的义务,以及如何进行其后的集体与个人的剩余产品分配,因此,在这个意义上,农村改革主要是分配制度的变革。② 这种分配导向的改革,直接决定了产权(剩余农产品所有权)的归属,由此会影响农民的生产积极性,从而大大提高了劳动生产率以及整个经济运行的效率。③ 这种"分配—产权型"改革推动了分配制度以及产权制度的后续变迁。

---

① 之所以会出现交替调整的情况,与"同一轨迹上制度变迁的边际收益先递增后递减"的假说有关。参见黄少安:《关于制度变迁的三个假说及其验证》,《经济研究》2000年第4期。
② 以往的研究主要将此类改革归入土地制度改革或产权改革,因而不会细分出"分配—产权型"改革。此外,经济法研究要关注中国的整体改革,就不应忽视这个时期的农村改革。
③ 由此也说明国家保护有效率的产权制度是长期经济增长的关键。参见周其仁:《中国农村改革:国家和所有权关系的变化(上)——一个经济制度变迁史的回顾》,《管理世界》1995年第3期。

曾一度取得巨大成功的农村改革,在当时极大地解放了生产力,[①]但随着经济和社会的发展,上述分配制度的红利日渐式微,需要进一步改进;同时,分配制度的成效与产权制度的稳定直接相关,从而对土地产权尤其是土地使用权的稳定性提出了更高的要求。为此,国家专门修改了宪法,并"为稳定和完善以家庭承包经营为基础、统分结合的双层经营体制,赋予农民长期而有保障的土地使用权",在2002年专门制定了《农村土地承包法》,[②]通过稳定"产权"来确保农民的分配权益,这是"产权—分配型"改革所带来的重要制度变迁。在此基础上,我国在2006年正式废止了古老的农业税,这是国家与农民分配关系的巨大变革,也是对"产权—分配型"改革的进一步强化。在2013年以后的全面深化改革时期,我国又推出农村土地的所有权、承包权、经营权"三权分置"改革[③],力图使"产权—分配型"改革提升到一个新的阶段。可见,无论哪个时期的何种改革,分配关系的调整始终都是其重要内容。事实上,从经济法的视角看,从产业调整角度支持农业,从区域均衡角度支持农村,从公平分配角度支持农民,是经济法制度变革历来需要关注的重要问题,且都与分配关系的调整相关,对"三农"问题的有效解决具有直接影响。

[①] 有学者通过实证研究认为,制度变迁是中国改革开放后农业增长的决定性因素。参见乔榛、焦方义、李楠:《中国农村经济制度变迁与农业增长——对1978—2004年中国农业增长的实证分析》,《经济研究》2006年第7期。
[②] 我国于1999年将《宪法》第8条第1款修改为"农村集体经济组织实行家庭承包经营为基础、统分结合的双层经营体制",据此,国家于2002年制定了《中华人民共和国土地承包法》。
[③] 由此涉及的相关立法问题可参见孙宪忠:《推进农地三权分置经营模式的立法研究》,《中国社会科学》2016年第7期。

除上述的农村改革外,以"国企改革"为重点的城市改革也引发了分配制度的变迁。如果说农村改革的核心问题是"国家—集体—个人"三者的利益分配,那么,城市改革的核心问题则是"国家—企业—职工"三者的利益分配。可见,无论是农村改革还是城市改革,最初都是从分配关系的调整入手,力图通过分配制度的重新安排,来明晰相关主体的产权,从而形成最初的"分配—产权型"改革。

在推进"分配—产权型"改革的过程中,随着分配制度改革的不断深入,各类主体的产权意识不断增强,国家开始加强产权制度改革的探索,并逐渐形成了多元化的产权结构,从而为市场经济体制的确立和发展奠定了重要基础。正是基于早期的分配制度改革,更深层次、更广范围的产权制度改革才得以不断推进,①特别是国企改革以及其他各类所有制企业的发展、现代企业制度的建立,等等,都是侧重于产权制度的改革,并以此进一步影响分配制度的变革,这种建立在产权制度基础上的"产权—分配型"改革,逐渐成为市场经济条件下引发制度变迁的主要形式和路径,同时,也是经济法领域诸多制度影响再分配的重要前提和基础。

从经济改革影响制度变迁的不同阶段看,在从计划经济向市场经济转变的过程中,特别是在"有计划的商品经济"阶段,各类经济改革更侧重于通过分配关系的调整影响产权结构,因而"分配—产权型"改革对制度变迁的影响更为突出;在确立实行市场经济体制以后,随着产权制度的明晰,国家通过修改宪法正式确认和重申多种所有制经济、多种分配

---

① 有学者认为,早期的经济改革主要侧重于分配关系的调整,只有与产权关系调整结合起来,才能实现从局部的、浅层次的改革向全面的、深层次的改革转变。参见陈共:《论国有企业产权关系和分配关系的深化改革》,《财政研究》1988年第11期。

方式并存，①由此使"产权—分配型"改革引发的制度变迁渐成主流，其中涉及经济法领域的大量制度变革。

与上述两类改革相对应，中国的经济改革以1993年"市场经济入宪"为界，可分为前后两大阶段。而无论是哪个阶段的经济改革，都离不开分配关系的调整，只是相应的制度变迁在表现形式上会有所不同。其中，在实行市场经济体制之前的阶段，制度变迁主要体现为"政策调整"，"法律变革"是相对次要和滞后的，因为当时的立法并不发达，法律尚未成为经济法的主要渊源。从制度经济学的角度看，广义的制度包括了政策，而且国家的最高决策和具体的经济政策，在经济生活中发挥着重要作用。无论是影响农村改革的多个"中央一号文件"，还是影响城市改革的多个"改革决定"，都以政策为主要表现形式，这是该阶段制度变迁的突出特点。而在实行市场经济体制之后的阶段，随着法制建设以及整体法治的不断完善，立法以及法律的有效实施亦被置于重要地位，因而相对于前一阶段，法律的数量不断增加，其地位和影响也大大提升。可见，经济改革所引发的制度变迁，先是"以政策为主"，而在实行市场经济体制且法制建设有一定发展后，才逐渐转为"以法律为主"，这是四十年来制度变迁的一个重要特征和规律。②

此外，在经济改革过程中，分配制度的调整和产权的日益多元化，不仅使市场经济的因素不断增加，也使全社会的资源分配逐渐从"以计划分配为主"转变为"以市场分配为主"，由此使政府所承担的微观资源分

---

① 我国于1999年将《宪法》第6条修改为，"国家在社会主义初级阶段，坚持公有制为主体、多种所有制经济共同发展的基本经济制度，坚持按劳分配为主体、多种分配方式并存的分配制度"，这是经济宪法的一个重要转折。这里的多种所有制经济、多种分配方式，体现了产权制度、分配制度的相关性与多元化。
② 各类制度变迁还往往被分为强制性变迁和诱致性变迁，相关研究非常多，可参见王志成、史学军：《制度变迁与中国改革》，《经济学家》1998年第5期。

配责任大大减轻,其经济职能日益转变为宏观调控和市场规制。政府经济职能的转变,有助于解决计划经济体制存在的诸多"不经济"问题;而宏观调控和市场规制职能的凸显,以及相关制度的生成,则有力地推动了经济法制度的发展。

从制度目标和功能看,在改革中形成的影响经济的制度可大略分为两类,一类是促进短期增长的制度,另一类是保障长期发展的制度,其中,前者有助于在短期内提高经济运行或经济发展的效率,而后者则侧重于推动经济的长期稳定发展。各国都曾存在过一些经济政策或相关立法,在较短时期促进了经济的较快增长,但却难以长期保持经济的稳定增长。因此,我国在实行市场经济体制后,更重视实现"短期促进"与"长期保障"的制度协调和融合,这是制度安排方面应关注的重要问题。[①]

其实,在市场经济条件下,需要更多的"长期保障"制度,尤其在市场主体或分配主体多元化的情况下,促进公平竞争和实现分配正义,更需要有长期稳定的制度加以保障,并且,当市场不能解决公平分配问题时,还应有再分配制度及时补缺。而在整个法律体系中,经济法作为保障整体经济"更经济"的法,恰恰能够把"短期促进"和"长期保障"有机融合,从而形成更有效的制度安排。

总之,经济改革直接影响分配关系的调整,并在实行市场经济体制前后两个不同阶段,先后形成了"分配—产权型"和"产权—分配型"制度变迁,并且,相关的制度变迁从"以政策为主"转变为"以法律为主",制度目标也从"短期促进为主"转向"短期促进与长期保障相融合"。正是在

[①] 诺斯认为,有效率的经济组织是经济增长的关键,需要在制度上作出相关安排,尤其应确立相关产权。这实际就是为经济稳定增长提供长期保障。参见[美]诺思、托马斯:《西方世界的兴起》,厉以平、蔡磊译,北京:华夏出版社,1999年,第5、193页。

上述制度变迁的背景下或过程中,财政、税收、金融、计划(包括产业、价格)、反垄断、反不正当竞争、消费者保护等领域的各类经济法制度不断生成和发展,在数量和质量上亦不断提升,并在促进和保障市场经济发展方面发挥着重要作用。

三、对外开放引发的制度变迁:基于涉外关系调整的视角

在经济全球化背景下,国家不仅要推动国内经济改革,还要高度重视对外开放,并将其作为融入世界、实现现代化的重要路径和基本国策。从闭关锁国到对外开放,从局部开放到全面开放,中国有效利用了全球化提供的重要历史机遇,不仅引进了资金、技术、管理经验和先进理念,并由此促进经济的持续增长,还推动了涉外经济领域的重大制度变迁,即建立了一整套涉外经济法律制度,并在一定时期构建了专门的涉外经济法体系[1]。

由于对外开放主要涉及经济领域,因此,在涉外关系中,涉外经济关系的法律调整尤其重要。在涉外的贸易、投资、税收、金融等领域,国家在开放之初主要强调涉外经济管理,而在实行市场经济体制后,则更重视涉外经济调控和规制,由此先后形成的涉外经济管理关系和涉外经济调制关系,是不同阶段的涉外经济法的调整对象。[2] 透过上述涉外经济关系的调整,可以更好地审视对外开放领域的制度变迁。

---

[1] 有的学者认为,涉外经济法律应当属于经济法,而不应当属于国际经济法、国际商法等部门法。参见高尔森、程宝库:《论涉外经济法律的部门归属与学科划分》,《南开学报》2000年第4期。

[2] 将涉外经济管理关系而不是泛化的涉外经济关系确定为经济法的调整对象,可视为一种理论进步。参见张瑞萍:《再论涉外经济法的地位及组成范围》,《吉林大学社会科学学报》1998年第3期。

我国的对外开放始于特定区域。在 20 世纪 80 年代初最早设立的经济特区、沿海 14 个开放城市，以及后来不断扩大的沿边、沿江开放城市、海关特殊监管区域的设置，等等，形成了一系列特殊的涉外经济区域，由此产生的多种涉外经济关系，各类涉外经济主体的涉外经济行为以及相关的权利义务，都需要法律的有效调整。特别是中外合资企业、中外合作企业、外资企业的大量设立，以及与其相关的涉外税收、金融、规划、竞争等方面的管理或调制，都离不开相应的法律制度的支撑，由此使涉外经济法制度应运而生，并成为整体法律制度变迁的重要组成部分。

从发展历程看，我国的涉外经济法制度始于改革开放之初，诸如 1979 年通过的《中外合资经营企业法》、1981 年通过的《外国企业所得税法》等，都是涉外经济法乃至整个经济法领域的较早立法，曾发挥过重要作用。随着对外开放的不断扩大，以及市场经济体制的确立，相关的涉外经济立法亦不断调整和完善。① 特别是在加入 WTO（世界贸易组织）前后，国家对许多法律都作出较大修改，以使其符合 WTO 规则的要求。② 在当前不断扩大开放的新时期，负面清单制度、自贸区制度的推进，又会使相关涉外法律制度发生较大变化。③

尽管对我国四十年对外开放的历程可能有不同的阶段划分，时间节

---

① 参见徐崇利：《市场经济与我国涉外经济立法导向》，《法学研究》1994 年第 6 期。
② 2003 年 3 月 5 日，朱镕基在十届全国人大一次会议上所作的政府工作报告中提到：为适应发展市场经济和加入世贸组织的要求，我国对 2000 年底以前发布的 756 件行政法规进行全面清理，废止 71 件，宣布失效 80 件。国务院各部门共清理涉外规章和有关政策规定 2300 件，废止 830 件，修订 325 件。
③ 相关制度调整如《国务院关于实行市场准入负面清单制度的意见》（国发〔2015〕55 号）、国家发改委、商务部《自由贸易试验区外商投资准入特别管理措施（负面清单）》（2018 年版），等等。

点的选取和依据也会不尽相同，但2001年加入WTO无疑是一个公认的分界点，据此可将对外开放分为两大阶段，即"局部开放"阶段和"全面开放"阶段。在前一阶段，中国开放的程度不断提升，但尚未全面融入世界；在第二阶段，WTO的成功加入使我国具有了全面融入世界贸易体系的法律基础，从而可以更全面地参与全球化进程。而由此带来的法律变革，涉及外贸等各个涉外经济领域，这种对涉外经济关系的法律调整的改变，全面影响了该领域的制度变迁。

如前所述，经济改革的阶段划分主要以1993年"市场经济入宪"为界，而对外开放的阶段划分则主要以加入WTO为界，两种划分都是以重大法律事件为依据的，尽管由此形成的"阶段"不完全重合，但也有相当大的"相关性"。正是在我国实行市场经济体制以后，在市场经济有了相当发展，且相关经济法制度已有重大完善的基础上，才可能推动更大范围的对外开放，并通过加入WTO融入世界经济，否则，在缺少相关市场经济实践，欠缺相关经济法制度的情况下，加入WTO是不可想象的。事实上，经济改革及其所推动的市场经济，本身就要求进一步扩大开放，而扩大开放又会进一步推动经济改革，并促进市场经济发展。正是基于上述关联，经济改革与对外开放各自带来的制度变迁才始终密切相关，两者先后相继，共同推动着中国市场经济的发展以及相关经济法制度的完善。

从早期的"局部开放"到后来的"全面开放"，都需要通过相关政策和法律的"立、改、废、释"加以推动，由此会导致大量的制度变迁。例如，在市场主体的经济自由方面，随着对外开放的不断扩大，市场准入方面的限制不断减少，而市场主体的经营自主权不断扩大，特别是加入WTO以后，随着对国民待遇、最惠国待遇的强调，外资的市场准入门槛不断降低，使得外商投资大量涌入，从而带来了市场经济的诸多元素，促进了国内经济改革的发展。可以说,对外开放既是广义上的经济改革的一部分,又有其独立的价值。

中国的对外开放总体上是在和平环境下展开的。① 在对外开放初期,国家在土地、税收等诸多方面曾作出大量优惠安排,力图实现"短期促进"的目标,这为涉外经济主体带来了诸多"红利",由此使国际资本迅速进入,弥补了国内建设和发展资金的不足。随着中国经济和法治的发展,尤其是国家对"地方竞争"的限制和对"长期保障"的关注,上述"红利"已远不及过去;同时,在税收、金融、反垄断等领域,中国的经济法制度还可能与其他国家的国内法制度存在冲突,②因而特别需要加强法律的国际协调,③以不断通过制度的协调和完善来增进制度"红利"。

在当前"推动形成全面开放新格局"的背景下,国家更强调落实开放发展新理念,加快构建开放型经济新体制,从而使开放范围进一步扩大,即不仅包括对国外的开放,也包括相关产业、区域对国内主体的开放,这种同时"面向内外"的全面开放,不仅有助于构建公平竞争的现代市场体系、促进产业结构调整和经济发展,而且对于实现兼顾效率与公平、秩序与自由的制度变迁亦有重要影响。

例如,相对于实体经济,我国金融业的开放程度较低,在1979年允许外国金融机构设立代表处以后,才从经济特区到中心城市,从外币业

---

① 和平环境对于改革和开放都非常重要。改革和开放是一个硬币的两面,其目标是把中国融入国际社会,与国际接轨或全球化是推动改革开放的一种重要力量。参见郑永年:《全球化与中国国家转型》,郁建兴等译,杭州:浙江人民出版社,2009年,第2页。
② 参见高т柱:《全球化背景下政府管制的冲突与协调——以涉外经济管理规范为视角》,《清华法学》2009年第1期。其中的涉外经济管理规范的冲突,其实就是各国涉外经济法制度的冲突。
③ 参见杨紫烜主编:《国际经济法新论——国际协调论》,北京:北京大学出版社,2000年,第46—48、96—98页。

务到本币业务,逐渐扩大了金融开放的空间。在 2001 年加入 WTO 后,我国进一步加快了金融开放的步伐,其中,银行业和资本项目的对外开放尤其引人注目。在当前全面开放的新时期,非银行金融机构的开放幅度不断加大,如外资已被允许进入证券等领域,①等等。伴随着上述变革,相关法律制度亦随之发生变化,其中,对效率与公平、秩序与自由等诸多价值的兼顾,代表了对外开放领域制度变迁的方向。

此外,上述不同时期的"全面开放"都只是相对的。当前,在国家构建开放型经济,建立统一开放的现代市场体系的背景下,"全面开放"对于推进改革和整体经济发展无疑非常重要。"全面开放"的幅度越大,所涉及的制度变革就会越多,对法治水平的要求也越高,尤其需要经济法制度的全面配套和不断完善。

如果说 WTO 为我国的"全面开放"提供了重要的国际法基础,而与之相配套的经济法则是其重要的国内法基础。无论是中国倡导的"一带一路",还是相关国家之间的贸易战、关税战、货币战,最后都离不开法律的支撑。而协调贸易、税收、金融等领域的法律冲突,加强上述领域的调控或规制,都需要在经济法上加以落实。因此,在中国全面开放的新时期,在国际上保护主义、单边主义不断抬头的今天,既要加强国际法律协调,也要不断完善国内法律制度,其中,经济法更要承担繁重的任务。

总之,随着对外开放的范围、层次的不断扩展,涉外经济法律制度也发生了重要变迁,经济法所调整的涉外关系逐渐从涉外经济管理关系转变为涉外经济调制关系,经济法自身也融入了更多的国际通例。由于涉外经济领域涉及国家主权,因而对经济立法的层级要求更高,由此使我

---

① 可参见国务院发布的《关于扩大对外开放积极利用外资若干措施的通知》(国发〔2017〕5号),以及证监会 2018 年 4 月发布的《外商投资证券公司管理办法》,等等。

国经济法的早期立法主要集中于涉外领域。在加入WTO以后,中国更重视经济领域"走出去"和"请进来"的协同发展,并在立法的统合过程中淡化涉外因素的特殊性,从而推动了涉外立法与国内立法的融合。随着全面开放和中国融入世界程度的进一步提高,相关国际条约对国内立法的影响更大,对法制建设和法治发展的要求也更高,并由此会进一步推动经济法的制度变迁。

四、法制建设、法治发展与经济法制度的成长

基于"改革开放—制度变迁—经济法"的分析框架,前面针对"改革开放—制度变迁"的子框架,分别从分配关系和涉外关系调整的视角,梳理了我国经济改革和对外开放所引发的整体制度变迁,其中也包括经济法的制度变迁;在此基础上,还需结合"制度变迁—经济法"的子框架,探讨在上述制度变迁过程中经济法制度是如何成长的,[①]并考察其与法制建设、法治发展的内在关联。

由于经济法制度的成长是整体制度变迁的重要组成部分,因此,前述有关制度变迁的基本观察,对于理解和分析经济法制度的成长也是适用的,这就为后面的探讨提供了重要的基础和宏观背景。有鉴于此,下面将先对经济法制度的成长历程作简要梳理,然后再从法制建设和法治发展的视角,探讨如何在制度变迁过程中促进经济法制度的健康成长。

---

① 卡多佐曾说过,法律可通过立法而成长,但他主要研究的是"通过司法的法律的成长"。参见[美]本杰明·卡多佐:《法律的成长》,李红勃、李璐怡译,北京:北京大学出版社,2014年,第69页。由于经济法主要是制定法,因此,通过立法路径来观察经济法的成长更为重要。

(一) 经济法制度成长历程的基本观察

自改革开放、恢复法制以来,经济法从无到有,日益壮大,逐渐成为国家法律体系的七大部门法之一,是中国法制发展史上浓墨重彩的一笔。应当说,整体法律体系的形成,是改革开放带来的重大制度变迁,而经济法制度自身的持续变革和完善,则是非常值得研究的法律现象。

如前所述,我国的经济改革和对外开放分别以1993年和2001年为界,各自分为两大阶段,每个阶段的制度变迁,对于经济法制度的成长均有突出影响,因此,经济法自身的制度变迁在时间节点上与前述整体的制度变迁亦相对应,明确这些时间节点更有助于把握经济法制度成长的脉络。

基于前面的分析,在改革开放初期,制度变迁在整体上具有"以政策为主,以法律为辅"的特点,这与当时经济法制度相对较为简单,相关法律少且单一,各自孤立,尚未形成有效互动的体系有关,当时经济领域的多种重要经济关系确实主要是通过经济政策来调整的。

例如,在财税领域,1979年7月13日发布的《国务院关于试行"划分收支、分级包干"财政管理办法的若干规定》、1984年9月18日国务院批转财政部发布的《国营企业第二步利改税试行办法》(国发〔1984〕124号)、《国务院批转财政部关于农业税改为按粮食"倒三七"比例价折征代金问题的请示的通知》(国发〔1985〕71号),等等,都涉及重要分配关系的调整,它们分别对财政管理体制、城市改革和农村改革产生了重要的历史影响,直接推动了后来经济法制度的变革和发展。又如,在金融领域,1982年7月14日发布的《国务院批转中国人民银行关于人民银行的中央银行职能及其与专业银行的关系问题的请示的通知》(国发〔1982〕99号),以及1983年9月17日发布的更为重要的《国务院关于中国人民银行专门行使中央银行职能的决定》(国发〔1983〕146号),都明确了中国人民银行的中央银行地位及其与各专业银行的关系,直接涉及金融方面的权力分配,从而奠定了金融体制法的重要基础。

在通过上述政策调整引发制度变迁,并由此影响经济法制度成长的同时,国家还在法制建设方面实行了一个重要举措,即"授权立法",以满足改革开放初期对制度频繁变动和及时应对的需求,并弥补立法机关立法能力的不足。从经济发展和法制建设的角度看,"授权立法"在一定时期发挥了重要作用。例如,1984年9月18日《全国人民代表大会常务委员会关于授权国务院改革工商税制和发布试行有关税收条例(草案)的决定》①,以及1985年4月10日通过的《全国人民代表大会关于授权国务院在经济体制改革和对外开放方面可以制定暂行的规定或者条例的决定》,对整个经济法制度的发展都产生了重要影响。正是基于上述《授权决定》,经济法制度才不只体现为早期制定的几部法律,还包括基于"授权立法"制定的大量行政法规,从而有力地推动了改革开放和经济发展。从总体上说,"授权立法"尤其有助于在改革开放初期,特别是"有计划的商品经济"时期,解决经济法制度的供给不足问题,而由此带来的制度变迁,尽管在今天看来可能存在一定问题,但确实为1993年以后的经济法制度建设奠定了重要基础。

事实上,1993年"市场经济入宪"后,大量经济法制度都要与市场经济体制相适应,而由此大幅度推进的经济立法,则带动了经济法制度的大发展,许多具有基础地位的法律,包括《财政法》《税法》《金融法》等宏

---

① 六届全国人大常委会第七次会议根据国务院的建议,决定授权国务院在实施国营企业利改税和改革工商税制的过程中,拟定有关税收条例,以草案形式发布试行,再根据试行的经验加以修订,提请全国人民代表大会常务委员会审议。1984年的《授权决定》已于2009年被废止。

观调控领域的法律,以及《反不正当竞争法》《消费者权益保护法》《产品质量法》《广告法》等市场规制领域的法律,都在这个时期被制定出来,从而使经济法的制度变迁进入到"以法律为主"的新阶段。这与当时提出的"市场经济就是法制经济"[1]的共识也是一致的。

随着市场经济的发展,以及相关经济法制度建设的不断推进,我国的对外开放也开启了新阶段。为了更好地融入世界经济,有效利用国内和国际两个市场,推动市场经济持续发展,迫切需要在国际共通的经济法律制度下开展经济活动,因此,加入WTO势在必行。事实上,我国在确立实行市场经济体制后不久的1995年,就提出了加入WTO的申请,并在相关法律制度方面作出调整。在我国加入WTO前后,基于《立法法》对经济法领域诸多事项的"法律保留"、WTO相关规则的要求,以及市场经济条件下法制建设的需要,我国进行了大量法律修改。其中,对原来不统一的经济法制度加以修改,解决"内外有别"的两套制度安排所带来的不平等问题,尤其引人注目,由此也使经济法制度在经济全球化的进程中进一步发生变革,并不断成长、壮大。

自2013年以来,随着改革的全面深化和对外开放的进一步扩大,国家着力推动简政放权,不断转变政府职能,减轻市场主体负担,促进公平竞争,由此带来了经济法制度的大量"立、改、废、释"。[2] 此外,对于法定原则的落实,也会影响经济法的立法,如财税立法的法定化,就迅速增加了经济法领域的法律数量。另外,金融立法和竞争立法的各自整合,与

---

[1] 对于这一命题也存在不同认识,可参见苏力:《关于市场经济和法律文化的一点思考——兼评"市场经济就是法制经济"》,《北京大学学报》(哲学社会科学版)1993年第4期;林喆:《对"市场经济是法制经济"的一点质疑》,《中国法学》1994年第1期。
[2] 参见张守文:《减负与转型的经济法推进》,《中国法学》2017年第6期。

机构改革、政府职能转变,以及强调市场在资源配置方面的决定性作用等都密切相关。上述各类变革都会影响经济法的制度变迁。

不同时期经济法的制度变迁,体现了经济法制度的不断成长;它作为中国法制建设不断发展的缩影,对经济法治发展具有重要的推动作用。考虑到经济法与整体的法制建设同步,从一棵幼苗成长为今天的参天大树,成为整个法律体系中的重要法律部门,与国家的法治发展密不可分,因此,下面有必要分别从法制建设和法治发展这两个维度,对经济法制度的成长略作解析。

(二)基于法制建设和法治发展视角的观察

1. 从法制建设看经济法制度的成长

从法制建设[①]的维度看,经济法制度的成长或变迁,体现的是一个新兴部门法不断完善发展的过程,是经济法不断走向现代化,并影响国家治理现代化,推进国家整体现代化的过程。[②] 相对于传统部门法,经济法具有突出的现代性,对于统一开放、竞争有序的现代市场体系的建立,体现新发展理念的现代化经济体系的建设,以及现代经济问题和社会问题的有效解决,都具有不可替代的作用。也正因如此,作为重要的新兴部门法,经济法这棵幼苗刚一破土,就体现出强大的生命力,有力地促进和保障着国家的改革开放和经济发展。

其实,在改革开放之初,我国对法律体系的建设目标并不明晰,对于何为经济法,基本上还处于"望文生义"的阶段。在 1986 年制定《民法通则》时,国家立法机关才提出了一个"描述性"的认识,即民法主要调整横

[①] 中共十一届三中全会强调"必须加强社会主义法制","使法律具有稳定性、连续性和极大的权威,做到有法可依,有法必依,执法必严,违法必究",从而提出了影响深远的法制原则。因此,此次会议对于推动改革开放和加强法制建设都非常重要。
[②] 相关探讨可参见张守文:《现代化、改革开放与经济法的生成》,《法学论坛》2018 年第4 期。

向经济关系,而经济法主要调整纵向经济关系。① 至于经济法的具体调整范围,则无论是理论界还是实务界,都长期莫衷一是。直到国家实行市场经济体制以后,国家立法机关才对经济法的调整对象作出日渐清晰的阐释,并明确将经济法与民商法、行政法、社会法等并列为构成法律体系的七大部门法。

经济法成为重要的部门法,得益于国家对法制建设的长期推进,尤其有赖于大量经济法规范的生成,以及由此带来的经济法制度的成长。可以说,没有国家对法制建设的不懈推进,以及大量经济法制度的不断吐故纳新,就不可能发生经济法制度变迁,也就无法研究相关变迁规律及其影响因素。

经济法的规范或制度,主要体现为宏观调控法和市场规制法,这两类制度作为经济法体系的核心和主体部分,已成为经济法"大树"的主干,深深植根于市场经济的沃土并不断成长。具有宪法、法律、行政法规、部门规章等诸多渊源的经济法规范,已构成一个庞大的体系,该体系从小到大,从简到繁,日益复杂,为此,在法制建设方面如何加强立法统合,以不断提升立法的质量、水平,更好地发挥经济法制度作为一个系统的功用,已成为值得关注的重要问题。②

在制度变迁过程中,经济法体系需具有开放性,以及时回应经济和社会的发展,特别是科技革命所带来的巨大变化。例如,信息化、网络化、数据化、智能化的发展,使各类产业都深受影响,亟待法律规制,尤其

---

① "政府对经济的管理,国家和企业之间以及企业内部等纵向经济关系或者行政管理关系,不是平等主体之间的经济关系,主要由有关经济法、行政法调整,民法基本上不作规定。"参见王汉斌1986年4月2日在六届全国人大四次会议上所作的《关于〈中华人民共和国民法通则(草案)〉的说明》。
② 参见鲁篱:《中国经济法的发展进路:检视与前瞻》,《现代法学》2013年第4期;张守文:《经济法的立法统合:需要与可能》,《现代法学》2016年第3期。

需要财政法、税法、金融法、计划法,以及相关的产业法、价格法、竞争法、消费者保护法等各类经济法制度的综合调整,由此也会进一步推动经济法制度的成长。

此外,面对社会主要矛盾的变化,经济法制度还要解决影响经济社会发展的若干重大问题,如分配问题、发展问题、风险防控问题,等等,并应在全面深化改革和对外开放方面作出最新制度安排。包括前述对外开放领域的自贸区制度调整、深化改革所带来的政府职能转变,以及机构调整所带来的体制变革等,都需要经济法的确认和保障,从而使经济法制度变迁与国家的整体发展呈现"对应性"和"一致性"。此外,经济法的制度变迁还要与宪法的变革保持一致,以确保其制度调整的合宪性。

与前面改革开放所带来的整体制度变迁相一致,经济法的制度变迁因其涉及国家的宏观调控和市场规制,因而在许多情况下会涉及"强制性变迁",当然也存在"诱致性变迁"[1];同时,随着法制建设的不断发展,经济法的制度变迁在实行市场经济体制以后,也主要转变为"以法律为主",当然,政策仍会发挥重要作用。此外,经济法制度中既有大量易于变动的调控性规范,也有大量相对稳定的基础性规范,它们在"短期促进"和"长期保障"方面分别发挥着重要作用,并且在实行市场经济体制后会同时存在于经济法制度中,因而经济法也存在着从"短期促进"向"短期促进与长期保障相融合"的制度变迁。虽然经济法制度中大量存在的"促进型"规范,有助于政府更好地发挥作用,[2]但必须确保其在法

---

[1] 对于两类制度变迁如何界定也存在不同认识,可参见黄少安、刘海英:《制度变迁的强制性与诱致性——兼对新制度经济学和林毅夫先生所做区分评析》,《经济学动态》1996年第4期。

[2] 有学者认为中国的制度变迁是政府主导型和渐进式的制度变迁。参见陈天祥:《论中国制度变迁的方式》,《中山大学学报》(社会科学版)2001年第3期。

治框架下实施。

以上主要从外观和形式意义的法制建设的角度,观察经济法制度的成长或变迁,考虑到经济法制度要融入法治精神,才能形成自己的魂魄和良好品质,实现自身的全面成长,因此,下面还有必要从法治发展的维度,探究其成长过程中需要关注的问题。

2. 从法治发展的维度看经济法制度的成长

经济法制度的成长与国家的法治发展紧密相关,没有经济法制度的不断生成,经济法治就会缺少重要的制度支撑。事实上,正是基于前述法制建设所取得的制度成果,国家才能构建包括立法、执法、司法、守法等各个环节的法治体系。

我国在改革开放之初,就着手恢复法制并不断推进其完善;在确立实行市场经济体制后的 1997 年,正式提出"依法治国",明确倡行法治;在 2013 年《改革决定》和 2014 年《法治决定》作出后,全面推进改革和法治已成为社会共识,从而使法治发展进入到新阶段。而经济法制度的成长,是与上述法治发展历程同步并行的。

从法治发展的角度看,经济法要在法治框架下成长,在制度供给方面就应切实符合法定原则,体现法治精神。此外,评价经济法制度的成长,不能只看制度的数量,还要更关注质量;不仅要看其形式,更要看其内容。要使经济法制度的成长与整体法治发展相一致,在其制度变迁过程中就至少应注意以下几个方面的平衡:

(1) 制度供给与法定原则的平衡

一般说来,制度供给直接影响制度变迁,但制度的生成要符合法定原则。整个法治系统的制度供给,并非仅限于立法路径,还包括执法、司法等渠道。随着经济法所要解决问题的日益复杂,仅通过立法路径来提供制度供给往往不敷其用,或难以及时应对,因此,调制机构在执法过程中形成的调制规则,司法机关在审判活动中形成的司法解释,都会对经济法制度的生成产生重要影响。而对于这些制度供给是否违背法定原则,却可能存在不同认识,由此带来的对法律的确定性、可预见性,以及对法定原则的理解等诸多重要问题,都是经济法的成长过程中需要着重考虑的,其背后还涉及经济法领域普遍存在的"政策性"与"法定性"的平衡问题。

仅从立法的角度看,我国近些年对法定原则的落实最为重视,尤其是税收法定原则得到了较多的强调,这对于整个经济法的立法也有较大影响;同时,与此相关的"授权立法"也广受关注。"授权立法"有助于增进制度供给,在改革开放之初曾使大量经济法制度得以迅速出台,但由此也会带来合法性的问题,会影响社会公众对法治的认识。在1984年的《授权决定》被废止后,全国人大是否应将更为宽泛的1985年的"授权立法"收回,就曾引起过广泛关注,这对于国务院的规则制定权会产生较大影响。

近几年,随着改革的全面深化,"授权立法"又有不断扩大之势,其重要原因是:经济法领域涉及宏观调控和市场规制的诸多问题,大都与经济改革、制度"试点"直接相关,在全国人大及其常委会认为立法时机不成熟或无法顾及等情况下,往往"更愿意"或"不得不"授权国务院制定规则,而国务院的各个部门,往往会利用"授权立法"所带来的"部门立法"机会,强调自身权力或要求将相关权力授予自己或其下级政府,以更多地体现"政策性"或"差异性",从而使"授权立法"颇受"重用"。[1] 能否在制度供给与法定原则之间,或者在"政策性"与"法定性"之间实现有效平

---

[1] 多年前就有许多学者强调限制"授权立法"。可参见张锋:《论立法法中的授权立法》,《国家检察官学院学报》2000年第3期;李平:《论国家权力机关应切实加强经济立法工作——兼析授权立法之利弊得失》,《中国法学》1992年第6期。

衡,会直接影响经济法的制度成长,以及经济法治水平的提升。

(2) 确定性与变易性的平衡

法律的确定性与变易性问题,是法治领域需要特别关注的问题,霍姆斯、哈特、德沃金等许多著名学者都曾有深入研讨。经济法作为"法",一定要有确定性和稳定性,以保障相关主体的可预见性,同时,经济法毕竟主要在"经济"领域发挥作用,面对纷繁复杂的经济行为,经济法的调整又需要有一定的灵活性或变易性,以更好地解决现实问题。因此,在经济法领域确实需要解决好两者的平衡问题。

即使在不断推进改革开放的年代,经济法也要有基本的确定性或稳定性,这对于有效实施宏观调控和市场规制,形成市场主体的预期,更好地处理政府与市场的关系尤为重要。但与此同时,经济法所要解决的问题毕竟千差万别,而且千变万化,要及时有效地回应或应对,就需要经济法具有一定的变易性[①],同时,不断推进的改革开放必然导致制度的持续变革,这又会进一步增强经济法的变易性。因此,对经济法的确定性和变易性必须有效协调,以免影响法治的推进及相关现实问题的解决。

"法律必须稳定,但不能一成不变",如果不能达到一种平衡,对法律而言具有同样的破坏性。[②] 上述认识对于研究此类问题是有借鉴意义的。在经济法制度成长的过程中,如果片面强调经济法的变易性,赋予调控和规制部门更多的权力,则市场主体就会缺少稳定的预期,其权益可能会受到较大损害;如果片面强调经济法的稳定性、确定性,则经济法

[①] 对经济法的不确定性和变易性的探讨,可参见岳彩申、杨青贵:《论经济法不确定性的成因与功能——解释法律规范性的新视角》,《法学评论》2010 年第 2 期;张守文:《宏观调控法的周期变易》,《中外法学》2002 年第 6 期。

[②] 参见[美]本杰明·卡多佐:《法律的成长》,李红勃、李璐怡译,北京:北京大学出版社,2014 年,第 14—15 页。

应有的回应性又可能受到影响。在经济法制度的成长过程中,能否保持两个方面的适度平衡,也是对国家治理能力的重要考验。

此外,与传统法律大量运用于司法领域有很大不同,经济法规范在日常的宏观调控和市场规制过程中会被频繁适用,经济法的政策性、变易性由此会更为突出,这与现代国家、现代市场经济、现代法的特殊性直接相关,是经济法现代性的重要体现。因此,在经济法制度中既要有稳定的核心规范,又要有及时解决现实问题的边缘规范,在"核心——边缘"的结构中寻求两者的平衡更为重要。

(3) 统一立法与分散定制的平衡

在经济法的成长过程中,始终涉及权力与权利在不同主体之间的分配,这是经济法要解决的核心问题。由于经济法事关相关主体的基本权利,又直接影响国家利益和社会公共利益的保护,因此,经济法的立法权非常重要。究竟应强调立法权的统一,还是应允许多个主体分散制定规则,对经济法治的发展和经济法制度的生成均有直接影响。

市场经济需要有统一的法制。在实行市场经济体制以前,由于在改革开放方面大量依政策治理,因而经济法制度的成长较为缓慢,诸多领域的立法远未统一。由于某些领域缺少统一的法律制度,或者虽有形式上统一的法律,但强制力或约束力不足,使地方政府事实上具有较大的规则制定权,导致"分散定制"的情况较为普遍,并因缺少及时的立法统合而带来大量问题,为此,国家特别强调要统一相关法律,以确保基本规则的统一。①

---

① 例如,1992年8月10日发布的《国务院办公厅关于严格执行国家涉外税收法律、行政法规的通知》强调,要严格遵守和正确执行国家涉外税收法律、行政法规,坚持"税法统一、税权集中"的原则;各地区、各部门要自觉维护我国涉外税法的统一性、严肃性,不得超越税法规定,自定优惠政策。

例如，在改革开放初期，经由1984年的税制改革，我国通过"授权立法"出台了一大批税收暂行条例，仅在企业所得税方面，就一度形成了三部税收条例和两部税收法律并存的局面，[①]导致同样是企业，仅因所有制不同就需要适用不同的税法制度，造成了极大的不平等和不公平。为此，我国在1994年进行了一次大规模的税法变革，其首要目标就是"统一税法"，由此形成的几乎覆盖所有税种的制度变迁，就是为了实现立法的"统一性"，解决定制的"分散性"所带来的诸多问题。

随着市场经济的发展，经济法制度的统一越来越重要，这不仅关乎国家法制的统一，也直接影响统一开放、竞争有序的现代市场体系的形成，对于全面深化改革和扩大开放，并由此促进经济和社会的发展，都会产生重要影响。为此，我国在1993年确立实行市场经济体制以后，便将统一相关法律制度作为推动法治发展的重要步骤。特别是加入WTO以后，基于相关国民待遇要求等，大量内外有别的制度被统一。这种立法上的统一性，直接影响着法律的确定性以及法律适用上的统一性，对于体现法治精神尤为重要。

尽管如此，在国家的统一立法之外，分散定制的情形仍大量存在，而且，其必要性有时还会随改革、试点的推进而被强化。在中国的许多特殊经济区域，分散定制的情况更是屡见不鲜。如何实现统一立法与分散定制之间的平衡，确保立法的"集权"与"分权"的有效协调，是推进法治发展过程中始终需要解决的重大问题，也关系到经济法制度的健康成长。

---

① 1984年发布的《中华人民共和国国营企业所得税条例(草案)》、1985年发布的《中华人民共和国集体企业所得税暂行条例》、1988年发布的《中华人民共和国私营企业所得税暂行条例》，以及1980年通过的《中华人民共和国中外合资经营企业所得税法》和1981年通过的《中华人民共和国外国企业所得税法》，曾一度同时并存。

总之,经济法在其发展过程中,至少需要注意上述几个方面的平衡,才可能成长得更好。因此,不仅需要从法制建设的角度,还应当从法治发展的角度关注其成长,把"良法"和"善治"结合起来。只有在制度建设中贯彻法治原则,才能使经济法制度健康成长,推进其向好的方向变迁。

五、结论

改革开放带来了各类制度的巨大变迁,其中,经济法制度从无到有,日益繁盛,构成了整体制度变迁的重要组成部分。鉴于学界以往对经济法制度的发展历程已有诸多梳理,因而本文转换了一个视角,着重探讨改革开放对整体制度变迁以及具体的经济法制度变迁的影响,以发现中国经济法制度生成的独特路径,揭示其与整体法制建设及法治发展的重要关联。

为此,本文基于"改革开放—制度变迁—经济法"的分析框架,先从总体上探讨了改革开放对制度变迁的突出影响。基于重要性和相关性,着重选取了分配关系和涉外关系调整的视角,分析了经济改革和对外开放所引发的制度变迁,揭示了我国的经济改革实际上是从"分配—产权型"向"产权—分配型"的制度变革,相关的制度变迁是从"以政策为主"向"以法律为主"转变,制度目标是从"短期促进"向"短期促进与长期保障融合"转变,这些变革或转变与经济法的产生和发展脉络是内在一致的;同时,随着对外开放的不断扩大,对经济法的要求不断提升,涉外经济法的调整对象也从涉外经济管理关系逐渐转变为涉外经济调制关系,从而使其既具有中国特色,又在相关方面反映国际通例。

经济法制度的成长是经济法制度变迁的具体体现,它既与改革开放及其引发的整体制度变迁密切相关,也得益于中国的法制建设和法治发展。正是国家在推动改革开放的同时,着力加强相应的法制建设,才使经济法得以应运而生、应时成长；同时，正是国家不断推进法治发展，才使经济法制度不断融入法治理念和法治精神，并在政策性与法定性、确定性与变易性、统一性与分散性的平衡中，实现自身的健康成长，从而成为推动改革开放和经济发展的重要制度保障。

中国的经济改革和对外开放，分别以1993年"市场经济入宪"和2001年我国加入WTO为界分为两大阶段，每个阶段发生的大规模制度变迁，都是经济学、政治学、法学等多个学科应深入挖掘的问题，其中，经济法制度的成长或变迁是尤其值得深入研究的重要样本。通过观察经济法的制度变迁，不仅可以发现经济改革与对外开放同经济法制度变革的内在关联以及经济法变迁的相关机制，还可以揭示政府与市场、国内与国际、公平与效率、自由与秩序等诸多关系的冲突与协调，理解分配关系调整和涉外关系调整的重要价值，这对于深化经济体制、政治体制等领域的全面改革，推进复杂国际环境下的对外开放，在宏观调控和市场规制领域有效运用经济法规范各类主体行为，实现国家治理的现代化乃至全面现代化，都具有重要价值。

第七章 中国经济法学四十年：回顾与展望

邓 峰 张 巍[*]

伴随着过往改革开放40年的经济成就,经济法和经济法学在其中,处在整个40年的最大、最剧烈、最富于争议的经济体制改革之中。不仅如此,公私混合的经济法领域,在这一过程中,也经历了从计划经济的不断放松控制到逐步市场化,再到市场化不足、竞争升级并且公私界限不断转换并存的过程。从国家全面控制,到社会中存在着不断私化的需要,再到社会在一定空间上的个人化、原子化后的重新组织,在这一阶段,中国的经济制度,从政府的政策口号到主流舆论中的格式塔式的标志图像[①],都在剧烈的变化之中——当然,实际运行的社会和公共治理中变与不变,总是相对而言的。

---

[*] 邓峰,法学博士,北京大学法学院教授;张巍,北京大学法学院经济法学博士生。
[①] See Mark M. Hager, "Bodies Politic: The Progressive History of Organizational 'Real Entity' Theory," *University of Pittsburgh Law Review*, vol. 50, 1989, pp. 575 - 654.

经济法学的研究，就处在这样剧烈的制度变迁之中，三代学人的努力，在 40 年之后如何评价，存在着诸多的困难。第一，尽管在理性化的过程中经历了 150 年的发展，在激烈的、此起彼伏的、持续不断的进步主义和保守主义交织的资本主义发展之中，经济法学从无到有地得到了发展、扩充和理性化，但是受制于其作为现代国家经济生活中最具活力、最具有政治争论空间和最影响民生的特点，它始终处于政治、法律等意识形态领域争论的最前沿。经济法从其产生的时候开始，就具有了"头疼医头、脚疼医脚"（ad hoc）的特点。这在中国也不例外，尽管存在着诸如政策决议、五年计划、立法规划等，但在"先试点、再总结""摸着石头过河"，以及"良性违宪"的实践中，同时也随着不断延伸和深入的全球化而带来的波动，在许多具体经济法制度上仍然呈现着这种特点。在这种背景下，理论解释和方案设计仅仅具有相对的规定性意义。第二，具体到本土，尽管在过往的 40 年中，中国改革的特点和走向从后向前回溯存在着清晰的脉络和路径，但这种清晰更多是一个事实判断，而不存在应然的共识。因此，在不同的价值、目标以及策略上，由于这种方向的不清晰，经济法学的研究存在着事实上的贡献，对不同的制度变迁方向，在研究命题和主张的背后，存在着不同的选择、态度以及影响，但在应然层面的贡献上，并不容易评判。第三，经济法作为最有争议性的领域，重要性（stake）如此之大而影响到人们的判断，相比之下，同样作为社会法的劳动法、环境法等，就不会存在着经济法学领域内如此大的争议。争议来自于重要，而重要也意味着这是多个学科和知识领域的贡献，无论是国企改革、金融规制，还是税收制度，这些领域并不仅仅只是，甚至不主要是来自于单一的经济法学部门。如果考虑到行政主导，以及许多制度和规则产生于"救急"需要的中国特色，甚至学术理论的参与、介入和影响，可能都是值得怀疑的。这样的制度变迁背景，作为一个对 40 年贡献进行梳理的学术研究综述,是必须面对的困难。

学术研究本身的评价困难也是始终存在的,尽管改革开放已历时40年,但在学术评价的历史中却是昙花一现,而如何评判学术贡献和发展,可能历来都存在着多层次的拷问,这些问题对本文而言也不例外。下面是我们着重考量的因素。

学术研究和现实实践之间的关系可能永远都是一个需要审慎对待的重大命题。显然,尽管经济法学本身只是作为实践艺术或者技艺层面的法学子部门,并且以进步主义和"实用主义"(pragmatism)哲学为基础,无须动辄诉诸于"为天地立心,为生民立命,为往圣继绝学,为万世开太平"的更高口号,但是对经济正义的诉求也毫无疑问是经济法学需要面对的问题。而这种经济正义的界定及其展开,在现实之中的影响和推动,才能体现出研究的意义和价值。因此,在进行学术评价的时候,面向实践的维度是不可或缺的。学术研究应当有一定的独立于现实的内在规定性,它不尽然、也不必然应当是对策性的、以"智库"为导向的,但是如果缺乏了面向现实的改进,学术研究可能就会缺乏法学本身应有的内在规定性,或者是"描述的"(descriptive),或者是"解释的",仅仅关注于自我完美化的体系构建。因此,实践导向的经济法学是进行综述和评论的前提,尽管这样的评判可能未必符合作为独立学问的抽象探讨,而后者对中国法学的共同体而言可能更是凤毛麟角、急切需要的。但是总体上经济法学的"对策"特性也是非常明显的。从这个意义上,与其说是经济法学研究的综述,不如说是经济法学在40年中介入、参与和推动公共经济领域改革和开放的反馈。

在对第一层争论采取了功利主义视角的选择后,学术研究如何进入法学的实践和现实,可能是一个更为模糊和棘手的问题。尽管不需要诉诸于比如学术研究在多大程度上以何种途径和渠道推动了制度变迁或进步等更为宏大的问题的探讨,但是在公共责任不够清晰的公共决策过程中,在社会运作的"信息编码化"①不足的情形下,决策依据并不容易判断,加之学术规范中的学术引用更多是随意的堆积,缺乏对原创性观点的尊重。在这些氛围下,试图厘清哪些学说或者理论凝结成了制度规则或标准,某种意义上是一种黑箱式操作的判断,只能根据观点、理论、学说和最后的结果来进行判断。因此,本文中所引用的文章,更多不是对个人成绩的标榜,而是反映在这个过程中学术研究中的共识,所反映的是经济法学群体的成绩,而非个体的贡献。

在我们这个快速变化的制度之中,学术评价最为困难的可能是时间问题。从学说、理论和观点的生命力,以及其真正作为思想的创见来讲,获得学界的共识,乃至转化成为制度中的共识或者应当遵守的逻辑,40年的时间并不算长。对于方向并不完全清晰的中国制度变迁而言,那些尚未取得共识,尚未凝结成为制度、规则或者具体标准的主张、警告乃至批判,在价值上甚至会超过当下已经被采纳的对策。如同英美法院的少数派法官意见,随着时间而会发生转变,这在学术研究中更为常见。我们对这一点的总结并不充分,但是随意的总结也并不是应当有的态度。因此本文评价的局限性必不可免。

尽管诸多的困难制约着一个相对全面和客观的综述和评价的作出,但是经济法学界的努力在过往40年中的成绩仍然是非常突出和可观的。在各个领域的改革之中,学科内的同仁,或大或小,或迟或早,或推进或批判,在中国经济体制改革的法律化进程中,从最早的《中外合资经营企业法》到最近的《电子商务法》,都积极努力地参与到了法学和法律

---

① See Max Boisot, John Child, "From Fiefs to Clans and Network Capitalism: Explaining China's Emerging Economic Order," *Administrative Science Quarterly*, vol. 41, no. 4 (1996), pp. 600–628.

的实践之中。本文试图总结这种学界的努力,尽管肯定是不完全,并且只能是"窥豹一斑"的,但力求反映经济法学对推动经济体制改革、推动经济制度变迁的持续努力。

虽然存在着更具有价值的抽象命题的纯理论讨论,这其中也包括了诸多"宏大命题"式的多元走向的探讨,但作为一个变化剧烈、走向模糊而且常常是"应弊救急"的法律二级学科,本文的综述采取了相对"鸵鸟政策"的态度。在这样的理论尚未统帅实践,并取得规范意义上的实现的时候,更长远的价值应当可以通过更长的时间,更清晰的道路上的导航、指引或者约束效果来检验。从这个意义上来说,这个 40 年的综述更多侧重于现实成绩,侧重于体现在立法、行法(严复语①)或者司法之中的规则、标准或者经验结晶。这当然是实质性的判断,有别于诸如引用率等所谓的客观尺度——从一个再主观不过的视角看,窃以为在一个学术不规范的市场中采用市场化标准度量,无非是强化了恶劣学风。本文的综述姑且作为一管之见,抛砖于学界。

需要说明的是,金融证券等领域因为在本系列之中有单独的综述,本文不再涉及。

一、总体回顾

过往的 40 年中②,在经济法的各个领域之中,几乎每年都存在着不断的变化和调整,制度变化有小有大,各种文章、书籍的讨论浩如烟海。作为一个仅几万字的综述性文章,只能就荦荦大者进行回顾,在制度变

---

① 我以为严复的行法更准确地表达了包含行政、独立经济规制等多种不同的政府行为。参见严复:《宪法大义》,王栻主编:《严复集》第 2 册,北京:中华书局,1986 年,第 240 页。
② 实际上对此也是存在着史学争论的,有观点认为中国的改革开放应当从 1976 年开始起算。本文还是采用了流行的看法,采取从 1978 年开始的表述。

迁的意义上讨论学术研究，而不是在制度变化的层面上进行复述。在制度的大格局变化的层面上，如何理解制度变迁，也决定了如何理解40年的分期。而如何理解制度变迁，从不同的视角和学科看，也存在着不同的划分。在不断变迁的阶段，法律，包括规则的产出和实现，本身也存在着不同的意义。经济法学面临着两种特性：经济制度（或体制）和法律供给，这两者本身的意义也是在不断变化的。

在"改革开放"的大命题之下，根据40年业已形成的道路反观中国的经济制度变迁，中国的经济制度尽管存在着波折起伏，但大致上存在着几个相互联系的主题：从放权让利，到市场化改革，再到参与国际经济体系和全球化，在这其中伴随着不同领域向不同模式的学习、模仿。而在整个经济制度的这个变迁方向上，法律在政治—经济—社会中的地位和作用不断上升，也存在着一个逐步合理化、系统化和规范化的过程。经济法及其研究，在这样的大背景下，存在一个与这样的制度变迁相互激荡的过程。因此本文的评价大体采用了这样的道路和方向，即经济法学的研究是否和这样的历史道路、大势和方向相吻合，并产生了具体的影响。

考虑到以制度变迁作为尺度衡量学术或者思想贡献，在历史的分期问题上，首先应当以制度转轨的角度来分期。反观过往40年的中国经济制度变迁，从放权让利开始，到进入全球化的贸易之中，整体的主题是清晰的，即不断走向市场化和国际化。经济制度不断地和市场经济相结合，不断地和国际化、全球化的进程相结合，因此经济法学发展的整体路径也是清晰的。这其实也表明了中国经济法学自身的道路变迁，即从苏联继承和学习的这一法律部门，如何在中国的改革开放之中，在"依法治国"的命题下，在趋向于专业化、法律实践化的过程中，找到自身的学术定位，进而融入法律制度和规则的国际化过程中。因此过往40年的经济法学自身的脉络发展,在知识来源上也存在着这样的过程,从苏联继受之后,一方面面临着新的政策导向和体制的挑战,存在着一个中国化的过程;另一方面,随着法学在整个国家治理和社会发展中的重要性提升,实践需求成为法学的发展动力,这就要求经济法学融入整体法学的实践,将视野转向国际化的知识来源,并在此基础上作出中国版本的贡献。这样的整体道路、方向和转轨路径,决定了回顾过往40年的贡献,应当在这样的维度上进行判断。

本文依据这样的逻辑,将制度变迁分期划分为三个阶段:

第一阶段,从放权让利、开放学习到逐步放开要素市场、确立商品经济的阶段,即从改革伊始到1992年。这一阶段始于改革开放,盛于发展"社会主义商品经济"的经济体制改革。其中以1984年为界又可以分成两个小的阶段。前一个小阶段主要是商业主体的开放,这一阶段出现了外资公司,并放松了对一些内资商业主体设立的规制,比如今天以个体工商户为主的私营经济,尽管在当时比例较低;这一阶段同时进行了财政方面的改革,财政体制开始"放权让利",放权更多是针对地方政府的,让利更多针对于国营企业。1984年以后的改革,则是比较全面和系统的,这一阶段的改革是在确立商品经济的命题下展开的,一系列重大措施密集出台,包括价格双轨制的施行,要素市场的逐步放开,国企改革中承包制的推行,"拨改贷""利改税"的实施,"拨改贷""利改税"的改革甚至永久改变了银企关系,国内的民营企业也开始出现,这以乡镇企业为其著名代表。后一个小阶段中政府层面的改革也是相当正式,税收制度初步建立了雏形,中国人民银行作为央行的地位也确立起来。最为重要的是,在1984年之后,立法逐步开始成为制度变迁的主要机制,从而启动了"变法"或者"立法"的进程。比较有代表性的经济法立法,除了前一阶段的《中外合资经营企业法》之外,还有诸多制定于后一阶段的法律文件,比如《经济合同法》《涉外经济合同法》和《技术合同法》等关涉合同的法律文件,再比如《全民所有制工业企业法》《全民所有制工业企业转换经营机制条例》等一系列旨在确保国营企业独立自主和独立经营的国企改革立法。从今天的视角来看,交通领域,尤其是公路领域,不经意之间成为了最早开放的公共产品领域。此外,在局部地区出现了股票,这是资本市场进行的初步尝试。在特区等开放地区,首先建立了一些尝试性的公司制度。总的来说,第一阶段最重要的政策还是明确了建立商品经济的方向,并且"国家调控市场、市场引导企业"成为了一个核心政策。

第二阶段,从1993年开始到2001年加入WTO,这是明确了建立社会主义市场经济的时代,也是依法治国的时代,变法促进制度变迁成为这一阶段改革最为主要的模式,由此,经济体制改革和法治发展结合在了一起。肇始于前一个阶段的要素市场改革,延伸到了资本市场,在股份制改革的名义下,证券市场伴随着国营企业制度转变成为国有产权市场,因此一般意义上的市场体系逐步全面地建立起来。在企业制度中,最为重要的国有企业改革成为了改革的主旋律,国有企业通过上市、重组、并购、改制等诸多方式完成了向新加坡模式的转轨。同时,财税制度开始进行分税制改革,全面地改革财税制度和规则。金融制度中《中央银行法》和《商业银行法》明确了银证分离、资本负债率监管等各国通行的监管模式。在经济法相关的立法之中,这一阶段的立法是全面、迅速和深刻的,从《公司法》《商业银行法》《反不正当竞争法》到《价格法》等,都进行了全面改革,并设立了向发达国家学习的经济规制机关。当然,这一阶段改革最为重要的仍然是,市场经济成为了这一阶段的核心命题。

第三阶段,从2001年之后,中国加入了WTO,全面地引入了国际规则,卷入了全球化的世界经济体系,从而进一步使得经济制度趋向于国际化。国企的公司制改革趋向于完成,并且形成了以国有资产监管制度为核心的模式,而替换了原有的国营企业模式,《企业国有资产法》也得以颁布。尽管这一阶段仍然存在着企业的内外分割,但大体上形成了多层次资本市场,包括金融、保险、证券、信托等市场的形成,资本市场不断规范化并形成了新的监管模式和法律规则,持续不断地规范着公司治理。值得一提的是,证券监管方面的"司法裁判"也得到了充足的发展,"独立规制机关"的雏形开始出现。同时,竞争法在这一阶段也确立起来,并且随着司法和"准司法"实践的发展而得到充分而迅速的进化。财税领域的改革,一方面,1994年开始的分税制改革不断遭到侵蚀和改变,另一方面,税收平等、税收法定等方面出现了许多规范。这一阶段财政改革任务艰巨,改革进程也相对滞后,并且整个制度随着产业升级、政府主导的投资经济——而这受制于加入国际经济循环之后的经济危机或者金融危机的影响而产生的制度反应——以及土地财政的出现,在预算法下得到了有些矫枉过正的限制,进而引发了公共商事合同(PPP)在这两年的火热。对经济制度和经济法更为重要的是,公共产品市场的开放,对制度规则及其执行提出了更多要求。卷入全球化之后并成为主动推动者的中国经济,在国际上的投资随着国家经济政策的变动,不断地在自内向外的方向出现了多种新的挑战,诸如海外上市、VIE结构、海外并购、银企集团组合等陆续涌现,也不断地在经济法上产生了规制调整的需求。

在这样的制度变迁中,经济法学的研究,实际上主要是对这种制度需求作出的回应,这也符合作为现代法的回应型法的特点。不过,过往40年的局限性也是需要学界反思的,在快速变化的主题之中,沉淀的反思和批判还是不足的;同时,目光更加远大的具有统帅作用和前瞻指导性的理论研究也是相对比较薄弱的。这个问题,在经济法学过往的40

年中，是一个持续性的挑战。

对于体系庞大的经济法，在过往40年伴随着制度变迁而取得的部分学术成绩，下文作了一个相对堆积、列举的总结。首先是列举了凝结为制度的规则变化，然后是按照前述的标准进行了简要概括。无论是基于篇幅还是时间的原因，挂一漏万是必然的，因为这仅仅是一个特定时间段上的简要回顾。

二、具体的制度变迁

（一）1978—1992年

中国的经济法学研究肇始于改革开放，国家的工作重心转移到经济建设，对经济关系法律调整的需要催生了一系列法律规范。

财税法律制度上，自1980年开始，我国的财税体制由1950年起施行的财政收支集中于中央的财政收支体制，转变为各省级政府"分灶吃饭""财政包干"而只向中央缴纳固定比例财政收入，财政收支权力归于省级地方政府。我国税收法律制度和外资企业法律制度也在这一时期初步建立，《个人所得税法》（1980年全国人大常委会令第11号）颁布，开始征收个人所得税，同时确立了对外籍人员征收所得税的依据；《外国企业所得税法》（1981年全国人大常委会令第13号）也相继颁布，初步建立了我国的涉外税法制度。之后，我国的财税法律制度在这一时期初成体系。《国营企业所得税条例（草案）》（国发〔1984〕125号）、《集体企业所得税暂行条例》（1985年国务院令第56号）出台，确立了国营企业和集体企业的所得税制度；1984年国务院颁布《中华人民共和国产品税条例（草案）》《中华人民共和国增值税条例（草案）》和《中华人民共和国营业税条例（草案）》，初步建立了我国的流转税体系；1986年国务院发布《税收征收管理暂行条例》（国发〔1986〕48号），统一了内资企业各税种的征收管理;《进出口关税条例》(国发〔1985〕30号)、《海关进出口税则》(国发〔1985〕30号)和《海关法》(1987年主席令第51号)相继出台,我国的关税法律制度也初步形成。之后,在80年代后期进行了调整,《私营企业所得税暂行条例》(1988年国务院令第5号)出台,开始对私营企业征收所得税,《私营企业所得税暂行条例》与《国营企业所得税条例(草案)》(国发〔1984〕125号)、《集体企业所得税暂行条例》(1985年国务院令第56号),对性质不同的企业分别征税,构成了内资企业所得税法律体系。

在企业法律制度上,国企改革从调整分配关系入手,《国营工业企业暂行条例》(国发〔1983〕54号)代行企业法职能,国营企业开始实行利润留成和盈亏包干,同时实施经济责任制,扩大企业经营自主权。关于国营企业的利润留成,国务院先后发布和转批《关于国营企业实行利润留成的规定》(1979年)、《国营工业企业利润留成试行办法》(国发〔1980〕23号);关于国营企业的经济责任制,《关于实行工业生产经济责任制若干问题的意见的通知》(国发〔1981〕159号)、《关于实行工业生产经济责任制若干问题的暂行规定的通知》(国发〔1981〕166号)等文件,对经济责任制的内容、原则、形式和要求都作了明确规定;在扩大企业经营自主权方面,国务院颁布《关于扩大国营工业企业经营管理自主权的若干规定》(1979年)。与此同时,国营企业拨改贷、利改税的改革也酝酿实施,1979年《关于基本建设投资试行贷款办法报告》《基本建设贷款试行条例》出台,开始对基本建设投资试行贷款;1983年国务院转批财政部《关于国营企业利改税试行办法》(国发〔1983〕75号),财政部发布《关于对国营企业征收所得税的暂行规定》(财税字〔1983〕116号),在全国范围内对国有企业实施利改税。此外,为吸引外国投资,扩大国际经济合作和技术交流,《中外合资经营企业法》(1980年全国人大常委会令第10

号)亦相应出台。国务院1984年发布《关于进一步扩大国营工业企业自主权的暂行规定》(国发〔1984〕67号),扩大企业在决策上的自主权;1986年发布《关于深化企业改革增强企业活力的若干规定》(国发〔1986〕103号),推行各种形式的承包制,改进企业的工资、奖金分配制度,缩减指令性计划等,赋予经营者自主权。国营企业确立厂长负责制,厂长负责制区别于之前党委领导下的厂长负责制,明确了厂长(经理)是企业的一厂之长,是企业法定代表,处于中心地位,对企业负有全面责任。拨改贷、利改税的改革也进一步推进,国务院于1984年批准公布了《国营企业第二步利改税试行办法》(国发〔1984〕124号)、《国营企业所得税条例(草案)》(国发〔1984〕125号)、《国营企业调节税征收办法》、《关于国家预算内基本建设投资全部由拨款改为贷款的暂行规定》(计资〔1984〕2580号),对国营企业拨改贷、利改税的实施进行明确与细化。

这一阶段的标志性法律是1988年出台的《全民所有制工业企业法》(1988年主席令第3号),《全民所有制工业企业法》规定"全民所有制工业企业是依法自主经营、自负盈亏、独立核算的社会主义商品生产和经营单位",国家在保持企业财产全民所有权的条件下,由企业对国家授予其经营管理的财产行使占有权、使用权和依法处分权。《全民所有制工业企业法》确立了所有权和经营权相分离、政企分开、企业独立自主经营的原则。

之后,为推进所有权与经营权相分离,全民所有制工业企业开始实行承包制、租赁制、股份制等改革措施。国务院于1988年颁布《全民所有制工业企业承包经营责任制暂行条例》(国发〔1988〕13号)、《全民所有制小型工业企业租赁经营暂行条例》(1988年国务院令第2号),对国营企业进行承包制改革。《全民所有制工业企业承包经营责任制暂行条例》确立的承包制内容为:包上缴国家利润,包完成技术改造任务,实行工资总额与经济效益挂钩。在国有资产的管理上，1988年财政部下设国有资产管理局，对国有企业的资产进行管理，同时国家经贸委、中央企业工委等部门对国有企业的决策、人事等事务进行管理，国有企业的管理权由多个政府部门共同行使。

在增量增长的组织层面，《关于进一步清理和整顿公司的通知》（国发〔1985〕102号），首次对公司进行了定义，指出"公司应是从事生产经营或服务性业务的、具有法人资格的经济实体，是实行独立核算、自负盈亏、照章纳税、能承担经济责任的企业"。《外资企业法》（1986年主席令第39号）颁布，允许外国的企业和其他经济组织或个人在中国境内开办外资企业。此外，《中外合作经营企业法》（1988年主席令第4号）于1988年出台，与《中外合资经营企业法》（1979年全国人大常委会令第7号）、《外资企业法》（1986年主席令第39号）共同构成了我国外资企业法律制度。

在金融法律制度上，国务院1983年发布《关于中国人民银行专门行使中央银行职能的决定》（国发〔1983〕146号），由中国人民银行行使中央银行的职能，由工商银行办理专业银行的业务，以实现政企分离。1986年《中华人民共和国银行管理暂行条例》（国发〔1986〕1号）规定"中国人民银行是国务院领导和管理全国金融事业的国家机关，是国家的中央银行，应当全面履行下列职责：管理企业股票、债券等有价证券，管理金融市场"。中国人民银行作为银行业主管机关的同时，也是证券业的主管机关，确立了混业监管的金融监管格局。

（二）1993—2001年

社会主义市场经济和依法治国理念的提出，及其在制度层面的全面展开，是这一阶段的核心特点。

非公有制经济的发展是这一时期经济体制改革的重要特征，一系列宪法修正案和其他相关法律文件对此都有所体现。1993年《宪法修正案》第7条规定:"国家实行社会主义市场经济。""国家加强经济立法,完善宏观调控。""国家依法禁止任何组织或者个人扰乱社会经济秩序。"1999年《宪法修正案》第15条规定:"在法律规定范围内的个体经济、私营经济等非公有制经济,是社会主义市场经济的重要组成部分。""国家保护个体经济、私营经济的合法的权利和利益。国家对个体经济、私营经济实行引导、监督和管理。"

在财税制度上,财税权力集中到中央。1993年国务院发布《关于实行分税制财政管理体制的决定》(国发〔1993〕85号),规定"中央税、共享税以及地方税的立法权都要集中在中央",改革之前的地方财政包干体制,对省、自治区、直辖市和计划单列市实行分税制财政管理体制;在分税制下,关系到国家大局和实施宏观调控的税种划归中央,与地方经济和社会发展关系密切以及适合于地方征管的税种划归地方,而收入稳定、数额较大、具有中性特征的增值税等税种划作中央和地方共享收入。其中央税包括消费税、关税、车辆购置税、海洋石油资源税、未纳入共享范围的中央企业所得税,以及铁道部门、各银行总行、各保险公司总公司等集中交纳的营业税和城市维护建设税等。地方税包括营业税、城市维护建设税、房产税、契税、车船使用税、印花税(证券交易印花税除外)、城镇土地使用税、耕地占用税、土地增值税、烟叶税,以及海洋石油资源以外的其他资源税。中央与地方共享税包括增值税(中央与地方按照75:25分享)、企业所得税和个人所得税(中央与地方按照60:40分享)、证券交易印花税(中央与地方按照97:3分享)。关于税收立法权,"中央税、共享税以及地方税的立法权都要集中在中央",而将税收立法权划归中央。地方政府在城镇土地使用税和车船使用税两个税种上有税额决定权,对营业税中的娱乐业税率和资源税中的"资源等级表"中未列举名称的纳税人的税额有决定权。在预算法律制度上,1994年《预算法》(1994年主席令第21号)出台,1995年《预算法实施条例》(1995年国务院令第186号)出台,1996年《关于加强预算外资金管理的决定》(国发〔1996〕29号)出台,初步建立了我国预算法律制度。在所得税法律制度上,1993年《企业所得税条例暂行条例》(1993年国务院令第137号)出台,取代《国营企业所得税条例(草案)》《集体企业所得税暂行条例》和《私营企业所得税暂行条例》,统一了内资企业所得税。1993年《个人所得税法》第一次修正,同时《城乡个体工商户所得税暂行条例》和《个人收入调节税暂行条例》(国发〔1986〕91号)废止,城乡个体工商户所得税和个人收入调节税被纳入《个人所得税法》。在流转税上,1993年国务院颁布《增值税暂行条例》(1993年国务院令第134号)、《消费税暂行条例》(1993年国务院令第135号)和《营业税暂行条例》(1993年国务院令第136号),统一了我国的流转税法律制度。

在企业法律制度上,1993年《公司法》(1993年国务院令第16号)出台,《公司法》对公司的设立条件、公司的审批登记程序、内部组织机构、股票的发行和交易、公司的财务会计制度,公司的合并、分立、解散和清算,外国公司的分支机构进行了规定。1999年《公司法》第一次修订,增设了国有独资公司监事会,授权国务院放宽高新技术股份有限公司中发起人以工业产权和非专利技术作价出资的金额占公司注册资本的比例,以及公司发行新股和申请股票上市的条件,允许在证券交易所内部为高新技术股份有限公司股票开辟第二板块市场。

在国企改制上,国企改制的重点由"放权让利"转向"转换企业经营机制,建立现代企业制度"。1993年《中共中央关于建立社会主义市场经济体制若干问题的决定》指出:"建立现代企业制度,是发展社会化大生产和市场经济的必然要求,是我国国有企业的改革方向。"1994年《国有企业财产监督管理条例》(1994年国务院令第159号)、《股份有限公司国有股权管理暂行办法》(国资企发〔1994〕81号)、《境外上市企业股份制改组工作程序》(1994年国家经济体制改革委员会发布)相继出台,推进国有企业转换经营机制,将国有企业改造成为股份有限公司或有限责任公司。1997年国有企业开始"抓大放小",进行战略性改组,以初步建立现代企业制度。1997年9月,党的十五大报告为推进国有企业改革作出重大部署,报告指出"建立现代企业制度是国有企业改革的方向","把国有企业改革同改组、改造、加强管理结合起来。要着眼于搞好整个国有经济,抓好大的,放活小的,对国有企业实施战略性改组","实行鼓励兼并、规范破产、下岗分流、减员增效和再就业工程,形成企业优胜劣汰的竞争机制",国企改革由此进入"抓大放小"的改革阶段。

在金融法律制度上,金融监管制度由混业监管走向分业监管。1997年原由中国人民银行监管的证券经营机构划归中国证监会统一监管;1998年中国保监会成立,对全国保险市场实行统一监管;2003年中国银监会成立并正式履行职责,确立了"一行三会"的金融监管格局。我国的金融法律制度在这一时期取得较大发展,1995年《中国人民银行法》(1995年主席令第46号)、《商业银行法》(1995年主席令第47号)出台;《保险法》和《信托法》也分别于1995年和2001年颁布。

我国的竞争法律制度在这一阶段开始起步,1987年8月国务院法制局就成立了反垄断法起草小组,1988年提出《反对垄断和不正当竞争暂行条例草案》。1993年《反不正当竞争法》出台,而与反垄断行为有关的条款散见于不同的法律中。国务院《关于开展和保护社会主义竞争的暂行规定》(1980年颁布,2001年废止)首次在我国提出了反垄断,特别是反行政垄断,《反不正当竞争法》(1993年主席令第10号)、《价格法》(1997年主席令第92号)、《招投标法》(1999年主席令第21号)、《合同法》(1999年主席令第15号)中也包含了部分属于反垄断法的内容。

(三) 2001—2018年

国际化和全球化构成了这一时期的核心特点,就立法层面而言,经济法的立法得到了全面长足的发展。

财税法律制度进一步完善。2001年国务院颁布《所得税收入分享改革方案》(国发〔2001〕37号),对我国中央和地方所得税收入的收益权予以规定;《农村税费改革中央对地方转移支付办法》(财预〔2003〕355号)规定了中央对地方关于农村税费的转移支付。

2008年财政部发布《中央对地方一般性转移支付办法》(财预〔2008〕90号),确立了中央对地方一般性的转移支付制度;《预算法》《税收征收管理法》也分别进行了修订。此外,国务院决定自2009年1月1日起全面实施增值税转型改革,并修订《增值税暂行条例》《消费税暂行条例》和《营业税暂行条例》,流转税法律制度进一步完善。

在企业法律制度上,2004年《宪法修正案》第21条规定:"国家保护个体经济、私营经济等非公有制经济的合法的权利和利益。国家鼓励、支持和引导非公有制经济的发展,并对非公有制经济依法实行监督和管理。"2005年国务院颁布《关于鼓励支持和引导个体私营等非公有制经济发展的若干意见》(国发〔2005〕3号),对非公有制经济的发展提出了具体的改革意见。

2005年《公司法》第二次修订,其最大特点是公司自治领域的扩张和管制领域的收缩。2005年《公司法》修订的主要内容有:引入法人人格否认制度;取消了按照公司经营内容区分最低注册资本额的规定;无形资产可占注册资本的70%;取消公司对外投资占公司净资产一定比例的限制;增加股东诉讼的规定;规定有限责任公司中小股东在特定条件下的退出机制;上市公司设立独立董事;对关联交易行为进行严格规范；允许设立一人有限责任公司；规定了公司的社会责任，增加依法与职工签订劳动合同的规定等。2013年《公司法》第四次修订，此次修订主要对公司的注册资本制度进行改革，公司的注册资本制度由实缴制改为认缴制，由法定资本制改为授权资本制。《公司法》的司法解释也接连出台，2008年最高人民法院发布的《公司法司法解释（二）》，对公司的解散、清算、注销进行了规定；2011年最高人民法院《公司法司法解释（三）》，对发起人的合同责任、股东的出资义务进行了专门规定；2017年《公司法司法解释（四）》，对决议效力、股东知情权、利润分配权、优先购买权和股东代表诉讼等进行了规定。

2003年国有资产改革委员会（以下简称"国资委"）成立，《企业国有资产监督管理暂行条例》（2003年国务院令第378号）赋予国资委"管人、管事、管资产"的权利。国资委对国有资产进行监督的同时，代表国家履行出资人职责，扮演出资人和监管人的双重角色。在国企改制上，2008年《企业国有资产法》（2008年主席令第5号）出台，《企业国有资产监督管理条例》于2011年修订，国资委的职能更加接近于其作为股东的角色定位。按照《企业国有资产法》的规定，国有资产属于国家所有即全民所有。国务院代表国家行使国有资产所有权。国务院和地方人民政府依照法律、行政法规的规定，分别代表国家对国家出资企业履行出资人职责，享有出资人权益。国务院确定的关系国民经济命脉和国家安全的大型国家出资企业，以及重要基础设施和重要自然资源等领域的国家出资企业，由国务院代表国家履行出资人职责。其他的国家出资企业，由地方人民政府代表国家履行出资人职责。2015年国务院发布《关于国有企业发展混合所有制经济的意见》（国发〔2015〕54号），确立以董事会为中心的公司治理，以组建国有资产运营公司的母公司方式来运营国有股权。

在金融法律制度上,《银行业监督管理法》(2003年主席令第11号)于2003年出台,《商业银行法》和《银行业监督管理法》分别于2003年、2006年进行修订;1998年颁布的《证券法》(1998年主席令第12号)于2004年、2005年进行了修订;2003年《证券投资基金法》(2003年主席令第9号)颁布,为证券投资基金的发展提供了法律依据。《证券法》和《商业银行法》分别于2012年、2015年修订,《存款保险条例》(2015年国务院令第660号)于2015年发布,《证券投资基金法》于2012年、2015年两经修订,《保险法》亦于2009年、2014年、2015年三经修订,《保险资金运用管理办法》(保监会令〔2018〕1号)于2018年出台。

在反垄断法律制度上,2007年《反垄断法》出台,规定了禁止垄断协议、禁止滥用市场支配地位和控制经营者集中三大制度,以及禁止滥用行政权力排除、限制竞争和反垄断机构、法律责任等内容。2017年《反不正当竞争法》进行修订,增强了法律适应性,并在立法体例上与《反垄断法》进行切割,实现了体例上的独立性。

以上的列举仅仅是列举了荦荦大者,总体上反映了过往的经济法立法上的成绩。

三、争论、贡献与参与

(一) 总论

在经济法学的初步形成阶段,对经济法调整对象的讨论一直是学术界争论的热点。关于经济法调整对象的争论主要表现为经济法与民法、行政法之间的争论。这一阶段关于经济法的调整对象形成了诸多观点,主要有:(1)纵横经济关系统一论。这种观点认为,经济法既调整纵向经济关系,又调整横向经济关系,且纵向经济关系和横向经济关系是相互交叉、互相统一的。由于这种观点把主要的大量的横向经济关系,即法人与法人之间、法人与公民之间的横向经济关系都划归经济法调整，而把民法只限于调整公民与公民之间的财产关系和人身非财产关系，因而被称为"大经济法"观点。这一观点在《民法通则》出台之前一直在经济法学界占统治地位。(2) 行政经济关系论。这种观点认为经济法也调整以行政隶属关系为特征的经济管理关系，这种特殊的调整对象决定了它的调整方法的特殊性，即指令和服从的行政调整方法。(3) 紧密联系关系论。这种观点认为，经济法的调整对象主要是经济管理关系（或纵向经济关系），但也调整一部分横向经济关系，即与经济管理关系密切联系的经济协作关系，它包括：以国家指令性计划为前提的经济协作关系；地区、部门企业之间，在协调计划、合理布局生产力、调节价格方面发生的关系；发生在经济组织内部生产单位间的与经济管理关系有密切联系的经济协作关系。(4) 经济管理关系论。这种观点把经济法的调整对象概括为经济管理关系，一方面主张经济法的调整对象不包括横向经济关系，从而与纵横经济关系统一论划清了界限，另一方面又不把纵向经济关系局限于行政经济关系，从而又与行政经济关系论划清了界限。①

这一争论在第一阶段的学术讨论中，由于学科划分的意义而出现了多种多样的探讨，除了上述观点之外，还有诸多其他的观点，有许多更好的总结。但是总体上，对于经济法的调整对象的讨论，仍然延续了苏联以调整对象作为划分方法的思路，②一方面带有知识体系上的延续性，一方面随着制度变迁而逐渐产生了实际的变化意义。近年来，有学者提出了"领域法学"的主张，这种主张和前述法律部门划分的讨论一样，是

---

① 参见谢次昌：《论经济法的对象、地位及学科建设》，《中国法学》1990年第6期。
② 参见史际春：《经济法的地位问题与传统法律部门划分理论批判》，《当代法学》1992年第3期。

随着制度变化、社会经济问题的变化而出现的回应。

除了调整对象之外,在总论中的多个主题的讨论也是非常具有学术建设性的,大致上形成一些共识,即一些由明确的主张沉淀而成的中国经济法学的共同话语,包括:(1)经济法是基于公法私法化和私法公法化而产生的;(2)经济法的起源可以追溯到19世纪下半叶的经济规制和反垄断的兴起;(3)经济法是以实质正义区别于传统法律部门的,这包括了诸多的具体含义,但是和社会经济权利的主张是联系在一起的;(4)经济法是平衡政府与市场的,"市场失灵"和"政府失灵"构成其学理正当性;(5)经济法的大致范围、原则、宗旨、目的等等,虽然在表述采用了不同的字眼,实际内容相去无几;(6)经济法学应当更好地和政治学、社会学、经济学等相邻学科接轨和借鉴,在方法论上更加多元化。

(二)竞争法

由于竞争法在经济法中的地位并不存在争议,并且也形成了法典,经济法学界对竞争法中规则和裁判的参与在各个部门之中最为突出,甚至主导着实践。理论研究随着立法规则形成、执法制度变化以及司法问题和案例研判展开而不断深入,在制度参与层面也是最具有成绩的。

这一部门的实践导向非常强,实践过程中也形成了诸多的争论。重大的争论命题在我国竞争法的立法过程中,包括竞争法内部《反不正当竞争法》与《反垄断法》的关系,竞争法与知识产权保护法的关系等都引起了立法者和学者的广泛关注。

1. 竞争法的研究对象是一个焦点,核心问题是如何看待垄断、竞争和不正当竞争在法律中的关系和在规范性文件中的表达。形成的共识包括,竞争法是调整市场竞争秩序的法律制度,广义的竞争法内容包括《反垄断法》和《反不正当竞争法》。《反垄断法》所反对的垄断并非没有竞争的市场状态,而是滥用这种状态排斥竞争的行为,以及虽没有这种状态但谋求此类状态（如卡特尔协议）的反竞争行为。《反垄断法》的中心内容就是维护市场竞争的自由，消除限制或者排除市场竞争的行为。狭义的竞争法就是指《反垄断法》。①

关于竞争法中《反垄断法》与《反不正当竞争法》的关系，20世纪90年代学者的文献中多有探讨。对于《反垄断法》与《反不正当竞争法》的联系，有学者指出，两者在立法形式上存在交叉或者合并。在《反垄断法》出现以前，《反不正当竞争法》一般是以独立的形态出现。第二次世界大战后反垄断立法进入高潮时期，一些国家在《反垄断法》中交织着禁止不正当竞争的条款，有些国家甚至合并立法。从执行机关来看，有的国家主要通过法院来强制实施《反不正当竞争法》，而以专门的行政机关实施《反垄断法》，但是许多国家都是以统一的机构实施这两项法律。如美国的联邦贸易委员会、日本的公正贸易委员会、英国的公平贸易委员会都是身兼二任。从救济方法看，多数国家对垄断和不正当竞争行为的处罚都大体相同，既有私法上的侵权损害赔偿，又有公法上的监禁和罚金。②

关于《反垄断法》与《反不正当竞争法》的区分，有学者提出，《反垄断法》关注的是竞争不足，主要解决市场中有无竞争的问题；而《反不正当竞争法》主要规制竞争过度，着力解决不公平竞争即如何竞争的问题。《反垄断法》关注的是经营者竞争机会的有无；而《反不正当竞争法》关注的则是经营者如何竞争。《反垄断法》面对市场中的垄断问题，由执法机关主动出击，适时干预，是典型的公法；而《反不正当竞争法》以私力救济

---

① 参见祁欢：《从欧盟竞争法看中国的反垄断法》，《政法论坛》2003年第4期。
② 参见刘燕、蔡敏：《不正当竞争法的历史发展及其一般规律探讨》，《中外法学》1992年第6期。

为主,以国家机关介入为补充。①

　　有学者通过对大陆法系国家竞争法模式进行比较研究,分析了分立式立法(即分别制定《反垄断法》和《反不正当竞争法》)与合并式立法的历史背景、特点以及长短,认为从发展中国家和地区角度出发,结合近年有关国际立法的实践,合并式立法确有长处,并指出这种立法模式在竞争法的起草中有所借鉴,但由于反垄断问题的复杂性,加之我国现阶段突出存在的是行政垄断,即通过行政权力派生出来的垄断,这与资本主义国家通过自由竞争后形成的垄断显然不同,所以,尽管我国有必要制定《反垄断法》,但当时的立法时机还不成熟,最后决定先制定《反不正当竞争法》,同时再委托国务院有关部门酝酿起草《反垄断法》。②

　　有学者对危害公平竞争秩序的行为进行了梳理归类,并总结出三种模式:一是以不正当竞争行为概括所有的危害公平竞争秩序的行为;二是认为破坏公平竞争秩序的行为包括两类,一类是垄断(即限制竞争行为),另一类是违反诚实信用原则行为;三是认为破坏公平竞争秩序的行为应该包括三类行为,即垄断、限制竞争行为、反不正当竞争行为。第二种观点认为垄断与不正当竞争行为是截然不同的两种概念,它们的立法依据、内容及处理程序也不同,应就垄断和不正当竞争行为进行分别立法。第三种观点在第二种观点的基础之上,进一步区分了垄断行为与限制竞争行为。我国的竞争法最终采取了第二种立法体例,将《反垄断法》与《反不正当竞争法》分别立法。③

---

① 参见宁立志:《〈反不正当竞争法〉修订的得与失》,《法商研究》2018年第4期。
② 参见王学政:《对竞争法立法模式的比较研究》,《中国法学》1997年第5期。
③ 参见卢修敏、王家田:《垄断、限制竞争行为、不正当竞争行为的区分及其对立法的意义》,《中外法学》1995年第4期。

2. 行政垄断的提出、立法规则和实现制度可能是中国式竞争问题的核心贡献。

行政垄断本身就是中国经济法学者提出的,尽管存在着不同意见,但大体上都接受了这一简洁方便的表达。在实现的过程中,包括立法规则和具体执行制度,都不断地经受了波折和起伏。

关于行政垄断主要存在两种观点,一种认为行政性限制竞争在性质上属于行政权力的不当行使,主要不是依靠《反垄断法》能够解决的问题,一种认为我国行政性限制竞争的问题比较严重,应当通过《反垄断法》对行政性限制竞争进行有效规制。对于反对将行政性限制竞争在《反垄断法》中单独规定的观点,有学者认为,"行政垄断"的根本成因在于整体的政治体制,不应由《反垄断法》进行规制。"行政垄断"的中国特色,是原计划经济特有的现象,西方国家只有"经济垄断"而无"行政垄断",其《反垄断法》不存在反行政垄断的问题,发达国家反"行政垄断"的一个特点,就是政府和其他公共团体的非主权行为,与公民和企业一样适用《反垄断法》,所以不需要对此作出特别规定。① 以《反垄断法》来规制"行政垄断"只能说是权宜之计,这一问题的解决有待于行政体制改革的深化。②

认为应当将行政垄断单独规定的观点则指出,行政对市场和企业的垄断为我国所独有,对我国商品经济市场的扰乱更为严重,以反垄断立法代替简单的行政干预来消除市场混乱十分必要。③ 有学者将具体行政行为与抽象行政行为区分对待,指出行政垄断是行政机关滥用行政权力介入市场竞争的行为,《反垄断法》对此应起到基础性的调整作用。对

---

① 参见史际春:《〈反垄断法〉与社会主义市场经济》,《法学家》2008年第1期。
② 参见王为农:《关于我国反垄断立法的再思考》,《中国法学》2004年第3期。
③ 参见魏剑:《试论我国的反垄断立法》,《中外法学》1989年第1期。

于抽象行政垄断行为,《反垄断法》可以起到上位法的作用,作为否定下位抽象垄断行为的依据;而从事具体行政垄断行为时,行政机关实质上具有市场主体身份,相当于具有市场支配地位的企业,可以适用《反垄断法》关于支配地位滥用的规制方法。但这并没有提出反垄断法上全新的理论问题,其主要意义是宣示性的,目前我国相关立法最需完善的是相关的责任制度以及执行机制。① 关于反行政垄断的具体方法,有学者从经济学成本收益分析的角度,对反行政垄断的立法提出了建议。② 也有学者从反垄断执法的角度提出,在反行政垄断执法活动中,工商行政管理机关应有"提出依法处理"建议权,应能够以请求主体或被请求主体的身份积极地进行反行政性垄断执法。反行政性垄断执法的理想模式是在行政裁量、行政协助的基础上,以行使更广泛有效的建议权来实现行政合作,遏制行政性垄断。因此,在反行政性垄断执法中,工商行政管理机关行使依法处理的建议权,应当彰显反行政性垄断执法分权格局的核心价值。③ 还有学者对混合型行政垄断进行了分析,并对其制度构建提出了建议。④

我国《反垄断法》的出台最终专门确立了对行政垄断的适用,《反垄断法》第五章(第32—37条)中对禁止行政性限制竞争作了具体规定,明确禁止实践中较为典型的六类滥用行政权力排除、限制竞争的行为,这六类行为包括:以任何方式限定或者变相限定单位和个人只能经营、购买、使用指定的经营者提供的商品;妨碍商品在地区之间自由流通和充

---

① 参见许光耀:《行政垄断的反垄断法规制》,《中国法学》2004年第6期。
② 参见胡光志、王波:《行政垄断及反行政垄断法的经济学分析》,《中国法学》2004年第4期。
③ 参见魏琼:《反行政性垄断执法模式的现实与理想》,《法学》2009年第9期。
④ 参见魏琼:《论混合型行政性垄断及其规制》,《法学家》2010年第1期。

分竞争；以设定歧视性资质要求、评审标准或者不依法发布信息等方式，排斥或者限制外地经营者参加本地的招标投标活动；以采取同本地经营者不平等待遇等方式，排斥或者限制外地经营者在本地投资或者设立分支机构；强制经营者从事本法规定的垄断行为；制定含有排除、限制竞争内容的规定。近年来由于学界的不断呼吁，还在制度层面上设立了公平竞争审查制度，为具体的实现打下了基础，这也是经济法学界的一大贡献。

3. 竞争法、《反不正当竞争法》与知识产权保护之间的关系随着网络、平台的发展而成为了需要制度回应的问题，中国的经济法学者的贡献也比较突出。

部分学者认为知识产权法与《反不正当竞争法》在知识产权的保护上是相辅相成的。如有学者指出，知识产权法通过保护权利人的合法权益、鼓励技术创新来达到促进社会进步的目的，而《反不正当竞争法》则通过维护正当竞争秩序、制止非法竞争行为来达到相同之目的。因此，在知识经济时代，必须协调两者在知识产权保护问题上的关系，充分发挥《反不正当竞争法》对知识产权的兜底保护作用。[1] 也有学者认为，《反不正当竞争法》的诞生源于对知识产权的保护，它与知识产权法的关系极为密切，二者形成了相辅相成的互动关系。一方面，《反不正当竞争法》对于保护知识产权，特别是那些不能直接获得知识产权单行法保护的智力成果及相关成就，有着不可缺少的补充作用；另一方面，知识产权制度本身的建立，也有利于市场竞争秩序的健康发展，所以在某种意义

---

[1] 参见杨明：《试论反不正当竞争法对知识产权的兜底保护》，《法商研究》2003 年第 3 期。

上,知识产权法是竞争法律制度的重要组成部分。① 还有学者通过个案分析,对我国司法实践中《商标法》和《反不正当竞争法》的适用进行考察,指出实务中处理相关案件所存在的问题主要源于现有法律对"混淆"的模糊定性,也和司法机关对《反不正当竞争法》与"知识产权法"关系的误解有关。而这种误解,忽视了《反不正当竞争法》在知识产权权利界定过程中的基本框架作用,进而能影响知识产权体系的构建。②

也有部分学者越来越注重《反不正当竞争法》的竞争法属性,认为《反不正当竞争法》对知识产权的保护是在竞争法框架内的补充保护。如有学者对《反不正当竞争法》的基本定位进行了梳理,指出《反不正当竞争法》由知识产权辅助保护法发展到竞争法功能日益强化的非知识产权法。③《反不正当竞争法》须按照竞争法的取向进行定位和塑造。《反不正当竞争法》以遏制滥用竞争自由的不正当竞争行为为目标,虽然可以实现部分的知识产权保护职能,但仍是在其自身的制度框架内补充保护知识产权。我国《反不正当竞争法》过多地受到了知识产权法的影响,实践中更是直接将其归入知识产权范围,以至于淡化或者忽略了其竞争法属性,在法律理念、制度定位和适用方法上都出现了偏向和偏差,甚至背离了竞争法的目标,因而必须回复本来面目,使其回归到竞争法的轨道中来,按照其竞争法属性确定法律理念、制度定位和适用方法。竞争法的基本定位、自由和效率的目标取向以及独具竞争特色的竞争行为正当性判定方法,形成涵盖制度原点、目标取向和实现路径的三位一体,构

---

① 参见孙颖:《论反不正当竞争法对知识产权的保护》,《政法论坛》2004 年第 6 期。
② 参见李小武:《还〈反不正当竞争法〉以应有地位——兼评 3721 网络实名案》,《清华法学》2008 年第 4 期。
③ 参见孔祥俊:《论反不正当竞争法的新定位》,《中外法学》2017 年第 3 期。

成了《反不正当竞争法》基本取向的三个维度。①

2007年8月我国颁布的《反垄断法》虽然规定知识产权垄断"应受"该法规制,但未能解决"如何"规制的问题。② 因此,知识产权垄断引发《反垄断法》制度创新的需求,在《反垄断法》现有制度体系的基础上构建新的知识产权垄断法律控制制度,是解决实践中日益严重的知识产权垄断问题的重要途径,也是《反垄断法》制度体系在知识经济条件下的拓展和丰富。③ 有学者对知识产权反垄断的一般原则进行了探讨,指出构建知识产权反垄断制度需要解决三个基本问题:(1)知识产权垄断法律规制的程度问题,知识产权与其他财产权同等对待原则应成为可供选择的原则;(2)知识产权垄断法律规制的范围问题,适用分类规制原则可以很好地解决问题;(3)知识产权垄断法律规制的基本分析方法问题,而合理分析原则能在对复杂经济事实的分析、比较中,客观、合理地确定知识产权行使行为的合法与违法,更好地实现知识产权领域反垄断规制的价值目标,因而具有一般原则的性质。故同等对待原则、分类规制原则和合理分析原则应成为知识产权反垄断制度的一般原则。④ 对知识产权垄断中的技术标准垄断,《反垄断法》并无直接针对技术标准垄断的具体规则,导致法律适用中的严重困惑与障碍,难以适应新条件下控制技术标准垄断的要求。在《反垄断法》的现有制度体系中构建新的控制技术标准垄断的制度规则,是解决这一问题的重要途径。该制度规则概括

---

① 参见孔祥俊:《论反不正当竞争法的竞争法取向》,《法学评论》2017年第5期。
② 参见王先林:《反垄断法与创新发展——兼论反垄断法与保护知识产权的协调发展》,《法学》2016年第12期。
③ 参见吕明俞:《知识产权垄断呼唤反垄断法制度创新——知识经济视角下的分析》,《中国法学》2009年第4期。
④ 参见吕明俞:《论知识产权垄断法律规制的一般原则》,《法商研究》2008年第5期。

讲主要包括两大部分内容：一是对技术标准中的知识产权人规定特别的反垄断义务；二是对技术标准制定与实施中的垄断行为予以反垄断审查与惩处。①

对于技术标准反垄断的审查与惩处，有学者指出，技术标准化限制竞争的实质是权利滥用，主要表现为知识产权滥用。《反垄断法》规制技术标准化行为的一般进路是先判断该行为是否构成权利滥用，再分析该行为是否违反《反垄断法》。在诸多判断权利滥用的标准中，应选用主客观相结合的标准，并运用三阶段系统判定法进行判定。判定不构成权利滥用的技术标准化行为，按照《反垄断法》适用除外处理；判定构成权利滥用的，利用合理原则进一步分析是否违反《反垄断法》；对于违法的技术标准化行为，依法追究法律责任。②

对于专利的标准制定和实施过程中发生的排除、限制市场竞争的问题，有学者指出，违反专利披露义务和虚假承诺可能引起的反垄断问题以及违反公平、合理、无歧视原则可能引起的反垄断问题是两个典型的表现。这两个问题都需要在《反垄断法》禁止滥用市场支配地位制度的框架下进行合理性分析，涉及行为主要包括拒绝许可、不公平要价、价格歧视、搭售或者附加其他不合理的交易条件，以及不正当地寻求禁令救济等，需要着重把握其特殊之处。③

对于标准必要专利的垄断，有学者指出，标准必要专利垄断包括标准制定中的欺骗行为和标准实施中的限制竞争行为。《反垄断法》规制标准必要专利垄断的基本思路如下：首先，规制欺骗行为需将该行为与

---

① 参见吕明俞：《技术标准垄断的法律控制》，《法学家》2009 年第 1 期。
② 参见叶明、吴太轩：《技术标准化的反垄断法规制研究》，《法学评论》2013 年第 3 期。
③ 参见王先林：《涉及专利的标准制定和实施中的反垄断问题》，《法学家》2015 年第 4 期。

此后的滥用市场支配地位行为结合起来,将欺骗行为作为滥用市场支配地位行为的从重情节加以规制。其次,运用"关键设施理论"建构拒绝许可行为的分析模式。再次,评估标准必要专利授权价格尚未形成统一的方法,因此需要结合案件的具体情况,选择合适的方法。最后,基于专利授权谈判的动态过程,需要综合考虑专利权人和标准实施者的行为,以界定专利权人滥用禁令救济的条件。①

对于经营者集中救济中的知识产权许可,有学者借鉴了欧美的经验,认为能否采用知识产权许可作为救济措施,主要应考量和平衡两方面因素,其一为竞争与效率,其二为反垄断的事前控制和事后控制。知识产权许可的有效性取决于许可价格、类型、范围等因素。我国目前采用知识产权许可作为救济措施的案件主要是跨国并购案,涉及的并购方多为在相关领域掌握核心技术的大型跨国公司。借鉴欧美经验,合理、有效地运用知识产权许可救济措施,对保证未来我国相关市场的有效竞争具有重要意义。②

就反不正当竞争行为与知识产权保护之间的立法来看,我国《反不正当竞争法》(1993年)第5条和第10条规定了五种侵犯知识产权的不正当竞争行为:假冒他人注册商标的行为;仿冒知名商品特有名称、包装、装潢的行为;擅自使用他人企业名称或姓名的行为;伪造或冒用认证标志、名优标志的行为;侵犯商业秘密的行为。《反不正当竞争法》(2017年修订)增加规定将他人注册商标、未注册的驰名商标作为企业名称中的字号使用,误导公众的,也属于不正当竞争行为(第6条);加强商业秘

---

① 参见李剑:《论反垄断法对标准必要专利垄断的规制》,《法商研究》2018年第1期。
② 参见金美蓉:《论经营者集中救济中的知识产权许可》,《中外法学》2017年第1期。

密保护,增加规定商业秘密权利人的员工、前员工侵犯商业秘密的情形,增加规定国家机关工作人员、律师、注册会计师等专业人员对其履职过程中知悉的商业秘密的保密义务(第10条)。《反不正当竞争法》的修订更多地将知识产权的保护纳入其中。

对于知识产权反垄断的立法,《反垄断法》第55条规定:"经营者依照有关知识产权的法律、行政法规规定行使知识产权的行为,不适用本法;但是,经营者滥用知识产权,排除、限制竞争的行为,适用本法。"该条规定知识产权中的垄断问题适用《反垄断法》的一般规定。关于知识产权反垄断的具体规则,2014年国家工商总局发布《禁止滥用知识产权排除、限制竞争行为的规定(征求意见稿)》对知识产权反垄断进行了具体规定。

4. 反垄断法的执法机制随着学界批评的提出,而不断进行了改进。

在《反垄断法》颁布前,一些单行法已将某些对产业领域的反垄断执法权配置给了相关产业主管机构。如《价格法》授权发改委和地方各级政府物价主管部门对"相互串通,操纵市场价格""为了排挤竞争对手或者独占市场,以低于成本的价格倾销""对具有同等交易条件的其他经营者实行价格歧视"行为行使执法权;《对外贸易法》授权商务部对外贸经营活动中"实施垄断行为,危害市场公平竞争""危害对外贸易秩序"的行为,采取必要的措施;《港口法》授权交通部对"实施垄断行为和不正当竞争行为"的港口经营者行使执法权;等等。

在《反垄断法》颁布后,我国三个反垄断执法机关为了做好反垄断工作,相继对原先实际负责反垄断执法工作的内设机构进行了调整和重组。2008年7月,国家工商总局在改建公平交易局基础上新设了"反垄断与反不正当竞争执法局";2008年8月,商务部正式设立反垄断局;2011年7月,国家发改委将价格监督检查司更名为价格监督检查与反垄断局。其中,国家发改委负责与价格有关的反垄断,商务部负责外购投资者并购的反垄断审查,国家工商行政管理总局负责其他反垄断。

  关于反垄断执法机构的设置与职权划分,学者也多有探讨。有学者对工商局、发改委、商务部、行业主管部门多头管理的反垄断执法体制进行批判,主张设立独立的反垄断委员会,由其行使准立法权、行政执法权和准司法权。[①] 也有学者指出,我国反垄断执法机关虽然配置了执法权和准立法权,但是不享有准司法权,主张将现有部门如国家工商总局、商务部、国家发改委中与反垄断执法有关的内部机构统一并入国务院反垄断委员会,而将该委员会改造成一个统一的执法机构,并赋予反垄断委员会准司法权,实现"三权合一"。[②] 还有学者认为,在反垄断执法方面采取中央和地方分权的体制并不妥当,应当采用派出模式,重构地方反垄断行政执法体制。[③] 也有学者针对地方反垄断执法的实践,以上海自贸区先行先试为视角,主张以优先性与自主性为重心,提高地方反垄断执法机构在地方和区域市场竞争规制中的作用,提升地方和区域的反垄断执法工作。[④] 随着反垄断法机构的合一,这种学术性的贡献形成了制度结晶。[⑤]

[①] 参见张炳生:《论我国反垄断执法机构的设置——对现行设计方案的质疑》,《法律科学》2005年第2期。
[②] 参见朱宏文、王健:《从"两权合一"走向"三权合一"——我国反垄断执法机关导入准司法权的理论、路径和内容》,《法学评论》2012年第5期。
[③] 参见刘宁元:《关于中国地方反垄断行政执法体制的思考》,《政治与法律》2015年第8期。
[④] 参见陈兵:《我国地方反垄断执法的机理——从上海自贸区先行先试的视角》,《法学》2017年第10期。
[⑤] 参见邓峰:《反垄断机构三合一,应避免隧道视野》,《财经》杂志2018年7月9日,总第533期。

（三）财税法

1. 央地财税权力与财税立法权的探讨

近 40 年来，我国的财政分权模式由省级政府"财政包干"的"分灶吃饭"模式转变为"分税制"下划分中央税、中央与地方共享税、地方税的财政体制。分税制改革在扭转中央财政赤字，加强其宏观调控能力的同时，也带来一些问题。分税制下的财税权高度集中与地方财源问题的解决成为学者讨论的重点。

在分税制实施下，地方政府承担了更多的事权和财政支出责任，而其财权却未得到相应扩充，大量的财政资金集中于中央，中央与地方之间日益呈现出财权与事权不匹配的现象。[①]

针对分税制下财税权力集中于中央而导致地方财源不足，学者有从历史发展的角度对税权的集中进行考察，[②]有对税收立法高度集中的起源进行探索，从地方分权自治、财政联邦主义和辅助原则对地方财政自主的理论基础进行分析。[③] 地方政府为扩充财源，或者扩大非税收入的规模，或者依赖于土地财政获得财源，或者通过地方融资平台"隐形"发债。对此，有学者主张，应从明确事权入手，建立事权与财权相适应的财税法制，[④]"贯彻服务型政府理念，制定政府'事权清单'，厘定政府与市场的关系；在各级政府间合理划分事权和支出责任，理顺上下级政府间的关系；遵循财政法定原则，同步推进《财政收支划分法》和《财政转移支付法》的制定，有效协调政府间财政关系，实现国家治理

[①] 参见刘剑文：《地方财源制度的财税法审思》，《法学评论》2014 年第 2 期。
[②] 参见叶姗：《税权集中的形成及其强化——考察近 20 年的税收规范性文件》，《中外法学》2012 年第 4 期。
[③] 参见徐阳光：《地方财政自主的法治保障》，《法学家》2009 年第 2 期。
[④] 参见刘剑文：《地方财源制度的财税法审思》，《法学评论》2014 年第 2 期。

能力的现代化。"①有学者从税权配置的角度,主张重新选择地方税税种,按照"系统性、整体性、协同性"相结合的改革要求,构建多税种相配合的复合地方主体税种体系;同时附约束条件地给予地方政府一定的税收立法权,并明确与完善其税收征管权。通过地方税体系的构建,从宪法和法律上规范地方政府的行为,使其提供辖区居民最需要的公共产品。② 针对地方政府发债,《预算法》第 28 条规定:"地方各级预算按照量入为出、收支平衡的原则编制,不列赤字。除法律和国务院另有规定外,地方政府不得发行地方政府债券。"该条规定禁止地方政府自行发债,对此形成了两派观点,一方认为,鉴于地方政府面临的财政压力,应当适当赋予地方政府发行地方债的权力;一方认为,我国地方政府债务和风险急剧上升,在缺乏有效配套制度安排的情况下,必须从严规范地方债务。③

2. 财税立法权的探讨

1984 年 9 月,六届全国人大常委会第七次会议通过《关于授权国务院改革工商税制发布有关税收条例草案实行的决定》,决定授权国务院在实施国营企业利改税和改革工商税制的过程中,拟定有关税收条例,以草案形式发布实行;1985 年 4 月,第六届全国人民代表大会第三次会议通过《关于授权国务院在经济体制改革和对外开放方面可以制定暂行的规定或者条例的决定》,授权国务院对于有关经济体制改革和对外开放方面的问题,必要时可以根据宪法,在同有关法律和全

---

① 徐阳光:《论建立事权与支出责任相适应的法律制度——理论基础与立法路径》,《清华法学》2014 年第 5 期。
② 参见陈少英:《可持续的地方税体系之构建——以税权配置为视角》,《清华法学》2014 年第 5 期。
③ 参见刘剑文:《地方政府发债权的现实可能性》,《法学》2012 年第 10 期。

国人民代表大会及其常务委员会的有关决定的基本原则不相抵触的前提下,制定暂行的规定或者条例,颁布实施,并报全国人大常委会备案。以上两个决定赋予国务院广泛的税收立法权,在我国的税制建设中,仅《个人所得税法》《企业所得税法》《税收征管法》和《车船税法》由全国人大及其常委会颁布,其余财税法律文件均体现在税收行政法规、税收行政规章和税收通告中。税收立法由行政机关主导引起了学者对税收法定原则的高度关注,税收法定原则的法理基础、实现方式等问题也成为讨论的重点。

关于财税法定原则的法理基础。税收法定主义,是指税法主体的权利义务必须由法律加以规定,税法的各类构成要素皆必须且只能由法律予以明确规定;征纳主体的权利义务只以法律规定为依据,没有法律依据,任何主体不得征税或减免税收。[1] 有学者指出税收法定主义是税法至为重要的基本原则,是税法的最高法律原则,它是民主原则和法治原则等现代宪法原则在税法上的体现,对于保障人权、维护国家利益和社会公益不可或缺。税收法定原则的主要内容包括课税要素法定原则、课税要素明确原则、依法稽征原则。[2] 而财政法定主义,要求财政领域的基本事项应由立法机关通过法定程序制定的法律加以规定。财政法定原则兴起于封建国家到民主国家的变迁过程中,最初表现为税收法定,并在夜警国家到社会国家的演进中扩展到预算法定,最终发展为财政法定。在国家治理现代化的时代背景下,落实财政法定原则对我国的意义重大。[3]

---

[1] 参见张守文:《论税收法定主义》,《法学研究》1996年第6期。
[2] 参见张守文:《论税收法定主义》,《法学研究》1996年第6期。
[3] 参见刘剑文:《论财政法定原则——一种权力法治化的现代探索》,《法学家》2014年第4期。

关于财税法定原则的实现方式,学界达成的共识是将财税立法权收归人大。如有学者认为,依据课税要素法定原则,我国的全国人大及其常委会应保留税收立法权,并对各类税法的构成要素作出规定;同时立法机关不应授权行政机关对各类课税要素进行广泛规定,而在法律上也应确立依法稽征原则并要求税务机关予以执行。[1] 从制度推进看,实现私人财产课税法治化,需要经历程度不同的三个阶段,我国目前处在课税法治化的第一个层次,应首先在形式上实现税收法定,然后追求实质上的公平、正义,并最终实现从宪政的高度对纳税人财产权保护。[2] 而税收法定的具体落实路径也应当分三步走:一是从"无法"到"有法",在改革中全面加快税收法律化进程;二是从"有法"到"良法",提高立法质量,并在适当时机推动该原则入宪;三是从"良法"到"善治",将税收立法、执法、司法和守法全过程纳入法治框架,并在税收法定的基础上进一步实现财政法定。[3] 对于财政法定原则的落实,实现财政法定的突破口在人大,应当明确人大的财政收入立法权、预算监督权和财政收支划分权,建立起"财政宪定—财政体制法定—财政收入法定、财政支出法定、财政监管法定"财政法律体系。[4] 从具体的制度构建上看,有学者还主张构建纳税人权利保护官制度,使纳税人意见表达渠道畅通,建立起授权立法的内部制约机制,使纳税人权利保护以耳闻目见的方式得以实

---

[1] 参见张守文:《论税收法定主义》,《法学研究》1996年第6期。
[2] 参见刘剑文:《掠夺之手抑或扶持之手——论私人财产课税法治化》,《政法论坛》2011年第4期。
[3] 参见刘剑文:《落实税收法定原则的现实路径》,《政法论坛》2015年第3期。
[4] 参见刘剑文:《论财政法定原则——一种权力法治化的现代探索》,《法学家》2014年第4期。

现,从而实现税收法定原则。①

(四) 公司法

1. 法人财产权

这个讨论在20世纪90年代后期成为学界中公司理论的焦点论战。② 1993年《公司法》第4条第2款规定,"公司享有由股东投资形成的全部法人财产权,依法享有民事权利,承担民事责任",从法律上规定了公司的法人财产权;1994年国务院《国有企业财产监督管理暂行条例》第27条第1款规定,"企业享有法人财产权,依法独立支配国家授予其经营管理的财产",对国有企业的法人财产权进行了规定。关于国有企业法人财产权,我国学者在继受苏联学者观点的基础上进行了相应的探讨。

有学者以"双重所有权"理解法人财产权。"双重所有权"的观点又包括商品所有权观点、信托所有权观点、占有权观点、用益权观点、法律所有权和经济所有权的观点、法人所有权观点。其中商品所有权的观点认为,国有企业对企业有权处分的、作为商品流通的财产享有所有权,企业中国家不允许流通的厂房、机器设备等财产属于国家所有。信托所有权的观点认为,国家委托国有企业管理一定的国家财产,国家对该财产享有信托人的所有权,企业对该财产享有受托人的所有权。占有权的观点认为,国家对全民财产享有所有权,国有企业对财产享有占有权。用益权的观点认为,国有企业的财产是一种依法设立的用益权,在用益权存续期间,企业按照自己的意志对企业财产使用、收益,国家不得过问,国家所有权纯为收回财产或其价值的权利。法律所有权和经济所有权

---

① 参见许多奇:《落实税收法定原则的有效路径——建立我国纳税人权利保护官制度》,《法学论坛》2014年第4期。
② 参见邓峰:《作为社团的法人:重构公司理论的一个框架》,《中外法学》2004年第6期。

的观点认为,在国家与国有企业的关系中,国家只是名义上享有所有权,所有权的各项权能均为企业实际享有,所以这是一种法律上的单纯所有权;企业则享有经济所有权,直接对企业财产行使所有权的权能并取得经济利益。法人所有权的观点认为,国家投资设立企业时,国家的所有权转换为出资权或股权,企业则取得法人所有权,同时国家保留着对企业财产的终极所有权,可于企业终止时取回清算后剩余的财产。有学者以"经营权"理解法人财产权。苏联"经营权"的观点认为,国家是全民财产的统一的和唯一的所有权人,国有企业在法律规定及其财产用途的范围内,对国家交给它经营管理的财产享有占有、使用和处分的权利。我国经营权的观点一方面否定经济管理机关在国民经济和国有财产体系中享有经营管理权,一方面力图在微观上将企业的经营权和管理权分开。

当法人财产权不再囿于国有企业的范畴,而在公司的视角下进行理解时,则体现为公司财产权和股权的讨论。关于公司财产权和股权,有学者认为,公司是唯一的所有权主体,公司对公司财产进行占有、使用、收益和处分,而股东无意介入企业的决策和经营管理,只关心股息和分红,公司不再也不应受股东控制。有学者主张股东与公司双重所有权的观点,股东对公司的财产享有所有权,而公司对公司财产也享有所有权。有学者坚持股东所有权的观点,认为公司的"法人财产权"是一种虚构,现代股份公司及其财产仍为股东所有及控制,公司本身掌握的是公司财产的具体支配。[①] 对法人财产权的争论,无论将法人财产权理解为所有权还是经营权,实际上都是从物权的角度出

---

① 该讨论参见史际春:《企业和公司法》,北京:中国人民大学出版社,2008年,第97—100页。

发来对公司进行解释的。

2. 合同理论的争议

近年来我国关于公司本质理论的讨论大多围绕否认论中的合同理论。[1] 合同理论将公司理解为股东之间的契约,此种契约是股东意思表示的合意,一旦具备契约的构成要件即对公司和公司股东产生法律上的约束力。[2] 在合同理论下,公司法应属于私法,以授权性、任意性规范为主;公司治理的理论基础应该是契约自由;作为对契约"缝隙"的弥补,司法对公司运作的介入应当是有限介入。[3] 有学者以不完全合同理论来理解公司,认为以不完全合同理论构建公司治理规则有助于降低谈判成本,弥补私人缔约空白。[4] 也有学者对公司法的合同路径进行了反思,指出经济学意义上的契约概念并不等同于法学意义上的合同概念,两者在程序和实体要件上都有重大区别。除了公司契约论之外,还有其他关于公司和公司法本质的理论,包括公司的团体生产理论、公司社区论和公司宪政论等,对公司契约论进行了挑战和修正,为理解和适用公司法提供了不同的视角。因此,无论在实然还是应然层面,契约自由原则在公司法中的适用都是有限度的,公司法体现出异于合同法的品性,具有其独特的功能。[5] 还有学者认为"公司法中的合约逻辑"不同于"合同法中的合约逻辑",指出"契约不自由"是公司法上契约行为之本质,公司法中的契约多为"组织性契约",随着公司治理的建立、公司人格的完成以及公共规制的介入,公司内部的合同自由在下降,并就此指出组织法是

---

[1] 参见邓峰:《普通公司法》,北京:人民大学出版社,2009年,第55—58页。
[2] 参见张民安:《公司契约理论研究》,《现代法学》2003年第2期。
[3] 参见刘迎霜:《公司契约理论对公司法的解读》,《当代法学》2009年第1期。
[4] 参见朱慈蕴、沈朝晖:《不完全合同视角下的公司治理规则》,《法学》2017年第4期。
[5] 参见黄辉:《对公司法合同进路的反思》,《法学》2017年第4期。

对合同法的一种取代。①

公司是财产还是人格的争论,构成公司本质理论的真正争论。②将公司理解为股东的财产,则公司就构成股东的融资工具,服务于股东利益的最大化,董事和高管人员成为股东"手臂"的延伸。将公司理解为独立的法人人格,则公司法的价值取向服务于公司本身长期利益的最大化,而不是纯粹的股东的意志和利益,公司是董事的雇佣者,而不是实现股东利益的工具。中国的公司法实践中普遍存在着将公司理解为股东财产的观念,正如有些学者所表述:"在公司的法人性与公司为股东掌控两者之间,公司的法人性仅是公司外在的特征,股东是公司的所有者权益享有者,公司是股东投资的工具则是公司最为基础的本质。"③也有学者看到公司存在的独立价值,指出公司的独立人格是在实践中逐渐形成的并最终由法律所确认。④

3. 公司资本改革和自治

1993年《公司法》中对公司的最低注册资本、出资形式、转投资比例、股份折价发行、转投资、股份回购与退股等作出严格限制,体现了强烈的国家强制色彩。2005年的《公司法》改革更多体现了公司自治,公司资本制度中认缴资本替代实收资本,公司最低注册资本额降低、股东出资形式更加多元化、转投资不再有占净资产一定比例的限制、股份回购与股东退股的情形也有所扩展。此外,在有限责任公司的股东表决

---

① 参见蒋大兴:《公司法中的合同空间——从契约法到组织法的逻辑》,《法学》2017年第4期。
② 参见邓峰:《作为社团的法人:重构公司理论的一个框架》,《中外法学》2004年第6期。
③ 常健:《回归与修正:对公司本质的重新解读——兼评〈中华人民共和国公司法〉的相关规定》,《法商研究》2007年第1期。
④ 参见王建文、范健:《论公司独立人格的内在依据与制度需求》,《当代法学》2006年第5期。

权、股权转让、股权继承、股份有限公司的利润分配等方面规定"公司章程另有规定的,从其规定",从而排除《公司法》条款的适用,扩大公司自治的适用空间。2013年的公司注册资本制度改革改实缴制为认缴制,改法定资本制为授权资本制,进一步放松了法律的强制而允许公司对其资本制度自主作出安排。《公司法司法解释(四)》对公司决议、利润分配、查阅权、优先购买权、派生诉讼规则等的解释,也更多强调公司自治,允许公司章程对公司治理规则进行安排。在《公司法》的发展过程中,国家管制逐渐放松,而公司获得更多的自治空间。关于公司自治与国家管制之间关系的讨论,已有的研究多从公司章程、公司资本制度等具体的制度进行讨论。

就公司章程而言,有学者对公司章程"另有规定"进行了检讨,将初始章程的"另有规定"与章程修正案的"另有规定"进行区分,指出"另有规定"的规范使《公司法》的规定成为当事人意思空白情形下的一种补充,在适用法的顺位上,改变了公司章程与《公司法》的关系,将公司章程置于优先适用的裁判法地位。"另有规定"规范有效的前提是不得违反法律的强制性规范,且应当遵守股东平等原则。[1] 有学者对《公司法》强制性规范与公司章程自由的关系进行探讨,在将《公司法》规范划分为强制性规范、补充性规范、赋权性规范的前提下,指出《公司法》的强制性规范与补充性规范、赋权性规范不同,强制性规范不可约定排除或变更,在强制性规范下公司章程自由最小。公司章程虽不能偏离《公司法》中的强制性规范,却可以将强制性规范明确化、具体化,并在一定程度上扩展强制性规范。[2] 在公司章程条款的效力判断上,需要考虑是否符合强制

---

[1] 参见钱玉林:《公司章程"另有规定"检讨》,《法学研究》2009年第2期。
[2] 参见董慧凝:《论公司法强制性规范与公司章程自由》,《中国社会科学院研究生院学报》2007年第6期。

性规范的要求、是否侵害股东的固有权利、是否损害债权人和社会公共利益,以及是否违反公司的性质、法理基础、公共政策等。① 也有学者认为,公司章程的效力认定应当适用"共益性规则""意思表示撤销规则""评估权规则""程序性规则"与"利益衡量规则"。②

就公司资本制度而言,1993年《公司法》规定了较高的最低注册资本制度和严格的实缴责任,股东出资的法律形式仅限于货币、实物、工业产权、非专利技术、土地使用权等五种出资形式。2005年《公司法》放松了最低注册资本数额与实缴要求,出资形式更加多元化。2013年《公司法》取消最低注册资本的规定,改实缴制为认缴制。公司法对公司资本制度的管制日趋宽松。

公司资本制度一直是公司法律制度中学者讨论的重点。对公司资本制度主要存在两种观点,一种观点强调公司资本对债权人保护的重要性,注重公司资本的维持,以实现对债权人利益的保护,如有学者从公司资本维护的角度出发,强调公司验资制度的完善;③有学者认为法定最低额资本制度的意义在于市场准入,应当从公司资本维持制度的构建对债权人利益进行保护;④而当公司资本制度走向缓和,无法起到保护债权人的作用时,应将资本信息披露、阻止公司资产向股东的不当流失、刺破公司面纱等制度作为保护公司债权人的措施。⑤ 另外一种观点看到了我国公司资本制度的僵化,主张以"宽松的资本规制+趋严的诚信义

---

① 参见郭富青:《公司创制章程条款研究》,《比较法研究》2015年第2期。
② 参见吴飞飞:《论公司章程的决议属性及其效力认定规则》,《法制与社会发展》2016年第1期。
③ 参见徐晓松:《论我国公司资本制度的缺失与完善》,《中国法学》2000年第3期。
④ 参见朱慈蕴:《法定最低资本额制度与公司资本充实》,《法商研究》2004年第1期。
⑤ 参见朱慈蕴:《公司资本理念与债权人利益保护》,《政法论坛》2005年第3期。

务"来取代严苛的公司资本制度对债权人保护的作用。如有学者看到了公司资本三原则的局限性,主张从其他制度设计上来对债权人利益进行保护;①有学者指出决定公司信用的是公司资产而非公司资本,中国公司资本制度改革的思路应当是从资本信用到资产信用、从法定资本制到授权资本制;②有学者指出公司资本信用的悖论,指出公司的信用在于公司资产,公司信用是一个企业个案判断的问题,在资本信用的悖论下,法定资本制的合理性也面临挑战;③有学者认为严格的法定资本制不可取,行之有效的授权资本模式不可或缺的两个制度链条是:完善的公司治理结构下的董事信义义务的安排与司法能动回应机制下的审查与救济机制;④还有学者指出"宽松的资本规制+趋严的诚信义务"具体实现方式为:从政府通过法律强行性规范直接限制,进化到股东、公司、董事和债权人之间的相互制约;从注重公司资本的起点,进化到以破产为核心标准来进行规制;从公司和股东之间的不当交易及其方式的事前限制,进化到对诚信义务的事后责任分配。⑤亦有学者认为,公司资本制度改革抛弃了传统而僵化的"法定资本"概念,将资本制度的重心从债权人利益保护转移到股东权益的合理配置。我国《公司法》在规则层面实现了资本制度的现代化,但与之对应的商业理性与行为模式不可能一蹴而就,需要相关配套制度和商业实践来弥补认缴登记制立法的疏漏。⑥

---

① 参见冯果:《论公司资本三原则理论的时代局限》,《中国法学》2001年第3期。
② 参见赵旭东:《从资本信用到资产信用》,《法学研究》2003年第5期。
③ 参见傅穹:《公司资本信用悖论》,《法制与社会发展》2003年第5期。
④ 参见傅穹:《公司资本制度的变革与完善》,《法商研究》2004年第1期。
⑤ 参见邓峰:《资本约束制度的进化和机制设计——以中美公司法的比较为核心》,《中国法学》2009年第1期。
⑥ 参见刘燕:《公司法定资本制度改革的逻辑与路径》,《法学研究》2014年第5期。

4. 国企公司制改革

我国的国有企业改革是一个从计划走向市场的过程,在这一过程中,国有企业经历了从政企不分到扩大企业经营自主权再到建立现代企业制度的发展。其间实行过企业利润留成、利改税、拨改贷、承包与租赁等企业扩权措施,出现过私有化与市场化的争论,进行过抓大放小的国有企业战略重组、债转股、股权分置改革、管理层收购(MBO)、员工持股等诸多改革。从国家对企业的所有权与企业的经营权的扩权改革到国家对企业享有股权、企业拥有独立法人地位的公司制改革,国有企业的市场化与国家管制的边界,以及在此背景下国有企业治理模式的选择一直是国企改革实践与理论中讨论的热点,学者对此的研究也反映并影响了国企改革的发展进程。

关于如何处理国企改革中政府与市场关系,有学者从经济责任制的角度指出,作为公有制内在要求之经济责任制的普遍实现,是国有暨公有制得以全面实现、国有企业与市场接轨及建立现代企业制度的充分必要条件,也即国企改革的根本出路之所在。[①] 有学者从国有股减持的角度对政府与市场的关系进行了探讨,指出在中国股票市场的诸多问题中,构成国有股减持的根本障碍是国有股不可流通,向流通股市场释放能最直接也最彻底地解决中国股票市场的遗留问题,在制定和实施国有股减持的政策和法律时,处理好政府与市场的关系是关键问题。[②] 有学者对国企改革中的政府定位问题进行了探讨,指出在当前的国企改革中,政府"出资人"身份和"监管者"身份的双重性以及国有企业"经济人"

[①] 参见史际春、邓峰:《论经济责任制对国企改革价值的再发现》,《政法论坛》1999年第1期。
[②] 参见甘培忠:《国有股减持中的政府与市场——国有股减持困境的经济法分析》,《法学家》2002年第4期。

身份和"准政治人"身份的复合性,使得政府与国有企业之间的关系难以厘定。这直接造成了国有企业在经营中的方向迷失,也造成了政府在面对国有企业时"放权"与"收权"间的举棋不定。对此,应当依据国有企业所肩负的不同功能,将其分为公益性国有企业与营利性国有企业,进而改变我国当前国有企业的立法模式,从资本结构分类走向功能分类,明确政府在不同类型国有企业中的定位与职能,并有针对性地设计出不同的"政企"关系。① 有学者对国企行政化治理的正当性进行了分析,认为国企的行政化治理是一种必然,是国家作为企业股东以及国企作为公共企业的本质使然。行政化治理虽然一直被视为有碍国企商业化,但亦有其"效率性"的一面,它有助于国企得到更多商业资源和商业利益。国企面对的关键问题,不是如何脱离行政化治理的问题,而是如何改进行政化的治理、进行何种行政化治理的问题,即如何跳出原有产权调控模式,从利润导向走向公共导向,提升治理的透明度,让国企为国家发展、为一般社会公众谋取福利。追求将国企打造成独立的商事主体,追求国企营利目标的实现,背离了作为公共企业的国企本质。应当让国企重新回到公共企业以及公共企业法的改革道路上——以特别企业法而非商事公司法的方式调整国企的设立、运营和监管。②

关于国企改制中企业扩权、走向市场化的制度设计,首先是对国营企业经营权和法人财产权的探讨。关于国营企业的经营权,有学者指出,经营管理权产生的前提是国家授予企业对一定财产进行经营管理的资格。企业作为独立的商品生产者和经营者,在经营管理国家财产的过

---

① 参见顾功耘、胡改蓉:《国企改革的政府定位与制度重构》,《现代法学》2014年第3期。
② 参见蒋大兴:《国企为何需要行政化的治理——一种被忽略的效率性解释》,《现代法学》2014年第5期。

程中形成了各种社会关系,如国家主管部门与企业之间的计划、领导关系;企业在经营管理权的基础上与其他企业平等协作、交往的关系;企业通过内部计划管理对国家财产进行占有、使用和处分的权利。① 经营权是国营企业作为民事主体,对国家交给它支配的财产进行占用、使用和处分的权利。坚持国家所有权有利于保证国营企业的生产经营目的首先是为整个国民经济的发展,为满足全民的物质文化需要,而且也不妨碍企业经营权的独立地位。国营企业参股或合股的前提是要有对企业资金的充分支配权,建立和完善经营权法律制度,是股份制企业产生和发展的前提条件。②

自 2003 年起,国有企业的改革更多是对国有资产管理体制的讨论。在对国有企业实行多头监管的模式下,国有资产运营效率十分低下。2003 年我国对国有资产管理体制进行重大调整,组建了国有资产管理委员会,并赋予其"管人、管事、管资产"的权力,对国有企业履行出资人职责。地方政府成立国资委对当地的国有企业进行管理。国资委归并了原属于中央企业工委、国家经贸委、财政部的全部或部分职能,其成立结束了之前国有企业多头监管的格局。2008 年《企业国有资产法》出台,在提出"国家出资企业"概念的同时,进一步明确了国资委的出资人职能。国家作为全民所有者的代表,以出资人身份进行投资或参股,国家与企业之间是出资人与公司的关系。有学者主张建立国有企业的代表人制度,在代表人制度的构建上,实行分级授权,分类授权,具体到人。③ 有学者对国有企业的委托人、出资人、经营人、监管人、司法人"五

---

① 参见史际春:《谈谈我国沟营企业对于国家财产的经营管理权》,《中国法学》1984 年第 3 期。
② 参见佟柔、周威:《论国营企业经营权》,《法学研究》1986 年第 3 期。
③ 参见曲茂辉、肖海军:《建立经营性国有资产代表人制度》,《政法论坛》2002 年第 6 期。

人"的关系进行了定位,指出委托人是国有资产及其权益的最终所有权人,出资人是国有资产最终所有权人的权利行使人,经营人是国家出资企业的经营者,监管人是对国家出资企业的出资人机构与经营人的行为进行监管的人,司法人是国有资产纠纷最后的司法救济提供者。① 有学者对新加坡淡马锡模式的中国化进行了分析,指出淡马锡模式的精髓在于政府不介入国有控股公司的经营管理,同时保障国有控股公司的独立性与自主性,促使其代表政府积极行使股东权益。② 有学者指出淡马锡的核心经验在其完善的董事会制度,在将国有企业划分为商业类国企和公益类国企的基础上,指出我国商业类国有公司董事会制度在立法模式、运营理念、监督机制、政企关系和人才机制等方面存在问题,应当转变国资委职能方式,进一步推进"政企分开",健全国有资本投资、运营公司和商业类国有公司的董事会制度。③ 也有学者对企业国有资本出资人制度进行了分析,指出我国企业国有资本出资人存在着划分标准不明确、国资委职能冲突和角色错位等弊端,主张由财政部担当企业国有资本总出资人,并在财政部下设相对独立的级别较高的国有财产管理局;财政部不直接行使具体出资人职能,财政部国有财产管理局和从事具体经营的国家出资企业之间再设立若干国有资本控股公司或特定机构,从而相对隔离政府与企业的直接关系;国资委仅仅充当国有财产监管职能,将来条件成熟,甚至可以撤销国资委。④ 还有学者从契约角度对国

---

① 参见李曙光:《论〈企业国有资产法〉中的"五人"定位》,《政治与法律》2009年第4期。
② 参见胡改蓉:《新加坡国有控股公司的制度设计及面临的挑战》,《法学研究》2014年第6期。
③ 参见王建文:《论淡马锡董事会制度在我国商业类国有公司改革中的运用》,《当代法学》2018年第3期。
④ 参见李昌庚:《企业国有资本出资人:国际经验与中国选择》,《法学论坛》2014年第2期。

有企业资产管理提出改进意见,通过明确国有资产监管中不同主体之间的权责利,完善对国有企业的监管。①

近年来国有企业的公司治理也成为国企改革的讨论重点。有学者对完善国有企业改革措施的法理念进行了讨论,指出国有企业改革的根本途径,是以完善的公司法人制度改建国有企业。② 有学者对国有企业股份制改造进行了分析,指出如何构建国有企业的具体组织形式,从而完成企业运行机制的转换,是进一步把企业推向市场,增强企业活力,深化当前经济体制改革的关键。而企业的股份制改造将是重构我国经济微观基础的有效途径。③

关于国企改革中类别股的探讨,有学者指出国企改制中的国家股、法人股、个人股都是普通股,但是其权益并不相同,具体表现为国家股和法人股的转让存在限制,且在发行条件和发行价格上存在着歧视个人股的做法。国企改革应注重国有股的减持和独立董事的责任约束。④ 有学者将混合所有制改革作为国企二次改革的突破口,主张实行双层股权结构,在实现国有资本淡出的同时,保有国家对特殊领域内的企业实施必要的控制。⑤ 有学者主张将国家股东界定为无表决权的优先股,强化股东的分红权,积极推行国企向全民分红的制度设计。⑥ 也有学者认

---

① 参见郭金良:《契约视角下企业国有资产法律监管研究》,《法学论坛》2018年第2期。
② 参见王保树:《完善国有企业改革措施的法理念》,《中国法学》2000年第2期。
③ 参见甘培忠、许丽华:《论国有企业的股份制改造》,《中外法学》1993年第1期。
④ 参见高旭军:《论我国国营企业转制中的法律问题》,《河北法学》2003年第1期。
⑤ 参见冯果、杨梦:《国企二次改革与双层股权结构的运用》,《法学科学》2014年第6期。
⑥ 参见刘俊海:《全面推进国有企业公司治理体系和治理能力现代化的思考与建议》,《法学论坛》2014年第2期。

为,现有的国家持股可以通过无表决权优先股制度等逐步予以淡出,仅通过金股制度等象征性存在保持国家对公益事项的控制力。① 亦有学者认为从国家所有权到国家股权的变革没有改变国有企业设置的公共利益目标,也不会根本改变国家所有权行使的公权方式,但却使国家股权的重大决策、股份处分以及红利分配等重要权能表现出与私人股权的明显不同。因此,国家股权是与私人股权并列的新型股权,相应的制度建构也不是私人股权制度的简单复制,而是一个新制度体系的创建过程,这一过程不仅为中国国有企业以及国有资产监管体制改革的持续和深化提供基本平台和通道,也决定着相关制度改革的走向。② 还有学者认为,国企"混改"应转变传统的"控股"思维,以金股制、优先股、加权股等股权制度创新体现国有资本的主导性,同时满足民间投资者追求股东平等的合理诉求;坚持员工持股与外部投资者平等原则,维护改革公开公正;坚持内资与外资平等原则,不设"负面清单"等。③

(五) 管制与市场的边界

反垄断法与行业监管法之间的关系在反垄断法中一直存在争议,对于何时适用反垄断法何时适用行业监管法,《反垄断法》第7条对监管行业的反垄断法"适用除外"进行了初步规定,该条规定行业监管的范围为"国有经济占控制地位的关系国民经济命脉和国家安全的行业以及依法实行专营专卖的行业",而对于其他监管行业的反垄断法适

---

① 参见缪因知:《从国企到公共企业的法律调整与所有制调整》,《交大法学》2017年第3期。
② 参见徐晓松:《国家股权及其制度价值——兼论国有资产管理体制改革的走向》,《政法论坛》2018年第1期。
③ 参见吴越:《国企"混改"中的问题与法治追问》,《政法论坛》2015年第3期。

用,行业监管法与反垄断法边界的判断规则,尚不明晰,对此学界多有探讨。

关于公用企业的反垄断法适用,学者讨论的重点在于公用企业适用反垄断法的原因。① 公用企业的行政化、价格制定不合理以及经营效率的低下,使得我国公用企业反垄断具有现实必要性,而公用企业的竞争局面不可能被打破,也使公用企业垄断的正当化依据不复存在,在公用企业反垄断的措施上,应该改革公用企业的政府管理体制,实行真正的政企分离;导入竞争机制,提高经济效率;实行合理的价格管制;规范企业的竞争行为。② 在公用企业反垄断的制度构建上,引入竞争机制、民营化、管制与反垄断相结合多为学者讨论的重点。③ 关于规制行业的反垄断法除外。学者讨论比较多的是反垄断法与产业规制法的范围界定。有学者从比较法的角度出发,在比较了美国、德国和日本的反垄断除外制度后,主张采用日本的做法,在反垄断法中原则规定"适用除外"的一般情况外,还应在一些相关单行法规中视具体情况作出规定,同时还应考虑到法律之间的协调与互补,并重视判例的作用。④

有学者对国外的政策性垄断制度进行了总结,指出各国法律通常予以适用除外的政策性垄断包括:对国际民生密切相关的行业(银行业、保

---

① 参见史际春:《公用企业引入竞争机制与"反垄断法"》,《法学家》2002年第6期;曹博:《公用企业竞争与管制立法问题探析》,《法学》2002年第6期。
② 参见鲁篱:《公用企业垄断问题研究》,《中国法学》2000年第5期。
③ 参见史际春:《资源性公用事业反垄断法问题研究》,《政治与法律》2015年第8期;翟巍:《公共企业法制建设的国际借鉴》,《法学》2014年第6期;何源:《垄断与自由间的公用事业法制革新——以电信业为例》,《中外法学》2016年第6期。
④ 参见林燕平:《反垄断法中的适用除外制度比较》,《法学》1997年第11期。

险业、农业、林业、渔业);特定组织和人员(工会组织、消费者协会、劳工、自由职业者);某些特定行为(如条件卡特尔、回购卡特尔等);知识产权豁免;国家垄断豁免。并对政策性垄断适用除外制度提出了修改建议:一是把适用除外制度的范围尽量缩小并进行体系性的整序;二是在推进规制制度根本改革之中要重新修改适用除外制度;三是废止那些偏离了本来之目的、造成弊端的制度或限定其范围;四是废止已无实际意义的制度规定;五是确保在国际上取得协调与整合的制度。①

在政府产业规制与《反垄断法》的关系上,有学者指出,政府产业规制会在一定程度上限制其在垄断行业中的适用范围,而企业的所有制差异不会导致《反垄断法》适用范围的任何限制。在我国,准确界定垄断行业中《反垄断法》的适用范围会面临诸多困难,应对难题的主要举措是:努力寻找政府产业规制与反垄断规制的合理衔接点;加快产业政策法治化和产业规制行为法治化的进程;在产业规制法律制度限制《反垄断法》在垄断行业中的适用范围时不能完全拘泥于法律的效力级别;重视《反垄断法》与产业规制法律制度的良性互动并系统性应对问题。当我国垄断行业逐步引入竞争机制并呈现出放松管制的趋势时,《反垄断法》发挥作用的空间也会越来越大。② 也有学者指出,管制行业豁免于反垄断法规制产生了诸多弊端,影响了该行业的运行效率。在"放松管制、引入市场竞争"的大背景下,经济学和反垄断法理论的发展与完善,为反垄断法规制管制行业提供了充分的正当性依据与技术性支持。我国管制行业

---

① 参见孙晋:《反垄断法适用除外制度与政策性垄断的合理界定》,《法学评论》2003 年第 3 期。
② 参见孟雁北:《我国〈反垄断法〉之于垄断行业适用范围问题研究》,《法学家》2012 年第 6 期。

反垄断法规制应在"整体适用+特殊豁免原则"和"成本效益原则"的指导下,重点规制垄断或限制竞争协议行为、市场支配地位滥用行为以及其他排挤竞争性行为,明确管制行业法与反垄断法的适用范围,并合理划分二者执法机构的管辖权限。① 还有学者从具体的规制行业着手,试图对产业规制与反垄断法之间的关系进行探究。如有学者对烟草行业的反垄断法适用进行了分析,指出烟草行业应当适用反垄断法禁止的豁免制度。② 有学者对石油行业进行了分析,认为应当从结构和行为两个方面有效推进石油行业的反垄断法适用。③ 还有学者对银行业进行了分析,指出反垄断规制越来越契合银行业发展的功能需求。银行业反垄断规制应当通过权力优化配置、市场竞争引导、替代解决和发展趋势助推等功能的发挥,推动银行业的法治化、市场化和民主化。④

四、结语

总体上来说,在过往 40 年中,中国经济法学也和三个阶段一样,经历了几个不同的阶段,其中既包括讨论的话题、主张、建议、观点,也包括学术成绩。在第一个阶段,由于从计划经济转向了商品经济,更多是塑造市场的阶段,而经济法学作为从苏联继承的理论基础,面临着在新的制度之中,自身定位的反省问题。这一阶段除了国有企业改革,尤其是

---

① 参见曾晶:《论管制行业的反垄断法规制》,《政治与法律》2015 年第 6 期。
② 参见张晨颖:《反垄断法的适用与豁免——兼论我国烟草专卖制度的存与废》,《法学》2006 年第 7 期。
③ 参见江山、黄勇:《论中国石油行业的反垄断法适用》,《现代法学》2011 年第 4 期。
④ 参见刘乃梁:《反垄断规制功能的行业限定——兼论银行业反垄断规制的功能定位》,《法制与社会发展》2017 年第 4 期。

《全民工业企业法》等制度建设的探讨对制度变迁的影响较大之外，经济法学的研究更多是局限于描述性的理论重构或者体系构成及其完整性的解释。这当然是之后所有成绩和研究的起点，但是介入到具体的制度转轨中的贡献并不甚多。其部分原因在于这一阶段其他学科的主导性较强；部分原因在于经济法在以变法模式去推动改革，以及法治体系的建设方面还有所缺乏；但可能更多的原因是知识来源的缺乏。这样也体现为这一阶段的总论研究观点精彩纷呈。从法学作为实践科学的角度，这一阶段可以说是中国经济法学的启蒙阶段，或者说带有些许迷茫的阶段。

在第二个阶段，我国从商品经济转向了市场经济和依法治国，经济制度发生了重大的变化，出现了全面市场化的重构社会结构。而法律自身的发展逻辑，在这一阶段表现为私法的复兴，私法在社会转轨中主导法学发展。同时，各个领域都试图通过"变法"实现以市场为中心的制度重建，对经济法的制度需求则是体现在具体改革领域中的知识供给。但是在这一阶段，经济法学由于失去了苏联的知识供给，而在转型和新的知识来源之中未能迅速决断。因此，在财税、金融，甚至竞争等领域之中，经济法的制度贡献可以说仅仅是补充性的，而实际上政府内部机构的专业智库，同时也是其他学科的学者，其贡献可能是主导性的。诸如新加坡的国企治理模式，美国的银证分离模式、证券监管中的先美国模式后结合英国模式，公司法中的东亚模式，反不正当竞争的大陆法模式等等，各种制度模式都比较缺乏发言权和有效的参与，也导致了整个经济法的子部门的模式选择混杂不清。在这一阶段，经济法学者的主要贡献还是在国有企业改革等领域，但是由于知识体系之间缺乏接轨，经济法学也仍然是在传统法律部门的框架内讨论。但是这种与传统法律部门接轨的话语，也带动了经济法学研究越来越多地走向注重实践、司法化、规范化的方向。同样,从制度实践的角度评价,这一阶段可以说是经济法学的沉寂期,但是在方向上经济法学进入了和整体法学一样,开始致力于制度实践的探索期。

第三个阶段的国际化和全球化,为经济法学面向制度实践的转轨提供了重要契机,这当然也离不开迅速产业化升级的中国经济的进化,在这一过程中,市场的发展导致了公共商事活动的问题,社会—经济结构的变化提出了制度回应的要求,尤其是东部开放地区、一线城市和与国际接轨的领域,对公共商事之中的规则、执法产生了迫切需求。与此同时,中国的经济法学学者,或者与大陆法系的思路接轨,或者与英美法系的知识接轨,重新定向了知识来源,进而在制度转轨中,积极地参与并影响到了制度规则及其实现。最为典型的例子,比如对上市公司治理及其监管的影响,对反垄断法的全面介入甚至在其中起到主导作用,对金融监管、对预算法的参与,以及对具体的公共产品供给模式改革的参与,可以说,经济法学研究对制度实践的规范力量越来越强。

在这样的40年的努力下,一篇综述性的文章在为全体同仁所取得的成绩作出记录的同时,反思和批评也不可或缺。经济法学方兴未艾,展望经济法学的未来发展,任重道远可能是一个比较恰当的形容,这表现在对实践,尤其是长远实践的理论指导力上,和诸如美国学界这样的成熟共同体相比,经济法学对我国经济长远发展的指导力微乎其微,而这也正指出了下一个时代所迫切需要努力的方向。

第八章　中国民事诉讼法学发展四十年
——从研究对象与研究方法相互塑造的角度观察

傅郁林[*]

改革开放不仅是四十年来中国民事诉讼法学发展的前提或背景,而且已构成并仍将成为中国民事诉讼法学的本体特征和核心价值。正是在改革开放背景下观察、探究和推动民事诉讼制度的价值目标合乎法理地嵌入具体程序规范、诉讼行为并影响社会行为的过程中,民事诉讼法学实现了自我发展。随着作为研究对象的民事诉讼法律规范、法律行为和法律现象等"原材料"的不断延展和复杂化,研究方法如注释法学、比较法学、法教义学、社科法学等"生产工具"日益丰富和进化,其本身既是改革开放的产物,也构成中国改革开放的重要部分。在改革开放与法律发展相互塑造、相互成就的大背景之下,本文将以法学作品为证据,进一步观察中国民事诉讼法学的研究对象与研究方法之间是如何相互塑造的,分析中国民事诉讼法律发展状况如何限定或拓展了研究方法的选择与发展方向,而法学方法的运用和发展水平又如何支持、塑造或局限了中国民事诉讼法的现状。

---

[*] 傅郁林,北京大学法学院教授。

社会文明发达的标志，不是生产什么产品，而是用什么工具生产。①法学研究方法作为法学产品的生产工具，用作划分法学发展水平的主要依据大致能够成立。尽管关于法学能否作为一门独立学科从而是否有自己区别于其他社会科学的独特方法受到挑战，②甚至整个社会科学能否称其为"科学"也存在质疑，③但本文无意卷入这种争论。面对挑战真正有说服力的正面回应，必须充分论证法学在研究对象和研究方法上真正具有独特性，但本文想要强调的是：如果法学真的具有某种不可替代的独门绝技，那么即使这门技术或方法尚未被中国法律界和法学界普遍掌握，那也只表明目前中国法律和中国法学尚处于较低的发展水平，却不能据此否认法学是独立学科。本文将表达两个基本立场：一方面，学术自身有其独立价值，因此学术贡献的评价标准并不依赖于与现实制度的互动或成果转化率，而且成功转化为制度成果的所谓学术"贡献"未必就是推动、反而可能阻碍了法治文明的进步；另一方面，学术的独立性并不排斥而恰恰支持这样一个命题或学术追求——中国法学作为一门以中国社会为特定语境、以中国法为研究对象的社会科学，终究要以研究中国问题和中国制度为己任，中国诉讼法学者对于这种历史使命和职业责任的体认也应反映在其学术贡献之中。中国法学在回应和迁就中国法治现状与追求法理自洽性和导向价值之间能否及如何保持应有的张力，这种智慧本身也可能成为中国法学发展水平的一种评价标准。

就考察范围而言，在客体（研究对象）上以狭义民事诉讼法学为中

---

① 涂尔干语。另参见《马克思恩格斯选集》第 2 卷，北京：人民出版社，1995 年，第 179 页。由此人类发展史被划分石器时代、青铜时代、铁器时代、蒸汽机时代、信息时代。
② 参见苏力：《法律人思维？》，《北大法律评论》第 14 卷第 2 辑，北京：北京大学出版社，2013；孙笑侠：《法律人思维的二元论：兼与苏力商榷》，《中外法学》2013 年第 6 期。
③ 参见赵鼎新：《社会科学研究的困境：从与自然科学的区别谈起》，《社会学评论》2015 年第 4 期。

轴，有限延伸至广义民事程序法学；在主体（研究者）上以民事诉讼法学科群为主体，有限延伸至其他学科的学者的狭义民事诉讼法学重要成果。具体而言，本文将研究对象区分为法律规范、法律行为和法律现象等不同层次。在规范层面上，既包括现行民事诉讼法所涵盖的诉讼程序、非讼程序、执行程序及证据制度，也包括经由主管、保全、执行等程序通道与民事诉讼法相链接的仲裁、调解、公证、破产等程序制度。此外，涉及民事诉讼主体制度，公权主体的权限（如主管与管辖）、结构（如审级）、组织（如合议与回避）、运行机制等等，链接到宪法、组织法、法官法制度，而私权主体即当事人的资格、证明责任以及诉的客体等等，则链接到民事实体法制度，相关研究也构成民事诉讼法学的重要组成部分。除法律规范之外，司法解释和其他司法指导文件往往是依据多部法律制定的，且不限定具体的解释对象，因而很难按照规范属性或学科划分来区分其与法律门类的归属关系，而针对上述制度运行中的法律行为和法律现象进行研究的学术成果，更难局限于学科划分或单一路径。可见，仅以研究对象的属性来划分民事诉讼法学的领域已相当困难。若仅以研究者所属的学科来划定研究领域则更加荒谬。为此，本文试图采取"属地管辖"与"属人管辖"相结合但相对狭义的界定方法。"属地管辖"以研究对象来界定，主要关注那些研究狭义民事诉讼法的研究成果；针对其他民事程序制度的研究成果则主要限于因司法审查、司法监督、司法保障、强制执行等事由而涉及的民事程序问题；此外，还包括与诉讼程序运行直接相关的审判权限、审判组织、审判机制、审判管理等问题的相关研究成果。针对上述研究对象形成的学术成果，民事诉讼法学领域以外学者的学术贡献亦有限地纳入本文视野。"属人管辖"则以研究主体来界定，民事诉讼法学领域的学者针对司法制度进行的宪法和两院组织法、仲裁法、公证法、破产法，以及家事法、物权法、公司法等民商实体法中相关问题的拓展性研究，也应纳入本文视野（交叉研究）。

在结构安排上，鉴于诉讼法学的发展纵横交错，无论按照年历和时代的纵向维度还是按照领域和主题等横向维度，尝试单向度或单维度地梳理、展示或评论诉讼法学与程序制度及其与相关体制之间的互动发展、研究主题与研究方法及其与研究领域之间的相互塑造、国内发展与国际趋势及其与比较法学的遥相呼应，以及学者个体与学术群体及其与整个法律界之间、法学理论与司法实践及其与所处语境之间错综复杂的关系，几乎是徒劳无益的。从已有的学术史研究成果来看，单维度编年史体例关于民事诉讼法学发展阶段的划分方法和标准各不相同。① 因此几易其稿之后，笔者决定以研究对象的发展为纵向轴，以三个民事诉讼法律文本的产生为核心节点，以相关司法解释、司法案例、重大法律事件和普遍法律现象为主要据点；横向轴有两条——以法学方法和法学理论的自身发展为一条轴线（学术本体发展线），以法学理论和法学家对诉讼法治发展的贡献为另一条轴线（学术影响力发展线）。

基于上述考虑，本文关于法律规范、司法文件和司法案例、司法实务和相关法律现象的发展状况的梳理，并非法制史风格的"述"，而是对作为民事诉讼法学研究对象所进行的"评"，以此作为梳理、分析和评价研究对象对于民事诉讼法学的研究方法的基础性意义。基于同一考虑，本文对于相应研究成果的例举，主要是希望以特定成果所使用的研究方法作为观察中国民事诉讼法学发展状况的一个重要因素，特别是通过观察

---

① 即使是单维度的编年史体例，关于民事诉讼法学发展阶段的划分方法和标准也各不相同。参见赵钢：《改革开放30年的民事诉讼法学》，《法学杂志》2009年第1期，第19页；田平安、肖晖：《民事诉讼法学改革开放三十年》，北京：法律出版社，2010年，第185页。于是有了选择性专题梳理，参见李浩：《三十年间民事诉讼法学高影响论文分析》，《当代法学》2012年第6期；《中国民事诉讼法学研究四十年——以"三大刊"论文为对象的分析》，《法学》2018年第9期。

方法偏好与研究对象之间的密切相关性,论证研究对象本身所具有的中国特色和复杂性对于民事诉讼法学研究方法产生了重要影响,而法学研究方法的选择和偏好又如何塑造了作为其研究对象的规范制度和实践发展。

在两个多月的时间里,我阅读能够找到的几乎全部民事诉讼法学者四十年来研究成果和一些对我影响至深的法理学界的相关研究。[①]回顾这一时期的学术作品、学术思想、学术人物和学术贡献,我沉浸在"淘宝"的兴奋与感悟之中。这种感受,与学生时代为掌握知识、了解动态时的阅读过程,与带着挑剔和批判的眼光为了寻找问题、刺激创作冲动时的阅读体验,与毫无目的或目的明确的阅读效果……都不相同。总体而言,这是一次致敬之旅——那些不曾真正理解的学术思想,那些不曾切实体会的历史背景,那些不曾深深感悟的重要贡献,要么被自己的浅薄和狭隘给忽略了,要么被自己的以偏概全、自以为是给埋没了,要么被一种创新和进步所必须的批判视角给矮化了……所有这些贡献连同其中的缺陷和发展空间,不置于一个特定的语境,不贯穿一个体系的形成,不汇总一个集体的积累,就无法真正领悟,何以在短短的40年,中国民事诉讼法学从无到有,由浅入深,由局部到体系,由边缘到中心。每一位学人,哪怕只是那些声音低弱甚至原创性甚微的添附,对于一种价值理念和法律文化的集成,无论是反思、建构或变革,都是不可或缺的组成部分,而那些灵光一现的优秀作品和那些一呼百应的学术领袖,在这个集腋成裘的小宇宙里则成为偶然或者

[①] 特别致敬朱苏力、贺卫方、张志铭、季卫东等法理学者在司法制度研究和法学方法论方面影响深远的贡献。本文无法逐一列举那些影响了一代甚至两三代学人的丰厚成果和学术思想,谨在此重点提示读者自行查阅。

必然的耀眼星辰。

本文是在浏览这几千万字并精读其中最闪耀的几百万字之后勉为其难的记载和评论。无论点名与否，无论笔墨轻重，无论个体与集成的关系如何分理，总归是挂一漏万，也难免主观，更不可能超越自己的浅薄、偏狭与局限。我甚至不确定，在这样既非学术史亦非学术评论的有限研究中，服从（或许并不存在的）一般"规范"与跟从自己的内心指引哪样更公正，因为毕竟无论是学术史或学术评论显然都不同于司法裁判。即使淘汰了法定证据原则而替代为自由心证原则，即使承认法官的法律解释权和自由裁量权，即使加入再多的"社科法学"元素，司法裁判中的事实判断依赖于客观证据和受制于证据规则的程度，法律解释和自由裁量受限于法律规范文本的程度，也无法与学术史的自由幅度和主观性同日而语。因而本文也将如其他研究成果一样，终究会落入"你站在桥上看风景，看风景的人在楼上看你"的意境——主要是这种自律性考虑而不是依据法律规范那样的学术规范，促使笔者在明显具有主观性的"史料"选择和评论中，尽可能保持立场中立和言之有据。本文将具体成果归入某种研究方法也带有很大主观性，特别是那些集大成者往往是多种方法的巧妙结合，而有些在特定研究主题上贡献突出的成果通常在研究方法上也有独到之处，但本文对于研究方法的归类更侧重于挖掘每种方法本身的要义及其与研究对象之间可能存在的某种相关性，而那些被列举的相应作品主要是用作相应论据。这些研究方法出现的时间和具体研究成果对于方法的选择和运用，既非顺序登场或轮流表演，亦非成对出现或此消彼长，而是交错出现、相互纠缠，在对立竞争或共生状态中成长，在相辅相成中成就了民事诉讼法学的发展与繁荣。

一、以民事诉讼法规范为研究对象的注释法学、规范法学与法教义学

民事诉讼法学的研究对象首先是民事诉讼法规范。《民事诉讼法》1982 年开始试行，1991 年正式立法，经 2007 年和 2012 年两次修订；在此期间其他民事程序立法也逐步颁布实施，比如《仲裁法》(1994)、《劳动争议调解仲裁法》(2007)、《农村土地承包经营调解仲裁法》(2009)、《人民调解法》(2010)、《公证法》(2005)、《企业破产法》(2006)，以及《海事诉讼特别程序法》(1999)、《涉外民事关系法律适用法》(2010)，从而与民事诉讼法规范共同构成了民事程序规范体系。与此同时，始于 90 年代的司法改革，产生并多次修订了宪法、两院组织法、法官法以及刑事诉讼法和行政诉讼法等公法规范，不仅在宏观或整体上影响了审判权运行机制改革和司法体制，而且也在微观上涉及民事诉讼相关规范。特别重要的是，在司法改革过程中，最高人民法院颁布的各类司法解释和司法指导文件，由于其文本形式的非典型性、法律依据的多元性、文件内容的综合性、发布主体和效力等级的不确定性，因而其性质、归属和功能都具有明显的复合性，比如，究竟应该归入司法规范(作为诉讼行为和司法行为的准据法)、司法行为(适用规范的抽象行为)抑或司法案例(适用规范的具体行为)？即使是相对规范的司法解释，由于其解释对象的不特定、功能上的造法性、内容上与多种法律规范的交叉和不明确，因此在归类标准和解释方法等方面也具有极度复杂性。民事诉讼法规范的这种复杂和不特定的状况导致了以之为研究对象的民事诉讼法学研究范式的多样性和评价标准的多元性。

（一）以民事诉讼法为核心的民事诉讼法律规范体系逐步形成与动态发展

继 1978 年中共中央决定实行改革开放政策、提出加强社会主义民

主与法制建设的目标之后，最高人民法院在1979年2月第二次全国民事审判工作会议上，以中华人民共和国成立后最高人民法院关于民事诉讼的若干规则为基础，制定了《人民法院审理民事案件程序制度的规定（试行）》（以下简称《民事程序规定》），为随后于1982年3月8日全国人大常委会颁布的《中华人民共和国民事诉讼法（试行）》（以下简称1982年《民事诉讼法》）奠定了文本基础。

1982年《民事诉讼法》是中华人民共和国唯一的一部由专家和学者组成的起草小组撰写的民事诉讼法，并且历时两年多先后三次在全国范围内广泛征求意见后颁布，充分反映了在特定发展阶段对民事诉讼制度的基本认知。这部法律建立了我国民事诉讼法的基本框架，迄今为止的三次修改都是在这个框架之内进行的局部修缮和条文修订。1982年《民事诉讼法》的基本结构和核心条款基本上是1964年《苏俄民事诉讼法典》的简化版；其中国特色主要体现在：一是将改革开放之前中国法院普遍沿袭自解放区时期解决纠纷的经验——法院调解——依然作为中国民事司法的重心，不过关于调解程序的"十六字方针"（依靠群众、调查研究、调解为主、就地解决）由于受到学者的强烈质疑而改为"着重调解"的表述；二是为了强化司法的权威，将妨碍民事诉讼强制措施规定在总则中。此外，民事诉讼法先于民法出台，虽然宣示了中国民事诉讼法的相对独立性和中国特色，却为民法随即出台后对其进行造法性的司法解释埋下了伏笔，似乎在一定程度上也暗示了民事诉讼法研究可以狭隘地强调学科独立，而不必严重依赖于对民事实体法制度和理论的密切、深入、动态的关注。

在"试行"近10年之久后，1991年4月9日全国人大通过了正式的《民事诉讼法》（以下简称1991年《民事诉讼法》）。虽然在主体结构上，1991年《民事诉讼法》仅增加了调解、财产保全和先予执行、督促程序、公示催告程序、企业法人破产还债程序及执行程序——除了专章规定的调解之外,似乎并未触动基本制度和基本程序。然而,那些主体结构中的法律条款修改却体现了民事诉讼法与改革开放十年并行的重大进步,大致表现在以下几个方面:

第一,确立了当事人诉讼主体地位,形成了处分权主义的雏形。不仅明确规定了处分原则(第13条),而且具体规定上诉审查范围限于"(上诉)请求的有关事实和适用法律"(第151条)。此外,赋予当事人针对三类裁定的上诉权,在保障诉权行使、抑制管辖权任意性方面迈出了关键一步。

第二,规定了自愿、合法的调解原则,增加了裁判的权重。(变相)强制调解的抑制,是我国民事司法走向程序化、规范化和专业化的起点,也使我国民事诉讼法第一次具有了现代民事诉讼法的基本特征。

第三,确立了公开审判原则,并形成了辩论主义的萌芽。与审判公开原则和裁判权行使一脉相承,法官与当事人在证据调查和事实形成方面的权限配置以及责任承担方面的角色发生了逆转,当事人应当对自己的主张承担举证责任,法院不再"全面、客观地收集和调查证据",而只负责审查核实和在必要时收集证据;并且证据应当在法庭上出示,并由当事人相互质证,否则不得作为定案的依据。

第四,体现了对司法效率和诉讼经济的强烈关注。1991年《民事诉讼法》不仅明确规定了审理期限——依普通程序和简易程序审理案件的期限分别为六个月和三个月,而且规定了快捷程序(督促程序与公示催告程序)和紧急程序(保全程序与先予执行),此外,关于合并审理程序和代表人诉讼制度等也旨在体现诉讼经济原理。

第五,民事检察监督权实质化,民事诉讼程序具有了相对开放性。1991年《民事诉讼法》第一次规定了检察院对民事审判行使监督权的具体方式，针对生效裁判提起抗诉启动再审程序，使得民事诉讼程序在整体上（而非限于社会公共利益）具有了相对开放性，从而在利益对抗的当事人双方与作为中立裁判者的法院共同构成的三角形封闭程序之外，有了第四方诉讼主体的外部介入，形成具有中国特色的菱形结构。

1991年《民事诉讼法》的突出缺陷在于，程序事项的权限配置上基本沿袭了试行民诉法。法官对重大程序事项拥有完全的决定权和控制权，当事人几乎没有参与决定程序事项的权利，包括证据开示权、举证期限的确定，以及诉讼参加人的适格抗辩等对于实体权利和实体结果有决定性影响的重大程序事项。因此可以说，1991年《民事诉讼法》在一定程度和某些局部体现了与市场经济体制下当事人自治相契合的处分权主义和辩论主义理念，却未体现与此相应并对法官职权构成制约的辩论主义的完全内涵。这意味着，立法将实体性义务（举证责任）移转给了当事人，却未同时赋予当事人相应的程序手段；而法院卸掉了对事实负责的重负，却依然掌握着决定事实结果的程序控制权。2007年《民事诉讼法》修正案在处分权主义和辩论主义方向上有所推进，比如第179条通过将裁判超越或遗漏诉讼请求规定为再审事由，确认了处分权对于裁判权的拘束力；通过将未经合法通知的缺席判决、未经合法代理、被剥夺辩论权的裁判列入提起再审事由，强化了当事人的程序权利保障。但只是局部修改了再审程序和执行程序，因而影响力十分有限。

2012年《民事诉讼法》修正案（以下简称2012年修正案）显示了民事诉讼法在复杂语境下多重价值目标之间的纠结与努力平衡。一方面，在推进当事人程序自治权方向上进行了多重努力。在诉讼程序外部，通过对当事人合意选择的社会自治性解纷途径的确认、支持和保障，如司法对商事仲裁的实体审查缩减至伪造隐瞒证据获得的仲裁裁决,人民调解协议经司法确认即具有执行力,担保物权可直接申请法院裁定拍卖、变卖担保财产而获得实现。在诉讼程序内部,强化和增加当事人的主体地位和程序权利、制约和限缩法官的自由裁量权,从整体上呈现出强化当事人自治和辩论主义倾向,比如当事人协议管辖的扩大与法院管辖权转移的限制,当事人程序选择权的增设与法院改判—发回重审的裁量权的限定,细化司法公开的判决理由和裁定说理规定,鉴定人选定和鉴定意见质证的当事人参与及其实质化保障(专家辅助人与不出庭的市场化制裁)。

但另一方面,2012年修正案对于法院调解的普遍强化,特别是语焉不详的"先行调解"规定,以及法官对逾期举证等重要程序事项的裁量权增加,又呈现出调解的强制性、司法职权主义及程序非正式化的回归趋势。与此同时,对司法效率的焦虑和诉讼经济的关注进一步加码,包括增加了小额诉讼程序,链接了督促程序与诉讼程序之间的通道,而这些快捷程序与诉讼程序之间边界的模糊性和程序转换的灵活性,更加剧了职权主义色彩和程序非正式化倾向。在这种非对抗化和职权主义回归的走势下,2012年修正案对于作为裁判支柱的证据规则几乎毫无建树,在长达十几年因陋就简地依赖于司法解释(2001年《证据规定》)之后,仍然将证据问题留给了混乱不堪的司法解释。

值得关注的是,第13条规定增加的诚实信用原则使作为现代民事诉讼制度内核的当事人主义具有了完整内涵,关于违反诚信原则的制裁(如第112—113条关于妨碍民事诉讼的强制措施)和救济(如第56条第三人撤销之诉及审判监督程序关于调解书再审的特别规定)则为诚信原则提供了具体规范支撑。同时,2012年修正案明显强化了对社会公共利益的保护,突出体现在公益诉讼的引入,以及作为公共利益符号的检察权对民事诉讼和执行程序的全面监督。

总体而言，2012年修正案出台的基本背景，在外是和谐社会和公权强化的总体目标，在内是清理积案的强大压力。在此背景下解读具体条款，可能发现其纠结状态恰恰在整体上符合其自身逻辑。比如，增加、强化快捷程序和支持自治性解纷途径都是基于效率目标进行的案件分流（内分和外分）；回归强制调解、强化职权主义和程序的非正式化，与增加诚实信用原则、强化检察监督和社会公共利益保护，符合前述内外两大目标。但这种分流由于并非基于当事人本位和对案件类型、性质本身的充分尊重，因而并未按照相应程序的机理及其与案件特点的适应性，形成体系化的程序分类，甚至连集中体现社会公共利益的婚姻家事审判程序与突出体现当事人自治理念的商事审判程序之间也未明确区分。这种缺乏体系化的特点还体现在，当司法外执行名义日益丰富时，新增加的（诉外机构主持形成的）调解协议和（当事人自力形成的）物权担保文书须经非讼程序进行司法审查后获得许可执行文书，而同样是由司法外机构形成的仲裁裁决和公证债权文书仍留在执行程序中进行司法审查，但不必获得执行许可。这种非体系化的制度修补造成了顾此失彼，表明立法过程中体系化理论供给严重不足，也给体系化理论研究提出了进一步挑战。

（二）司法解释和司法指导文件在中国民事诉讼制度中的角色及其对法学研究的挑战

最高人民法院颁布的司法解释和司法指导文件对于民事诉讼法律制度的影响是法学研究中无法回避的一种现实存在，近年来立法的增长和法学的成长也并未减少司法指导文件的发布。司法解释和司法指导文件不仅澄清法律或应对法律短缺，同时也制造法律冲突和法理混乱，在推进和更新司法政策、实施和加强司法行政管理的同时，也强化和扩张自身的权威和权限。① 为此褒贬其价值或讨论其存废都没有多大意义,本文是将其作为一种现实存在,去观察这些已成为"法官的宪法"的司法指导文件在民事程序规范体系和法学研究中扮演了怎样的角色。

最高人民法院发布的文件分为"院发文件"和部门文件(又称"庭发文件")两个层级。院发文件除了以"法释"文号发布的司法解释之外,其他文件如"法发"文件都属于司法指导文件。虽无明文规定,但最高人民法院办公厅发布的"法办发"文件被视为最高级别的部门文件,常常被当作"院发文件"对待;其他庭室发布的文件通常用"法审"(审监庭)、"法民一"(民一庭)这样的文号。此外,部门文件还有以"他"字(比如"民二他字 01 号")发布的个案答复,但严格地说,这种文件并不是规范性文件,而是案号的序列。1997 年之前这些文件都可以作为"司法解释",但最高人民法院于 1997 年将规范性文件区分为司法解释和司法指导文件,并于 2009 年对裁判文书中引用规范性法律文件进行了明确规范。② 据此,只有以"法释"文号发布的文件才是"司法解释",才能在裁判主文部分作为裁判依据引用。其他规范性文件统称为"司法指导文件",其中院发文件可以作为裁判理由在"本院认为"部分引用,但不能作为裁判依据引用;其他效力不详的司法指导文件在司法实践中往往对裁判结果具有决定性意义,甚至也被当作"司法解释"。本文从规范法学的角度,仅将"法释"文号的"司法解释"列入"规范"研究的对象;而其他那些规范性文件,尽管其实际影响力或效力几乎等于法律规范,但也只归入"司法行为"或"司法现象",侧重于从法社会学或其他社科法学的角度观察这些

---

① 参见侯猛:《最高人民法院的功能定位——以其规制经济的司法过程切入》,《清华法学》2006 年第 1 期。
② 参见《最高人民法院关于裁判文书引用法律、法规等规范性法律文件的规定》(法释〔2009〕14 号);郭春明:《法院裁判文书中的法条引用问题研究》,《法学杂志》2012 年第 7 期。

"起作用的法律"在"文件治国"与"法治国家"之间微妙关系中的运作机理。① 在这个意义上,法学研究对象还应该关注各种形式的审判工作会议报告和最高人民法院领导的讲话,包括分管院长、庭长关于审判工作的专题讲话,甚至上级法院领导的个人意见,因为这些"渊源"都会成为重要的审判指导意见。

首先,司法解释和其他司法指导文件存在形式上的立法性与实质上的本位性冲突。作为规范性文件的司法解释大致有两类:第一类是旨在适用、细化、澄清和补充具体法律所颁布的综合性司法解释,比如针对2012年《民事诉讼法》颁布的《关于适用〈中华人民共和国民事诉讼法〉的解释》(以下简称《民诉解释》),这类司法解释虽然针对特定的法律文本,但并不针对特定的法律条款;第二类司法解释是就某类事项所颁布的单行司法解释,比如2001年《最高人民法院关于民事证据的若干规定》(以下简称《证据规定》),实际上是全新的造法,只是在前言声称以某部或几部法律为依据,由于在结构、体例和形式上并不直接针对具体的解释对象,仿佛是一部自成一体的全新立法,因此称之为立法性司法解释。但司法解释的形成过程完全由法院主导甚至主宰,缺乏广泛参与性和程序公开性。② 法院本身就是民事诉讼法所调整的诉讼法律关系中的一方主体,却通过司法解释而成为调整民事程序中权利义务关系的立法者,法院本位主义立场对于当事人权利的限制和对于自身权限的扩张倾向是必然的。特别是当程序法的内容远非司法内部操作规程,而司法

---

① 参见蔡定剑、刘丹:《从政策社会到法治社会——兼论政策对法制建设的消极影响》,《中外法学》1999年第2期。
② 即使在体现程序规范化的2007年《最高人民法院关于司法解释工作的规定》中,也只是规定:"起草司法解释,应当深入调查研究,认真总结审判实践经验,广泛征求意见。涉及人民群众切身利益或者重大疑难问题的司法解释,经分管院领导审批后报常务副院长或者院长决定,可以向社会公开征求意见。"(第17条)

解释的结构和形式又脱离了其解释对象的具体限定时,司法解释和其他司法指导意见可以并实际上已经将这种法院本位主义倾向膨胀到了恣意程度——即使最高法院出台司法解释的本意是规范和限制下级法院更为恣意的实践,情形也是如此。[①] 甚至有时在立法过程中由于遭到剧烈反对或严重意见分歧而未能写入立法的条款,也被塞进了司法解释。

这些具有普遍拘束力的司法解释和普遍具有隐性效力的司法指导文件,由于其产生程序和表现形式的缺陷,以及本位主义的必然立场、法出多门所致的凌乱无序,造成司法解释与法律之间、司法解释与司法解释之间的多种冲突,不仅在司法实践中与司法解释统一法律适用和发展的目标背道而驰,也给法学教育和法学研究带来了巨大困扰。比如由于司法解释完全脱离作为被解释对象的具体法律条款,甚至脱离整部法律,因而当司法解释的某个或某些具体条款与立法条款发生交叉——明显扩张、限缩、变更、违背[②]了立法文本时,几乎所有关于法律解释的学说都无能为力,因为此时的解释对象究竟是法律条款本身,还是解释法律条款的司法解释,并未事先界定。至于那些完全是"填补空白"而不与立法条款发生交叉的造法性条款,如果忽略其"立法"主体的相关问题而姑且视其为立法条款直接适用,技术上难度似乎尚小,但在没有具体解释对象的司法解释模式中,特别是那些"根据"多部法律出台的单行本司

[①] 比如 1991 年《民事诉讼法》规定了法院的审理期限,最高人民法院便在 2001 年《证据规定》中限定了当事人的举证期限,并将决定期限的权限完全赋予了法官;而且将法律规定的当事人举证责任(行为责任)扩大为证明责任(结果责任),却并未同步增加当事人获取证据和事实的手段(如证据开示规则或律师调查权)。

[②] 直接违背法律条文的司法解释条款,如 1991 年《民事诉讼法》第 151 条规定的上诉审查范围被 1992 年的《民诉意见》第 180 条推翻,直到 1999 年才在《最高人民法院关于民事经济审判方式改革问题的若干规定》(法释〔1998〕14 号)第 35 条中回归法律的原义和司法解释的本分。

法解释,这种"填补空白"的造法性条款在具体适用和解释中也会遭遇技术困难。比如"法不溯及既往"作为一般法理,在程序法和实体法中的适用却迥然不同——实体法规范的溯及力及于民事行为发生的时刻,程序法规范的溯及力及于民事程序行为发生的时刻,故针对仍在法院系属中尚未审结的案件,可以适用程序规范而不可以适用实体规范。然而当司法解释并不界定其具体解释的是哪部法律时,具体条款的适用结果就全然不同。① 这种罕受质疑的司法实践主要根源在于,一方面在形式上将司法解释作为脱离解释对象而自成一体的一般法律规范(而不是受立法制约的司法行为),另一方面又在实质上将司法解释作为法院自己的司法行为(而不是调整权利义务关系的一般法律规范)。

其次,缺乏体系性思维和扎实理论基础,加之司法解释和司法指导文件法出多门、纵横交错,又缺乏及时清理,因而凌乱无序、相互冲突。从产生过程来看,即使是院发文件,也是由具体业务庭室各自起草的,即使草稿最终会在庭室间传阅、会审和讨论修改,并经审判委员会讨论后统一以最高人民法院名义颁布,却缺乏统一的组织和起草,没有充分的沟通和整合,实质上与部门文件没有太大差异,而与立法过程差异甚远。② 特别是当同一部司法解释分别由不同部门负责起草其中一部分时,起草者对于意见分歧的平衡方式往往是简单地将各方意见各取一段,结果造成同一规范中逻辑断裂或(和)规范之间逻辑冲突。比如,《民

---

① 更有甚者,司法解释在整体上被认为只是"司法行为"而不是法律规范,因而只要仍在法院系属中的未结案件,即使是明确以某部实体法为解释对象的司法解释,也会普遍被适用,作为裁判那些发生于相关实体法规范之前的权利义务关系的法律依据,这实际上赋予了相应实体法条款以溯及既往的效力。
② 参见傅郁林:《司法职能分层目标下的高层法院职能转型——以民事再审级别管辖裁量权的行使为契机》,《清华法学》2009年第5期。

诉解释》第 247 条关于重复起诉的规则，填补了中国民事诉讼法律规范中长期以来关于重复起诉审查标准的空白，但其核心价值主要是激发了司法实务界对诉讼标的理论和与其相关的诉讼请求等概念内涵的普遍关注。就法律适用和法律解释而言，这一规定解决的问题并不比其制造的问题更多，其原因就是这一规定回避了对诉讼标的的识别标准、诉讼标的与诉讼请求的概念定义与相互关系、诉的强制合并与诉的拆分（部分请求）等一系列基础概念和基础理论问题上存在的意见分歧，试图在不选择任何理论立场的状况下通过重叠囊括相关概念将所有情形一网打尽。作为其结果的这一规定几乎可以通过选择所列概念和相关理论的不同定义进行多种排列组合，制造出从完全规避到苛刻适用的多种司法实践。

司法解释和其他司法指导文件的前述特征，给民事诉讼法学研究提出了严峻挑战，而能否正确应对这种挑战，可能需要进一步塑造法学研究对象的生态。在此以填补法律空白的《证据规定》中的一个制度为例。作为《证据规定》的背景和基础，1991 年《民事诉讼法》在很大程度上体现了与市场经济体制下当事人意思自治相契合的处分权主义和辩论主义理念，确立了当事人诉讼主体地位、基本程序保障和公开审判原则，法官与当事人在证据调查和事实形成方面的权限配置和责任承担发生了角色逆转，当事人应当对自己的主张承担举证责任。[1]《证据规定》将辩论主义在中国推进了一大步。比如，具体规定了当事人对证据的提供和事实的形成承担责任，而将法官在证据收集和事实调查方面的权限和责任明确规定在例外条件和严格程序之内；具体规定了双方当事人之间在

---

[1] 参见傅郁林：《迈向现代化的中国民事诉讼法》，《当代法学》2011 年第 1 期。

证据提供和事实证明方面的责任和风险承担；①明确规定了自认的事实免予证明。然而，规定生效裁判认定的事实作为"免证事实"，却没有将主体范围限定于当事人之间，从而使未参与审理程序进行事实陈述和辩论的案外人实际上受到审判结果的拘束。

将生效裁判认定事实的"免证"效力适用于对抗当事人以外的第三人，很显然违背了辩论主义理念、正当程序理念和裁判效力相对性理念，与比较法上普遍坚持的裁判效力相对性和诉讼程序封闭性的原理相悖，也明显违背了1991年《民事诉讼法》确立的辩论主义和基本程序保障原则。但公平地说，司法解释的规范文本"生效裁判认定事实的免证效力"虽然未明确限定其主体范围，却也并未明确规定其可适用于案外人。这正是一个恰如其分的规范法学研究对象。民事诉讼法学理论本可大展身手，以《证据规定》所依据的1991年《民事诉讼法》的立法宗旨和价值取向为依据，运用辩论主义原理、正当程序保障和裁判效力相对性等基本法理，将这一规范文本中"生效裁判认定事实的免证效力"限缩解释为"生效裁判认定的事实在双方当事人后案诉讼中具有免证效力；在当事人与案外人的诉讼中，案外人可以援引前案裁判认定的事实对抗（前案）当事人，但当事人无权据此对抗案外人"。然而，理论界不仅对此长期选择了集体失语，甚至不少教科书将这一规则进行了扩大解释，将生效裁判事实认定的"免证效力"扩大解释为"预决效力"。即使在多位新生代学者对此规则提出公开挑战②并提出有说服力的理论依据之后，至今仍

---

① 虽然民事证据规则采取了"新法定证据主义"，但在后期都有不同程度的更正和改进。相关定位与批判可参见陈瑞华：《以限制证据证明力为核心的新法定证据主义》，《法学研究》2012年第6期。
② 参见段文波：《预决力批判与事实性证明效展开：已决事实效力论》，《法律科学》2015年第5期；曹志勋：《反思事实预决效力》，《现代法学》2015年第1期。

未得到多少有影响力的学者响应,①因而也不能促使该规则的限定性解释或修改,甚至无力促使主流教材的普遍修改。

　　这一规则的扩大解释和普遍适用,为前案当事人利用虚假诉讼获得生效裁判损害案外人权益提供了制度温床,当事人援引前案裁判认定的事实作为损害案外人的利器屡屡得手。2012年《民事诉讼法》修正案试图通过设立第三人撤销之诉和强化妨碍民事诉讼制裁措施,为这一免证规则的恶果打上制度补丁。然而,第三人撤销之诉本身就蕴含着破坏裁判效力相对性的制度基因,加之立法结构安排上偷换了"第三人"(案外人)的概念,且在程序安排上居然与原诉合并审理,因此这一制度一方面并未覆盖案外人提起再审的情形,另一方面又为案外人与当事人一方串通频繁启动撤销程序、阻挠裁判执行的另一类虚假诉讼提供了制度温床。然而,司法界和理论界对于虚假诉讼大批涌现的制度原因并未追溯到辩论主义遭到破坏,反而试图通过进一步破坏辩论主义堵住虚假诉讼。比如,《民诉解释》不是致力于铲除这种破坏辩论主义和裁判效力相对性的制度根源,而是在自认规则和法官职权调查规则中进一步削弱了辩论主义,②而且"立法"技术和文字措辞的缺陷足以使作为例外的条文将作为原则的辩论主义进一步破坏——而这些消解自认效力和强化职权调查的规定并不限于适用于

---

① 参见傅郁林:《先决问题与中间裁判》,《中国法学》2008年第6期。相反观点参见吴英姿:《预决事实无需证明的法理基础与适用规则》,《法律科学》2017年第2期;王亚新、陈晓彤:《前诉裁判对后诉的影响——〈民诉法解释〉第93条和第247条解析》,《华东政法大学学报》2015年第6期。
② 《民诉解释》第92条规定,自认的事实与查明的事实不符的,人民法院不予确认;第96条第4款规定人民法院认为审理案件需要的证据包括:当事人有恶意串通损害他人合法权益可能的。这些看似辩论主义之"例外"的规定,由于权限定义和责任界线模糊,在实务操作中实际上已足以消解当事人主义原则。

涉及案外人的案件，而是普遍适用于所有案件。目前这一趋势仍在继续向仲裁裁决的司法审查制度蔓延，虚假仲裁现象的日益严重并未促使法律界反省生效仲裁裁决认定的事实对抗案外人的荒谬与恶果，从而在根本上使案外人不会受其影响，而是再次将解决思路指向了受其影响的案外人申请撤销仲裁裁决。

可以说，民事诉讼法学研究对于司法解释提出的挑战没有及时作出应有的回应，在"生效裁判认定事实的免证效力"未限定其主体范围时，辩论主义、裁判的相对性和正当程序原理只是受到威胁，此时法教义学以现行规范为依据、以体系化理论为基础进行规范解释，即可弥补制度的漏洞。然而，法学理论的无所作为甚至负面贡献，迎来了研究对象提出的更大难题——当立法出现第三人撤销之诉的法律规范时，法解释学对于这种结构性冲突撕裂的法律漏洞已束手无策。关于第三人撤销之诉的研究文献可能是具体规范研究中云集了最多专家会诊却得到了最少共识结论的唯一主题；德国法教义学的努力践行者吴泽勇就此问题最大程度地使用法解释学方法，[1]但因研究对象选择了这一严重残疾的规范，文章除了对现行相关制度的边界进行了廓清之外，针对这一制度自身的解释仍须借助比较法资源进行整形手术。如果制度不能回到问题的源头解决问题，那么规范法学或许可以从这一问题的研究方法中逊位了。而假如用于解决虚假诉讼问题的自认规则、职权调查规则和仲裁裁决审查规则以全面瓦解辩论主义为趋势，恐怕在现代民事诉讼法规范框架内找到全面覆盖(颠覆)其漏洞的大补丁更没有可能了，或许那时经济学、政治学、心理学在这一问题研究中会有更大的发挥余地。

---

[1] 参见吴泽勇：《第三人撤销之诉的原告适格》，《法学研究》2014年第3期。

(三) 注释法学、规范法学/法教义学的贡献、不足与缺陷

1. 注释法学的贡献与缺陷

注释法学是一个历史性概念，其主要贡献在于推动中国民事诉讼法规范的普及和贯彻；在学术本体意义上，逐步将民事诉讼法学科从笼统、混合的法学门类中层层剥离出来，创立了独立的民事诉讼法二级学科，从而形成了特定研究群体、特定研究对象，并逐步开拓出特定研究范式的民事诉讼法学领域。学科建设在法学研究依托于法学教育（甚至浑然一体）并以学科为支撑的学术体制下具有特别深远的意义，即使在强调与实体法结合、跨越学科视野局限的今天，这一贡献的奠基意义仍不容置疑。民事诉讼研究与立法、教学三位一体的特定背景，为注释法学的权威性和社会影响力提供了得天独厚的条件。法学教育和法律培训促进了司法实践对于民事程序规范的认知和适用，从而纠正了审判实践在长期无法可依状态下形成的任意性。这种研究方法的贡献是历史性的，在整体法律界对于民事诉讼法律知识普遍欠缺和渴求的特定历史背景下显示了知识的力量，即使这种知识供给本身并非充分且充满缺憾。

注释法学的主要成果表现形式是普法读物和教材（包括教材式专著）。代表性教材有柴发邦等编写的《民事诉讼法通论》和《民事诉讼法学》[1]、刘家兴独著的《民事诉讼教程》[2]、常怡主编的《民事诉讼法学新论》[3]等。西南政法学院编印的《民事诉讼法讲座》集结了全国法律专业

---

[1] 柴发邦等：《民事诉讼法通论》，北京：法律出版社，1982年；柴发邦主编，常怡、曾昭度、江伟副主编：《民事诉讼法学》，北京：法律出版社，1987年。
[2] 刘家兴：《民事诉讼教程》，北京：北京大学出版社，1982年。
[3] 常怡主编：《民事诉讼法学新论》，北京：中国政法大学出版社，1989年。

民事诉讼法师资进修班上的讲稿,①对当时和后来民事诉讼法教学和研究产生了极大影响。柴发邦先生仙逝之后,刘家兴、江伟、常怡、杨荣馨作为"四大天王",在他们组建的民事诉讼法学科中组织硕士生、博士生,对前述教材进行多次修订,但总体上并未明显突破注释法学的范式。②

如果不明确区分法学教育和法学研究,而将法学教材也作为法学研究成果的话,可以说注释法学至今仍是法学教材的主要范式。比如,其结构体例几乎完全与立法一致,而不是按照民事诉讼法学自身的体系;其主要内容是概念、定义和依据定义列举几个特征,法条和司法解释的内容通常作为概念特征的相应支持。即使"洋气"的法教义学概念引入后,即使一些教材加入了民事诉讼法学几大基本理论(如诉讼标的和既判力理论)和学术概念(如诉的概念),但基本上只是单独加在教材主体结构之前(或者说之外)用于装潢其"理论性"的独立章节,并不用于解释具体规范从而使那些凌乱的规范皈依法理逻辑体系,比如将诉讼标的理论具体用于解释何谓共同诉讼规范中"诉讼标的同一"、何谓有独立请求权第三人规范中"对(本诉)诉讼标的有独立的请求权",甚至在同一教材中按照基本理论部分阐释的"诉讼标的"识别标准与诉的分类中所称的诉讼标的内涵和外延都不能保持一致;而那些大都用来介绍别国理论的教材内容,即使加入了中国学者争论作为佐料,删除后也无损主体内容

---

① 参见西南政法学院主编:《民事诉讼法讲座》,重庆:西南政法学院出版社,1983年。由柴发邦、江伟、王锡三、常怡、唐德华、刘家兴、杨荣馨、谢邦宇等主讲。目前中国民事诉讼法学界的中坚力量大都是该师资进修班的学员,笔者为本文向民事诉讼法学同行征集资料时,他们都特别提示我一定不要忘记这部未公开发行但影响深远的《讲座》。
② 笔者个人认为注释法学最杰出的教材是刘家兴主编、潘剑锋副主编:《民事诉讼法学教程》,北京:北京大学出版社,1994年。

及其对现行规范的诠释。①

2. 规范法学/法教义学的成就、不足与局限

规范法学或法教义学作为注释法学的升级版,目前已成为中国部门法学研究的主要方法和"支柱产业",特别是在受德国法学影响较深的刑法学和民法学领域已成为绝对的主流和时尚。② 在民事诉讼法学领域似乎也正在成为一种普遍奉行或追捧的主要方法。③ 不过,如果严格以主张者普遍认同的德国式"法教义学"标准来评价,那么目前民事诉讼法学领域的法教义学研究水平仍处于初级阶段,此谓本文所称的"不足";如果以法学研究对象的发展状况对于法学方法的需求作为评价标准,那么以规范法学或法教义学作为中国民事诉讼法学研究的单一或主要方法,则既不能满足需求,也不具备其生长的充分条件,从而凸显这一方法固有的缺陷,此谓本文所称的"局限"——因为法教义学是"假定现行法

---

① 如江伟主编:《民事诉讼法》,北京:高等教育出版社,2007年;江伟主编,傅郁林副主编:《民事诉讼法》,北京:北京大学出版社,2012年;江伟主编,肖建国副主编:《民事诉讼法》,北京:中国人民大学出版社,2015年。

② 法教义学研究在刑法学和民法学领域的代表成果,参见陈兴良:《刑法教义学的发展脉络——纪念1997年刑法颁布二十周年》,《政治与法律》2017年第3期;张明楷:《也论刑法教义学的立场——与冯军教授商榷》,《中外法学》2014年第2期;车浩:《理解当代中国刑法教义学》,《中外法学》2017年第6期;许德风:《法教义学的应用》,《中外法学》2013年第5期;谢鸿飞:《论民法典法人性质的定位——法律历史社会学与教义学分析》,《中外法学》2015年第6期。葛根松更是在法学教育中践行了民法教义学的研究成果,参见葛云松:《法学教育的理想》,《中外法学》2014年第2期。此外,由梁根林任主编期间的《中外法学》持续刊登了10多篇标明"法教义学"研究的学术论文,反而表明这一方法仍在一种力量的主导下推动,而尚未成为一种普遍掌握和自觉运用的研究方法,正如普遍熟知的食品不必写食用说明。

③ 参见《民事诉讼法学2009—2016年CLSCI论文数据分析》,中国法学创新网,http://www.fxcxw.org/index.php/Home/Faxue/index/tid/5.html,2018年10月2日;张卫平、李文革:《民诉法学研究:从立法论到解释论》,《检察日报》2012年12月26日,第3版;肖建国:《从立法论走向解释论:〈民事诉讼法〉修改的实务应对》,《法律适用》2012年第11期;傅郁林:《法学研究方法由立法论向解释论的转型》,《中外法学》2013年第1期。

秩序大体看来是合理的"①,以尊重现行法秩序并受其约束为前提,围绕概念、法条及概念与法条的关系展开体系化的研究,而这一前提即使在那些以现行民事诉讼法规范作为研究对象和研究基础的中国研究者眼里也尚未被承认(随后作为规范法学成果呈现的重要作品都证明了这一事实判断)。

就规范法学在民事诉讼法学研究中的成就而言,大致具有规范法学研究特征的成果出现在20世纪90年代——尽管作者或作品并未贴上"规范法学"或"法教义学"的标签。率先出现的是研究具体法律规范的学术论文,随后出现了规范法学特征越来越明显的专题性论文集和学术专著,而这些研究成果在20世纪90年代中后期被大量吸收到教材中而使之超越了法条注释,有意识地追求体系性和理论性。特别是21世纪以来,日益增多的撰写教材普遍比早期主编教材更具有规范法学特征,比如张卫平、李浩、蔡虹、王福华的独著教材和王亚新等合著教材②,日益清晰地体现出规范法学的特征,比如在结构体例上采用法学体系而不是法律体系,在内容上注重以法学概念和系统理论对现行规范进行学理解释和分析。此外,由江伟主编的教材类作品也有部分是按照规范法学的结构体例和理论体系编写,③而前文归入注释法学但加入了基础理论章节的几部教材,也在逐次修订中不断增加法学理论与具体规范学理解释之间的针对性和粘合度,从而逐步向规范法学方向靠拢。

---

① [德]卡尔·拉伦茨:《法学方法论》,陈爱娥译,北京:商务印书馆,2003年,第77页。
② 张卫平:《民事诉讼法》,北京:法律出版社,2016年;李浩:《民事诉讼法学》,北京:法律出版社,2016年;蔡虹:《民事诉讼法学》,北京:北京大学出版社,2016年;王福华:《民事诉讼法学》,北京:清华大学出版社,2015年;王亚新、陈杭平、刘君博:《中国民事诉讼法重点讲义》,北京:高等教育出版社,2017年。
③ 参见江伟主编,李浩、刘荣军副主编:《民事诉讼法学原理》,北京:中国人民大学出版社,1999年。

若以学术作品的风格论,民事诉讼法学领域的规范法学典型代表当推李浩,他在关于举证责任(始于1983年)①、管辖制度②等多个主题的大量研究成果中,都针对明确具体的法律规范进行了法理分析。他的研究成果在结构上大都从规范适用的情况和社会效果入手,从法理上探讨规范本身的得失和改进空间,但其学术立场主要是对这些规范进行批评,并从立法论上展开讨论和论证。李浩近期研究中以解释论为主要特征的论文③,也依然保持了立法论和比较法的许多惯性。④ 张卫平的作品风格通常是规范研究与比较研究的"夹叙夹议",以特定中国法律规范和法律制度为研究对象,采用规范评论+逻辑分析+比较法分析,有时还在法理分析中综合了比较法和法制史、法哲学、法社会学及法经济学的多种理论资源,⑤因此本文将张卫平的更多贡献放在下文比较法学部分展开。不过张卫平近年也有《当事人文书提出义务的制度建构》⑥等较为典型的规范法学代表作,但标题本身已经露出了立法论的底色。傅郁林在两个主题研究中刻意尝试法解释学研究,但常常一不小心就露出

---

① 参见李浩:《民事证明责任研究》,北京:法律出版社,2003年。
② 参见李浩:《管辖权下放性转移若干问题研究——兼论我国民诉法第39条之修改》,《法学评论》1998年第1期。
③ 参见李浩:《民事行为能力的证明责任——对一个法律漏洞的分析》,《中外法学》2008年第4期。
④ 可以对比同一时期民法学者关于同一题材的"规范法学"研究风格,如胡东海:《论合同生效要件之证明责任分配》,《法律科学》2011年第4期。
⑤ 参见张卫平:《诉讼构架与程式——民事诉讼的法理分析》,北京:清华大学出版社,2000年;《转换的逻辑——民事诉讼体制转型分析》,北京:法律出版社,2004年;《民事诉讼:回归原点的思考》,北京:北京大学出版社,2011年;等等。论文类有张卫平:《重复诉讼规制研究:兼论"一事不再理"》,《中国法学》2015年第2期;《起诉难:一个中国问题的思索》,《法学研究》2009年第6期。
⑥ 张卫平:《当事人文书提出义务的制度建构》,《法学家》2017年第3期。

了比较研究的尾巴。① 王亚新在 21 世纪以来开始由法社会学向法教义学转型,其代表作是《中国民事诉讼法重点讲义》和相关论文。尽管这是王亚新对法教义学方法的自觉追求,并且论文和教材都使用了大量设例(无论假定案例是否源于实践)来解读具体规范,但对比中国刑法和民法教义学的现有成果,在结构上作为解释对象的规范界定、相应概念与规范之间、概念的渊源和作为其支撑的相应理论之间的关联是模糊或混沌的。这或许是因为无论在方法上是采用社会学研究,②还是案例分析研究,③抑或是法教义学研究,王亚新始终保持不变的是在学术态度和学术立场上密切关注中国司法实践,④并对中国现实给予了更多同情和认可。

观察发现规范研究常常面临两个问题:当一条中国法律规范产生于另一个或几个国家的法律规范并进行了中国式剪辑和重构时,应当如何选择解释中国法规范的理论资源?当学者对于具体法律规范的解释已经达到结构性整形手术的程度时,是否依然是规范解释抑或已为规范再造?其实,这两个问题以及前述规范法学作品中的"不足",也正是当下民事诉讼法学进行规范法学或法教义学研究普遍面临和必须回答的问题。笔者甚至认为,面对中国当下的民事诉讼法秩序现实,部门法学研究普遍追求或标榜的规范法学或法教义学,与其说是一种法学方法,毋宁说是法学界尊重中国现行法秩序的学术立场和学术态度,并与其他法

---

① 参见傅郁林:《我国民事检察权的权能与程序配置》,《法律科学》2012 年第 6 期;《再论民事诉讼立案程序的功能与结构》,《上海大学学报》(社会科学版)2014 年第 1 期。
② 参见王亚新:《实践中的民事审判(二)——五个中级法院民事一审程序的运作》,《北大法律评论》第 6 卷第 1 辑,北京:法律出版社,2004 年。
③ 参见王亚新:《一审判决效力与二审中的诉讼外和解协议——最高人民法院公布的 2 号指导案例评析》,《法学研究》2012 年第 4 期。
④ 参见王亚新:《民事诉讼法学研究:与实务结合之路》,《法学研究》2012 年第 5 期。

律人一样自愿受其约束的集体表态。但作为一种法学方法"转型",无论是研究方法本身的掌握与成熟,抑或是研究对象的确定性与特定化,都还有漫长的路要走。这个过程既是自我成长的过程,也是相互塑造的过程。而由于程序法受本土政治体制和社会结构性因素的影响更为直接又更为深刻,因此这个过程比实体法学转型更长并更不确定,同时这也意味着法教义学在程序法学研究中的固有局限性更为突出。①

具体而言,目前中国民事程序规范法学的发育明显不足,原有的概念和理论尚未完成体系化,更不能跟进中国法律规范的动态发展。究其原因,主要体现在几个方面:其一,中国民事程序法律规范是外国法律规范与中国司法实践(并非有机)合成的产物,随后在40年来的规范变迁过程中,这两方面的渊源又分别或同时与其他国家的法律规范和中国司法实践出现的新问题发生杂交、拼接、合成后的非有机融合;中国民事诉讼法学理论和概念也是以外国法学理论和概念为源头,而且并不一定与其定义或分析的具体法律规范出于同源国家,而是来自于学者基于自身的学术背景或资源优势的无序选择;但中国学者所持的各外国理论和概念本身是基于其对自己本国相应法律规范的提炼和分析而形成的,并且其本身也可能存在不同观点或流派,因此,中国民事诉讼法学理论从源头上就没有完成法律概念与法律规范之间的匹配与整合,而是在上述各种理论渊源、规范渊源、中国实践渊源之间进行(无意识)选择和多种排列组合的结果。一个极端的例子是,中国教材关于诉讼标的的主流定义是"争议的法律关系",但这个"法律关系"在德国法中是作为一个最小单

---

① 关于研究方法和研究资源的反思与探索可参见张卫平:《对民事诉讼法学贫困化的思索》,《清华法学》2014年第2期。另可参见陈瑞华:《法学研究方法的若干反思》,《中外法学》2015年第1期。

元的请求权之基础的那个"法律关系",而不是像一些中国学者理解的,以整个合同法律关系或侵权法律关系为单元——这种实际上是以"一次交易"或"一次事件"作为划定一次诉讼单元的"诉讼标的"定义标准,恰恰是并不使用"诉讼标的"概念的美国法基于强制合并理论形成的制度。我国理论以此作为"诉讼标的",与德国旧实体法说或任何诉讼标的理论都是风马牛不相及的。

其二,法学概念和理论的原始定义——无论源自本土抑或抄袭外国——是以原有的中国法律规范为对象形成的,因此其内涵外延与法律规范的匹配度较高并已形成理论"通说"。但在40年来的法律制度和实践变迁中,法律规范已发生了巨大变化,法学概念和理论本应根据新规范进行重新提炼和定义,提出新的理论,却囿于权威的"通说"而维持现状,或因同一概念在新的法律规范中内涵和外延已然不同但法学理论却浑然不知。

前一种情况如主管与管辖的概念。理论界关于"管辖"的定义至今仍停留于"一审法院受理第一审民事案件的分工"。但这一定义只能用于界定1982年《民事诉讼法》中原始而简单的管辖制度——在立审执合一模式下没有执行管辖争议,在启动主体只有法院自家的审判监督制度下没有再审管辖争议,在行政区划与司法管辖权合一的司法结构下没有上诉管辖争议。而今这些制度都已发生了剧烈变化,需要以管辖权划分法院之间的复杂分工的,不仅限于一审管辖,而且包括再审管辖、执行管辖,甚至上诉管辖(实行跨区法院、知识产权案件集中司法后上诉管辖也不再简单)。同样,理论界自创了"主管"概念并定义为"法院与其他国家机关和社会组织受理民事案件的分工",虽然排斥司法主管的商事仲裁尚未在中国成为普遍适用的解纷途径,在1991年《民事诉讼法》确定管辖异议制度时《仲裁法》也尚未颁布,但随着仲裁这一舶来制度带着终局裁判权和对"管辖"的原生定义常态化地与中国司法并行时,当事人基于仲裁协议频繁提起的"管辖权异议"实质上将主管权问题也拉入了中国管辖权制度之中。至此,中国特色的"主管"与"管辖"概念,不只是出现了"与国际接轨"的障碍,而且在本国法律概念上也明显不能自洽,此时便有了更新传统"通说"的需求。

　　后一种情况如"诉"的概念。民事诉讼法的每一次修订都增加了"诉"的类型,并且赋予"诉"不同的内涵和层次,从而产生了此诉并非彼诉的尴尬状况。传统中国民事诉讼法中的"诉"只有一个层次,那就是作为司法裁判对象的实体请求;以此为前提,诉进而被分为三类——确认之诉、给付之诉、形成之诉。然而,随着再审之诉、执行异议之诉、第三人撤销之诉等制度的逐步引入,诉的内涵和层次明显增加了——"诉"同时具有实体性请求和程序性请求两种涵义。当作为程序性请求的撤销之诉与作为实体性请求的初审参加之诉合并为同一程序,进而再就裁判提起上诉或再审时,"诉"的内涵和相应的"诉讼标的"更加复杂和模糊了。本来,即使在德国法上,诉和诉权从实体法概念中剥离出来成为独立的程序法概念时,也有过这种模糊阶段和理论争论,但中国目前面临的问题是不同的——由于前述各种"诉"的制度的比较法渊源具有差异性或多元性甚至无根性,都会影响对于中文概念"诉"的定义和解释,但包括学术界在内的整个法律界对于此诉并非彼诉的问题却似乎处于集体无意识状态,这就导致每个人在使用"诉"的概念并对相应制度进行解释时,并不对特定语境下的"诉"进行区分和定义。比如,立法在第三人撤销之诉中将程序性形成之诉与实体性原诉及参加之诉合并审理,就是混淆不同"诉"制造的一种法理混乱、功能紊乱的程序。随着程序类型的进一步丰富、当事人程序主体性的增强和比较法渊源的多元化,未来还可能增加执行许可之诉、仲裁裁决撤销之诉、管辖异议之诉……这将进一步导致实体裁判请求、程序启动请求、程序事项动议等各种不同层次的"诉"混为一谈，如果再以这种内涵混乱的概念去解释现行规范，又如何可能形成令人信服的"教义"？

其三，制度和概念虽然源于外国法律规范和法学理论，但在长期研究和教学中已基本形成了中国的理论通说。不过，理论界对立法和司法解释的影响力非常有限，特别是司法解释替代立法而成为唯一"法律规范"的那些重要制度，主要由法院某(些)个人或某(些)部门分别起草，学术界仅有个别专家就局部问题非常有限地参与论证。由于智识供给和法理资源的严重不足，一些规范在嵌入法院甚或法院起草部门的本位利益进行意见分歧平衡时，往往无视法理、断章取义，有时甚至因为个别主笔人或领导的一知半解和自以为是，生造出违反常识的概念。典型的例子是"举证证明责任"。学术界经过 40 年来的深入研究，已经就"证明责任"的概念、性质、功能、证明标准、证明责任分配规则、客观证明责任倒置、主观证明责任转移、本证与反证等等，形成了一系列内容完整、内涵清晰的概念体系和主流理论，并且已为法律科班出身的新生代法官广泛接受。然而，由于民事程序立法几乎将证据法规范预留给了司法解释，而司法解释却制造出非驴非马的"举证证明责任"概念，①反而对上述理论共识形成明显冲击。

以此为例检讨中国民事诉讼法学领域的规范法学发展严重不足的状况，旨在表明，即使面对千疮百孔、权限不清、重叠繁复的规范文本，法教义学仍可大有作为。换言之，目前法律适用中的许多问题借由规范解释本身即可解决。在中国法律体系基本建立之后，法学家的主要使命已

---

① 参见杜万华：《〈民事诉讼法〉司法解释重点问题解析》，《法律适用》2015 年第 4 期。

不再是建筑师（直接参与立法或以自己的研究成果为立法做准备），而是作为装裱师、美容师或整形师；对尚有缺陷的现行法律的主流态度，也不再是期待打包更换另一部同样会有缺陷的立法或以改革的名义自行其是，而是以独立、深刻、系统的学术研究为基础，在中国现行法律框架内对规范进行合乎逻辑和法理的体系化解释，从而使漏洞得以"修补"、缺陷得以补救。在这个意义上，目前中国民事诉讼法学理论界由于自身智识不足以完成法教义学本应该且本可以承担的任务，并不代表法教义学作为一种研究方法固有的缺陷。

然而，除了发展水平的不足之外，规范法学作为一种民事诉讼法学研究方法，其本身的确存在固有的缺陷或局限。首先，规范法学的作用场域主要是在法学教育领域，即通过对现行规范进行体系性和理论自洽的解释，并通过思维训练和研习督促学生熟悉和掌握这种方法，因此与其说规范法学是一种法学研究方法，毋宁说是一种法学教育方法。其次，在中国，作为研究对象的规范本身就是对外国法规范移植（抄袭）或嫁接（剽窃）的产物，因此与其说规范法学是一种独立的方法，毋宁说是一种必须借助于比较法学（以寻根溯源）和其他社会科学（水土考察）的共生方法。最后，作为规范法学充分发育的条件或基本前提是，法律体系的完整性、规范文本的特定性和相对稳定性、立法与司法权限职能分明，这在法出多门、改革频繁、权限职能交错的中国当下恐尚不具备，因此与其说规范法学是一种被普遍奉行和努力尝试的方法，毋宁说是一种普遍崇尚有效法律和倡导法治主义的态度。

若以此法治主义为共识，即使是法教义学的铁杆捍卫者也不会否认或拒绝价值的介入、动态的考量、文化的影响，乃至政治的入侵，以及与真正以中国问题为导向的社科法学的精诚合作。特别是对于民事诉讼法学这样一门具有明显应用性和本土语境依附性的学科来说，单纯地依赖规范文本分析和逻辑演绎,而不借助于政治学、经济学、社会学、伦理学和心理学等社会科学方法和视角来分析和解决问题,这种研究成果是不可能有说服力、影响力和生命力的。而这也正是中国民事诉讼法学界正在遭受的境遇——相比其他部门法,民事诉讼法学界受到司法实务界的冷淡和隔离更为明显。虽然可以提出诸多解释,比如法院作为民事诉讼法律关系主体而天然具有摆脱控制的内驱动力,在律师总是缺位的情况下学者就代表着制约司法权的声音,而法院享有的司法解释权和司法改革权既可以快速应对实务问题,又可以绕开法律的羁绊,因而不必借助于学者参与或学理解释……但这些理由的成立仍不能掩盖民事诉讼法学的发展速度远远没有跟上司法实践对理论供给的需求,知识结构的老化和研究方法的单一(且落后)使理论界在普遍意义上无法准确和有针对性地观察和认识问题,提出和解答问题,解释或解决问题,并提供令人信服的理论依据。

二、研究对象多元交叉的比较法学[①]

如果以中国民事诉讼法学在研究对象和研究资源对于外国法和外国法学的依赖性而论,比较民事诉讼法学在 40 年来的学术史上不仅早于其他任何一种研究方法,而且自觉或不自觉地穿插于其他研究方法,包括绝大部分规范法学研究之中。本文列入比较法学方法范围的民事诉讼法学研究成果,仅包括那些针对特定问题、以外国法作为核心资源和主要论据、运用合乎比较法逻辑的方法提出解释问题或解决问题的制

---

① 笔者对这一部分的详细讨论参见傅郁林:《追求价值、功能与技术逻辑自治的比较民事诉讼法学》,《法学研究》2012 年第 5 期。

度思路和相关理论的研究成果,①同时也关注那些具有奠基意义的外国法研究成果。本文剔除了那些以外国法(概念、制度或理论)作为文章的装饰的大量作品,无论是锦上添花还是画蛇添足,那些虽然大篇幅叙述外国法内容但即使删除该内容也并不影响文章核心内容或主要观点的"两张皮"式的所谓比较研究,论观点的原创性和说服力不算学术"研究",论知识的准确性和体系性不及学术翻译。

比较民事诉讼法学起步于外国民事诉讼法翻译。虽然翻译作品本身当然不能算是"比较研究"作品,但一些奠基性的或具有深远影响力的翻译作品却不能不提,谨以此向这些为比较民事诉讼法学提供宝贵资源的译者和编者致敬。王锡三牵头西南政法学院法律系诉讼法教研室编写的"西方民事诉讼法学丛书",其中包括日本、德国和美国的《民事诉讼法》、日本《民事举证责任著作选译》及东欧国家民事诉讼法的极简本。沈达明编著的《比较民事诉讼法初论》②和《英美证据法》③虽然都只是外国法介绍,但在 20 世纪 80—90 年代都是国内进行外国法研究和比较法研究可以援引的至宝。20 世纪 90 年代以后,比较诉讼法学著作的翻译从数量到范围都大幅扩展了,④同时原著阅读也成为比较

---

① 关于比较法方法,参见[德]茨威格特、克茨:《比较法总论》(上),潘汉典等译,北京:中国法制出版社,2017 年,第 58 页。关于比较民事诉讼法的功能,See Oscar G. Chase, Helen Hershkoff, Linda J. Silberman, John Sorabji, Rolf Stürner, Yasuhei Taniguchi and Vincenzo Varano, *Civil Litigation in Comparative Context*, Saint Paul: West Academic Publishing, 2017, pp. 1-2.
② 沈达明编著:《比较民事诉讼法初论》,北京:中国法制出版社,2002 年。
③ 沈达明编著:《英美证据法》,北京:中信出版社,1996 年。
④ 重要译著例如:王亚新翻译的日本学者棚濑孝雄著《纠纷的解决与审判制度》,北京:中国政法大学出版社,1994 年;白绿铉翻译的日本学者兼子一和竹下守夫著《民事诉讼法(新版)》,北京:法律出版社,1995 年;王亚新和刘荣军合译的日本学者谷口安平著《程序的正义与诉讼》,北京:中国政法大学出版社,1996 年;等等。

研究的普遍途径。

(一)比较民事诉讼法学的贡献

中国最早且至今仍是最重要的比较民事诉讼法研究作品,当是张卫平关于辩论主义和诉讼模式研究的代表作《程序公正实现中的冲突与衡平》[①]。这部20世纪90年代初出版的专著已具备了"比较研究"方法和元素,不仅"比较"研究的对象是多个国家的民事诉讼法律制度,更重要的是作者明显超越了对不同国家制度的简单罗列,是针对问题进行的比较"研究"——通过对作为比较法样本的多国民事诉讼制度在价值理念、诉讼构造、具体制度上的异同的描述、分析和归纳、提炼,特别是对那些结构相似但诉讼价值理念存在根本差异的诉讼制度进行比较,发现计划体制与市场体制的差异导致了同属于大陆法系的国家诉讼模式的差异,这明显隐含着以中国问题为比较研究出发点的清晰意识。尽管后期研究者(包括笔者本人)挑战这种以价值理念界定"辩论主义"或"当事人主义"的方法,主张应进一步区分权利层面的自治性(处分权主义)与事实层面的自我责任(辩论主义),从而在诉讼结构和技术层面上为当事人权利与法官职权配置提供进一步理论依据。但张卫平教授维护了其自身理论逻辑的完整性和自洽性,况且"诉讼模式"本身并非一种国际通用的概念或法律术语,因此在探索本国诉讼机制中权限配置模式时进行比较研究,特别是在中国体制改革背景下推动中国民事诉讼制度转型,这种划分方法更强调体制和价值理念对于司法权限配置模式的决定性意义,因此也更能戳中问题的要害。

在诉讼模式的后续研究中,民事诉讼法学界许多学者都作出了重要

[①] 张卫平:《程序公正实现中的冲突与衡平——外国民事诉讼研究引论》,成都:成都出版社,1993年。

贡献。汤维建将辩论主义作为英美对抗制的对应概念而强调其在程序结构和技术层面的内涵（庭审中事实调查模式），而将张氏"辩论主义"定义中权利层面的内涵归入处分权主义；①白绿铉从程序结构层面对庭审与审前两阶段进一步区分，将庭审程序更像德国模式而审前程序更接近于英美模式的法国民事诉讼制度归入独立的第三模式。②王亚新以比较法资源分析本土问题，从程序原理上将诉讼模式的学术讨论拉回到中国土壤。③此外，法理学、刑事诉讼法学、宪法学界有关诉讼模式的研究成果也极大地启发和促进了民事诉讼法学领域的相关研究。这场关于诉讼模式的大讨论引发了对中国现有诉讼理念、诉讼文化和诉讼程序从宏观制度到具体规范的全面反思，奠定了建构完整系统的民诉法理论的法哲学基础。诉讼法学界在一系列价值理念上达成了基本共识，比如主流价值已经实现了从审判权本位到诉权本位的转变，形成了当事人主义（或当事人主导原则）的现代诉讼理念，计划经济体制和苏联诉讼模式影响下形成的超职权主义的司法理念已成为众矢之的；以市场经济下的意思自治、自我责任等原则为基础的当事人程序自主权、参与权和选择权受到广泛认同；以"谁主张谁举证"这样的通俗表达建构起来的证明责任规则体系开始运行。可以说，真正意义上的比较民事诉讼法研究与我国司法改革几乎是同时起步的，而司法改革大大推动了引进现代西方民事

---

① 参见汤维建：《两大法系民事诉讼制度比较研究——以美、德为中心》，《诉讼法论丛》第1卷，北京：法律出版社，1998年。更后期的研究者傅郁林补充了英美日学者关于司法权限配置的比较研究成果，支持了"三大诉讼模式"的划分，这与其本人早期关于世界三大上诉模式（英美、德日、法意）的划分保持了逻辑一致。
② 参见白绿铉：《美国民事诉讼法》，北京：经济日报出版社，1998年，"序言"，第1—17页；白绿铉：《论现代民事诉讼的基本法理——对我国诉讼制度改革浅见》，《中外法学》1999年第1期。
③ 参见王亚新：《论民事、经济审判方式的改革》，《中国社会科学》1994年第1期。

程序制度的进程。同期和随后还有一些关于司法改革和程序正义的研究成果,比如柴发邦关于体制改革与诉讼制度①、陈桂明关于诉讼公正与程序保障②、刘荣军的程序保障论③、肖建国的程序价值论④、唐力的诉讼构造⑤等研究,都为这场影响深远的大讨论作出了重要贡献。近年来关于修正的辩论主义或协同主义的研究在这一主题上又掀起了一次小高潮。⑥

20世纪90年代后期和21世纪以来,伴随着外国法律制度和法学作品的大批推介,伴随着留学日本德国的学者陆续回国、中国学者出国访学及国际学术交流活动的日益频繁,特别是伴随着原属于法理学范畴的比较法方法逐步受到民事诉讼法学领域的关注,比较民事诉讼法学研究开始普遍化并进入繁荣期。除了一批外国民事诉讼法论著翻译或编译作品之外,很多专题论文引证外国民事诉讼法和证据法相关制度和理论作为中国民事诉讼法问题对策的参照或借鉴,而这种"言必称西方"的通用范式形成了比较法学与对策法学并踵而至的景观;另一方面,法学院的逐步恢复和急剧扩招在教学科研一体化和职称杠杆的指挥下,形成了法学作品高产期,而其中主要作品是以比较研究为基础的规范研究和对

---

① 参见柴发邦主编:《体制改革与完善诉讼制度》,北京:中国人民公安大学出版社,1991年。
② 参见陈桂明:《诉讼公正与程序保障:民事诉讼程序之优化》,北京:中国法制出版社,1996年。
③ 参见刘荣军:《程序保障的理论视角》,北京:法律出版社,1999年。
④ 参见肖建国:《民事诉讼程序价值论》,北京:中国人民大学出版社,2000年。
⑤ 参见唐力:《民事诉讼构造研究:以当事人与法院作用分担为中心》,北京:法律出版社,2006年。
⑥ 参见王福华:《民事诉讼协同主义:在理想和现实之间》,《现代法学》2006年第6期;熊跃敏、张伟:《民事诉讼中的协同主义:理念及其制度构建》,《法治研究》2012年第1期;任重:《民事诉讼协动主义的风险及批判——兼论当代德国民事诉讼基本走向》,《当代法学》2014年第4期。

策研究,不过真正具有比较研究特征的成果也同步增长了。21世纪以来的比较民事诉讼法研究精品,当推王亚新的《对抗与判定——日本民事诉讼的基本结构》[1]。虽然其副标题明确界定为外国法研究,但其内容并非简单地介绍或讨论日本法,而是在所涉的具体主题和问题中处处可见清晰的中国意识、中国观察和中日比较。作者针对中国民事诉讼的若干核心理论问题,系统地介绍和评论日本法学界关于其本国法的学术观点、争议和动态,对于以日本法为资源研究中国问题的"比较研究"提供了翔实、具体的知识和多维、动态的视角。

几乎同时,与诉讼模式改革、辩论主义理念、正当程序保障最密切相关的证据规范与证明责任研究,也迅速进入快车道。先有李浩的《民事证明责任研究》和陈刚的《证明责任法研究》,后有许可的《民事审判方法——要件事实引论》[2]、胡学军的《具体举证责任》[3]和霍海红的《证明责任的法理与技术》[4],以及几代学人、众多学者的富有贡献的学术论文。经过40年来三代学人的持续努力,民事诉讼法学理论界就证明责任体系中的一些基本概念、基本规范和基本理论达成了一定共识。紧随其后,法院调解制度作为公开、对抗、辩论主义的相对物,也展开了日益深入和理论化的研究,其中李浩的调审分离理论受到了广泛关注。[5] 作为现代诉讼主体,当事人制度研究也有了一些理论突破——肖建华[6]、张晋红[7]、

---

[1] 王亚新:《对抗与判定——日本民事诉讼的基本结构》,北京:清华大学出版社,2006年。
[2] 参见许可:《民事审判方法——要件事实引论》,北京:法律出版社,2009年。
[3] 参见胡学军:《具体举证责任论》,北京:法律出版社,2015年。
[4] 参见霍海红:《证明责任的法理与技术》,北京:北京大学出版社,2018年。
[5] 参见李浩:《民事审判中的调审分离》,《法学研究》1996年第4期。截至2018年11月1日,该文被引次数共计589次。
[6] 参见肖建华:《民事诉讼当事人研究》,北京:中国政法大学出版社,2002年。
[7] 参见张晋红:《民事诉讼当事人研究》,西安:陕西人民出版社,1998年。

蔡彦敏①的当事人研究学术专著问世,随后学者及时跟进实体法的发展,在共同诉讼②、群体诉讼③等方面也出现多项成果。另一方面,作为诉讼主体的法院,其审判权的权限配置通过审级制度、上诉制度和再审制度至审判人员与监督者和协助者的权限配置研究,已经有了多维度、多视角、多层次的探索。④ 案件分流和程序分类研究日益细化,陈爱武的家事审判⑤、郝振江的非讼事件研究日益深化,乔欣的商事仲裁研究、范愉的多元纠纷解决研究影响广泛。除此之外,司法成本日益进入民事诉讼法学者的研究视野。⑥

若论比较法的学术传统,西南政法大学作为中国比较民事诉讼法学

---

① 参见蔡彦敏:《民事诉讼主体论》,广州:广东人民出版社,2001年。
② 参见段文波:《德日必要共同诉讼"合一确定"概念的嬗变与启示》,《现代法学》2016年第2期;段厚省:《共同诉讼形态研究——以诉讼标的理论为方法》,《诉讼法论丛》第11卷,北京:法律出版社,2006年;卢佩:《多数人侵权纠纷之共同诉讼类型研究——兼论诉讼标的之"案件事实"范围的确定》,《中外法学》2017年第5期。
③ 参见吴泽勇:《欧洲群体诉讼研究:以德国法为中心》,北京:北京大学出版社,2016年;吴泽勇:《群体性纠纷的构成与法院司法政策的选择》,《法律科学》2008年第5期;刘学在:《民事公益诉讼制度研究——以团体诉讼制度的构建为中心》,北京:中国政法大学出版社,2015年;王福华:《集团诉讼存在的理由——关于普通法集团诉讼目的论的研究》,《当代法学》2008年第6期。
④ 参见陈桂明:《我国民事诉讼上诉审制度之检讨与重构》,《法学研究》1996年第4期;傅郁林:《审级制度的建构原理——从民事程序视角的比较分析》,《中国社会科学》2002年第4期;傅郁林:《繁简分流与程序保障》,《法学研究》2003年第1期;齐树洁:《论我国民事上诉制度的改革与完善——兼论民事再审制度之重构》,《法学评论》2004年第4期;廖永安:《民事审判权作用范围研究》,北京:中国人民大学出版社,2007年。
⑤ 参见陈爱武:《人事诉讼程序研究》,北京:法律出版社,2008年;陈爱武:《家事法院制度研究》,北京:北京大学出版社,2010年。
⑥ 例如廖永安:《诉讼费用研究》,北京:中国政法大学出版社,2006年;王亚新:《诉讼费用与司法改革》,《法律适用》2008年第6期;王福华:《论民事司法成本的分担》,《中国社会科学》2016年第2期;王亚新:《诉讼费用与司法改革——〈诉讼费用交纳办法〉施行后的一个"中期"考察》,《法律适用》2008年第6期。

发源地和学术重镇,除了要特别提到前辈王锡三的深远影响和驻守本校的老元帅常怡教授的与时俱进,①西南政法大学的陈刚以鲜明的"法系意识"坚守大陆法系民事诉讼法学术传统,并在比较民事诉讼法学方法论以及组织国际学术交流等方面等持续发力,②留守西政的段文波③和出身于西政的多位学者及其弟子大都有偏重于大陆法系传统。汤维建在20世纪90年代和21世纪初期可谓中国比较民事诉讼法研究中难得的两大法系通吃的重磅学者,在美国民事诉讼法、证据法、破产法等许多领域都有自己的建树。④ 傅郁林特别强调比较法研究方法论和对英美法的关注,其比较研究成果侧重于上诉程序、审判管理和司法制度⑤,都是典型的比较研究成果,在翻译外国民事诉讼法学作品和推动国际学术交流方面也作出了努力。⑥ 王福华在比较研究中也日益体现出对两大法系相关制度的同等关注的特点,他在诉讼结构、群体诉讼、司法成本⑦等许多研究领域都有出彩的作品,也是参与和推动国际学术交流的重要力量。

---

① 常怡教授主编的《比较民事诉讼法》和《外国民事诉讼法新发展》历经多次更新。
② 尽管笔者对陈刚坚持以"法系意识"建构中国民事诉讼法学的学术立场有所保留(理由是中国民事诉讼法学从未形成过真正的法系血统),但对其学力深厚和学术坚守深为感佩。
③ 段文波:《规范出发型民事判决构造论》,北京:法律出版社,2012年。
④ 汤维建所著的《美国民事司法制度与民事诉讼程序》《民事证据立法的理论立场》《外国民事诉讼法学研究》等作品颇具代表性。
⑤ 参见傅郁林:《审级制度的建构原理——从民事程序视角的比较分析》,《中国社会科学》2002年第4期;傅郁林:《繁简分流与程序保障》,《法学研究》2003年第1期。
⑥ 组织了中青年学者比较民事诉讼法研讨班(2000)、国际民事诉讼法高端论坛(2002)、世界民事诉讼法大会(2017)等大型国际学术会议,每年主持和参加至少3—5次国际学术交流并提交会议论文。
⑦ 参见王福华:《民事诉讼协同主义:在理想和现实之间》,《现代法学》2006年第6期;王福华:《集团诉讼存在的理由——关于普通法集团诉讼目的论的研究》,《当代法学》2008年第6期;王福华:《论民事司法成本的分担》,《中国社会科学》2016年第2期。

目前,以外国法和比较法研究为明显标识的主要力量来自 70 后和 80 后年轻学者,以留学背景、语言优势和常用的理论资源为标准,可区分为德国派、日本派和英美派。德国派代表主要是吴泽勇、赵秀举(如强制执行)①、周翠(如诉讼保全和电子诉讼)②、卢佩(如诉讼标的)③、曹志勋(如裁判技术)④、任重(如证明责任)⑤、马丁(如诉讼标的)⑥,不过他们的一部分作品是借助德国法和理论资源进行的规范法学研究;日本派如林剑锋(既判力)⑦、段文波(裁判规范和庭审模式)⑧、郝振江(非讼程序)⑨、占善刚(基本原则);英美派代表有纪格非(证据法)⑩、陈杭平(上诉制度)⑪、徐卉(公益诉讼)⑫。此外,还有一些看不清血统或门派但同样强悍的"游兵散将",其比较研究归类主要依具体专题对于法系资源的依赖而定,比如段厚省关于诉讼标的⑬、严仁群关于既

---

① 参见赵秀举:《论民事执行救济兼论第三人执行异议之诉的悖论与困境》,《中外法学》2012 年第 4 期。
② 参见周翠:《行为保全问题研究——对〈民事诉讼法〉第 100—105 条的解释》,《法律科学》2015 年第 4 期;《再论督促程序电子化改革的重点》,《当代法学》2016 年第 6 期。
③ 参见卢佩:《困境与突破:德国诉讼标的理论重述》,《法学论坛》2017 年第 6 期。
④ 参见曹志勋:《对民事判决书结构与说理的重塑》,《中国法学》2015 年第 4 期。
⑤ 参见任重:《论中国"现代"证明责任问题——兼评德国理论新进展》,《当代法学》2017 年第 5 期。
⑥ 参见马丁:《论诉状内容变更申请之合理司法应对》,《中外法学》2017 年第 5 期。
⑦ 参见林剑锋:《民事判决既判力客观范围研究》,厦门:厦门大学出版社,2006 年。
⑧ 参见段文波:《规范出发型民事判决构造论》,北京:法律出版社,2012 年。
⑨ 参见郝振江:《非讼程序研究》,北京:法律出版社,2017 年。
⑩ 参见纪格非:《证据能力论——以民事诉讼为视角的研究》,北京:中国人民公安大学出版社,2005 年。
⑪ 陈杭平:《统一的正义——美国联邦上诉审及其启示》,北京:中国法制出版社,2015 年。
⑫ 参见徐卉:《通向社会正义之路:公益诉讼理论研究》,北京:法律出版社,2009 年。
⑬ 参见段厚省:《民事诉讼标的论》,北京:中国人民公安大学出版社,2004 年;《民事诉讼标的与民法请求权之关系研究》,《上海交通大学学报》(哲学社会科学版)2006 年第 4 期。

判力①、刘敏关于司法救济请求权等基本理论的研究资源主要是大陆法系理论,但也援用了英美法理论,刘哲玮关于纠纷解决的研究主要援用英美理论,但诉的类型研究则偏重大陆法系理论。②

(二) 比较法学的明显不足

尽管比较研究已成为中国民事诉讼法的最重要研究工具(没有之一),但比较法方法并未被普遍掌握和运用,而这在很大程度上限定了民事诉讼法学研究的水平和发展,也往往直接影响到研究结论。一个突出的问题是"比较研究"中程序技术与制度的价值、功能脱节的状况,并未将作者关于民事诉讼制度的价值目标和功能预设,以目标、功能与技术之间逻辑自洽的方式,铸入缜密、精巧的程序技术之中,要么停留于宏观的、抽象的、空洞的价值层面,要么脱离制度语境、不明价值目标、背离功能和原理,只是在技术层面上断章取义。一种泛滥到令人无法容忍的所谓"比较研究"常常是三段论式的比较法八股,笔者称之为"A+B=C论证模式"——A. 中国实践或制度的某些弊端(病兆);B. 几条国外的立法例(药品);C. 移植外国立法例的建议(疗方)。上述论证如欲成立,中间还缺少太多信息和逻辑链条。A. "中国问题"的准确定义(病情诊断+病理诊断);B. 外国法的功能解析和价值追问(药物性能+药理分析);C. 外国法经验与中国问题的契合性(对症下药)。这种简单的法条罗列式的"伪比较研究"早已被以问题为出发点、以法律功能为对象的功能主义比较法方法论批得

---

① 参见严仁群:《既判力客观范围之新进展》,《中外法学》2017年第2期。
② 参见刘哲玮:《我国民事纠纷解决模型的反思与重构——从三鹿毒奶粉事件切入》,《北大法律评论》第13卷第1辑,北京:北京大学出版社,2012年;刘哲玮:《确认之诉的限缩及其路径》,《法学研究》2018年第1期。

体无完肤。① 探究法律规范背后的价值目标、功能预设及其运行效果，并据此分析其规范设计和运行的技术原理，才是法律比较研究乃至整个法学研究的真正意义所在。

比较研究必须确定"本国"民事程序的价值目标和制度功能，因为不同的侧重直接决定或影响着其民事诉讼程序的价值取向和技术设计。这一价值目标可能是由政治家选择和决定的，但理论界至少必须在事实层面上（实然性）知悉其价值选择和功能侧重，也只有在相同的事实认知基础上才能谈得上就肯定、否定或改革（应然性）达成理论共识、通说或主流意见，才能在诉讼制度解释或建构中提出有说服力和符合中国法治逻辑的理论。换言之，必须关注"司法的普适价值←→中国特定价值偏向及其底线或基准←→特定价值目标的制度载体及其功能预设←→运行中的制度及其预期价值功能验证"的逻辑关系。如果我国民事司法有明确的功能定位或价值目标，而理论上能够以之作为检验程序立法和司法实践的标准，那么上述这些看似"中国特色"的程序技术问题就会明显经不起检验和考问，至少理论界不会成为那些打着外国制度经验的旗号、却违反正义的普适价值和程序的基本原理的改革的吹鼓手。

就比较法的资源来看，目前中国民事诉讼法学对英美法系相关制度的普遍忽略，也导致了学术视野的过分狭窄和对中国现实的严重脱离。当中国学者自我认宗普遍将中国民事诉讼法归入大陆法系传统、恪守"法系意识"不敢越雷池一步时，我们不妨自问：中国何曾形成过法系"传统"？比如，学术界与司法界一致高歌"一次性解决纠纷"的价值，为了

---

① 茨威格特指出："比较法的问题不是关于不同国家的法律制度的概念结构，而是其法律制度的功能……比较法的方法是对不同社会秩序解决问题的办法重新从它们各自的现实，从它们所实现的各自社会目的进行相互比较。"[德]茨威格特、克茨：《比较法总论》，潘汉典等译，贵阳：贵州人民版社，1992年，第80页。

"避免矛盾裁判"而不惜把一次交易甚至相关交易(比如一房二卖)产生的所有纠纷熔入一炉时,这种主张显然更像是美国法的代言人,而不能从大陆法系的诉讼标的理论中找到同根;而当生效裁判认定的事实居然可以在后案中对抗案外人时,则无论从大陆法系的"辩论主义"或"裁判效力的相对性"原理中,抑或从英美法系的"正当程序"或"禁反言"原理中,都不可能找到近亲。但如果比较法视野超越大陆法系诉讼标的和既判力理论,而延伸到英美法系或更多的法律族群,便可能一眼识别中国这种异常于任何正常规范的变态规则不可能用"法系"理由或中国特色搪塞过去,正如了解多元文明便很容易识别邪教不同于"文明差异"一样的道理。

三、以司法行为和法律现象为主要研究对象的"社科法学"

"社科法学"是为了与规范法学或法教义学的对应而生造出来的概念,实际上是多种社会科学研究方法的"无因合并"——如果一定要找出多种"社科法学"方法之间的关联,或许可以很不准确地说,教义法学致力于建构,社科法学致力于解构,其研究对象主要是法律现象和法律行为,即使以特定法律规范为研究对象,关注的重点也不是规范本身的内在逻辑,而是规范适用的外部影响。民事诉讼法研究中自觉运用社会学、经济学、政治学、社会心理学等社科方法或智识资源进行研究的成果,即使将法理学者[①]和其他部门法学者[②]的成果计入在内,也是屈指可

[①] 参见刘思达:《割据的逻辑:中国法律服务市场的生态分析》,上海:上海三联书店,2011年。
[②] 参见吴洪淇:《法律职业的危机与改革》,北京:中国政法大学出版社,2017年;唐应茂:《法院执行行为什么难》,北京:北京大学出版社,2009年。

数。不过近年来，诉讼理论研究中除传统性地运用历史的方法和比较的方法外，经济分析的方法和社会学实证调查的方法也受到了一定程度的重视，至少，关注现实、关注中国问题已成为法学研究的普遍共识和奉行原则。指导性案例制度的推行，裁判文书公开和大数据发展，以及2012年《民事诉讼法》修正案明确规定裁判都应当说明理由，各种变化都为民事诉讼法学研究进行案例检索和问题考察带来了空前便利，法社会学方法——至少比较初步的统计学方法——已成为一种更加普遍和频繁的研究工具。

（一）生长于中国政治逻辑与法律逻辑夹缝中的司法实践

作为民事诉讼法学研究对象的司法实践，剔除了具有普遍拘束力的抽象司法指导文件，主要是具体的程序法律行为（当事人的诉讼行为和法院的司法行为）、作为民事程序运行结果的司法案例（包括那些被赋予普遍"参照效力"的指导性案例），以及与程序法律规范和法律行为并无直接关联却（可能）受其影响并影响其未来走向的那些法律现象。具体规范在司法行为中的适用状况和影响这种状况的原因，都应当进入诉讼法学的研究视野。比如，法律规范中体现诉讼经济和效率促进目标的共同诉讼和合并审理制度在司法实践中是如何被同一目标下的司法管理考核制度肢解的？用于保障司法公正的合议制为何在司法实践中被架空——甚至合议制与司法公正之间是否具有因果关系？彭宇案一审裁判对经验法则的错误运用与做好人反受讹诈的社会现象之间是否真有因果关系或至少有相关性，以及为何一个基层法院针对普通案件的民事裁判竟会产生这种社会效应？滥讼、厌讼现象与某些程序性制度和配置制度（如诉讼费用）之间是否及如何具有相关性？……对于这些法律问题的事实性考察，除了要熟悉相关法律规范本身之外，更依赖于社会学等社会科学研究方法；而法律现象与特定法律制度之间的相关性分析，则既有事实层面的考察,也有法理性质的归因分析,因此单一的规范法学或社科法学方法可能都不能奏效。①

持续不断的司法改革对于民事司法实践和民事程序法学的研究对象在任何一个层面上都产生了重大影响。司法改革包括体制改革、机制改革和程序改革——程序改革主要依托于程序法规范体系,机制改革主要依托于组织法规范体系和司法行政管理制度,体制改革主要依托于宪法规范体系,并且这些规范之间应当相互观照,相互协调。但实际上,中国司法改革并未遵从这一规律,而是在缺乏充分的实证调查和理论论证的状况下运动式地快速推进,而每一次改革的推进都伴随着大批量的司法实践对现行法律规范的公然挑战。于是司法进入了改革—违法—改革—部分合法化—再改革—再违法的循环怪圈,而这些问题都必须进入民事诉讼法学的研究视野,因为无论秉承怎样的(主观)学术立场,都不能在事实上无视这些每天都在发生的(客观)司法行为。比如,法官员额制改革对于那些相对拥有更多员额法官和法官助理的审判庭在案件管理、审前程序和合议制权限等程序运行产生的直接影响,远远小于被大幅减少乃至取消员额法官的立案庭和执行庭(局)。那么,这些变化和影响具体发生在哪些环节?以怎样的方式表现出来?影响程度如何?这些变化和影响又呈现出怎样的趋势?……所有这些问题的答案都依赖于事实调查,而这些事实则决定了现行民事程序规范能否通过法律解释作出回应(如解释论所坚持的),抑或必须通过程序规范修改(如立法论所主张的),甚至已超越了程序制度本身甚至超越了法律手段可调整的范围?同样,通过政治文件和作为政治表态推行的立案登记制("有案必

---

① 相关论述可参见苏力:《中国法学研究格局的流变》,《法商研究》2014年第5期。

立"），与通过法律规范和作为权利调整规范建立的立案登记制（形式审查制与实质审查制二阶化），其程序运行过程和效果究竟有什么不同？网络立案与传统立案方式相比又有怎样的差异？这些问题如果没有事实层面的考察作支持，仅通过规范研究和逻辑推导，对于问题的解释和解决无法提供准确和正确的答案，对于学术讨论也不可能提供有说服力的依据并据此达成共识。

作为民事诉讼法学研究对象的法律现象更是繁杂无序。我国社会正处于剧烈转型时期，整个社会从生产方式到社会结构、从经济基础到政治体制、从法律制度到社会文化、从思想观念到技术细节，无不面对着多元价值和多种需求的繁杂交织和剧烈冲突。传统的力量均势已经打破，社会各阶层、公权与私权、国家权力结构中各部门之间……都在通过显在或潜在的博弈重新调整自己的角色和地位，也对当事人的权利、法院的职能、乃至整个宪政中权力结构的调整，产生了深远影响。最突出地体现在：其一，日益苏醒的多元需求对传统单一结构模式的挑战。中国发达地区与落后地区之间经济、文化和法治发展极不平衡，对于纠纷机制、司法层次、法律服务的多样性要求更为迫切；而我国从意识形态到控制机制、从政府组织形式到司法审级制度、从宏观立法到微观改革，都采取了单一化模式。这种一元化的供给与多元化的需求之间形成的剧烈冲突，民事纠纷依赖于单一的解决机制、单一的诉讼模式、单一的价值取向，都会顾此失彼。其二，社会自治和地方分权与中央集权的传统和现实预期之间的剧烈冲突。中央与地方的关系由过分集中进入到一个时期的权力分化，现在又进入博弈、摩擦或合作模式；而长期的政府控制导致社会自治能力萎缩，导致社会冲突对于代表公权力的司法过分依赖，而另一方面，日益苏醒的自治意识和日益成熟的市场机制又促成对公权机构的主观或客观上的排斥。其三，法律向熟人社会的或速或缓的渗透与权威资源的衰落和分化，一方面在转向陌生人社会的司法中，由于信任资源的缺乏而需要更多程序保障，从而也增加了纠纷解决的成本；另一方面，社会对法律的需求和法律职业发展的层次很大程度上依赖于由传统的熟人社会向流动的现代社会转型的程度，在尚未完成转型之前，现代司法所需要的相对隔离和超脱很难实现。

(二)"社科法学"在民事诉讼(法)研究中的贡献与不足

最早的"社科法学"意义上的民事诉讼法学成果，应当是顾培东的《社会冲突与诉讼机制》和《法学与经济学的探索》。[①] 而长期在这个领域中耕耘并富有成效的法社会学代表是王亚新，他关于 5 个中级人民法院的考察、司法成本与司法资源的获取、司法改革研究……无论是否标注了"法社会学"标签或直接使用数字、引证故事或访谈，都体现出他对于中国实践始终保持了密切关注——甚至有时会将这种关注变成同情乃至迁就。受其指导和影响，徐昕关于私力救济的力作，[②] 傅郁林关于审判监督运作情况及农村基层法律服务的研究，[③] 吴英姿关于基层司法的研讨，[④] 都尝试用法社会学的方法对中国相关制度运行的真实状况进行考察，并以此为基础进行分析，甚至规范法学派李浩也将用数字说话作为重要的研究依据。[⑤] 不过总体而言，社科法学在民事诉讼法学研究中始终并未形成气候，甚至王亚新也旗帜鲜明地杀入了规范法学研究的

---

① 参见顾培东：《社会冲突与诉讼机制》，北京：法律出版社，2004 年；顾培东：《法学与经济学的探索》，北京：中国人民公安大学出版社，1994 年。
② 参见徐昕：《论私力救济》，北京：中国政法大学出版社，2005 年。
③ 参见傅郁林：《民事司法制度的功能与结构》，北京：北京大学出版社，2006 年；傅郁林：《农村基层法律服务研究》，北京：中国政法大学出版社，2006 年。
④ 参见吴英姿：《法官角色与司法行为》，北京：中国大百科全书出版社，2008 年。
⑤ 参见李浩：《中国民事诉讼法学研究四十年——以"三大刊"论文为对象的分析》，《法学》2018 年第 9 期。

行列。

尽管在社科法学方法上技术不精而成果也少，但民事诉讼法学领域真正优秀的研究成果从未脱离过中国问题和中国实践，而且在一些问题上具有很大社会影响力。除了那些已写入立法和司法解释的规范之外，还有大量的研究成果对于程序理念和运行中的诉讼制度和司法实践产生了不可磨灭的影响。比如李浩关于调审分离的研究[①]，虽然在对策意义上没有促成调解主体与审判主体的制度性分离，却形成了关于调解原理的妥协性、私密性、模糊性与审判原理的对抗性、公开性、明断性的普遍认知，由此对司法实践产生的多重影响不容忽视。比如在规则层面上，(即使是)同一法官在调解过程中获得的信息不得用于裁判认定事实的依据，当事人在上诉程序中增加的诉讼请求可以调解但不能成为裁判对象；在实践层面上，法院通过增加由非裁判法官主持的庭前调解和由附设调解员主持的诉前调解等机制，大大减少了进入对抗性审判程序后由裁判法官调解的情形。再比如张卫平、贺卫方等在第一轮司法改革时推动的跨行政区法院体制[②]，在第四轮改革中终于松动；傅郁林关于审级制度的研究[③]，虽然在对策意义上并未形成有限三审制，但成功地普及了上下级法院之间通过职能分层形成审级独立和金字塔式的司法统一机制的理念；更不必说法律界合力推进的司法公开和司法专业化如今

[①] 参见李浩：《民事审判中的调审分离》，《法学研究》1996年第4期；李浩：《调解归调解，审判归审判：民事审判中的调审分离》，《中国法学》2013年第3期。

[②] 受最高人民法院委托，贺卫方和张志铭等组成的课题组于2004年起草了《人民法院组织法》(学者建议修改稿)。参见张卫平：《论我国法院体制的非行政化——法院体制改革的一种基本思路》，《法商研究》2000年第3期；贺卫方：《司法区划的构思》，《中国法律评论》2014年第1期。

[③] 参见傅郁林：《审级制度的建构原理——从民事程序视角的比较分析》，《中国社会科学》2002年第4期。

已成为当年不可想象的现实。

大量学术成果的制度影响力表明，无论在普遍意义上还是就针对中国现实的适当性而言，法学方法本身并没有优劣或高下之分。相反，民事诉讼法学界在研究方法上的局限性极大地成就了其研究对象的狭隘性，社会学方法和经济学方法的短缺明显限制了程序法学者对于司法行为和司法现象的关注。比如，为什么虚假诉讼与虚假仲裁泛滥？除了前述事实认定规范提供的制度温床之外，其配套制度有何漏洞，其生长环境有何特殊？又如，为什么督促程序在中国形同虚设？并且在之前被批评的规范因素修改之后（提出异议即转入诉讼），除了还可以进一步改进规范，还有什么是真正原因？再如，为什么用于解决群体纠纷的代表人诉讼制度运行不良，增加公益诉讼制度之后效果又如何？以及"彭宇案"为什么会发酵？除了那个臭名昭著的经验法则适用错误且上诉功能未能发挥，还有什么背后原因？……如果这些问题的事实状况不研究清楚，那么虚假诉讼或虚假仲裁的根就去不掉，督促程序的生成机制就不具备，解决群体纠纷的制度即使叠床加屋也仍然不得要领，而"彭宇案"即使不那样画蛇添足法院也未必能逃掉为这个社会背黑锅的命运……此时规范法学或比较法学可能都无法单独起作用，无论怎样解释规范或修改规范，可能都无济于事，要么毫无意义，要么顾此失彼，因为此时"问题似在制度（规范）之中，答案实在制度（规范）之外"。

与规范法学虽然发育不良但学术态度积极不同，民事诉讼法学中的社科法学不仅方法自身远未成熟和贡献甚微，而且少数社会学背景的民事诉讼法学者在研究态度上也颇有剑走偏锋的迹象。比如，对于规范法学等任何单一研究方法的局限性认识，本应催生的是多元方法之间的良性竞争与有效合作，但常见的社会学研究成果却是以否定规范法学乃至解构法律规范本身为唯一"贡献"。比如，反思法学基本概念和基础理论并在程序法基本原理与中国现实之间谋求立场调和,本应在坚持民事诉讼法学本体研究和尊重程序基本原理前提下对中国现实深切关注,但常常见到的陈述却是借以否定法学基本概念和基本理论的价值并进行自我解构。不客气地说,这种解构在学术态度上只是偷懒,而在学术品质上可能是偷巧,因为炸掉一座军舰从来都比建造一座军舰来得容易,而以此方式与其他法学方法彼此竞争,或许比谋求合作更容易以低成本的投入而在"核心期刊"上获取高额的数字成果。

四、结语

无论选择哪一种研究方法,以中国问题为指向、关注中国制度的实际运行状况,作为一种学术态度都是法学研究中不可或缺的。比如,法社会学作为获取真相的手段,进行田野调查或实证数据分析固然是关注中国问题,比较研究中同样需要对比中国所面临的具体问题与意欲援引的外国法所针对的该国问题,关注问题与制度之间的逻辑关系,追问具体技术规范与制度目标和预期功能的自洽性。法教义学在解读具体规范时,在文义之外,也需要关注法律的价值、宗旨和背景,比如2012年《民事诉讼法》修正案的出台背景——在外是和谐社会和公权强化的总体目标,在内是清理积案的强大压力,可能为其纠结状态何以在整体上符合其自身逻辑提供解释,并通过体系解释谋求相应程序的机理及其与案件特点的适应性,[①]为体系化的制度修补提供理论补给。[②] 而那些中国特色的研究对象,比如性质和功能难以定位于法律规范抑或法律行为

---

① 参见潘剑锋:《论建构民事程序权利救济机制的基本原则》,《中国法学》2015年第2期;潘剑锋:《中国民事审判程序体系之科学化革新》,《政法论坛》2012年5期。
② 参见张卫平:《我国民事诉讼法理论的体系建构》,《法商研究》2018年第5期。

的海量司法指导文件，也会促使法学作品忽略法教义学、社科法学或比较法学之间的江湖恩怨，忘却所谓学派、所谓学科、所谓法域之间的差异分歧，惟恐不能兼收并蓄人类文明成果，惟愿在反思、进取、积淀、提升中凝聚共识，在良性竞争中相辅相成、共同成长。

第九章　中国司法研究四十年

侯　猛*

改革开放以来,中国的法学研究发生了巨大变化。这表现在不仅各部门法学的研究日益繁荣,同时跨学科的法学研究也有很大的拓展,尤其集中于司法研究。司法研究不是严格学科(discipline)意义上的划分,而是既涵盖法学之内的多个部门法学,例如宪法学、诉讼法学、经济法学,同时也包括法学之外的学科,例如政治学、社会学、经济学的研究。这是多学科交叉的领域(field)研究,类似于文化研究、城市研究、互联网研究、性别研究、治理研究,等等。

本文主要叙述晚近 40 年来,中国司法研究的主要变化。但读者特别是法学读者首先可能会存疑,有必要以中国司法研究的名义进行 40 年梳理吗？按照部门法标准,分别梳理中国宪法学、诉讼法学、经济法学等研究的 40 年也就足够。甚至还可能不接受"司法研究"这个概念的学术存在。

退一步来说,在学科制度建设意义上,中国的司法研究已经初具成

---

* 侯猛,中国人民大学法学院教授。

型。这包括:

1. 出版教科书。例如,熊先觉在1986年出版的《中国司法制度》(中国政法大学出版社),以及在2008年出版的《司法学》(法律出版社)。

2. 开设课程。例如,全国法院业余法律大学在20世纪80年代就开设了《中国司法制度》课程。① 90年代后期至21世纪初期,苏力在北京大学开设了《司法制度研究》,贺卫方在北京大学开设了《比较司法制度》。2016年,何帆在清华大学开设了《中国司法制度和司法改革》课程。

3. 设置专业。例如,四川大学设有司法制度专业的硕士点,以及司法制度、中国司法理论与实践、司法原理研究方向的博士点;中国政法大学司法文明协同创新中心在诉讼法学专业设有司法文明研究方向的博士点。

4. 成立研究机构。例如,北京大学司法研究中心1996年成立,四川大学中国司法改革研究中心2000年成立,此外,复旦大学、华东政法大学等高校也设有司法研究中心。而最高人民法院在2016年成立司法案例研究院。

5. 出版专业期刊。例如,1957年创刊并在1978年复刊的《人民司法》,1986年创刊由国家法官学院主办的《法律适用》,2017年创刊由中国应用法学研究所主办的《中国应用法学》,以及由其主办每月出版的《人民法院案例选》。此外,还有相关集刊,例如,2002年创刊的《司法改革论评》(张卫平和齐树洁主编),2006年创刊的《司法》(徐昕主编)。

6. 成立学术团体。例如,2007年成立的中国法学会审判理论研究会、2015年成立的中华司法研究会、2016年成立的上海法学会司法研究会。

但说到底,中国司法研究能够成为一个重要的研究领域,主要是有两方面的原因:

---

① 参见李继勇:《学习中国司法制度课应注意的问题》,《学习与辅导》1988年第8期。

一是实践的巨大变化。例如,在法院立法方面,出台了两部重要的法律:1979年全国人大通过的《法院组织法》和1995年全国人大常委会通过的《法官法》。最高人民法院和地方各级人民法院制定的司法解释或司法文件,更是不计其数。法院审理案件的数量,从1978年的50万件左右上升为2018年的2000万件左右。而法院审理案件的类型,更是复杂多样。例如,最高人民法院在2007年制定了《民事案由规定》,2011年修改后至少规定了424种案由。

二是形成了研究规模。目前已经有相当数量的研究者,他们既有来自高校和科研机构的,同时也有来自司法实务部门的。更重要的是,他们的研究成果足以形成中国司法研究的基本知识格局。因此,也就成了本文写作的知识来源。

本文将对改革开放40年来的司法研究议题进行梳理。由于广义上的司法机关还包括检察院,参与司法活动的主体还包括公安机关、司法行政机关等,为便于集中讨论,本文采取狭义概念,即主要讨论有关法院的研究情况。

有关司法研究的述评并非没有。例如,何渊、徐剑曾对30年来的高引证司法研究论文进行分析,发现高引证研究较多集中于司法改革和司法理论。[①] 本文除了研究时间跨度40年、分析样本更多以外,还试图从学术与政治的视角加以展开讨论,即哪些文章的写作主要是为了应对政策需要,产生了什么样的现实影响;哪些文章的写作更有学术追求,在整个知识谱系中占据什么样的位置。由此,也可以透视出法学者应当承担什么样的使命问题。

[①] 参见何渊、徐剑:《中国司法制度学高影响论文三十年回顾与反思——基于主流数据库(1978—2008)的引证分析》,《东方法学》2010年第2期。

一、司法研究的发展历程

(一) 20 世纪 80 年代的讨论

1979 年至整个 80 年代,比较多的是翻译、介绍域外司法制度的基本情况。例如,南斯拉夫、奥地利、日本、美国、叙利亚、中国香港等国家或地区的司法制度①,包括司法审查制度②。之所以出现这么多的译介文章,与当时获取域外资料渠道有限相关,加上当时懂外语的法学研究者人数有限,因此,这些译介文章为后来司法研究的发展奠定了基础性工作。

这个时期也有一些法律概念的讨论。例如,是否应保留"司法机关"的提法,以及司法机关包括哪些。③ 这与当时 1982 年《宪法》的修改相关。因为《宪法》中没有提及"司法机关"这一概念,并增加"司法行政"的表述,以及公检法三机关相互分工配合的条款。而实践中既有将法院视为司法机关的提法,又有认为司法权包括检察权和审判权,司法机关是指法院和检察院。此外,还有政法机关的提法。大致说来,这样的概念讨论起到一定澄清的作用。

---

① 参见[南]米莱科·乔瓦诺维奇:《南斯拉夫的司法制度》,曾广载译,《现代法学》1979 年第 1 期;中国法律工作者访奥代表团:《奥地利司法制度简介》,《法学研究》1980 年第 1 期;陈建国:《日本司法制度简介》,《国外法学》1980 年第 4 期;吴建璠:《美国法律界讨论美国司法制度问题》,《国外法学》1983 年第 2 期;[美]沃伦·E. 伯格:《美国司法部门现状——美国最高法院面临最重大的问题及其解决方案》,潘汉典译,《法学译丛》1983 年第 5 期;[叙]里阿德·卡尼:《叙利亚的司法制度》,谢怀栻译,《法学译丛》1984 年第 1 期;梁子训:《香港的司法制度》,《法学》1985 年第 6 期。
② 参见龚祥瑞、罗豪才、吴撷英:《西方国家的司法审查制度》,《法学研究》1981 年第 1 期。
③ 参见王守仁:《"公安、司法机关"的说法不合逻辑》,《法学季刊》1983 年第 4 期;方向:《"司法机关"应包括哪些部门?》,《法学》1984 年第 4 期;熊先觉:《论我国宪法关于司法机关的规定》,《法学杂志》1984 年第 2 期;赵霄洛:《"司法机关"质疑》,《政治与法律》1984 年第6期。

80年代后期,有关司法改革的讨论也开始出现。① 整个大背景是当时经济体制改革和政治体制改革正在进行。不过,由于实践中主要还是侧重法院建设和人事增编,司法改革尚未有实质性推动,当时的讨论基本上还停留在设想层面。

(二) 20世纪90年代的讨论

90年代初期,司法实践中出现新情况、新变化和新问题。有关司法地方保护主义②,司法超前③,甚至宪法司法化④的讨论开始出现。有的讨论直接促成了有关文件的及时制定。例如,有关司法解释的规范化问题⑤,就与1997年《最高人民法院关于司法解释工作的若干规定》(已废止)的出台密切相关。

直到90年代中期,最高人民法院开始强力推行审判方式改革,并在1998年正式发布《关于民事经济审判方式改革问题的若干规定》,学术界对于司法改革的研究开始形成热潮。这其中以贺卫方、张志铭和苏力为代表。贺卫方先后发表论文,分析司法体制存在的问题并对整个司法

---

① 参见蔚闵、邵骅:《司法体制改革的构想和建议》,《现代法学》1988年第1期;崔跃武:《司法体制改革初探》,《法学》1988年第3期;赵炳寿、柯恩:《司法体制改革初探》,《法学研究》1988年第6期;李林:《司法人事制度改革刍议》,《现代法学》1989年第4期。
② 参见张英达:《克服司法地方保护主义刍议》,《法学》1991年第1期;固重:《司法地方保护主义与法制建设新课题》,《法学》1991年第1期。
③ 参见剑忠:《有限制地实行"司法超前"》,《法学》1991年第4期;浦增平:《司法应该超前》,《法学》1991年第4期;游伟:《"司法超前"的要害是蔑视立法权》,《法学》1991年第4期;师棠:《"司法超前"的文化心理透视》,《法学》1991年第5期;何勤华:《"司法超前"与判例创制》,《法学》1991年第5期。
④ 参见胡锦光:《宪法司法化的必然性与可行性探讨》,《法学家》1993年第1期。
⑤ 参见陈国庆:《完善我国最高司法解释析》,《法学》1991年第2期;冯军:《论我国行政审判中的司法解释》,《法学》1991年第2期;张军:《最高审判机关刑事司法解释工作回顾与思考(1980—1990)》,《法学研究》1991年第3期;姚建宗:《关于司法解释的分析与思考》,《现代法学》1992年第3期;周道鸾:《论司法解释及其规范化》,《中国法学》1994年第1期。

改革进行设计。① 张志铭先后发表论文,主要从法律适用和法律解释的角度去讨论司法制度如何改进。② 苏力先后发表论文,主要是从社会生活出发,在个案和细节中呈现出司法过程中的制度性难题。③ 特别需要说明的是,这一时期他们的司法研究受到美国福特基金会的资助,并参与该基金会资助下的中国法官培训,从而得以有更多机会表达司法改革的意见。他们还一起组织出版了"司法文丛",计有 16 种。④

---

① 参见贺卫方:《对抗制与中国法官》,《法学研究》1995 年第 4 期;贺卫方:《中国司法管理制度的两个问题》,《中国社会科学》1997 年第 6 期;贺卫方:《司法:走向清廉之路》,《法学家》1998 年第 1 期。
② 参见张志铭:《审判方式改革再思考》,《法学研究》1995 年第 4 期;张志铭:《当代中国的法律解释问题研究》,《中国社会科学》1996 年第 5 期;张志铭:《法律解释概念探微》,《法学研究》1998 年第 5 期。
③ 参见苏力:《法律活动专门化的法律社会学思考》,《中国社会科学》1994 年第 6 期;苏力:《关于对抗制的几点法理学和法律社会学思考》,《法学研究》1995 年第 4 期;苏力:《〈秋菊打官司〉案、邱氏鼠药案和言论自由》,《法学研究》1996 年第 3 期;苏力:《罪犯、犯罪嫌疑人和政治正确》,《读书》1997 年第 2 期。
④ 这包括宋冰编:《程序、正义与现代化:外国法学家在华演讲录》,北京:中国政法大学出版社,1998 年;宋冰编:《读本:美国与德国的司法制度及司法程序》,北京:中国政法大学出版社,1998 年;张志铭:《法律解释操作分析》,北京:中国政法大学出版社,1998 年;[美]史蒂文·J.伯顿:《法律和法律推理导论》,张志铭、解兴权译,北京:中国政法大学出版社,1998 年;[美]杰弗里·C.哈泽德、米歇尔·塔鲁伊:《美国民事诉讼法导论》,张茂译,北京:中国政法大学出版社,1998 年;贺卫方:《司法的理念与制度》,北京:中国政法大学出版社,1998 年;苏亦工:《明清律典与条例》,北京:中国政法大学出版社,1999 年;解兴权:《通向正义之路——法律推理的方法论研究》,北京:中国政法大学出版社,2000 年;徐忠明:《包公故事:一个考察中国法律文化的视角》,北京:中国政法大学出版社,2002 年;[德]英戈·穆勒:《恐怖的法官:纳粹时期的司法》,王勇译,北京:中国政法大学出版社,2000 年;龙宗智:《刑事庭审制度研究》,北京:中国政法大学出版社,2001 年;易延友:《沉默的自由》,北京:中国政法大学出版社,2001 年;[斯]卜思天·M.儒攀基奇:《刑法:刑罚理念的批判》,何慧新等译,北京:中国政法大学出版社,2002 年;[美]米尔伊安·R.达玛什卡:《司法和国家权力的多种面孔:比较视野中的法律程序》,郑戈译,北京:中国政法大学出版社,2004 年;沈国琴:《中国传统司法的现代转型》,北京:中国政法大学出版社,2007 年;何海波:《司法审查的合法性基础——英国话题》,北京:中国政法大学出版社,2007 年。

随着时间的推移,贺卫方与苏力在很多问题上的观点出现分歧。例如,在复转军人能否进法院的问题上,一方坚决反对,另一方则表示赞成。① 不仅如此,贺卫方和苏力对以后中国司法研究的学术影响也大不相同。1998年,贺卫方在中国政法大学出版社出版论文集《司法的理念与制度》。2000年,苏力则将已发表的论文整合成专著《送法下乡——中国基层司法制度研究》,再一次轰动学界。② 人类学家王铭铭③以及美国纽约大学法学院教授阿帕汉也撰写了书评。④

(三) 2000—2010年的讨论

2000年初期,两位有关司法研究的影响仍在持续。贺卫方主要是运用其法律史学的知识优势,进行比较法意义上的司法研究,他的影响已经超出了法学界,甚至知识界,成为一名公共知识分子。2004年,最高人民法院的相关部门委托贺卫方和张志铭牵头起草《〈中华人民共和国法院组织法〉学者修改建议稿》。特别是其中提出对人民法院一语,建议取消"人民"这一定语,而直接称为法院,这在贺卫方接受《新京报》记者采访后引起轩然大波。最高人民法院还为此专门澄清。

---

① 参见贺卫方:《复转军人进法院》,《南方周末》1998年1月2日;苏力:《基层法院法官专业化问题——现状、成因与出路》,《比较法研究》2000年第7期。
② 有代表性的书评包括:冯象:《送法下乡与教鱼游泳》,《读书》2002年第2期;萧瀚:《解读〈送法下乡〉》,《中国社会科学》2002年第3期;刘星:《走进现实的法律生活——评〈送法下乡〉》,《中国社会科学》2002年第3期;张芝梅:《〈送法下乡〉:一个读本》,《中国社会科学》2002年第3期;吴玉章:《读〈送法下乡〉》,《读书》2003年第2期;赵晓力:《基层司法的反司法理论?——评苏力〈送法下乡〉》,《社会学研究》2005年第2期。
③ 参见王铭铭:《"送法下乡"解》,王铭铭:《漂泊的洞察》,上海:上海三联书店,2003年。
④ See Frank K. Upham, "Who Will Find the Defendant If He Stays with His Sheep? Justice in Rural China," *Yale Law Journal*, vol. 114, no. 7 (May 2005), pp. 1675-1718.

此后,贺卫方对司法改革公开的批评越来越多,引发了一些争议。①而他对学术界的影响已经减弱。这并不是说他的学术产出变少了,而是他的研究风格缺少传承者。当然,在理念上与贺卫方相近的同辈学者当属季卫东。季卫东是法治理想主义者,更多是运用现代性理论和程序正义理论来建构司法改革的蓝图。②

苏力则强调跨学科的分析视角,特别是通过经验调查观察和理解中国司法的运作过程。这样的研究进路影响了更多后来的学者。早期因为带队调查影响到强世功③、赵晓力④和贺欣等人,2000年以后的影响更大,包括侯猛、刘忠、桑本谦、汪庆华、刘思达等人,已经形成了相当规模的以强调社会科学、经验调查为特点的司法研究群体。遗憾的是,强世功、赵晓力很快就放弃了经验调查研究司法的进路。随着研究兴趣的转移,苏力也不太认可经验调查的进路,而注重想象力,并转向了宏大叙事,尽管还是社会科学意义上的。例如,2017年出版的《大国宪制》(北京大学出版社)。

---

① 例如,马国川:《贺卫方:不走回头路》,《经济观察报》2008年7月12日,第39版;张千帆:《司法大众化是一个伪命题》,《经济观察报》2008年7月28日,第48版;陈忠林:《中国法治:应该怎样往前走》,《经济观察报》2008年7月21日;何兵:《司法民主化是个伪命题吗?》,《经济观察报》2008年8月28日;贺卫方:《司法改革的方向何在》,《经济观察报》2008年8月31日。
② 参见季卫东:《合宪性审查与司法权的强化》,《中国社会科学》2002年第2期;马国川:《季卫东:司法改革第三波》,《经济观察报》2009年11月20日;季卫东等:《中国的司法改革:制度变迁的路径依赖与顶层设计》,北京:法律出版社,2016年。
③ 参见强世功:《乡村社会中的司法实践:知识、技术与权力——一起乡村民事调解案》,《战略与管理》1997年第4期;强世功:《"法律不入之地"的民事调解——一起"依法收贷"案的再分析》,《比较法研究》1998年第3期。
④ 参见赵晓力:《通过合同的治理——80年代以来中国基层法院对农村承包合同的处理》,《中国社会科学》2000年第2期。

值得一提的是,在诉讼法学特别是刑事诉讼法学界,也逐渐形成了关注司法运行机制、具体制度实施现状,采取数据分析和问卷调查为特色的经验研究群体。例如,中国人民大学陈卫东、北京师范大学宋英辉和四川大学左卫民的研究团队。以左卫民为例,他发表数篇冠以"实证研究"为名的法院制度改革的论文①,并且主持出版了"中国司法改革实证研究丛书"②。

在诉讼法学界,陈瑞华与上述诉讼法学者的研究却有所不同。他早年也曾尝试运用问卷调查、数据分析的方法,③不过很快转向强调从经验观察到理论提炼的社会科学研究方法。④ 也就是说,他更重视提炼概念,反对陷入对经验事实的无效描述。民事诉讼法的经验研究者较少,以王亚新⑤和傅郁林⑥为典型。但随着中国民事诉讼实践前所未有地丰富起来,王亚新已经转向民事诉讼法的解释学研究。

---

① 参见左卫民:《未完成的变革:刑事庭前会议实证研究》,《中外法学》2015 年第 2 期;左卫民:《地方法院庭审实质化改革实证研究》,《中国社会科学》2018 年第 6 期。
② 已出版部分作品包括,左卫民等《中基层法院法官任用机制研究》,北京:北京大学出版社,2014 年;左卫民、陈明国主编:《中国特色案例指导制度研究》,北京:北京大学出版社,2014 年;陈邦达:《刑事司法鉴定程序的正当性》,北京:北京大学出版社,2015 年;唐雪莲:《公安机关刑事案件审核制度实证研究——以侦查权力的控制为视角》,北京:北京大学出版社,2015 年;张洪松:《司法与政治:中美法院预算过程比较研究》,北京:北京大学出版社,2015 年;冯露:《环境纠纷行政解决机制实证研究》,北京:北京大学出版社,2016 年;贺小军:《精神病人刑事司法处遇机制研究》,北京:北京大学出版社,2016 年。
③ 参见陈瑞华主编:《刑事辩护制度的实证考察》,北京:北京大学出版社,2005 年。
④ 参见陈瑞华:《论法学研究方法》,北京:法律出版社,2017 年。
⑤ 参见王亚新:《程序·制度·组织——基层法院日常的程序运作与治理结构转型》,《中国社会科学》2004 年第 3 期。
⑥ 参见傅郁林:《审级制度的建构原理——从民事程序视角的比较分析》,《中国社会科学》2002 年第 4 期;傅郁林:《繁简分流与程序保障》,《法学研究》2003 年第 1 期。

(四) 2010 年以后的讨论

2010 年以后,对司法进行量化分析形成研究热点,也形成研究群体。不过,早在 2001 年,白建军和朱景文就做出了开创性研究。白建军主要是运用 SSPS 统计处理犯罪、刑罚和法律适用等问题,[①]朱景文主要是做中国历年法律指标统计数据库,近年来主要做诉讼分流、法治评估指数。[②] 目前年轻一代的法学者,又以程金华[③]、唐应茂[④]、刘庄[⑤]为代表。其中,刘庄开始运用实验经济学的方法展开司法研究。[⑥]

对司法制度进行量化分析,不仅出现在法学界,经济学界也已经尝试多年。典型如山东大学经济学院魏建的研究团队。[⑦] 此外,量化分析

[①] 参见白建军:《刑罚轻重的量化分析》,《中国社会科学》2001 年第 6 期;白建军:《同案同判的宪政意义及其实证研究》,《中国法学》2003 年第 3 期;白建军:《死刑适用实证研究》,《中国社会科学》2006 年第 5 期;白建军:《从中国犯罪率看罪因、罪行与刑罚的关系》,《中国社会科学》2010 年第 2 期。

[②] 参见朱景文:《中国诉讼分流的数据分析》,《中国社会科学》2008 年第 3 期;朱景文:《人们如何评价司法?——法治评估中司法指标的分析》,《中国应用法学》2017 年第 1 期。

[③] 参见程金华:《中国行政纠纷解决的制度选择——以公民需求为视角》,《中国社会科学》2009 年第 6 期;程金华:《四倍利率规则的司法实践与重构:利用实证研究解决规范问题的学术尝试》,《中外法学》2015 年第 3 期。

[④] 参见唐应茂、盛柳刚:《中国司法执行难的计量分析》,苏力主编:《法律和社会科学》第 4 卷,北京:法律出版社,2009 年;唐应茂:《司法公开及其决定因素:基于中国裁判文书网的数据分析》,《清华法学》2018 年第 4 期。

[⑤] 参见刘庄:《司法信任与经济发展》,苏力主编:《法律和社会科学》第 14 卷第 1 辑,北京:法律出版社,2015 年。

[⑥] See Zhuang Liu, "Does Reason Writing Reduce Decision Bias? Experimental Evidence from Judges in China," *The Journal of Legal Studies*, vol. 47, no. 1 (January 2018), pp. 83-118.

[⑦] 参见苗妙、张新、魏建:《和解还是上诉?——企业专利诉讼决策中的融资约束与声誉机制研究》,《产业经济研究》2016 年第 5 期;褚红丽、孙圣民、魏建:《异地审理与腐败惩罚:基于判决书的实证分析》,《清华法学》2018 年第 4 期;褚红丽、孙圣民、魏建:《职务级别、法律制度设计与腐败惩罚扭曲》,《经济学(季刊)》2018 年第 3 期。

与学界也逐渐流行的数据分析,还有一定区别。大致来说,即使是司法的定性研究,也会运用搜集到的数据进行分析。而量化分析在方法上的基本作业是做回归,甚至做模型。

(五)实务界的研究

不能忽视的是,法律实务界也形成了司法研究的氛围。自1989年开始,最高人民法院举办全国法院学术讨论会,每年一届。自2009年开始,最高人民法院组织评选全国审判业务专家。例如,韩延斌、李广宇、胡仕浩、甘雯、孙祥壮等法官入选。像知名法官也是全国审判业务专家宋鱼水[①]、邹碧华[②]都有代表性司法研究作品。而横跨实务界和法学界最有名的大法官,就有沈德咏和江必新,他们还兼任大学教授,在法学核心期刊上发论文。沈德咏是刑事诉讼法专家,著有《司法改革精要》[③]等;江必新是民事诉讼法专家,著有《国家治理现代化与公正司法》[④]等。此外,还有从实务界转入法学界的法官,例如,曾担任最高人民法院审判委员会委员的孔祥俊,现任上海交通大学法学院教授,在知识产权法和司法理论方面有较多著述。[⑤]

实务界对于司法问题的研究,首先是司法实践的需要。法官亟需对新情况、新问题进行归纳总结。由此,出现了各种审判指导与参考[⑥],以

[①] 参见宋鱼水、冯刚、张玲玲:《文艺作品侵权判定的司法标准:琼瑶诉于正案的审理思路》,北京:北京大学出版社,2018年。
[②] 参见邹碧华:《要件审判九步法》,北京:法律出版社,2010年。
[③] 参见沈德咏:《司法改革精要》,北京:人民法院出版社,2003年。
[④] 参见江必新、程琥:《国家治理现代化与公正司法》,北京:中国法制出版社,2016年。
[⑤] 参见孔祥俊:《法律方法论》第1—3卷,北京:人民法院出版社,2006年。
[⑥] 由最高人民法院相关职能部门编辑的连续出版物主要有:《立案工作指导与参考》《刑事审判参考》《行政执法与行政审判参考》《民商审判指导与参考》《经济审判指导与参考》《知识产权审判指导与参考》《审判管理研究与参考》《强制执行指导与参考》等。

及各种司法文件的理解与适用汇编①。而最高人民法院主要领导人的重要文稿的出版，也推动了中国司法研究的进行。②

回顾40年来中国司法研究的发展，其经历了从无到有，从少到多的过程。研究群体既有来自于不同学科的学者，也有来自实务部门的法官。他们有着明显的研究偏好，但并非相互隔膜，而是能够进行经常性的对话交流。这不仅表现在共同参加学术会议，写作相互引证，而且也建立了一些制度性交流机制。例如，自2013年开始，教育部和中央政法委等单位牵头组织"双千计划"，实行高等学校与法律实务部门人员互聘制度。③自2009年开始，最高人民法院应用法学研究所还与中国社会科学研究院法学研究所、西南政法大学、中国政法大学联合招收博士后研究人员。

不过，就研究主题来看，这40年来的司法研究主要是三大主题：法院组织、法院人事和司法改革。当然，这三大主题之间在具体议题上会

---

① 仅由最高人民法院研究室编同时又由沈德咏主编的相关书籍，至少有：《公司、企业司法解释理解与适用》《合同、侵权司法解释理解与适用》《金融司法解释理解与适用》《新编民事诉讼司法解释理解与适用》《刑事诉讼司法解释理解与适用》《知识产权、不正当竞争司法解释理解与适用》《最高人民法院关于合同法司法解释（二）理解与适用》《〈刑法修正案（九）〉条文及配套司法解释理解与适用》《最高人民法院环境侵权责任纠纷司法解释理解与适用》《最高人民法院仲裁法司法解释的理解与适用》《最高人民法院司法解释理解与适用全书》。

② 参见董必武：《董必武政治法律文集》，北京：法律出版社，1986年；谢觉哉：《谢觉哉论民主与法制》，北京：法律出版社，1996年；江华：《江华司法文集》，北京：人民法院出版社，1989年；郑天翔：《郑天翔司法文存》，北京：人民法院出版社，2012年；任建新：《政法工作五十年——任建新文选》，北京：人民法院出版社，2005年；肖扬：《肖扬法治文集》，北京：法律出版社，2012年；最高人民法院办公厅编：《最高人民法院历任院长文选》，北京：人民法院出版社，2010年；唐德华：《民商审判——唐德华文集》，长春：吉林人民出版社，1998年；李国光：《我的大法官之路》，北京：人民法院出版社，2015年。

③ 参见《教育部 中央政法委员会 最高人民法院 最高人民检察院 公安部 司法部关于实施高等学校与法律实务部门人员互聘"双千计划"的通知》（2013年7月19日）。

有交叉。但说到底,这些议题的研究主要是受到这40年间相关法律和政策的引导。所谓相关法律,除了宪法以外,基本的两部法律就是《法院组织法》和《法官法》。《法院组织法》由全国人大制定,是基本法律,主要规定法院组织和法院人事。《法官法》由全国人大常委会制定,是其他法律,具体规定法院人事。所谓相关政策,除了党的文件以外,基本的司法改革政策就是四个时期的《人民法院五年改革纲要》。以下就法院组织、法院人事和司法改革三大主题分别加以具体讨论。

二、法院组织研究的议题

法院组织包括法院的类型、法院的审级、法院的内设机构(审判委员会、人民法庭、审判庭)、审判方式、法院与人大的关系、法院上下级关系等议题。而随着司法实践的不断变化,讨论的重点和热点也随之转移。

就基本法律的修改讨论来看,《法院组织法》主要是在20世纪90年代后期和晚近两年有所讨论。90年代那一次主要还局限于法院内部,[①]而第二次则是法学界内部各个学科都有参与。[②]这其实也正好说明法院在整个诉讼过程乃至社会生活中的影响力越来越大,受到更多瞩目。就抽象层面的讨论来看,司法权的性质曾经是讨论的热点。[③]例如,像

[①] 参见蒋惠岭:《司法制度改革与法院组织法修改论丛之一:司法制度改革的目标》,《人民司法》1995年第1期。该刊连续发表12篇文章。
[②] 参见张翔:《"应有的独立性"、报告工作与制度变革的宪法空间——关于〈人民法院组织法(修订草案)〉第11条的修改意见》,《中国法律评论》2017年第6期;林彦:《〈人民法院组织法〉的宪法基础》,《中国法律评论》2017年第6期;侯猛:《〈人民法院组织法〉大修应当缓行——基于法官制度的观察》,《中国法律评论》2017年第6期。该刊同期共刊发5篇文章。
[③] 参见陈瑞华:《司法权的性质——以刑事司法为范例的分析》,《法学研究》2000年第5期。

司法权是判断权这样的常识问题,还一度需要专门重申。① 而有关中国的法院性质,还有研究重新强调了其国家专政工具的属性。② 就具体层面的讨论来看,已有的法院组织研究主要集中于以下五个领域:

(一) 法院类型

按照《宪法》和《法院组织法》的规定,法院分为地方各级人民法院、军事法院等专门人民法院、最高人民法院。地方各级人民法院分为:基层人民法院、中级人民法院、高级人民法院。而以某一类型法院及其运作过程为研究对象的论文,最近 20 年呈现井喷现象。

首先,基层人民法院及其运作过程一直是研究热点,在 21 世纪初期曾形成研究波峰。这以苏力③、贺欣为代表。苏力主要采取功能主义的研究进路,强调基层司法的国家治理功能,突出基层法院的纠纷解决功能,从而区别于上级法院的规则形成功能。贺欣的研究也是法律社会学经验调查的进路,但持续时间更长、调查地点更多、研究问题更多样,并且与社会学家合作进行研究。④ 当然,还有从其他进路进行研究的,例如,章武生从审级制度讨论基层法院的功能。⑤ 高其才在其主编的"中国司法研究书系"中,至少有 3 本与基层司法相关,主要是运用历史和档

---

① 参见孙笑侠:《司法权的本质是判断权——司法权与行政权的十大区别》,《法学》2008 年第 8 期。
② 参见刘风景:《"刀把子"的隐喻学阐释——分析人民法院性质与职能的新进路》,《清华法学》2008 年第 1 期。
③ 参见苏力:《送法下乡——中国基层司法制度研究》,北京:中国政法大学出版社,2000 年。
④ See Kwai Hang Ng and Xin He, *Embedded Courts: Judicial Decision-Making in China*, New York: Cambridge University Press, 2017.
⑤ 参见章武生:《我国基层法院的性质及功能定位——从审级制度改革的视角观察》,《法学家》2005 年第 4 期。

案材料分析。①

另一个研究热点是最高人民法院。研究者大多从功能入手加以讨论。在21世纪初期,"齐玉苓案"引发了宪法司法化的讨论,因此,有不少学者关注的是最高人民法院的政治功能。② 但也有例外,侯猛的研究则转向讨论其规制经济的功能。③ 此外,诉讼法学者也从专业视角加以讨论,例如,傅郁林分析最高人民法院在审级结构中的职能定位,如何实现统一法律适用的功能;④左卫民从死刑控制的角度讨论最高人民法院的资源和职能的重新配置。⑤

除了功能分析以外,还有一些从公共政策制定的角度研究最高人民法院。苏力针对最高人民法院关于奸淫幼女的批复,批评认为这一政策会带来不可欲的社会后果。这反映出最高人民法院对自身作为最高上诉法院的功能定位模糊和专业知识装备不足。⑥ 侯猛认为最高人民法院不仅通过审判个案,也通过司法解释进行公共政策的制定,而影响不仅及于诉讼活动当事人及类似案件当事人,也对未进入诉讼活动的利益群体乃至某一产业产生影响。⑦ 黄韬还专注于金融领域讨论最高法院的公共政策。⑧ 此外,张友连等人也有专门研究。⑨

---

① 参见《基层司法——社会转型时期的三十二个先进人民法庭实证研究》《乡土司法——社会变迁中的杨村人民法庭实证分析》《政治司法——1949—1961年的华县人民法院》。
② 参见季卫东:《最高人民法院的角色及其演化》,《清华法学》2006年第1期。
③ 参见侯猛:《最高法院规制经济功能的经验研究》,《中外法学》2005年第2期。
④ 参见傅郁林:《论最高法院的职能》,《中外法学》2003年第5期。
⑤ 参见左卫民:《死刑控制与最高人民法院的功能》,《法学研究》2014年第6期。
⑥ 参见苏力:《司法解释、公共政策和最高法院——从最高法院有关"奸淫幼女"的司法解释切入》,《法学》2003年第8期。
⑦ 参见侯猛:《最高人民法院公共政策的运作:权力策略与信息选择》,《北大法律评论》第7卷第1辑,北京:北京大学出版社,2005年。
⑧ 参见黄韬:《公共政策法院:中国金融法制变迁的司法维度》,北京:法律出版社,2013年。
⑨ 参见张友连:《最高人民法院公共政策创制功能研究》,北京:法律出版社,2010年。

2015年，按照中央部署，最高人民法院设立巡回法庭前后，巡回法庭又成为研究热点。傅郁林认为这将为中国式的"司法联邦制"奠定基础。① 方斯远认为巡回法庭承载破除司法地方化的任务。② 侯猛认为巡回法庭的设立主要是为应对在京涉诉信访庞大数量的日益增长，但随着机构的设立，功能上也会有新的变化。例如，这会逐渐改变司法体制中的央地关系，中央司法权力呈现出非集中化特点，可能有助于实现巡回区内的司法统一。③ 方乐认为巡回法庭的设立，让地方司法权的行使被进一步高度统一到最高人民法院的司法行动逻辑上。④ 顾永忠认为巡回法庭在审判管辖权上相当于高级法院，将来必要时可以受理跨地级行政区的二审案件。⑤

与最高人民法院巡回法庭相配合的法院类型，就是跨行政区划法院的设立。目前也有一些研究对此进行了制度设计⑥和宪法解释⑦。但目前跨行政区划法院还定位在中级人民法院层面，未涉及跨省的审理。加之，晚近几年只在北京市和上海市各设立一家跨行政区划法院。因此，实际影响有限，研究也较少。

---

① 参见傅郁林：《最高人民法院巡回法庭的职能定位与权威形成》，《中国法律评论》2014年第4期。
② 参见方斯远：《最高人民法院巡回法庭的制度建构》，《法律科学》2015年第2期。
③ 参见侯猛：《最高人民法院巡回法庭：何去何从》，《北大法律评论》第16卷第1辑，北京：北京大学出版社，2015年；侯猛：《中央司法权力的非集中化——从最高人民法院巡回法庭切入》，《学习与探索》2018年第5期。
④ 参见方乐：《最高人民法院巡回法庭的制度功能》，《法学家》2017年第3期。
⑤ 参见顾永忠：《最高人民法院设立巡回法庭之我见》，《法律科学》2015年第2期。
⑥ 参见方乐：《跨行政区划法院的区域治理功能》，《江海学刊》2017年第2期；吴在存、霍振宇：《跨行政区划法院设置与管辖制度研究》，《法律适用》2017年第9期。
⑦ 参见翟国强：《跨行政区划人民法院如何设立？——一个宪法解释学的视角》，《法商研究》2016年第5期。

实际上,有关中级人民法院的研究就很少。王亚新从民事一审程序研究了中级人民法院的运作过程。① 还有讨论"省直管县"体制改革对中级人民法院的影响。② 有关高级人民法院的研究稍微多一些。高级人民法院是地方人民法院的最高层级,也直接连接最高人民法院,居于枢纽地位。傅郁林从民事再审审级裁量权入手,分析了高级人民法院与最高人民法院的职能划分。③ 还有研究分析了高级人民法院的管理型司法特征和国情约束下的功能。④ 此外,王建学还一般性地讨论地方人民法院,对其宪法地位进行规范分析,认为其是非地方、非中央的法律性机关,与最高人民法院一起构成行使审判权的整体。⑤

专门人民法院也是法院的一种类型。现行《宪法》和《法院组织法》只规定军事法院等专门人民法院,并没有采取原《法院组织法》列举的规定方式。这是因为不同专门人民法院的性质或管理体制差异很大,不便明文规定。⑥ 很长时间以来,专门人民法院的研究并不多见。但近年来,随着司法改革的推进和新设专门法院的出现,相关研究也呈现井喷

---

① 参见王亚新:《实践中的民事审判——四个中级法院民事一审程序的运作》,《现代法学》2003年第5期;王亚新:《实践中的民事审判(二)——5个中级法院民事一审程序的运作》,《北大法律评论》第6卷第1辑,北京:法律出版社,2004年。
② 参见易定强、周园:《我国中级人民法院体制改革新探——以"省直管县"体制改革为视角》,《求索》2010年第12期。
③ 参见傅郁林:《司法职能分层目标下的高级法院职能转型——以民事再审级别管辖裁量权的行使为契机》,《清华法学》2009年第5期。
④ 参见高翔:《我国高级人民法院司法管理职能的改革——以法院院长会议运行状况为实践观察点》,《法商研究》2017年第4期;项坤:《当代司法国情条件下的高级法院功能研究》,《法律适用》2012年第9期。
⑤ 参见王建学:《地方各级人民法院宪法地位的规范分析》,《法学研究》2015年第4期。
⑥ 参见王汉斌:《王汉斌访谈录——亲历新时期社会主义民主法制建设》,北京:中国民主法制出版社,2012年,第287页。

现象。有关军事法院、铁路运输法院、林区法院改革的讨论开始出现。①但更多的讨论集中于知识产权法院的设立,②以及尚未准确定性为专门法院的互联网法院的设立。③

(二)法院内设机构

法院的内设机构,大致分为审判业务部门和综合行政部门。以最高人民法院为例,审判业务部门主要是立案庭、刑事审判庭、民事审判庭、行政审判庭、环境资源审判庭、审判监督庭、执行局,综合行政部门主要是办公厅、司法行政装备管理局、国际合作局、政治部、新闻局、监察局、离退休干部局、机关党委。此外,还有研究室、审判管理办公室、国家赔偿办公室这样的审判辅助部门。

法院内设机构具有科层制特点,长期以来被批评存在司法行政化问题。因此,有学者提出改革司法行政化弊端的若干建议,从而推动法官独立审判。④ 这其中包括进行合议庭改革、组建审判团队,裁撤、合并、

---

① 参见张作农:《浅析军事法院的角色定位——以民事案件的管辖权为视角》,《当代法学》2007年第5期;张建田:《关于军事法院体制改革问题的思考》,《法学杂志》2016年第2期;蔡珂伟:《铁路运输法院体制改革浅析——从全国法院体制改革试点的角度》,《法律适用》2008年第1期;杨帆、黄斌:《试论我国林区法院的设置改革》,《法律适用》2011年第7期。
② 参见吴伯明:《关于在我国设立知识产权法院的建议》,《知识产权》2001年第3期;张广良:《知识产权法院制度设计的本土化思维》,《法学家》2014年第6期;朱理:《我国知识产权法院诉讼制度革新:评价与展望》,《法律适用》2015年第10期;吴汉东:《中国知识产权法院建设:试点样本与基本走向》,《法律适用》2015年第10期。
③ 参见侯猛:《互联网技术对司法的影响——以杭州互联网法院为分析样本》,《法律适用》2018年第1期;周翠:《互联网法院建设及前景展望》,《法律适用》2018年第2期。
④ 参见张卫平:《论我国法院体制的非行政化——法院体制改革的一种基本思路》,《法商研究》2000年第3期;王申:《司法行政化管理与法官独立审判》,《法学》2010年第6期;龙宗智、袁坚:《深化改革背景下对司法行政化的遏制》,《法学研究》2014年第1期。

控制内设机构规模,①实行扁平化管理,减少管理层级,优化工作流程。② 但刘忠提供了另一种思路。他通过分析法院编制的变化和分庭管理制度,认为法院内部日益科层化,而出路在法院权力的缩减配置。③

但法院内设机构的研究主要还是在行政化、科层制的宏观层面,而缺少对某一具体内设机构的微观考察。这方面的研究极少。相比之下,有关审判委员会的研究一直是研究重点和热点。严格说来,审判委员会不是法院内设机构。按照《法院组织法》的规定:"人民法院设立审判委员会,实行民主集中制。审判委员会的任务是总结审判经验,讨论重大的或者疑难的案件和其他有关审判工作的问题。"可以说,审判委员会是法院的重要组成部分。

早在20世纪80年代,就有审判委员会相关问题的讨论。④ 但引起广泛关注则是1999年《北大法律评论》所组织的一次专题讨论。在审判委员会存废问题上,学者之间观点对立。苏力认为有保留必要,贺卫方则主张废除,陈瑞华也倾向于批评。⑤ 由此,也激发了更多学者的关注。而以后的研究趋向于注重经验调查,包括访谈、阅读卷宗,并以个案研究

---

① 参见张静、易凌波:《司法改革背景下基层法院内设机构的整合与重构——基于S省C市法院"大部制"改革的实证分析》,《法律适用》2018年第5期。
② 参见《中央机构编制委员会办公室、最高人民法院关于积极推进省以下人民法院内设机构改革工作的通知》(2018年5月25日)。
③ 参见刘忠:《规模与内部治理——中国法院编制变迁三十年(1978—2008)》,《法制与社会发展》2012年第5期;刘忠:《论中国法院的分庭管理制度》,《法制与社会发展》2009年第5期。
④ 参见江放:《怎样的案件才需提交审判委员会讨论》,《法学》1983年第2期;周士敏:《试谈提高审判委员会讨论案件的质量问题》,《政法论坛》1988年第2期。
⑤ 参见苏力:《基层法院审判委员会制度的考察及思考》,《北大法律评论》第1卷第2辑,北京:法律出版社,1988年;贺卫方:《关于审判委员会的几点评论》,《北大法律评论》第1卷第2辑,北京:法律出版社,1988年;陈瑞华:《正义的误区——评法院审判委员会制度》,《北大法律评论》第1卷第2辑,北京:法律出版社,1988年。

居多。研究涉及放权改革、政治约束、压力案件决策过程、历年讨论案件的处理结果反馈,以及非案件讨论的政治管理功能。①

晚近几年的审判委员会研究,在方法上有了较大变化。主要是在数据采集上跳出了原来局限于特定法院的个案经验调查的层面,有了更多法院的大样本数据。这主要得益于研究者与实务部门的密切联系与合作。这种合作主要是基于私人之间联系基础上的相互信任。例如,左卫民基于对四川省三级法院审判委员会的实证分析,徐向华课题组基于对贵州省全省法院审判委员会的实证分析。②

大致来说,对审判委员会进行经验研究,多数倾向性意见是认为有保留需要。但审判委员会应以宏观指导职能为首要,建立起讨论重大、疑难案件的限缩过滤机制,并且针对不同层级法院进行类型化功能区分。③

(三) 司法解释

尽管 1981 年全国人大常委会就作出《关于加强法律解释工作的决议》,赋予最高人民法院对法院审判工作中具体应用法律、法令的问题进行解释,但有关最高人民法院司法解释的研究直到 90 年代才开始兴起,

---

① 参见肖仕卫:《基层法院审判委员会"放权"改革的过程研究——以对某法院法官的访谈为素材》,《法制与社会发展》2007 年第 2 期;李雨峰:《司法过程的政治约束——我国基层人民法院审判委员会运行研究》,《法学家》2015 年第 1 期;王伦刚、刘思达:《基层法院审判委员会压力案件决策的实证研究》,《法学研究》2017 年第 1 期;张卫斌:《人民法院审判委员会制度的实践与再造——基于 A 省 B 市中院审委会案件回流与分流的样态》,《中国刑事法杂志》2017 年第 2 期;洪浩、操旭辉:《基层法院审判委员会功能的实证分析》,《法学评论》2011 年第 5 期。
② 参见左卫民:《审判委员会运行状况的实证研究》,《法学研究》2016 年第 3 期;徐向华课题组:《审判委员会制度改革路径实证研究》,《中国法学》2018 年第 2 期。
③ 参见夏孟宣、胡苗玲:《司改背景下审判委员会职能合理定位的路径选择——以温州市中级人民法院审判委员会改革为视角》,《法律适用》2015 年第 11 期;方乐:《审判委员会制度改革的类型化方案》,《法学》2018 年第 4 期。

并成为研究重点。这其中有不少是对某一具体部门法问题司法解释的研究，也有关于司法解释一般性问题的研究，例如，前文提及的司法解释规范化问题。除此之外，还有三类研究。

第一类是批评司法解释所存在的问题。① 特别是所谓司法解释僭越立法权的问题，引起较多批评。例如，袁明圣批评成文化的司法解释存在立法化的现象。② 而沈岿认为，司法解释的制定过程，虽然采取了一些诸如"公民动议司法解释立项"和"公开征求意见"等民主化措施，但并不能缓解强势利益集团或政府部门的影响。③

第二类是对司法解释的属性进行研究。有研究司法解释的性质、地位和类型区分的，即包括法院规范解释和法官裁量解释。④ 更多是集中讨论司法解释的效力。例如，曹士兵认为司法解释的效力来源于习惯法。⑤ 王成则提出立法机关应明确司法解释的效力。⑥ 在司法解释的效力讨论中，争议较大的是关于其时间效力特别是溯及力问题。⑦ 司法解释的溯及力究竟是从其颁布之日算起，还是从其所解释的法律颁布之日

---

① 参见陈兴良：《司法解释改过之议》，《法学》2003年第8期。
② 参见袁明圣：《司法解释"立法化"现象探微》，《法商研究》2003年第2期。
③ 参见沈岿：《司法解释的"民主化"和最高人民法院的政治功能》，《中国社会科学》2008年第1期。
④ 参见张志铭：《关于中国法律解释体制的思考》，《中国社会科学》1997年第2期；陈春龙：《中国司法解释的地位与功能》，《中国法学》2003年第1期。
⑤ 参见曹士兵：《最高人民法院裁判、司法解释的法律地位》，《中国法学》2006年第3期。
⑥ 参见王成：《最高法院司法解释效力研究》，《中外法学》2016年第1期。
⑦ 参见张军：《试论刑事司法解释的时间效力》，《中国法学》1992年第2期；游伟、鲁义珍：《刑事司法解释效力探讨》，《法学研究》1994年第6期；刘宪权：《我国刑事司法解释时间效力的再思考》，《法学》2002年第2期；杨登峰：《民事、行政司法解释的溯及力》，《法学研究》2007年第2期；张新宝、王伟国：《最高人民法院民商事司法解释溯及力问题探讨》，《法律科学》2010年第6期。

算起?这个问题实践中有固定做法,但学理上尚未形成共识。

第三类是对司法解释的形式进行讨论。依据2007年《最高人民法院关于司法解释工作的规定》,司法解释的形式一般分为司法解释、决定和批复。批复是针对高级人民法院、军事法院就审判工作中具体应用法律问题的请示所制定的司法解释。较早对批复进行研究的是汪世荣,相关研究还有对批复进行诉讼化改造,以及司法批复的衰落问题。① 除了批复以外,还有研究最高人民法院其他抽象性司法文件,包括会议纪要的功能。② 而高级人民法院的司法解释性文件,虽然不能称为司法解释,但却发挥着司法解释的作用。因此,也开始引起学者的注意。③

(四)案例指导

案例不是普通案件,也不是普通判决,而是能够帮助法官进行法律适用、具有一定典型性的案件判决。中国的案例制度由来已久,较早是通过最高人民法院公布典型案例的方式。④ 直到2010年,《最高人民法院关于案例指导工作的规定》发布,并且以后连续发布了数批上百件指导性案例。由此引起了研究指导性案例的高潮。

但在案例指导制度正式推行之前,学界和实务界都做了不少基础性工作。例如,有些地方法院曾进行过试点,推行先例判决制度和示范性

---

① 参见汪世荣:《司法解释批复四题》,《法律科学》2000年第4期;许蔚东:《超越个案:诉讼批复答复的价值解析与功能优化——以我国30年来行政诉讼批复答复的实证考察为视角》,《法律适用》2014年第1期;侯学宾:《司法批复衰落的制度竞争逻辑》,《法商研究》2016年第3期。

② 参见黄韬:《最高人民法院的司法文件:现状、问题与前景》,《法学论坛》2012年第4期;魏振华:《民事审判中司法指导性文件援用的实证考察——以"法办〔2011〕442号"会议纪要为例》,《中国法律评论》2017年第6期。

③ 参见谷川:《高级人民法院"司法解释性文件"的功能分析》,《河北法学》2016年第2期。

④ 参见周道鸾:《中国案例制度的历史发展》,《法律适用》2004年第5期。

案例制度。① 《最高人民法院公报》上公布的案例,已经被视为指导性案例来进行分析。② 曾主持编辑《人民法院案例选》的杨洪逵法官比较早地讨论过案例指导问题。③ 张骐对指导性案例的性质、寻找方法等基本问题进行过系列研究。④ 此外,还有讨论案例指导的制度设计、制度风险和裁判摘要性质。⑤

在案例指导制度推行以后,有一些法理的讨论。例如,王利明分析了案例指导制度与司法解释制度之间的关系,以及具体的识别技术。⑥ 雷磊和泮伟江讨论了指导性案例的效力。⑦ 陈兴良则认为案例指导制度是一种新的规则形成机制。⑧ 此外,还有人讨论了指导性案例的裁判要旨的概括方式。⑨ 但更多的研究来自于部门法的学者。他们结合具体案例来讨论各种问题,例如,参照效力、裁判技术、内容构成和法律适

---

① 参见陈卫东、李训虎:《先例判决·判例制度·司法改革》,《法律适用》2003 年第 1 期;胡建萍、吴红艳:《示范性案例制度的理念与内涵——四川省成都市中级人民法院示范性案例制度剖析》,《人民司法》2007 年第 9 期。
② 参见宋晓:《裁判摘要的性质追问》,《法学》2010 年第 2 期。
③ 参见杨洪逵:《案例指导:从功利走向成熟——对在中国确立案例指导制度的几点看法》,《法律适用》2004 年第 5 期。
④ 参见张骐:《试论指导性案例的"指导性"》,《法制与社会发展》2007 年第 6 期;张骐:《论寻找指导性案例的方法:以审判经验为基础》,《中外法学》2009 年第 3 期;张骐:《再论指导性案例效力的性质与保证》,《法制与社会发展》2013 年第 1 期。
⑤ 参见胡云腾、于同志:《案例指导制度若干重大疑难争议问题研究》,《法学研究》2008 年第 6 期;李仕春:《案例指导制度的另一条思路——司法能动主义在中国的有限适用》,《法学》2009 年第 6 期。
⑥ 参见王利明:《我国案例指导制度若干问题研究》,《法学》2012 年第 1 期。
⑦ 参见雷磊:《指导性案例法源地位再反思》,《中国法学》2015 年第 1 期;泮伟江:《论指导性案例的效力》,《清华法学》2016 年第 1 期。
⑧ 参见陈兴良:《案例指导制度的规范考察》,《法学评论》2012 年第 3 期。
⑨ 参见孙光宁:《指导性案例裁判要旨概括方式之反思》,《法商研究》2016 年第 4 期。

用方式等。① 此外,肖炜霖对指导性案例制度中学术研究与司法实务的关系进行了探讨。②

尽管对最高人民法院公布的指导性案例的研究如火如荼,但大部分指导性案例并非由最高人民法院判决作出。有关最高人民法院的判决研究非常少见。当然,这也是与最高人民法院判决的作用非常有限相关。只有很少一部分的判决才发挥统一全国法律适用的作用,大部分都没有。因此,相关的法理研究和部门法的具体判决研究都比较少,例如,侯猛和其木提的研究。③

裁判文书也是一个重要研究议题。有从形式上加以讨论,例如,张志铭、傅郁林分析了司法判决的结构、功能和风格,强调裁判理由的重要性。④ 刘星研究了法官后语⑤,刘风景、孙笑侠研究了不同意见书⑥。也有从实质上加以讨论,例如,苏力分析了裁判文书的风格形成的因果关

---

① 参见曹志勋:《论指导性案例的"参照"效力及其裁判技术——基于对已公布的42个民事指导性案例的实质分析》,《比较法研究》2016年第6期;朱芒:《论指导性案例的内容构成》,《中国社会科学》2017年第4期;赵瑞罡、耿协阳:《指导性案例"适用难"的实证研究——以261份裁判文书为分析样本》,《法学杂志》2016年第3期;彭中礼:《司法判决中的指导性案例》,《中国法学》2017年第6期。
② 参见肖炜霖:《论司法改革中学术与实务的关系——基于案例指导制度变迁史与学术史的考察》,《法律适用》2017年第11期。
③ 参见侯猛:《最高人民法院判决的比较优势》,《北京大学学报》(哲学社会科学版)2008年第6期;其木提:《债权让与通知的效力——最高人民法院(2004)民二终字第212号民事判决评释》,《交大法学》2010年第1期;其木提:《代物清偿协议的效力——最高人民法院(2011)民提字第210号民事判决评释》,《交大法学》2013年第3期。
④ 参见张志铭:《司法判决的结构和风格——对域外实践的比较研究》,《法学》1998年第10期;傅郁林:《民事裁判文书的功能与风格》,《中国社会科学》2000年第4期。
⑤ 参见刘星:《判决书"附带":以中国基层司法"法官后语"实践为主线》,《中国法学》2013年第1期。
⑥ 参见刘风景:《不同意见写入判决书的根据与方式——以日本的少数意见制为背景》,《环球法律评论》2007年第2期;孙笑侠、褚国建:《判决的权威与异议——论法官"不同意见书"制度》,《中国法学》2009年第5期。

系和制度因素。①

(五) 上下级法院关系

上下级法院关系是法院管理体制中的关键问题。这其中不仅涉及审判业务上的监督指导关系②、执行工作上的统一管理关系，尚存在司法政务、司法人事、司法保障、审判管理、教育培训、司法统计、司法警察、司法协助等事务上的关系。③ 这些关系如何进行指导与协调，特别是还触及政治体制层面，因此，需要在各种制约条件下，理清上下级法院关系改革的思路。④ 如果结合部门法的经验研究来看，黄韬从金融审判中的最高人民法院与地方人民法院之间的关系切入，讨论这样的法院央地关系如何回应全国性的金融市场制度需求的问题。⑤ 而程金华也分析了如何通过司法的中央集权来解决外地企业进入本地市场的机制。⑥

在上下级法院关系中，最基本的制度安排是审级制度。例如，刘忠分析了现行四级二审制的演化原因，这主要受制于政治设计，但也催生了中级人民法院、人民法庭的设置，以及调解制度的广泛推广。⑦ 傅郁

---

① 参见苏力：《判决书的背后》，《法学研究》2001 年第 3 期。
② 参见杜豫苏：《上下级法院审判业务关系研究》，北京：北京大学出版社，2015 年。
③ 参见何帆：《论上下级法院的职权配置——以四级法院职能定位为视角》，《法律适用》2012 年第 8 期。
④ 参见蒋敏：《协调与指导：上下级法院审判监督关系探究》，《法律适用》2018 年第 17 期；贺卫方：《司法改革中的上下级法院关系》，《法学》1998 年第 9 期；蒋惠岭：《上下级法院关系改革的思路》，《法制资讯》2009 年第 5 期。
⑤ 参见黄韬：《"全国"金融市场与"地方"法院——中国金融司法的央、地关系视角》，《法学评论》2016 年第 3 期。
⑥ 参见程金华：《地方政府、国家法院与市场建设——美国经验与中国改革》，《北京大学学报》(哲学社会科学版) 2008 年第 6 期。
⑦ 参见刘忠：《四级两审制的发生和演化》，《法学研究》2015 年第 4 期。

林则对现行两审终审制缺陷进行了剖析,提出了建立有限三审制的设想。① 实际上,刑事诉讼法学界和民事诉讼法学界赞同一审、二审和再审之间进行功能分配、实行有限三审制的设想居多。② 在制度设计上,试图将审级制度与法院组织相联系,按照审级结构来改造法院层级。③ 但也有研究例外,例如,于明通过对反上诉审原理进行分析,认为现行审级制度是国家降低信息成本,实现政治治理功能的体现。④

在上下级法院关系中,比较突出的问题是案件请示。案件请示与之前提及的批复密切相关。已有不少研究批评案件请示的弊端,提出对案件请示进行诉讼化改造,将法律适用上有普遍意义的案件移送管辖。⑤ 也有研究只是对案件请示进行经验分析,特别是区分了请示案件与交办案件,以及刻画了案件调阅的运作过程。⑥

---

① 参见傅郁林:《审级制度的建构原理——从民事程序视角的比较分析》,《中国社会科学》2002年第4期。
② 参见陈卫东、李训虎:《公正、效率与审级制度改革——从刑事程序法的视角分析》,《政法论坛》2003年第5期;易延友:《我国刑事审级制度的建构与反思》,《法学研究》2009年第3期;章武生:《我国民事审级制度之重塑》,《中国法学》2002年第6期;陈杭平:《比较法视野中的中国民事审级制度改革》,《华东政法大学学报》2012年第4期。
③ 参见杨知文:《现代司法的审级构造和我国法院层级结构改革》,《华东政法大学学报》2012年第5期;黄明耀:《审级制度改革与法院制度改革的衔接研究》,《法律适用》2018年第15期。
④ 参见于明:《司法审级中的信息、组织与治理——从中国传统司法的"上控"与"审转"切入》,《法学家》2011年第2期。
⑤ 参见陈瑞华:《为中国"案件请示"把脉》,《法制资讯》2009年第5期;蒋惠岭:《论案件请示之诉讼化改造》,《法律适用》2007年第8期;何帆:《改革案件请示做法的路径》,《法制资讯》2009年第5期。
⑥ 参见侯猛:《案件请示制度合理的一面——从最高人民法院角度展开的思考》,《法学》2010年第8期。

三、法院人事研究的议题

《法院组织法》特别是《法官法》规定了法院人事制度。法院的工作人员包括审判人员和其他人员。审判人员主要是指院长、副院长、庭长、副庭长、审判员、助理审判员以及陪审员,其他人员主要是指书记员、执行员、法医和司法警察。但新一轮司法改革推行以后,情况有所变化。法院人事工作的核心是围绕法官进行的。而针对法官的管理,主要包括法官遴选、等级、惩戒、保障等事项。

与法院组织研究相比,法院人事研究并不算太多。这其中重要的原因是,前者研究制度,后者则研究人,需要面对面(face to face)的接触才能深入。因此,研究成本更高。就一般性的讨论来看,周道鸾较早讨论了《法官法》的制定,对现行法官制度进行评价。[①] 苏力则分析了中国法官的形象塑造。[②] 这能够说明中国法官不同于西方法官,例如,还会受到清官文化的影响。[③] 就具体层面的讨论来看,已有的法院人事研究主要集中于以下五个领域:

(一) 分类管理

司法人员分类由来已久。例如,在很长一段时间,要成为一名初任审判员,要依次经历书记员、助理审判员的职务。但现有司法人员分类管理制度则改变了原有晋升轨道。司法人员分为三大类:审判人员、审判辅助人员和司法行政人员。这三类人员原则上不能够相互转换。之

[①] 参见周道鸾:《法官法——现行法官制度的重大改革》,《中国法学》1996年第2期。
[②] 参见苏力:《中国法官的形象塑造——关于"陈燕萍工作法"的思考》,《清华法学》2010年第3期。
[③] 参见方乐:《司法行为及其选择的文化注释——以转向司法中的中国法官为例》,《法律科学》2007年第5期。

所以推行司法人员分类管理制度,也是长期以来强调法官职业化的结果。法官职业化也就意味着精英化和同质化,法官需要具有专门的职业特质。而法官职业化实践具体展现为法院人员分类改革。[1] 但刘忠的研究表明,与分类管理共存的是一系列制度安排,这些制度安排实际上实现了自上而下的法官控制体系。[2]

司法人员分类管理的基础工作就是编制员额,首先是法官员额。[3] 但法官员额的数量和比例测算受制于很多因素。有法院外在因素,例如常住人口数量和经济发展水平,也有法院内在因素,例如法院受理案件数和法官办案工作量。[4] 但法官员额制应当是审判权运行机制改革的自然结果而不是前提条件。[5] 如果过于强调用法官办案工作量来考评法官,对法官员额实行动态管理,那么不仅没有实现去行政化的目标,甚至还会带来人心离散的后果。[6]

除了法官管理的研究以外,其他人员管理的研究并不多。例如,最高人民法院在2004年就正式推出法官助理制度,各地法官助理制度存

---

[1] 参见王晨光:《法官的职业化精英化及其局限》,《法学》2002年第6期;吕忠梅:《职业化视野下的法官特质研究》,《中国法学》2003年第6期;张志铭、李学尧:《论法院人员分类改革:以法官职业化为指向》,《法律适用》2007年第1期。
[2] 参见刘忠:《格、职、级与竞争上岗——法院内部秩序的深层结构》,《清华法学》2014年第2期。
[3] 参见周道鸾:《关于确立法官员额制度的思考》,《法律适用》2004年第8期。
[4] 参见许前飞:《关于建立中国法官定额制度若干问题的思考》,《法学评论》2003年第3期;詹建红:《法官编制的确定与司法辅助人员的设置——以基层法院的改革为中心》,《法商研究》2006年第1期;王静、李学尧、夏志阳:《如何编制法官员额——基于民事案件工作量的分类与测量》,《法制与社会发展》2015年第2期。
[5] 参见傅郁林:《以职能权责界定为基础的审判人员分类改革》,《现代法学》2015年第4期。
[6] 参见丰霏:《法官员额制的改革目标与策略》,《当代法学》2015年第5期;刘斌:《从法官"离职"现象看法官员额制改革的制度逻辑》,《法学》2015年第10期。

在不同模式,但罕有研究。① 而有关其他司法辅助人员、司法行政人员管理的研究就更少。这或许是未来法院人事研究的知识增长点。

(二)法官选任

法官从哪里来?这至少包括初任法官从哪里来,高级别法官从哪里来两个问题。苏力对既有遴选法官的制度措施进行了批评。② 按照目前制度设计,初任法官的遴选,已经仅限于基层人民法院。而更高层级人民法院法官的遴选,必须从下级人民法院的法官中产生。但各地情况千差万别,因此,初任法官选任机制也有不同。例如,王禄生对两种模式"相马"和"赛马"进行了分析。③ 左卫民的研究表明,地方法官任用机制,大部分法官实际上仍由法院内部及本级党组掌握。④ 此外,姚莉从审判长选任制出发对法官制度进行了整体设计。⑤

法院院长的选任与法官选任有很大不同。院长选任需要在中国政治语境中进行政治性和司法技术的双重考量。⑥ 法院院长首先扮演的是管理家与政治家角色,而不是法官的角色。⑦ 而对于最高人民法院院长来说,更是如此,需要时时警惕其权力的政治和法律边界。⑧

---

① 较早法官助理的研究出现在 2002 年,参见佛法研:《法官助理与法官员额问题研究》,《人民司法》2002 年第 8 期。
② 参见苏力:《法官遴选制度考察》,《法学》2004 年第 3 期。
③ 参见王禄生:《相马与赛马:中国初任法官选任机制实证研究》,《法制与社会发展》2015 年第 2 期。
④ 参见左卫民:《省级统管地方法院法官任用改革审思——基于实证考察的分析》,《法学研究》2015 年第 4 期。
⑤ 参见姚莉:《中国法官制度的现状分析与制度重构》,《法学》2003 年第 9 期。
⑥ 参见刘忠:《条条与块块关系下的法院院长产生》,《环球法律评论》2012 年第 1 期;刘忠:《政治性与司法技术之间:法院院长选任的复合二元结构》,《法律科学》2015 年第 5 期。
⑦ 参见左卫民:《中国法院院长角色的实证研究》,《中国法学》2014 年第 1 期。
⑧ 参见秦前红、赵伟:《论最高法院院长的角色及职权》,《法学》2014 年第 3 期。

(三) 法官保障

法官保障包括确保稳定的任期、固定的薪酬、可预期的晋升空间等一系列激励机制。目前已经实行了法官等级、法官单独序列管理制度。贺卫方较早讨论了法官等级问题①,而在法官等级制度实施以后,也出现了不少问题。例如,侯学宾发现法官等级制评定强化了科层行政化。② 不过,实行套改以后,有了新变化。按照《法官职务序列设置暂行规定》,法官对应相应职务层级的公务员确定职务和薪酬。目前还没有相关研究。

由于中国实行"党管干部"原则,因此,法官同时还具有干部身份。法官达到一定级别,要进行干部交流。侯猛、艾佳慧、陈刚等人分析了法官流动现象,以及流动对法官制度和经济所可能产生的影响。③ 在一定意义上来说,干部交流与法官任期保障这两种制度存在内在张力。

能够保障和激励法官工作的,还有休闲时间和培训机制。例如,左卫民分析了基层法院法官的工作时间。如果工作强度过大,就会加快法官流失。④ 而李汉昌和苏力则从法学教育的角度,讨论了提升法官素质,提高法官专业化的问题。⑤

---

① 参见贺卫方:《法官等级与司法公正》,《法学》1999 年第 4 期。
② 参见侯学宾:《我国法官等级制度之检讨——以大法官群体为例》,《法商研究》2013 年第 4 期。
③ 参见侯猛:《最高人民法院大法官的流动分析》,《法律科学》2006 年第 2 期;艾佳慧:《司法知识与法官流动——一种基于实证的分析》,《法制与社会发展》2006 年第 4 期;陈刚:《法官异地交流与司法效率——来自高院院长的经验数据》,《经济学(季刊)》2012 年第 4 期;陈刚、李树:《司法独立与市场分割——以法官异地交流为实验的研究》,《经济研究》2013 年第 9 期。
④ 参见左卫民:《时间都去哪儿了——基层法院刑事法官工作时间实证研究》,《现代法学》2017 年第 5 期。
⑤ 参见李汉昌:《司法制度改革背景下法官素质与法官教育之透视》,《中国法学》2000 年第 1 期;苏力:《法官素质与法学院的教育》,《法商研究》2004 年第 3 期。

(四)法官责任

有关法官责任的讨论,在90年代后期开始出现,主要是当时最高人民法院开始推行错案追究制。21世纪初期,最高人民法院又推出引咎辞职规定,遭到较强烈批评。① 但实际上包括错案追究制在内的相关制度的效果有限。②

2015年《最高人民法院关于完善人民法院司法责任制的若干意见》、2016年《最高人民法院 最高人民检察院关于建立法官、检察官惩戒制度的意见(试行)》、2017年《最高人民法院司法责任制实施意见》相继发布。有关法官惩戒、法官责任的研究也开始出现。例如,詹建红归纳中国法官惩戒是错案惩戒与职业伦理惩戒并存的二元模式。③ 周长军认为法官责任的性质是办案责任或司法过错责任。④ 陈瑞华则将法官责任归纳为三种模式:结果责任、程序责任和职业伦理责任模式。⑤

(五)法官决策

研究法官决策和研究法院政策制定,看似主题相近,但从法官个体出发,视角转换不仅会有新发现,还会有新方法的研究需要。

常规的法官决策研究,集中于法官是否会严格适用法律问题。例如,崔国斌批评知识产权裁判中的法官造法问题。⑥ 孟勤国通过分析最

---

① 参见苏力:《中国司法改革逻辑的研究——评最高法院的〈引咎辞职规定〉》,《战略与管理》2002年第1期。
② 参见魏胜强:《错案追究何去何从?——关于我国法官责任追究制度的思考》,《法学》2012年第9期;王伦刚、刘思达:《从实体问责到程序之治——中国法院错案追究制运行的实证考察》,《法学家》2016年第2期。
③ 参见詹建红:《我国法官惩戒制度的困境与出路》,《法学评论》2016年第2期。
④ 参见周长军:《司法责任制改革中的法官问责——兼评〈关于完善人民法院司法责任制的若干意见〉》,《法学家》2016年第3期。
⑤ 参见陈瑞华:《法官责任制度的三种模式》,《法学研究》2015年第4期。
⑥ 参见崔国斌:《知识产权法官造法批判》,《中国法学》2006年第1期。

高人民法院判决书,提出法官自由心证应受成文法规则约束,[1]也就是强调自由心证与依法独立判断相结合。[2] 当然,也有一些研究提出不同意见,例如,梁迎修分析了法官在疑难案件中所应秉持的司法理念。[3] 苏力则认为法官在疑难案件裁判中应进行政治考量,顺便也批评了法条主义的分析进路。[4]

从新视角和新方法进行法官决策的研究也开始出现。例如,王申强调了法官前见对裁判的重要性。[5] 而从心理学、行为经济学和认知科学的角度讨论法官决策的研究也越来越多。例如,白建军讨论了司法潜见对于法官定罪的影响,[6]李安讨论了直觉对裁判的影响。[7] 侯猛分析了法官在认知后果不确定状态下如何进行裁判。[8] 李学尧、葛岩等人则通过实验结果展示了认知流畅度对法官裁判的影响。[9] 可以说的是,法官决策不仅属于法律推理、法律方法的研究领域,也是心理学、经济学和认知科学的研究范围,加之中国法官决策受制于政治等诸多外在制约因素,因此,未来将会成为跨学科法律研究的重点和热点。

---

[1] 参见孟勤国:《法官自由心证必须受成文法规则的约束——最高法院(2013)民申字第820号民事裁判书研读》,《法学评论》2015年第4期。
[2] 参见李祖军:《自由心证与法官依法独立判断》,《现代法学》2004年第5期。
[3] 参见梁迎修:《寻求一种温和的司法能动主义——论疑难案件中法官的司法哲学》,《河北法学》2008年第2期。
[4] 参见苏力:《法条主义、民意与难办案件》,《中外法学》2009年第1期。
[5] 参见王申:《法官的理性认知与司法前见》,《法律科学》2012年第6期。
[6] 参见白建军:《司法潜见对定罪过程的影响》,《中国社会科学》2013年第1期。
[7] 参见李安:《司法过程的直觉及其偏差控制》,《中国社会科学》2013年第5期。
[8] 参见侯猛:《不确定状况下的法官决策——从"3Q"案切入》,《法学》2015年第12期。
[9] 参见李学尧等:《认知流畅度对司法裁判的影响》,《中国社会科学》2014年第5期。

四、司法改革研究的议题

中国的司法改革,最早始于 20 世纪 50 年代初期的司法改革运动。那一次的司法改革主要是在政治上加以肃清反革命势力,纯洁司法队伍。① 晚近的司法改革始于 90 年代。特别是最高人民法院在 1998 年公布了第一个《人民法院五年改革纲要》,至今已经是第四个。

学术界也积极参与。这包括组织各种学术研讨会、发表专题论文。例如,中国人民大学法学院在 1997 年底组织召开了司法改革学术研讨会,并在《法学家》1998 年第 2 期发表了一组关于司法改革的文章。包括引介域外(例如,俄罗斯、日本、英国、德国、韩国、法国)的司法改革情况,②讨论在全球化背景下的中国司法改革。③ 此外,徐昕的研究团队自 2009 年开始每年发布《中国司法改革年度报告》,产生了一定的影响。④

就司法改革的研究议题来说,某些议题与法院组织研究、法院人事研究有重叠或交叉,但仍有较大区别。简单来说,法院组织和人事研究多是微观或中观视角的讨论,而司法改革研究多是宏观视角的讨论,即

---

① 参见铁犁、陆锦碧:《一场有缺陷的司法改革——建国以来法学界重大事件研究(十三)》,《法学》1998 年第 6 期;何勤华:《论新中国法和法学的起步——以"废除国民党六法全书"与"司法改革运动"为线索》,《中国法学》2009 年第 4 期。
② 参见陈瑞华:《陪审团制度与俄罗斯的司法改革》,《中外法学》1999 年第 5 期;潘剑锋:《从日本第三次司法改革看我国司法改革存在的问题》,《法学》2000 年第 8 期;徐昕:《英国民事司法改革之借鉴——以英国民事诉讼基本目标及其贯彻作为考察主线》,《法学》2001 年第 5 期;齐树洁:《德国民事司法改革及其借鉴意义》,《中国法学》2002 年第 3 期;韩大元:《东亚国家司法改革的宪政基础与意义——以韩国司法改革的经验为中心》,《浙江社会科学》2004 年第 3 期;陈卫东、刘计划、程雷:《法国刑事诉讼改革的新进展——中国人民大学诉讼制度与司法改革研究中心赴欧洲考察报告之一》,《人民检察》2004 年第 10 期。
③ 参见公丕祥:《全球化背景下的中国司法改革》,《法律科学》2004 年第 1 期。
④ 例如,徐昕、卢荣荣:《中国司法改革年度报告(2009)》,《中国法律》2010 年第 9 期。

更多是从体制层面出发来分析问题。司法改革研究也更多是从动的一面,从制度变迁的角度来讨论问题,而法院组织和人事研究侧重的是静的一面,多是从结构出发来讨论问题。

对司法改革进行制度设计乃至顶层设计的研究为数不少。例如,原最高人民法院院长肖扬在 2000 年就对法院改革提出展望,完善审判工作机制,健全法院组织体系,建立国家法官制度和经费管理体制。①而学者中,王利明较早对司法改革中的基本问题进行了全面研究。② 梁慧星较早提出了司法改革的若干建议。③ 陈光中、龙宗智对深化司法改革也提出了诸多意见。④ 但长时间、系统地对司法体制和司法改革进行深入思考的是顾培东。他认为,中国司法改革的主导任务是通过制度创新,提高司法机构"公共产品"的出产能力和效益,其基本内容在于重新配置并合理界定各种权力关系。⑤ 为此他撰写了一系列司法研究论文。

进一步来看,已有的司法改革研究主要集中于以下五个领域:

(一) 司法原则

虽然《宪法》规定了人民法院独立行使审判权,但这只能简称为"审判独立"原则而不是"司法独立"原则。因为"司法独立"语词背后隐含的是三权分立的政治体制架构。但在有限的学术讨论范围内,有学者区分了司法独立、法院独立和法官独立。例如,俞静尧认为司法独立的三层结构包括法院独立、法官独立和审级独立。⑥ 而蒋惠岭则肯定法官独立

---

① 参见肖扬:《人民法院改革的进程与展望》,《国家行政学院学报》2000 年第 3 期;肖扬:《法院、法官与司法改革》,《法学家》2003 年第 1 期。
② 参见王利明:《司法改革研究》,北京:法律出版社,2000 年。
③ 参见梁慧星:《关于司法改革的十三项建议》,《法律科学》2003 年第 5 期。
④ 参见陈光中、龙宗智:《关于深化司法改革若干问题的思考》,《中国法学》2013 年第 4 期。
⑤ 参见顾培东:《中国司法改革的宏观思考》,《法学研究》2000 年第 3 期。
⑥ 参见俞静尧:《司法独立结构分析与司法改革》,《法学研究》2004 年第 3 期。

的价值,认为法官独立与法院独立不冲突。① 而司法改革就是以保障法官独立为核心。② 与审判独立原则相关的讨论,还有法院与传媒、民意的关系。贺卫方、陈兴良等人都有专门讨论,试图厘清彼此的边界。③

司法公开作为一项基本原则,被最高人民法院贯彻得最为彻底。例如,最高人民法院建成了中国裁判文书网、中国庭审公开网和中国审判流程信息公开网等,大大推进了司法公开的进程。这真正实现了"借助司法公开深化司法改革"④,同时也大大推进了司法研究的发展。

司法公正原则更为根本。这也是为何习近平总书记提出要让人民群众在每一个案件中都感受到公平正义。为了实现司法公正,需要通过司法改革重塑司法公正。⑤ 在技术层面,要通过法律推理来实现司法公正。⑥ 此外,还要转向对民众司法公正感的考察。⑦

能动司法原则的讨论一度成为焦点。顾培东将中国能动司法理解为司法能动主义的一种特殊形态,主张应建立相应的保障机制,即宏观上建立良性的司法与政治互动机制,中观上建立有效的最高司法机构指导机制,微观上建立合理而有序的法院内部审判运行机制。⑧ 苏力分析调解作为能动司法的表现形态的现实意义。⑨ 汪进元则对司法能动进

---

① 参见蒋惠岭:《"法院独立"与"法官独立"之辩——一个中式命题的终结》,《法律科学》2015年第1期。
② 参见王德志:《以保障法官独立为核心推进司法改革》,《法商研究》1999年第1期。
③ 参见贺卫方:《传媒与司法三题》,《法学研究》1998年第6期;陈兴良:《中国刑事司法改革的考察:以刘涌案和佘祥林案为标本》,《浙江社会科学》2006年第6期。
④ 王晨光:《借助司法公开深化司法改革》,《法律适用》2014年第3期。
⑤ 参见谢佑平、万毅:《论司法改革与司法公正》,《中国法学》2002年第5期。
⑥ 参见张骐:《通过法律推理实现司法公正——司法改革的又一条思路》,《法学研究》1999年第5期。
⑦ 参见侯猛:《如何评价司法公正:从客观标准到主观感知》,《法律适用》2016年第6期。
⑧ 参见顾培东:《能动司法若干问题研究》,《中国法学》2010年第4期。
⑨ 参见苏力:《关于能动司法与大调解》,《中国法学》2010年第1期。

行了审慎批评。① 张志铭也主张用"积极司法"替代"能动司法"概念。②

除了上述原则以外,法律效果与社会效果、政治效果相统一的原则,也具有中国特色。例如,孔祥俊分析了效果统一原则③,侯猛也讨论了如何在司法中进行社会科学判断,进而实现法律效果与社会效果的统一。④

(三) 审判权运行机制

审判权运行机制是当前司法改革的重点。这其中提出了"让审理者裁判,由裁判者负责"的基本要求。审判权运行机制改革的前身,源于90年代开始的审判方式改革。早期的研究,例如,景汉朝、卢子娟分析了经济审判方式改革的动因,指出转向强调当事人举证责任是源于法院办案成本的压力。⑤ 范愉通过比较分析世界司法改革的趋势来评述中国的民事审判方式改革。⑥

而目前的审判权运行机制改革,不光涉及法院一家,还包括公安机关和检察院。因此,这一轮司法改革提出要以审判为中心,改进现有公检法三机关的关系。有关公检法关系的研究也不算多。陈瑞华很早就主张从公检法"流水作业"走向"以裁判为中心"。⑦ 韩大元、于文豪则从

---

① 参见汪进元:《司法能动与中国司法改革的走向》,《法学评论》2013年第2期。
② 参见张志铭:《中国司法的功能形态:能动司法还是积极司法?》,《中国人民大学学报》2009年第6期。
③ 参见孔祥俊:《论法律效果与社会效果的统一——一项基本司法政策的法理分析》,《法律适用》2005年第1期。
④ 参见侯猛:《司法中的社会科学判断》,《中国法学》2015年第6期。
⑤ 参见景汉朝、卢子娟:《经济审判方式改革若干问题研究》,《法学研究》1997年第5期。
⑥ 参见范愉:《世界司法改革的潮流、趋势与中国的民事审判方式改革》,《法学家》1998年第2期。
⑦ 参见陈瑞华:《从"流水作业"走向"以裁判为中心"——对中国刑事司法改革的一种思考》,《法学》2000年第3期。

宪法的规范体系和价值理念角度分析三机关的关系。① 熊秋红则从诉讼法角度审视三机关的关系，认为公安机关仍有巨大侦查权力。②

以审判为中心的司法改革，重点是进行刑事领域的司法改革。③ 张明楷认为，就刑事司法改革而言，最紧迫的改革任务是要针对党政官员干涉、罚没收入返还、考核指标泛滥、司法能力低下等问题采取强有力的治理措施。除了民事、刑事和行政司法改革以外，还有环境司法改革。例如，王树义提出实行环境司法专门化。④

（四）法院经费体制

法院经费的研究主要集中于诉讼费用和法院的财政管理。方流芳、傅郁林、廖永安较早研究了诉讼费用的收取、流变以及与法院财政的关系。⑤ 邓建鹏则研究了清代的诉讼费用。⑥

有关法院的财政管理，议题主要涉及与司法公正、司法效率的关系，⑦通过经济分析验证如何确保法院财政独立，⑧左卫民和王亚新基于

---

① 参见韩大元、于文豪：《法院、检察院和公安机关的宪法关系》，《法学研究》2011年第3期。
② 参见熊秋红：《公检法的权力配置应继续改革》，《环球法律评论》2013年第2期。
③ 参见陈卫东：《以审判为中心：当代中国刑事司法改革的基点》，《法学家》2016年第4期。
④ 参见王树义：《论生态文明建设与环境司法改革》，《中国法学》2014年第3期。
⑤ 参见方流芳：《民事诉讼收费考》，《中国社会科学》1999年第3期；傅郁林：《诉讼费用的性质与诉讼成本的承担》，《北大法律评论》第4卷第1辑，北京：法律出版社，2001年；廖永安、李胜刚：《我国民事诉讼费用制度之运行现状：以一个贫困地区基层法院为分析个案》，《中外法学》2005年第3期；廖永安、刘方勇：《潜在的冲突与对立：诉讼费用制度与周边制度关系考》，《中国法学》2006年第2期。
⑥ 参见邓建鹏：《清代诉讼费用研究》，《清华大学学报》（哲学社会科学版）2007年第3期。
⑦ 参见陈永生：《司法经费与司法公正》，《中外法学》2009年第3期；王亚新：《法院财政保障的现状及前景刍议》，《学习与探索》2010年第4期。
⑧ 参见王俊、周润宁：《"法院财政独立"从何入手：基于实证检验的政策建议》，《财贸研究》2004年第5期。

经验讨论了省级统一管理以后地方法院财政的变化,①提出建立中央统一的司法财政与决算制度。② 此外,唐应茂还讨论了省级统管改革后法院办案成本管理问题。③

(五)法院与人大关系

依照《宪法》规定,法院向人大负责并报告工作。随着人民代表大会制度的不断完善,也出现了与法院相关的新问题。例如,在90年代后期,讨论人大代表质询法院④、人大对法院个案的监督权⑤曾轰动一时。此后,研究趋于具体化。例如,讨论如何调整最高人民法院与全国人大之间的关系;⑥批评最高人民法院指定解放军军事法院管辖军内民事案件,侵犯了全国人大常委会的立法权;⑦提出法院如何向人大汇报工作的建议。⑧ 还有研究讨论法院适用地方性法规的情况。⑨

与这一议题密切相关的是法院与宪法的关系。这集中体现在21世

---

① 参见左卫民:《中国基层法院财政制度实证研究》,《中国法学》2015年第1期;王亚新:《"省级统管"改革与法院经费保障》,《法制与社会发展》2015年第6期。
② 参见王亚新:《司法成本与司法效率——中国法院的财政保障与法官激励》,《法学家》2010年第4期。
③ 参见唐应茂:《中央和地方关系视角下的法院办案成本问题——背景、问题与模式》,《法律适用》2018年第13期。
④ 参见李晓斌:《对"人大"质询法院的质疑》,《法学》1996年第9期;童之伟:《理顺关系 摆正位置——评人大代表质询法院引起的争论》,《法学》1997年第9期。
⑤ 参见王晨光:《论法院依法独立审判权和人大对法院个案监督权的冲突及其调整机制》,《法学》1999年第10期。
⑥ 参见左卫民、冯军:《以监督权为视角:最高法院与全国人大关系的若干思考》,《社会科学研究》2005年第4期。
⑦ 参见陈斯喜、刘松山:《军事法院试办军内民事案件的批复违宪违法》,《法学》2001年第11期。
⑧ 参见张泽涛:《法院向人大汇报工作的法理分析及其改革——以十八大以来法院体制改革为主线》,《法律科学》2015年第1期。
⑨ 参见李强、龚海南、陈立洋:《以司法职能助推地方民主法治建设——重庆市第三中级人民法院适用地方性法规情况的调研报告》,《法律适用》2012年第2期。

纪初一直讨论的"齐玉苓案"批复即宪法司法化问题。宪法司法化由于存在最高人民法院替代全国人大常委会进行宪法解释的风险,因此引起广泛讨论。赞成者①与反对者②皆有。持中而论,童之伟和强世功的见解有可取之处。前者认为,更准确的提法是宪法的司法适用,而不是宪法司法化。③ 后者则提出应当用法律解释学取代法律政策学来讨论这一问题。④ 这一场讨论在 2009 年最高人民法院宣布"齐玉苓案"批复不再适用而落幕。⑤ 当然,需要说明的是,反对宪法司法化并不是说法院一概不能对宪法条款进行援引。其实是可以作出区分安排的。⑥

(六) 法院与政府关系

法院与政府关系的研究趋向于两种价值立场。早期的研究多是批评司法地方化,法院受地方的控制。⑦ 而刘忠对于批评司法地方保护主义的研究进行了反批评,认为司法地方保护主要发生在 90 年代中期之前,现在的干预主要来自于上级法院。⑧

而晚近研究较多分析地方法院如何参与地方竞争,⑨地方法院如何

---

① 参见蔡定剑:《中国宪法司法化路径探索》,《法学研究》2005 年第 5 期。
② 参见许崇德、郑贤君:《"宪法司法化"是宪法学的理论误区》,《法学家》2001 年第 6 期。
③ 参见童之伟:《宪法司法适用研究中的几个问题》,《法学》2001 年第 11 期。
④ 参见强世功:《宪法司法化的悖论——兼论法学家在推动宪政中的困境》,《中国社会科学》2003 年第 2 期。
⑤ 参见陈弘毅:《齐案"批复"的废止与"宪法司法化"和法院援引宪法问题》,《法学》2009 年第 3 期;胡锦光:《齐案"批复"并非解释宪法最高人民法院不应废止》,《法学》2009 年第 4 期。
⑥ 参见童之伟:《法院"依照法律"规定行使审判权释论——以我国法院与宪法之关系为重点的考察》,《中国法学》2009 年第 6 期。
⑦ 参见刘作翔:《中国司法地方保护主义之批判——兼论"司法权国家化"的司法改革思路》,《法学研究》2003 年第 1 期。
⑧ 参见刘忠:《司法地方保护主义话语批评》,《法制与社会发展》2016 年第 6 期。
⑨ 参见徐亚文、童海超:《当代中国地方法院竞争研究》,《法学评论》2012 年第 1 期;高翔:《中国地方法院竞争的实践与逻辑》,《法制与社会发展》2015 年第 1 期。

服务"大局",如何参与地方社会管理。① 贺欣研究在行政诉讼中,中级人民法院如何通过设计创新措施来规制行政机关权力,将国家法律转化为地方法治实践。②

五、司法研究的反思

(一) 参照系

司法研究的学者总体上可以分成两类:第一类学者更强调司法理念和司法制度的现代化。这种现代化是以现代西方司法特别是美国司法为参照系,以普适主义的司法独立、保障人权原则为圭臬,来改良中国的司法制度。这一类的代表性人物是蔡定剑、张千帆、贺卫方。贺卫方曾对法院改革的社会制约因素进行分析,尝试提出解决方案。③ 而曾经最接近于现代司法理念的制度实践,就是齐玉苓所引发的宪法司法化问题。

另一类学者更看重中国司法的制度经验。晚近40年的司法改革经历了司法规范重建、审判方式改革、司法体制改革三个基本阶段。④ 必须认清这一历史发展过程,在此基础上坚持自主性司法改革道路⑤,建

---

① 参见徐子良:《地方法院在司法改革中的能动性思考——兼论区域司法环境软实力之提升》,《法学》2010年第4期;刘思萱、李友根:《社会管理创新为何需要司法建议制度——基于司法建议案例的实证研究》,《法学家》2012年第6期。
② 参见贺欣:《法院推动的司法创新实践及其意涵——以T市中级人民法院的行政诉讼为例》,《法学家》2012年第5期。
③ 参见贺卫方:《中国的法院改革与司法独立——一个参与者的观察与反思》,《浙江社会科学》2003年第2期。
④ 参见夏锦文:《当代中国的司法改革:成就、问题与出路——以人民法院为中心的分析》,《中国法学》2010年第1期。
⑤ 参见公丕祥:《当代中国的自主性司法改革道路——基于中国司法国情的初步分析》,《法律科学》2010年第3期。

立自主性中国司法。这一类的代表性人物是顾培东、公丕祥、苏力。此外,立场接近的还有龙宗智。他提出了司法改革中的相对合理主义立场,即采取渐进改良的方法。①

晚近这一轮司法改革的特点包括坚持党的领导、坚持以宪法为根本遵循,坚持顶层设计和基层探索相结合,坚持运用现代科技破解难题。② 其中,党的领导和科技辅助这两点,在现代西方国家司法中并没有先例可循。以党的领导为例,由于种种原因,过去的司法研究对此讨论较少。少数的例外如苏力。他认为,中国的司法体制是由中国共产党建立的。③ 而面对党领导司法工作的新形势,相关经验研究和理论分析仍十分缺乏。

说到底,研究的参照系不同,其实也是价值判断的差别。有分析指出,司法改革既是司法权力的重组,更是权力表象背后法律知识形态的重构。④ 在什么意识形态下,生产什么样的新的司法知识,这是每一位司法研究者不得不面对也需要深刻思考的大问题。

(二) 研究方法

大体来说,早期的司法研究局限于域外制度介绍、概念语义分析和理念原则讨论。而后随着中国司法制度和实践的丰富变化,开始转向实证法分析和经验研究。

所谓实证法分析,就是根据法律和司法解释的规定,结合司法判决进行规范性分析,发现审判中存在的问题并提出建议。这其实也就是法

---

① 参见龙宗智:《论司法改革中的相对合理主义》,《中国社会科学》1999 年第 2 期。
② 参见黄文艺:《中国司法改革基本理路解析》,《法制与社会发展》2017 年第 2 期。
③ 参见苏力:《中国司法中的政党》,苏力主编:《法律和社会科学》第 1 卷,北京:法律出版社,2006 年。
④ 参见张正印:《司法制度变迁的知识学动力——从子产"铸刑书"说起》,《法学评论》2016 年第 2 期。

解释学和法教义学的传统。

所谓经验研究,就是发现司法实践过程中存在的现实问题,不仅仅是个案中的问题,也包括整个司法体制和机制的问题。这样的经验研究的基础层面就是描述现象,但不能停留于对经验的朴素概括,而需要更进一步对经验进行细致归纳。而经验研究的高阶层面就是运用社会科学方法包括量化来解释因果关系。这其实也就是社科法学的传统。

可以说的是,目前中国司法研究已经形成了法解释学和社科法学两大传统。法解释学强于微观分析,例如,对某一司法个案、某一法条、某一制度的法律原理进行解析。社科法学也进行微观分析,例如分析法官的决策过程,但更常见于进行中观和宏观讨论,例如,对某一法院组织机构、某一类群体进行描述。

当然,还有一些政策指向的调查、咨询报告写作。例如,侯猛曾连续3年撰写《最高人民法院年度分析报告》[①],而在大数据分析开始普遍应用的情况下,将会出现更多政策咨询报告,例如,《最高人民法院指导性案例司法应用情况年度报告》[②]。

(三) 对话合作

现有司法研究的对话合作是远远不够的。首先是学术界和司法实务界存在隔膜。实务界对现实问题的理解总结要丰富得多,但学术界还很难深入进去。这一方面是制度壁垒的原因,例如,实务部门的数据不便或不愿意分享,学者难以有效获得。另一方面,学者之间的合作研究还是太少,这影响到研究的深度。

其次,法理学与部门法学之间的司法研究壁垒、法学与其他学科之

---

① 参见侯猛:《最高人民法院年度分析报告(2007)》,《法律适用》2007年第4期。
② 参见郭叶、孙妹:《最高人民法院指导性案例司法应用情况2017年度报告》,《中国应用法学》2018年第3期。

间的司法研究壁垒,也要尽可能地降低。因为只有通过合作降低知识壁垒,才有可能更为细致地叙述司法制度的运作过程,才能更准确地发现和解释司法制度和改革背后的因果关系。

(四)研究展望

中国的司法研究已经过了 40 年,以后还有什么研究期待?我有如下几点:

第一,国家监察委员会的设置,大大改变了现有的政法体制结构。因此,国家监察委员会对整个司法制度有什么影响,需要长时段观察。

第二,经历了数轮司法改革,中国的司法体制和工作机制已经成型稳定。因此,司法研究的重点,主要不是再去提各种司法改革建议,进行顶层设计,而应转向司法与社会关系的思考,即中国的司法制度究竟对社会现实生活产生什么样的影响。

第三,大数据分析应用于司法实践将会给法院和法官带来怎样的影响?例如,如果将法官工作量大数据测算实质用于法官评价,这将降低法官的激励效果,法官为工作而工作,为考核而工作,令法官职业异化。

第四,人工智能对法院和法官带来怎样的影响?与大数据的影响相反,我的预测是人工智能的运用,能将法官从无休止的工作中解放出来。因而也可能是真正的一次革命。

参考文献

蔡虹:《民事诉讼法学》,北京:北京大学出版社,2016年。
柴发邦等:《民事诉讼法通论》,北京:法律出版社,1982年。
柴发邦主编,常怡、曾昭度、江伟副主编:《民事诉讼法学》,北京:法律出版社,1987年。
柴发邦主编:《体制改革与完善诉讼制度》,北京:中国人民公安大学出版社,1991年。
常怡主编:《民事诉讼法学新论》,北京:中国政法大学出版社,1989年。
陈爱武:《家事法院制度研究》,北京:北京大学出版社,2010年。
陈爱武:《人事诉讼程序研究》,北京:法律出版社,2008年。
陈邦达:《刑事司法鉴定程序的正当性》,北京:北京大学出版社,2015年。
陈桂明:《诉讼公正与程序保障:民事诉讼程序之优化》,北京:中国法制出版社,1996年。
陈瑞华:《刑事诉讼的前沿问题》,北京:中国人民大学出版社,2005年。
陈瑞华:《刑事证据法学》,北京:北京大学出版社,2004年。
陈兴良:《教义刑法学》,北京:中国人民大学出版社,2010年。
陈兴良:《刑法哲学》,北京:中国政法大学出版社,1998年。
邓峰:《普通公司法》,北京:中国人民大学出版社,2009年。

董安生:《民事法律行为》,北京:中国人民大学出版社,1994年。

段厚省:《民事诉讼标的论》,北京:中国人民公安大学出版社,2004年。

段文波:《规范出发型民事判决构造论》,北京:法律出版社,2012年。

冯象:《政法笔记》,南京:江苏人民出版社,2004年。

付立庆:《犯罪构成理论:比较研究与路径选择》,北京:法律出版社,2010年。

傅郁林:《民事司法制度的功能与结构》,北京:北京大学出版社,2006年。

高铭暄、赵秉志编:《中国刑法立法文献资料精选》,北京:法律出版社,2007年。

高铭暄:《中华人民共和国刑法的孕育诞生和发展完善》,北京:北京大学出版社,2012年。

高铭暄主编:《新中国刑法科学简史》,北京:中国人民公安大学出版社,1993年。

高铭暄主编:《刑法学原理》第1卷,北京:中国人民大学出版社,1993年。

顾培东:《法学与经济学的探索》,北京:中国人民公安大学出版社,1994年。

顾培东:《社会冲突与诉讼机制》,北京:法律出版社,2004年。

郝振江:《非讼程序研究》,北京:法律出版社,2017年。

胡康生、郎胜主编:《中华人民共和国刑法释义》,北京:法律出版社,2006年。

胡适:《读书与治学》,北京:生活・读书・新知三联书店,1999年。

黄韬:《公共政策法院:中国金融法制变迁的司法维度》,北京:法律出版社,2013年。

江伟主编,李浩、刘荣军副主编:《民事诉讼法学原理》,北京:中国人民大学出版社,1999年。

江伟主编,傅郁林副主编:《民事诉讼法》,北京:北京大学出版社,2015年。

江伟主编,肖建国副主编:《民事诉讼法》,北京:中国人民大学出版社,2015年。

江伟主编:《民事诉讼法》,北京:高等教育出版社,2007年。

黎宏:《刑法学》,北京:法律出版社,2012年。

李浩:《民事证明责任研究》,北京:法律出版社,2003年。

李立众:《犯罪成立理论研究》,北京:法律出版社,2006年。

廖永安:《民事审判权作用范围研究》,北京:中国人民大学出版社,2007年。

廖永安:《诉讼费用研究》,北京:中国政法大学出版社,2006年。

林剑锋:《民事判决既判力客观范围研究》,厦门:厦门大学出版社,2006年。

刘家兴:《民事诉讼教程》,北京:北京大学出版社,1982年。

刘荣军:《程序保障的理论视角》,北京:法律出版社,1999年。

沙依仁等:《社会科学是什么》,北京:世界图书出版公司,2006年。

史际春:《企业和公司法》,北京:中国人民大学出版社,2008年。

苏永钦:《民事立法与公私法的接轨》,北京:北京大学出版社,2005年。

唐力:《民事诉讼构造研究:以当事人与法院作用分担为中心》,北京:法律出版社,2006年。

唐雪莲:《公安机关刑事案件审核制度实证研究——以侦查权力的控制为视角》,北京:北京大学出版社,2015年。

唐应茂:《法院执行为什么难》,北京:北京大学出版社,2009年。

田平安、肖晖:《民事诉讼法学改革开放三十年》,北京:法律出版社,2010年。

王福华:《民事诉讼法学》,北京:清华大学出版社,2015年。

王亚新、陈杭平、刘君博:《中国民事诉讼法重点讲义》,北京:高等教育出版社,2017年。

王亚新:《对抗与判定——日本民事诉讼的基本结构》,北京:清华大学出版社,2006年。

吴英姿:《法官角色与司法行为》,北京:中国大百科全书出版社,2008年。

吴泽勇:《欧洲群体诉讼研究:以德国法为中心》,北京:北京大学出版社,2016年。

肖建国:《民事诉讼程序价值论》,北京:中国人民大学出版社,2000年。

许可:《民事审判方法——要件事实引论》,北京:法律出版社,2009年。

杨紫烜主编:《国际经济法新论——国际协调论》,北京:北京大学出版社,

2000年。

张洪松:《司法与政治:中美法院预算过程比较研究》,北京:北京大学出版社,2015年。

张晋红:《民事诉讼当事人研究》,西安:陕西人民出版社,1998年。

张卫平:《程序公正实现中的冲突与衡平——外国民事诉讼研究引论》,成都:成都出版社,1993年。

张卫平:《民事诉讼:回归原点的思考》,北京:北京大学出版社,2011年。

张卫平:《民事诉讼法》,北京:法律出版社,2016年。

张卫平:《诉讼构架与程式——民事诉讼的法理分析》,北京:清华大学出版社,2000年。

张卫平:《转换的逻辑——民事诉讼体制转型分析》,北京:法律出版社,2004年。

张友连:《最高人民法院公共政策创制功能研究》,北京:法律出版社,2010年。

郑永年:《全球化与中国国家转型》,郁建兴等译,杭州:浙江人民出版社,2009年。

中央政法干部学校刑法教研室编著:《中华人民共和国刑法总则讲义》,北京:法律出版社,1957年。

周光权:《犯罪论体系的改造》,北京:中国法制出版社,2009年。

[比]热若尔·罗兰:《转型与经济学》,张帆等译,北京:北京大学出版社,2002年。

[德]茨威格特、克茨:《比较法总论》,潘汉典等译,北京:中国法制出版社,2017年。

[德]茨威格特、克茨:《比较法总论》,潘汉典等译,贵阳:贵州人民版社,1992年。

[德]古斯塔夫·拉德布鲁赫:《法律智慧警句集》,舒国滢译,北京:中国法制出版社,2001年。

[德]古斯塔夫·拉德布鲁赫:《法哲学》,王朴译,北京:法律出版社,2005年。

［德］哈贝马斯:《在事实与规范之间》,童世骏译,北京:生活·读书·新知三联书店,2003年。

［德］汉斯·海因里希·耶塞克、托马斯·魏根特:《德国刑法教科书》(上),徐久生译,北京:中国法制出版社,2017年。

［德］卡尔·拉伦茨:《法学方法论》,陈爱娥译,北京:商务印书馆,2003年。

［德］康德:《法的形而上学原理——权利的科学》,沈叔平译,北京:商务印书馆,1991年。

［德］克劳斯·罗克辛:《刑事政策与刑法体系》,蔡桂生译,北京:中国人民大学出版社,2011年。

［德］马克斯·韦伯:《社会科学方法论》,韩水法、莫茜译,北京:中央编译出版社,1999年。

［德］米歇尔·鲍曼:《道德的市场》,肖君、黄承业译,北京:中国社会科学出版社,2003年。

［美］本杰明·卡多佐:《法律的成长》,李红勃、李璐怡译,北京:北京大学出版社,2014年。

［美］诺思、托马斯:《西方世界的兴起》,厉以平、蔡磊译,北京:华夏出版社,1999年。

［美］诺思:《经济史中的结构与变迁》,陈郁等译,上海:上海三联书店、上海人民出版社,2002年。

［美］托克维尔:《美国的民主》(上),董果良译,北京:商务印书馆,1991年。

［美］约翰·麦考米克:《施米特对自由主义的批判》,徐志跃译,北京:华夏出版社,2005年。

［日］谷口安平:《程序的正义与诉讼》,王亚新、刘荣军译,北京:中国政法大学出版社,1996年。

［日］兼子一、竹下守夫:《民事诉讼法》,白绿铉译,北京:法律出版社,1995年。

［日］棚濑孝雄:《纠纷的解决与审判制度》,王亚新译,北京:中国政法大学出版社,1994年。

［苏］A. A. 皮昂特科夫斯基等：《苏联刑法科学史》，曹子丹等译，北京：法律出版社，1984 年。

［英］弗里德利希·冯·哈耶克：《法律、立法与自由》，邓正来、张守东、李静冰译，北京：中国大百科全书出版社，2000 年。

Friedrich Nietzsche, *The Gay Science*, ed. by Bernard Williams, trans. by Josefine Nauckhoff, Cambridge: Cambridge University Press, 2001.

James Fitzjames Stephen, *Liberty, Equality, Fraternity: And Three Brief Essays*, Chicago: University of Chicago Press, 1991.

K. Polanyi, *The Great Transformation: The Political and Economic Origins of Our Times*, Boston: Beacon Press, 1944.

Max Weber, *On Law in Economy and Society*, ed. by Max Rheinstein, trans. by Edward Shils and Max Rheinstein, Cambridge: Harvard University Press, 1954.

Oscar G. Chase, Helen Hershkoff, Linda J. Silberman, John Sorabji, Rolf Stürner, Yasuhei Taniguchi and Vincenzo Varano, *Civil Litigation in Comparative Context*, Saint Paul: West Academic Publishing, 2017.

后 记

张守文

  中国四十年波澜壮阔的改革开放,不仅带来了经济社会的巨变,也推动了大规模的制度变迁。在此过程中,从强调法制建设到重视依法治国,从静态的法律文本到动态的法治实践,与法律相关的方方面面,都为中国的法学研究提供了极为丰富的营养和资源。四十年来,中国的法学研究在中断多年后,从无到有,不断深化和拓展,日益繁荣,蔚为大观。学界在重视吸收域外经验的同时,更强调深耕本土,回应和解决现实问题,可谓成就斐然。法学研究在从"幼稚"转向"成熟"的过程中,对世界法学的贡献和影响力亦与日俱增。

  在中国法学恢复发展四十年之际,回望历史,把握当下,前瞻未来,无疑甚有裨益。为此,学界对于中国法学四十年既往成就和存在问题已有诸多总结和梳理。尽管如此,作为开创中国近代法学教育先河的北京大学,作为在改革开放之初最早全面恢复法学教育并持续引领法学研究的北大法学院,仍需要在这个重要的历史节点上有所表达。于是,我们邀请了北大法学院的多位著名学者,分别从整体法学研究和法学分支学科研究的视角,回顾中国法学四十年的发展,总结相关的经验和规律,正视其中存在的问题,并直接或间接地指出未来的前进方向。

在结构安排上,本书共分为九章,前两章主要是从宏观上探讨中国法学研究的格局流变和社会科学转型,后面各章则选取了法学领域有代表性的刑法学、民法学、经济法学、诉讼法学等,分别探讨法学各主要分支学科四十年的发展历程、相应的制度变迁、研究范式的转型等问题,其中普遍涉及对"社科法学"与"法教义学"的学术争论,以及对法制建设、法治发展与法学研究关联问题的探讨等。上述的学术探讨和争鸣,能够在一定程度上展现中国法学四十年发展的基本风貌,体现中国法学家对法学研究的前沿问题、基本问题的集中关注,并可能对中国法学的未来发展产生重要影响。

在本书的写作过程中,薛军教授作为学院主管科研工作的院长,在作者的选定、联络,书稿的初步编辑等方面,都亲力亲为,在此特致谢忱!此外,北京大学社会科学学部的杨河主任和其他各位同仁为丛书的出版做了大量工作,商务印书馆的王静老师认真、细致的编辑亦使本书增色甚多,在此一并致谢!

中国法学四十年的发展,所涉及的问题繁多,本书难以面面俱到;即使对于某个具体领域的研究,也难免见仁见智。因此,对于本书可能存在的不足,诚望读者方家不吝指正。

2019 年 1 月 6 日

图书在版编目（CIP）数据

中国法学四十年／张守文主编．—北京：商务印书馆，2019
（改革开放四十年与中国社会科学丛书）
ISBN 978-7-100-17209-7

Ⅰ．①中⋯ Ⅱ．①张⋯ Ⅲ．①法学史－研究－中国－1978-2018 Ⅳ．① D909.2

中国版本图书馆 CIP 数据核字（2019）第 052920 号

权利保留，侵权必究。

改革开放四十年与中国社会科学丛书
中国法学四十年
张守文　主编

商 务 印 书 馆 出 版
（北京王府井大街36号　邮政编码100710）
商 务 印 书 馆 发 行
江苏凤凰数码印务有限公司印刷
ISBN 978-7-100-17209-7

2019年8月第1版　　开本 880×1240　1/32
2019年8月第1次印刷　印张 13⅝

定价：56.00 元